Gertrud Benker

HEIMAT OBERPFALZ

VERLAG FRIEDRICH PUSTET
REGENSBURG

Umschlagmotive

Oben: Burg Regenpeilstein (Ernst R. Tremmel)
Unten links: Dom St. Peter, Regensburg (Wilkin H. Spitta)
Unten rechts: Drachenstich / Furth i. W. (U. Pfistermeister)

CIP-Kurztitelaufnahme der Deutschen Bibliothek

Benker, Gertrud:
Heimat Oberpfalz / Gertrud Benker. – 5., neubearb.
u. erg. Aufl. – Regensburg : Pustet, 1981.
ISBN 3–7917–0674–8

ISBN 3–7917–0674–8
5., neubearbeitete und ergänzte Auflage 1981

Umschlaggestaltung: Peter M. Loeffler Regensburg
Gesamtherstellung Friedrich Pustet Regensburg
Printed in Germany 1981

Geleitwort zur Ersten Auflage

Von Hand zu Hand geht das Erbe des Menschen: von den Ahnen zu den Enkeln. Von Geschlecht zu Geschlecht werden auch Raum und Gut der Heimat weitergegeben: das Land mit dem Reichtum oder der Kargheit seiner Natur und den Zeugnissen menschlicher Kultur aus Jahrhunderten und die lebendige Welt des Volkes mit seiner gemeinsamen Wesensart, der Vielfalt seines Arbeitens und Wirtschaftens, seinem Schatz an Brauchtum und Sitte, Mundart und Tracht, Lied und Tanz, seiner Gläubigkeit und seiner Bedrohtheit – ein kostbares Erbe zur Aneignung, zur Auswahl, zur Mitnahme in die kommende Zeit, zur Umgestaltung nach den Bedürfnissen der Gegenwart und den Leitbildern der Zukunft.

Unsere Oberpfalz ist mehr als 900 000 Menschen Heimat: Alteingesessenen und Vertriebenen aus dem Osten, Abgewanderten, die zurückdenken und zuweilen zurückkehren, und Zugezogenen, die hier aufgenommen wurden, und immer neuen Generationen von Kindern, die in ihr aufwachsen. Dieses Land mit seiner herben Schönheit, seinen weitgeschwungenen Bergen, kargen Höhen und stillen Tälern, seinen tiefen Wäldern und vielen zur völkerverbindenden Donau strebenden Flüssen, seinen trutzigen Burgen und alten lebendigen oder verträumten Städten, seinen ehrwürdigen Klöstern und an Kunstschätzen reichen Kirchen, seinem rührigen Gewerbe und seiner arbeitsamen Landwirtschaft – es hat noch jeden in Bann geschlagen, der ihm als Sohn oder Freund sein Herz auftat.

Grenzland von alters her, Bollwerk und Brücke zugleich gegen Osten, von Stürmen der Geschichte gezeichnet, von ihrem lebendigen Wechselspiel bereichert, liegt die Oberpfalz heute am äußersten Rande der freien Welt. Ein großes Aufbauwerk ist im Gange; es will die Wirtschaft stärken und ihr Gefüge verbessern, das Bildungswesen ausbauen und alle Lebensverhältnisse heben. Denn das Land an der Grenze soll nicht absterben, sondern eng verbunden dem Herzschlag des Westens, von Leben erfüllt eine Stätte tätiger freier Menschen sein, voll Hoffnung, daß sich der Eiserne Vorhang einmal hebt. Jeder, der hier wohnt, die Jugend voran, ist aufgerufen, an dieser Aufgabe mitzuwirken.

In diesen neuen Abschnitt der Geschichte der Oberpfalz müssen die großen Leistungen der Vergangenheit und die lebendige Fülle der Heimat mit eingebracht werden. Aus ihnen lebt und stärkt sich, was immer der schönste Reichtum dieses Landes und zugleich die Gewähr seiner Zukunft war: die in sich beruhende, treue und beharrliche, zum Verzicht und zum Neuanfang bereite Kraft seiner Menschen. Auf ihr und auf Gottes Hilfe ruht unsere Hoffnung.

Dieses Buch will das Erbe überliefern und in die Zukunft einfügen. Es will Kenntnis von Geschichte und Gegenwart unseres Landes, von seinen großen und kleinen Menschen vermitteln und die Liebe zu ihm vertiefen. In die Familien soll es gelangen zum Lesen und Hören, zum Schauen und Sichbesinnen. Wir danken der Verfasserin, den Mitarbeitern und dem Verlag dafür. Wir wünschen, daß es seinen Sinn erfülle: den Oberpfälzern ihre Heimat tiefer nahezubringen, als Vermächtnis und Aufgabe.

Johann Pösl
Bezirkstagspräsident

Dr. Ernst Emmerig
Regierungspräsident

Vorwort zur fünften Auflage

Das vor vierzehn Jahren aufgelegte, von Frau Dr. Gertrud Benker mit großer Sachkenntnis liebevoll verfaßte Buch »Heimat Oberpfalz« gilt in seiner inhaltlichen Konzeption nach wie vor als Standardwerk für die Oberpfalz. Fülle des gebotenen Stoffes, Lebendigkeit der Darstellung, gefällige und reichbebilderte Aufmachung durch den Verlag Friedrich Pustet haben dieses Werk für jede Oberpfälzer Familie unentbehrlich gemacht. Es sollte in keiner Bibliothek fehlen. Auch weit über die Grenzen der Oberpfalz hinaus hat es Beachtung gefunden.
Nach drei Nachdrucken der Erstauflage wurde durch den Ablauf der Zeit eine Aktualisierung für diese Neuauflage notwendig. Inzwischen sind ja seit dem 1. Juli 1972 die Landkreisreform und in den letzten Jahren die Gemeindegebietsreform im Freistaat Bayern erfolgt. Auch unsere Oberpfalz hat im Rahmen dieser kommunalen Reformen starke Veränderungen erfahren.
So mußte die Neuauflage der »Heimat Oberpfalz« aktualisiert werden. Alle Daten und Angaben wurden überprüft und, soweit nötig, berichtigt, vor allem der Inhalt der Kapitel »Wirtschaftsleben« und »Oberpfälzer Volkstum«. Das alles war schwierig genug und bedurfte einer Menge Einzelbefragungen und Nachforschungen. Die Arbeit ist getan.
Wir hoffen zuversichtlich, daß die »Heimat Oberpfalz« auch mit dieser Neuauflage bereitwillige Aufnahme bei allen Heimatfreunden, vor allem in unseren Schulen findet.

Alfred Spitzner
Bezirkstagspräsident

Karl Krampol
Regierungspräsident

Für Beratung und Bereitstellen von Unterlagen und Bildern danke ich sehr herzlich den Abteilungsleitern der Regierung der Oberpfalz, dem Bezirksheimatpfleger, den Referenten der einzelnen wissenschaftlichen Fachbereiche, sowie den Herren der Staatlichen Bibliothek, der Oberforstdirektion, der Handwerkskammer, der Industrie- und Handelskammer, des Fremdenverkehrsverbandes Ostbayern und der gewerblichen Wirtschaft. Dem Verlag danke ich für seine wirksame Unterstützung bei der Erarbeitung dieser Neuauflage.

Dr. Gertrud Benker

Inhalt

Das Siedlungsbild

Oberpfälzisches Volkstum

Große Oberpfälzer

Naturlandschaft und Kulturlandschaft

Der Mensch ist ein Teil der Natur, und er ist ihr Partner; er ist abhängig von der Landschaft, aber er ist auch ihr Umbildner.
Lange bevor die Geschichte des Menschen beginnt, hat die Geschichte der Erde eingesetzt. Kräfte aus dem Weltall, aus der Atmosphäre der Erde und aus dem Erdinnern bestimmen das Aussehen der Erdoberfläche. Wenn wir unsere Heimat verstehen wollen, müssen wir diese naturgegebenen Voraussetzungen zuerst ins Auge fassen. Wie ist das Land beschaffen – unter der Erdoberfläche und auf ihr –, welchem Klima ist es ausgesetzt? Wie sah die Landschaft aus, ehe der Mensch in sie eintrat? Das sind die Fragen nach der *Naturlandschaft* unserer Heimat.
Der Urmensch mußte sich noch ganz dem Walten der Natur unterordnen; mit dem Erwachen seiner Fähigkeiten lernte er jedoch, sich die Umgebung dienstbar zu machen und seinerseits die Kräfte der Natur zu nutzen. Dieser Zeitpunkt war in der Jungsteinzeit gekommen. Seither tritt der Mensch in vielerlei Weise formend auf der Erdoberfläche in Erscheinung. Sein Wirken gestaltete die natürliche Landschaft um: Der ursprüngliche Pflanzenwuchs wurde eingeschränkt (der Wald z. B. zurückgedrängt), ja sogar völlig verändert; aus Mooren entstanden Ackerfluren, wilde Flußläufe wurden reguliert, Dämme, Straßen, Bahnlinien gezogen. Das Antlitz der Erde ist aufgerissen worden: Den gelben Kalkfels des Keilbergs bei Regensburg z. B. könnte man als eine offene Wunde in der Landschaft bezeichnen. Die Schlackenhalden bei Amberg, der »Monte Kaolino« von Hirschau wirken landschaftbildend, ebenso wie die Siedlungsformen des Menschen – Einöden, Dörfer, Burgen, Kirchen, Städte, Industrieanlagen. So offenbart sich menschlicher Geist in Flur- und Siedlungsformen, in Kunstdenkmälern und technischen Anlagen; er prägt die *Kulturlandschaft*.

Oberpfälzische Naturlandschaft

1. Die erdgeschichtliche Entwicklung

Kennzeichnend für die Naturlandschaft der Oberpfalz ist ein Zusammentreffen ganz verschiedener Gesteins- und Landschaftselemente auf engstem Raum. Regensburg liegt an der Nahtstelle von drei Landschaftsarten: Im Süden breitet sich die Gäubodenfläche hin; von Westen her greift die Alb bis ins Stadtgebiet herein; im Osten steigen die Höhen des Bayerischen Waldes an. Zwischen diesen Landschaftseinheiten befindet sich ein Mosaik verschiedenster Gesteine, das sogenannte Bruchschollenland, das sich von Regensburg bis in die nördlichen Gegenden der Oberpfalz erstreckt.
Wenn wir von Regensburg aus nordwärts wandern und eine Rast – vielleicht einen Badeaufenthalt – an der Naab einschalten, so fällt uns die bunte Vielfalt von Steinen auf, die am Ufer und im Flußbett nebeneinander liegen: da sind einmal weißliche Kalksteine und bräunliche Sandsteine, aber auch dunkle, schiefrige Gesteine, die Gneise; wir treffen weiter helle, speckig glänzende Quarze an und Granitkiesel, an denen wir deutlich die milchigtrüben Feldspate und die blättrigen Glimmerschuppen erkennen können. So haben sich im Flußbett die Bausteine der verschiedenen Landschaftsteile unserer Heimat versammelt.
Wie es dazu kam, wollen wir uns in kurzen Zügen klarmachen:

Geologische Zeitrechnung

Die Erforscher der Erdgeschichte (Geologen) haben die unermeßlich langen Zeiträume der erdgeschichtlichen Entwicklung untergegliedert; sie unterscheiden:

Erd-Urzeit und -Frühzeit
Erd-Altzeit
Erd-Mittelalter
Erd-Neuzeit

Wie sich der Mensch die gewaltigen Entfernungen zwischen den Gestirnen nicht vorstellen kann, so vermögen seine Sinne auch die Zeiträume der geologischen Entwicklung nicht zu erfassen. Als Hilfe für unsere Vorstellungskraft haben uns die Forscher daher Vergleichsmaßstäbe an die Hand gegeben. So hat man den Ablauf der Erdgeschichte mit dem Ablauf einer Stunde oder eines Jahres verglichen. »Gewaltige Zeiträume umfaßt die Erdgeschichte; wollen wir sie überblicken, so müssen wir sie in kleinere Maßstäbe pressen. Vergleichen wir die zwei Milliarden Jahre seit der Entstehung der Erdrinde mit einem Jahr, so ist es schon Herbst, als die Altzeit der Erde beginnt. Der ganze Werdegang des Lebens im Frühling und Sommer liegt für uns im Dunkeln. Ende Oktober, wenn schon die Blätter fallen, erobern die ersten Pflanzen und Tiere das Festland. Am ersten Dezember beginnt die Zeit der Säugetiere, Mitte Dezember die Zeit der höheren Pflanzen. Das Dunkel der Sylvesternacht ist schon hereingebrochen, als der erste Mensch erscheint. Für die ganze Weltgeschichte bleiben keine 100 Sekunden übrig. Den letzten Glockenschlag des Jahres füllt ein Menschenleben aus. Unsere eigenen Sorgen versinken in der Unendlichkeit der Zeit.« (Georg Wagner)

Die *Erdkruste*, auf der wir leben, ist im Verhältnis zum ganzen Erdkörper sehr dünn (dünner als die Schale eines Apfels im Verhältnis zum Apfel) und auch nicht völlig starr, wie es den Anschein hat. Festlandblöcke scheinen wie Schollen auf dem elastischen Untergrund zu schwimmen, wobei größere Teile herausgehoben werden, sich aufwölben oder in die zähflüssige Masse des Erdinneren eintauchen. Das Heben und Senken dieser Schollen bewirkt einerseits Gebirgsbildung, andererseits das Eindringen der Meere in die Festländer.

Gneise

In dem nicht vorstellbaren Zeitraum der *Ur- und Frühzeit* unserer Erde haben sich aus den Ablagerungen eines Urmeeres die ersten Gesteine gebildet. Unter dem Einfluß großer Erdbewegungen und Überlagerungen wurden sie in der Tiefe durch Druck und Hitze umgeprägt. Diese ältesten Gesteine, die auf der Erdoberfläche bekannt sind, heißen Gneise; sie sind in den ostbayerischen Grenzgebirgen weit verbreitet. Die Erdkruste war in der Frühzeit noch nicht sehr fest, sie konnte von den glutflüssigen Massen des Erdinnern durchbrochen werden. Zwischen den Gneisen drangen die Granite hoch, die eine körnige Ausprägung aufweisen; sie bauen zum großen Teil den Oberpfälzer Wald mit dem Naabgebirge und den Bayerischen Wald auf. Da diese Gesteine aus sandkornförmigen (beim Gneis umgeprägten) Kristallen bestehen, faßt man sie unter dem Namen *Kristallin* zusammen.

Granite

Nördlich und östlich unseres Gebietes erfolgte im *Erdaltertum* eine weitreichende Gebirgsbildung. Die heutige Oberpfalz lag während der folgenden Zeiträume meistens in einem Senkungsfeld. Wind und Wasser zersetzten die Gesteine der Gebirge und verfrachteten den Schutt in die Senken; Schicht um Schicht lagerte sich hier übereinander, verfestigte sich und wurde im Lauf von Jahrtausenden zu festem Gestein, dem sog. Absatzgestein (= Schichtgestein, Sediment). Ein Zeitraum des Erdaltertums wird Karbon (lateinisch carbo = Kohle) genannt: Eine üppige Pflanzenwelt förderte in küstennahen Gebieten die Moorbildung; aus diesen Mooren entstand später unter Druck und Wasserentzug *Steinkohle*, wie sie z. B. bei Erbendorf auftritt.

Absatzgestein

Während des ganzen *Erdmittelalters* wurde unser Land mehrmals von verschieden tiefen Meeren überflutet. Sande, Tone und Kalke setzten sich am Meeresboden ab und bilden heute die Gesteinsschichten der Trias-, Jura- und Kreideformation. (Formationen sind Zeiteinheiten der Erdgeschichte.) In manchen Schichten findet man versteinerte Reste bzw. Abdrücke von Tieren (Muscheln, Fische, Ammonshörner).

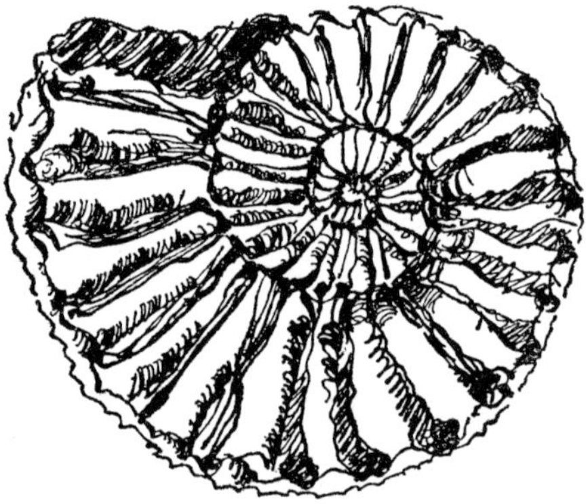

Versteinerung aus dem Jurameer (Ammonit)

Tertiäre Bewegungen

Am Ende des Erdmittelalters und zu Beginn der *Erdneuzeit* (vor allem in der als *Tertiär* bezeichneten Epoche) erfuhr die Erdoberfläche bedeutende Veränderungen; dieser Zeitraum ist überhaupt einer der wichtigsten und lebhaftesten der ganzen Erdgeschichte. Damals begannen sich die gewaltigen Falten der Alpen emporzuschieben. Auch die ostbayerischen Grenzgebirge und die Alb wurden stark herausgehoben und dadurch erneut der Abtragung ausgesetzt; denn je höher ein Teil der Erdkruste herausragt, desto mehr sind die Gegenkräfte am Werk, wieder Ausgleich zu schaffen.
Diese gebirgsbildenden Vorgänge hatten vulkanische Ergüsse im Norden unseres Bezirks, zahlreiche Einbrüche im Senkungsfeld, Spaltenbildung und Verwerfungen zur Folge. Die Bodenwöhrer Bucht brach ein; in dieser Senke bildeten sich Waldmoore, aus denen Torfe und schließlich *Braunkohle*lager entstanden (Schwandorfer Becken).

Eiszeit

Vor mehreren hunderttausend Jahren setzte in Europa als Folge einer Klimaverschlechterung die Eiszeitperiode (Diluvium) ein. Von Nordeuropa her schob sich eine Inlandeisdecke bis an die mitteldeutschen Gebirge heran; die Alpengletscher reichten ins Vorland, während die Mittelgebirge nur kleinere Firnkappen trugen. Die eisfreien Zonen (zu denen größtenteils auch unser Heimatgebiet gehört) waren mit Frosterde bedeckt, die nur einen spärlichen Pflanzenwuchs ermöglichte. Ungeheure Mengen von Abtragungsmaterial wurden durch Gletscher, Schnee und Gewässer verfrachtet und erfüllten das Alpenvorland. Auch

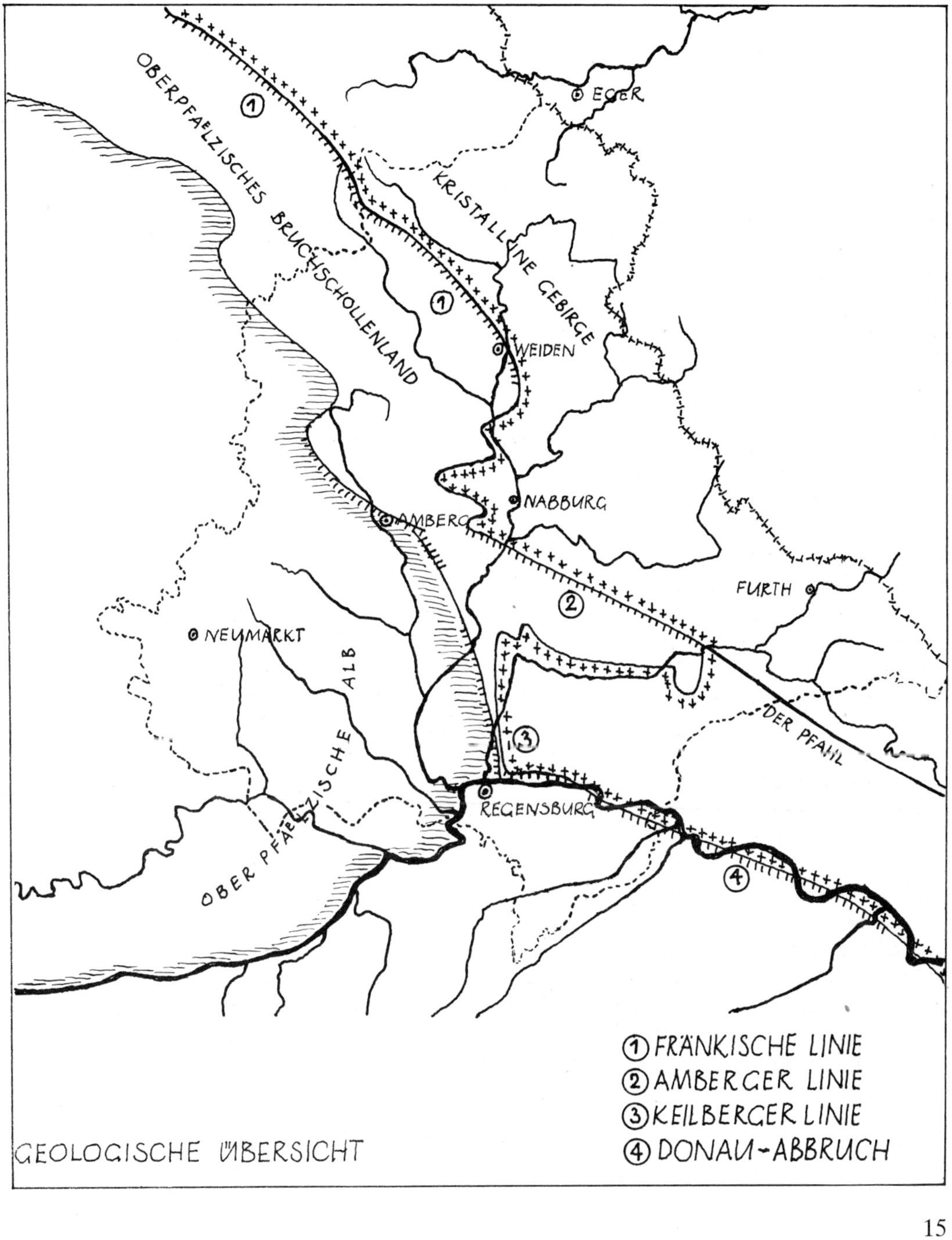
EGER
OBERPFAELZISCHES BRUCHSCHOLLENLAND
KRISTALLINE GEBIRGE
WEIDEN
NABBURG
AMBERG
FURTH
NEUMARKT
ALB
OBER PFAELZISCHE
DER PFAHL
REGENSBURG
① FRÄNKISCHE LINIE
② AMBERGER LINIE
③ KEILBERGER LINIE
④ DONAU-ABBRUCH
GEOLOGISCHE ÜBERSICHT

in den ostbayerischen Mittelgebirgen kam es zur Zersetzung und zum Abtransport des Gesteins. Winde bliesen feines Gesteinsmehl aus dem kaum bedeckten Untergrund und setzten es anderswo ab: So entstand der gelbliche *Löß* des Gäubodens, der als einer der besten Böden der Erde gilt. Auch die südlichen Flußauen der Oberpfalz bekamen von diesem Reichtum etwas ab; auch manche Höhenlagen – und hier vor allem die Nord- und Osthänge – weisen Lößablagerungen auf. So wirkte die Eiszeit vielfach bodenverbessernd durch Ablagerung neuer, mit unverbrauchten Mineralien angereicherter Decken, teilweise aber verschlechternd durch ausgedehnte Sandverwehungen. Solche begleiten uns z. B. längs der Straße, wenn wir von Neumarkt nach Höhenberg und St. Helena wandern. In den Zwischeneiszeiten führten die Flüsse durch das Abschmelzen der Schnee- und Eismassen viel mehr Wasser als heute, die Talsohlen ertranken in Sand und Schotter. Die Weidener Bucht z. B. ist von Luhe im Süden bis Altenstadt im Norden und bis hinauf nach Pressath davon erfüllt. Der Wechsel von Aufschütten und Einschneiden der Flüsse bedingte die Bildung von Flußterrassen. Bei Regensburg liegt der Hochterrassenschotter 25 Meter, die Niederterrasse acht bis zehn Meter über der heutigen Talsohle. Deutliche (Diluvial-) Terrassen lassen sich auch bei Regenstauf erkennen: Auf der Hochterrasse folgen Eisenbahn und Bundesstraße 15 dem unteren Regental. Schotterterrassen umranden die Bodenwöhrer Bucht sowie das Naabgebirge.
Die Eiszeit schuf die letzten großen Veränderungen in unserer Landschaft. Mit ihrem Ende beginnt die *erdgeschichtliche Gegenwart* (Alluvium), deren vielfältige Kräfte sich bis in unsere Tage herein geltend machen.

2. *Einzellandschaften*

Die alten Gebirge

Störungslinien

Das geologische Bild der Oberpfalz ist deswegen so schwer zu erfassen, weil die alten Gesteinsmassen bei späteren gebirgsbildenden Vorgängen zu einer Faltung nicht mehr elastisch genug waren, sondern rissig und brüchig wurden und an mehreren Stellen auseinanderbarsten. Die Gesteine wurden gegeneinander verbogen, verschoben und sogar übereinandergepreßt (Verwerfungen). Solche Störungszonen setzen sich vom alten Gebirge in die erdmittelalterlichen Schichten hinein fort. Die Begrenzung unserer östlichen Mittelgebirge (Steinwald, Oberpfälzer- und Bayerischer Wald) erfolgt weitgehend durch *Störungslinien.*

Bild Seite 15

17 Blick von der Ruine Donaustauf auf die laubwaldbedeckten *Donaurandhöhen*. Den Strom säumt ein Streifen von Auenwäldern, an den sich das fruchtbare Ackerland des Dungaus anschließt. Links auf der Höhe über dem alten Markt Donaustauf der deutsche Ruhmestempel, die *Walhalla*, in der Mitte der Scheuchenberg, zu dessen Füßen der Ort Sulzbach.

18 Donaulandschaft bei Schloß Wörth in der Sicht Albrecht *Altdorfers*. In diesem kleinen Ölgemälde ▷ des großen oberpfälzischen Meisters sieht die europäische Kunstgeschichte die erste reine Landschaftsdarstellung. Ein Wesenszug Altdorferscher Kunst tritt darin deutlich hervor: die stimmungsgeladene, beseelte Wiedergabe der Natur.

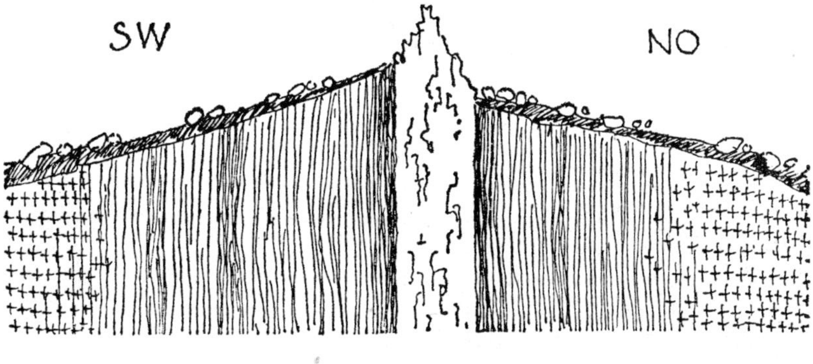

Querschnitt durch den Pfahl

Die markanteste Störungslinie Ostbayerns ist der *bayerische Pfahl*; nordwestlich streichend zieht er sich in einer Länge von 150 km von Freyung (Ndb.) über Viechtach und Cham bis Schwarzenfeld hin. Er grenzt das kristalline Gestein des Oberpfälzer Waldes gegen die Schichtgesteine des Schwandorfer Beckens ab. Der Pfahl entstand durch Zerbrechen der starren Gneis-Granit-Massen. Längs der Spalte wurde bei wiederholten Bewegungen das Gestein zerrieben und zu Pfahlschiefer umgeprägt (in 100 bis 800 Meter Mächtigkeit zu beiden Seiten). In die Kluft, die an manchen Stellen hundert Meter auseinanderklaffte, drangen heiße Kieselsäurewässer aus dem Erdinnern (zur Zeit der Gebirgsbildung im Karbon), erkalteten und kristallisierten aus. In der Kreidezeit und im Tertiär wurden die alten Bruchspalten erneut aufgerissen und verworfen. Da Quarz ein besonders hartes Gestein ist, ragt der Pfahl als grauweißlicher Härtling über die rascher verwitternden Gneise und Granite seiner Umgebung heraus. Markante Bodenerhebungen bildet er in unserem Bereich südlich Fuhrn (Hirschberg – Eichelberg), bei Strahlfeld (Schwärzenberg), westlich Cham am Thierlstein und bei Altrandsberg. Nordwestlich davon macht er sich im Gelände kaum bemerkbar. Neben dieser Hauptstörung gibt es noch mehrere »Nebenpfähle«.

Der 34 Meter hohe Rosenquarzfelsen von *Pleystein* ist ebenfalls auf eine Spaltenfüllung zurückzuführen.

Bild Seite 15
Im Norden zieht die »*Fränkische Linie*« schnurgerade von Weiden bis nach Schweina in Thüringen. Sehr schön ist der Steilabbruch des alten Gebirges längs dieser Linie auf der Ostmarkstraße bei Döltsch zu sehen (50–100 m Steilrandhöhe).

Steilwandig erhebt sich der Keilberg aus der Regensburger Ebene. Seine Wände gehören der *Donaurandverwerfung* an, welche die Grenze gegen das Voralpenland darstellt. Die erdmittelalterlichen Gesteine sanken hier in die Tiefe ab und wurden von einer mächtigen Schicht Abtragungsschutt überlagert. Bei Straubing wurde das Juragestein in einer Tiefe von 800 m erbohrt, gegen Regensburg hin taucht es langsam wieder auf; der Keilberg wird als hängengebliebene Weißjurascholle gedeutet (s. Seite 35).

In Verbindung mit geologischen Bruchspalten treten häufig wertvolle *Minerale und Erze* auf; von ihnen soll die Rede sein im Kapitel über das Wirtschaftsleben bei der Betrachtung der abbauwürdigen Bodenschätze.

Klima

Das Klima wird heute durch ein Netz von Wetterbeobachtungsstationen registriert. Neben den allgemeinen Erscheinungen sind viele lokalklimatische Eigenheiten beobachtet worden.

Der Oberpfälzer Wald liegt in der Grenzzone zwischen Westwindgürtel und kontinentaler, osteuropäischer Klimaprägung. Die vorherrschenden Westwinde führen Feuchtigkeit mit sich und geben sie hauptsächlich den gegen Westen gerichteten Höhen ab. Im Oberpfälzer und Bayerischen Wald nehmen die Niederschläge nach Osten hin zu (von 600 mm in der Wondreb-Senke auf 1200 mm).

Die Winter sind kalt und schneereich. Die *Schneedecke* im Oberpfälzer Wald hält sich 50 bis 100 Tage, die des Bayerischen Waldes 80 bis 120 Tage. Von dem besonders schneereichen Winter des Jahres 1909 wird erzählt, daß viele Häuser im Schnee versunken waren, den ganzen Tag Licht gebrannt werden mußte und die Kinder wegen hoher Schneewehen wochenlang die Schule nicht besuchen konnten.

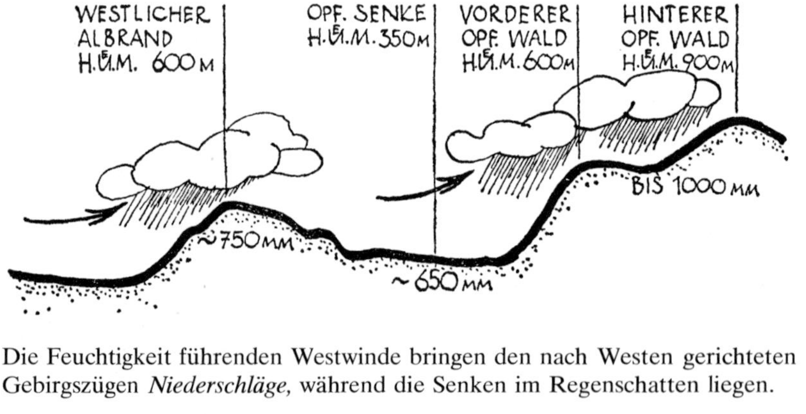

Die Feuchtigkeit führenden Westwinde bringen den nach Westen gerichteten Gebirgszügen *Niederschläge,* während die Senken im Regenschatten liegen.

Vor allem die Höhen erleben strenge Fröste. Der Steinwald und der hintere Bayerische Wald haben Januarmittel von −4 Grad; Temperaturen bis zu −30 Grad sind nicht selten. Ein rauher, trockener Fallwind, der »*Böhmwind*«, streicht über die Höhen und sucht auch die ostwestgerichteten Täler heim. Er fegt mit großer Geschwindigkeit daher und führt zu starken Schneeverwehungen. Im Frühjahr wirkt er austrocknend auf die Jungsaat. Oft hat er schon Brandkatastrophen verursacht. Zahlreich sind die Nebeltage; man rechnet in ungünstigen Lagen mit über 100 jährlich.
Zur Zeit der Schneeschmelze treten oft verheerende Überschwemmungen auf. Vor allem die Ascha, die aus einem sehr niederschlagsreichen Einzugsgebiet kommt, schwillt im Frühsommer gefährlich an und hat schon oft bedeutende Sachschäden in der Senke von Schönsee verursacht. Durch Speicheranlagen sucht man Abhilfe zu schaffen: Drei Speicherseen sind an der Schwarzach gebaut: der Perlsee bei Waldmünchen, der Silbersee bei Tiefenbach und der Eixendorfersee zwischen Neunburg v. W. und Rötz.
Auch die Sommer sind kühl mit Mitteltemperaturen von 16 Grad. Im Juni treten noch Nachtfröste auf. Frühfröste (Ende September) verhindern in manchen Jahren das Ausreifen der Feldfrüchte. So nimmt es nicht wunder, daß man von den ostbayerischen Grenzgebirgen behauptet, dort sei es »Dreiviertel Jahr Winter und ein Vierteljahr kalt«.

Gewässer

Das ganze Gebiet der Oberpfalz gehört – mit geringen Ausnahmen – zum Einzugsbereich der Donau, die zwischen Regensburg und Straubing eine Meereshöhe von 313–326 m aufweist. Tiefer schneidet kein fließendes Gewässer der Oberpfalz ein, man bezeichnet das Flußbett der Donau daher als Erosionsbasis.
Durch die Randbezirke unseres Gebietes verläuft die europäische *Hauptwasserscheide* (Nordsee – Schwarzes Meer). An der Ostgrenze greifen die zur Elbe und zur Donau gehörigen Quellgebiete ineinander; die der Pfreimd, Schwarzach und Chamb liegen auf böhmischer Seite, während einige Quellen von Eger und Mies auf deutscher Seite entspringen. Naab und Wondreb, die beide ihren Ursprung im nordöstlichen Oberpfälzer Wald haben und zunächst fast parallel nach Norden fließen, trennen sich zwischen Wiesau und Mitterteich: Die Naab biegt rechtwinkelig ab und wendet sich dem Donausystem zu, während die Wondreb nordostwärts der Eger/Elbe zufließt.
Die Flußläufe der nördlichen und östlichen Oberpfalz (Wald-, Fichtel- und Heidenaab, Pfreimd, Schwarzach) sind am Steilabfall tief eingeschnitten, pendeln dagegen in den weiten Talauen träge dahin. Dieser Wechsel von engen und weiten Talstrecken ist ganz typisch für die ober-

pfälzischen Flußläufe. Die Gewässer der Waldgebirge zeigen bei völliger Klarheit meist eine dunkle Braunfärbung (Flußnamen Schwarzach, Schwarzer Regen); sie rührt von gelösten Humusstoffen her. Das Wasser ist weich und eisenhaltig.
Eine bemerkenswerte Entwicklung hat das Regental durchgemacht: Ab Roding ändert der Regen plötzlich seine Richtung; er folgt nicht der Bodenwöhrer Niederung, sondern wendet sich westlich und dann südlich, wo er gezwungen ist, hartes, kristallines Gestein zu durchschneiden. Das läßt sich nur durch eine Hebung des Raumes im Tertiär erklären: Die Bodenwöhrer Bucht wurde zugeschüttet, der Fluß fand sein altes, nordwestlich gerichtetes Bett nicht mehr; er räumte sich daher ein neues (ein sog. epigenetisches = nachträglich geschaffenes) Durchbruchstal aus. Auch das Engtal der Naab zwischen Luhe und Schwarzenfeld ist auf diese Weise (durch Epigenese) entstanden.
Nur vereinzelt findet man im Bereich der Flüsse noch Reste naturnaher Waldbestände so z. B. Erlenbruchwälder, Eichen-Hainbuchenwälder, Schluchtwälder, Spirkenmoore und Schneeheide-Kiefernwälder. In den Feuchtgebieten der Beckenlandschaften wachsen wertvolle und seltene Moor- und Sumpfpflanzen (z. B. Sonnentau, See- und Teichrose, Irisarten, Wollgräser, Zwerglilie, Straußfarn, Sumpfwurz u. a.).

Bayerischer und Oberpfälzer Wald

Keiner vermöchte eindringlicher das Bild der östlichen Gebirgslandschaft zu schildern als der Oberpfälzer Dichter Georg *Britting*:

Der böhmische Wald

Das ist nicht ein Wald, wie sonst einer,
Der böhmische Wald.
Er ist so schwarz, wie sonst keiner –
So hat ihn noch keiner gemalt
Wie er ist.

Zwar sind die Wölfe, die Bären
Nicht mehr
In seinen dunkelen Schlüften.

Ach, wären
Sies noch! Dann die Jagdhunde her!
Was das Hifthorn sang,
Das schallte zurück von dem Grunde.

Viel Pilze, die wachsen noch, schwarz und auch rot,
In seinen dunkelen Klüften.

Und die Quelle, die rinnt, wie einst so kalt,
Und die Felstrümmer stehen in Bärengestalt,
Mit Moos um die riesigen Hüften.

Oft geht ein Wind,
Aus dem Böhmischen her,
Und der Winter ist lang,
Und der Sommer ist schwer
Vom Grün und vom Gold,
Das wipfelab rollt.

Wo das Wasser sich rührt
Im grundigen Moor –
O, wie dort mit List
Den Hasen aufspürt
Der Rotfuchs, der es durchschnürt!
Seine Nase hat ihn geführt.

Es hat ihn, in seiner schwarzen Gewalt,
Den böhmischen Wald,
Noch keiner gemalt wie er ist.

Wie große, dunkle Wellen wirken die langgestreckten Höhenzüge, die bis zur böhmischen Grenze, ungefähr parallellaufend, aufeinanderfolgen. Die mächtigste dieser Aufwölbungen bildet den Grenzkamm. Die ausgeglichenen Oberflächenformen alter Gebirge herrschen vor. Über die Gneisrücken ragen die härteren Granitkegel nur wenig auf. Der Grenzwall erscheint von weitem undurchdringlich; beim Näherkommen lassen sich verschiedene Einmuldungen erkennen, die einen Durchgang ermöglichen (Senken bei Bärnau, Eslarn, Schönsee, Waldmünchen, Eschlkam). Eine breite Senkungszone legt sich vor den östlichsten Höhenzug: Sie verläuft von Floß über Vohenstrauß nach Schönsee.

Vom dichtbewaldeten Tillenberg im Norden senkt sich ein Hügelland zur Wondreb hinab; die weichen Formen entsprechen dem Gesteinsunterbau (Tonschiefer und Glimmerschiefer). Der »Hochwald« schließt sich südlich an, ein mit Fichtenwald bedecktes, kuppiges Gelände. Südlich der Bärnauer Mulde erhebt sich der Entenbühl zu einer Höhe von 901 m; seine markante Granitkuppel überragt die Gneise der Umgebung. Eine merkwürdige, schalenartige Verwitterung zeigt der Granit
Bild Seite 111
um den Gipfel von Flossenbürg. Im Silberhüttenwald und um Waldmünchen haben sich noch schöne Tannenbestände erhalten. Die Hänge des dichtbewaldeten Frauenstein und die Berge östlich von Waldmün-

chen sind mit Felsbastionen und Blockmeeren bedeckt (vgl. Namen wie »Blockstreu«). Zu der Ausbildung von sog. Wollsäcken (auch »Kissen« oder »Matratzen« genannt) kommt es durch mechanische Verwitterung: In feine Gesteinsrisse dringt Wasser ein; wenn dieses gefriert und somit einen größeren Raum einnimmt, vermag es sprengend selbst auf große Felsblöcke zu wirken. Der Wechsel von heiß und kalt in den Übergangszeiten übt eine starke Wirkung aus. Die verschiedenen Bestandteile des Granit (Feldspat, Quarz und Glimmer) werden voneinander getrennt und das Gestein durch Regen ausgewaschen. Wenn dieses Zersatzmaterial (= Grus) abtransportiert ist, bleiben die »Wollsäcke« zurück. Wie bei den Ausführungen über die Erdgeschichte bereits erwähnt, folgten der wiederholten Heraushebung der Grenzgebirge Perioden der Abtragung. Dadurch wurden sie der ehemaligen Schichtgesteinsdecken beraubt; fast überall liegt das Grundgebirge bloß. Sehr wichtig für die Formgebung war das warme, wechselfeuchte Klima der Tertiärzeit: Damals setzte eine tiefgreifende Verwitterung mit Kaolinbildung ein (bis zu 20 m, südlich Tirschenreuth sogar 25 m); mächtige Schottermassen verschütteten die Täler (siehe Bodenwöhrer Regenbarriere!).

Bild Seite 28

Wollsackbildung

Der vordere Teil des Oberpfälzer Waldes liegt durchschnittlich um 200 m tiefer; er wirkt einförmiger als der hintere Wald. Nur die Zertalung bringt eine unruhige Note ins Gelände. Über die weiten Flächen erheben sich kleine Kuppen wie der Rosenquarzstock von Pleystein oder Rücken wie der des Fahrenberges mit 801 m; dieser gewährt einen umfassenden Rundblick über die Wälder und Höhen vom Fichtelgebirge bis zum Arber und zur Alb. Das granitene Naabgebirge und seine westliche Fortsetzung, die Hahnbacher Kuppe, schieben sich weit ins Senkungsfeld hinein.

Die Waldflora der östlichen Gebirge ist geprägt durch die mehr sandigen als lehmigen Verwitterungsböden der kristallinen Ausgangsgesteine und das rauhe, feuchte Klima. Die ausgedehnten Wälder werden von Fichte und Tanne gebildet; ihnen beigemischt sind auch heute noch in den höheren Lagen Buche, Bergahorn und Vogelbeere. In den unteren Lagen treten Eiche, Linde, Birke und Erle hinzu. Die ursprüngliche Waldfläche ist bis auf 40 % zusammengeschrumpft, lediglich die Grenzkämme tragen noch ein mehr oder minder geschlossenes Waldkleid.

Als Besonderheit in der Tierwelt ist das Vorkommen von Auerwild, Haselhuhn, Birkwild und Fischotter zu erwähnen.

Steinwald

Das Oberpfälzer Hügelland wird im Norden vom Steinwald überragt; er stellt den Südostwall des Fichtelgebirges dar. Die Steilstufe beruht auf einer Aufwölbung längs der »Fränkischen Linie«.

Granite und tonige Phyllite, durchbrochen von Basalt- und Tuffgestein,

bestimmen den Aufbau des Steinwaldes. Kleiner und Großer Teichelberg setzen die Umwallung der Erbendorf-Mitterteicher Senke nach Nordosten hin fort. Sie sind herausgewitterte Basaltkegel und bilden eine düstere Kuppenlandschaft. In die Fichtenwälder schieben sich bis etwa 700 m hinauf Rodungsinseln.
Die Täler am Steilabfall sind tief eingekerbt, die Schluchten mit Geröll übersät. Dadurch erhält vor allem das Waldnaabtal seinen romantischen Charakter. Ein Hauch von unberührter Wildheit umfängt den Wanderer in diesem Naturschutzgebiet. Zwischen zerklüfteten Felstrümmern gurgelt und tost das Wasser, frische Quellen rieseln über bemooste Steine. Die Volksphantasie fand Namen wie »Butterfaß« für die merkwürdigen, vom Wasser geschaffenen Felsformen.
Der Unterwuchs auf den nährstoffarmen Böden ist gering: Moose, Farne, Gräser und Kräuter. Kennzeichnend für den Steinwald ist das Vorkommen des Siebensterns. Mit grauen Flechten bewachsene Felsungetüme ragen über die hochstämmigen Bäume auf, Dachs-Felsen, Vogel-Felsen, Huberfelsen, Räuberfelsen, Katzentrögl u. a. Von ihnen aus geht der Blick über nahezu unberührtes Waldland. Gegenüber den westlichen Teilen fällt beim Reichswald der herrliche Mischwaldbestand auf (Buchen – Tannen – Fichten). Da hier ausreichend Licht eindringen kann und außerdem die Bodenverhältnisse günstig sind, entfaltet sich reiches Leben am Waldboden.

Im Südosten hat die Oberpfalz Anteil am Bayerischen Wald. Der »hintere Wald« jenseits des Regentales erhebt sich bis zu 1290 Meter (Osser). Gneis ist das vorherrschende Gestein. Mit Kötzting und dem »Lamer Winkel« sind 1972 auch die langgestreckten Waldrücken des Hohen Bogen und des Kaitersberges zu unserem Regierungsbezirk gekommen, ein Gebiet von ursprünglichem Reiz. Alpinen Charakter weisen die zerklüfteten Gneisformationen des Kaitersberges auf. Auf seiner höchsten Erhebung, dem Riedelstein, ragt das Waldschmidt-Denkmal auf. Maximilian Schmidt hat der Eigenart seiner Heimat in vielen Erzählungen dichterischen Ausdruck verliehen.

Falkensteiner Vorwald
Bild Seite 42

Der sogenannte Falkensteiner Vorwald wird von der Donau, der Bezirksgrenze und dem Bogen des Regentales eingeschlossen. Granite bilden den Untergrund dieser »buckligen Welt«, deren Höhen zwischen 500 und 700 m liegen. Auch hier finden sich Klippen, Wollsackbastionen und Felsenmeere (wie z. B. am Falkensteiner Burgberg). Der allmählichen Abdachung nach Norden steht ein Steilabbruch zur Donau hin gegenüber. Die nach Süden gerichteten Wasserläufe schneiden schmale Kerbtäler ein: Reifelsbach, Otterbach, Abersbach, Perlenbach

u. a. Der Höllbach fließt durch eine Schlucht mit riesigen Granitblöcken (Naturschutzgebiet der »Hölle«).
Die Flora zeigt sich in diesem Gebiet – bedingt durch Bodenverhältnisse und Klima – verhältnismäßig artenarm. Saueres Ausgangsgestein und rauhes Klima sind die Gründe hierfür. Eine botanische Besonderheit ist das Auftreten des Eisglöckchens in den Hochlagen und des Ungarischen Enzians. Dünne Besiedelung, relativ geringe Industrialisierung und extensive Landnutzungsformen haben eine schützenswerte Tierwelt bewahrt. So haben hier Auer-, Hasel- und Birkwild ihre Heimat. Von den Greifvögeln sind der Schreiadler, der Mäuse- und Wespenbussard, die Waldohreule, der Uhu, Wander-, Turm- und Baumfalke zu erwähnen. Weitere seltene Vogelarten sind der Dreizehen-, der Weißrücken- sowie der Zwergspecht und der Alpenbirkenzeisig.
Während das wellige Gelände zwischen Donau und Regen einen anmutigen Wechsel von Feldern, Wiesen und Wäldern aufweist, trägt der Südabfall zur Donau noch eine geschlossene Mischwalddecke, die vom Keilberg bis gegen Straubing reicht. Der »Thiergarten«, im Besitz des Fürsten von Thurn und Taxis, stellt Süddeutschlands größten Wildpark dar mit 2200 ha umzäunter Fläche. Sein hochwertiger Wildbestand ist berühmt. Im Jahr 1817 setzte man 139 Stück Rotwild und 106 Wildschweine ein, 1825 kamen Damwild, 1952 Muffelwild hinzu. 1953 konnte im »Thiergarten« ein Sechzehnender mit 13,5 Pfund Geweihgewicht erlegt werden.
Die wärmebegünstigten, gegen Ostwinde abgeschirmten Südhänge weisen Reste eines ehemals ausgedehnten Weinbaues auf (s. Seite 68). Weinkenner trinken heute noch gern die erdigen Tropfen von Sulzbach, Bach und Kruckenberg.

Oberpfälzischer Albanteil (Jura)

Die naturlandschaftliche Einheit der Alb wird am deutlichsten, wenn man von Westen her auf sie zukommt:
Über das flache Lias-Vorland (Schwarzer Jura) erhebt sich mauerartig die Steilstufe des Dogger (Brauner Jura) und Malm (Weißjura). Dieser Rand ist jedoch durch Bergvorsprünge und Taleinschnitte stark zerfranst und aufgeschlossen. Die durchschnittliche Höhenlage beträgt 500 m, höchste Erhebung ist der Poppberg mit 657 m.
Gegen Osten fallen die Schichten ein und verschwinden unter jüngeren Ablagerungen. Im nördlichen Teil herrschen milde, flache Formen vor. Typisch für das untertauchende Juragestein sind die Dolomitbuckel im tertiären Schüttmaterial südlich Burglengenfeld im sog. Raffa. Im west-

27 Im Naturschutzgebiet des *Fichtelnaabtales* bei Brand.

28 Phantastische Felsbastionen ragen über die Höhenrücken des *Steinwaldes* auf. Beim »Räuberfelsen« hat die Verwitterung bereits zur »Matratzenbildung« geführt.

29 Von der *Ostmarkstraße* hat man einen Blick auf die Stammburg der Grafen von *Leuchtenberg*. Die Ruinen dieser bedeutendsten Oberpfälzer Burganlage beherrschen weithin die Mittelgebirgslandschaft des Oberpfälzer Waldes.

30 Im *Oberpfälzer Wald* umfängt besonders im Winter die Abgeschiedenheit einer nahezu unberührten Natur.

lichen und südlichen Teil des Jura treten an den Talflanken immer wieder imponierende Felsbastionen hervor (Hohenfels – Schmidmühlen – Kallmünz – Pielenhofen – Etterzhausen sowie im Donautal bei der Walper bis zum Keilberg).
Diese aus Korallen und Schwämmen aufgebauten Riffe sind örtlich dolomitisiert worden (Austausch des Kalziums durch Magnesium). Der ursprünglich muschelige glatte Bruch des Kalkgesteins zeigt bei Dolomit zuckerförmige Struktur. Die zwischen den Riffkalken (Felsenkalken) liegenden Schichtkalke (Bankkalke) sind Stillwassersedimentgesteine, deren Bankung durch zwischengelagerte nicht verfestigte Mergelbänder erhalten blieb. Sie bilden vor allem im Westen zwischen Parsberg und Neumarkt flachere Geländeformen aus. Kennzeichnend ist neben der Bankung ihr hoher Fossilienreichtum (Ammoniten, Teufelshörner, Seelilienstengel). Über dem Juragestein treten fast im ganzen Albgebiet Ablagerungen eines Meeres der Kreidezeit auf, die besonders im Raum Regensburg mit einer Vielzahl von Schichten vertreten ist: Schutzfelsschichten (Schutzfelsen bei Sinzing), Großberger Sandstein, Pulver-

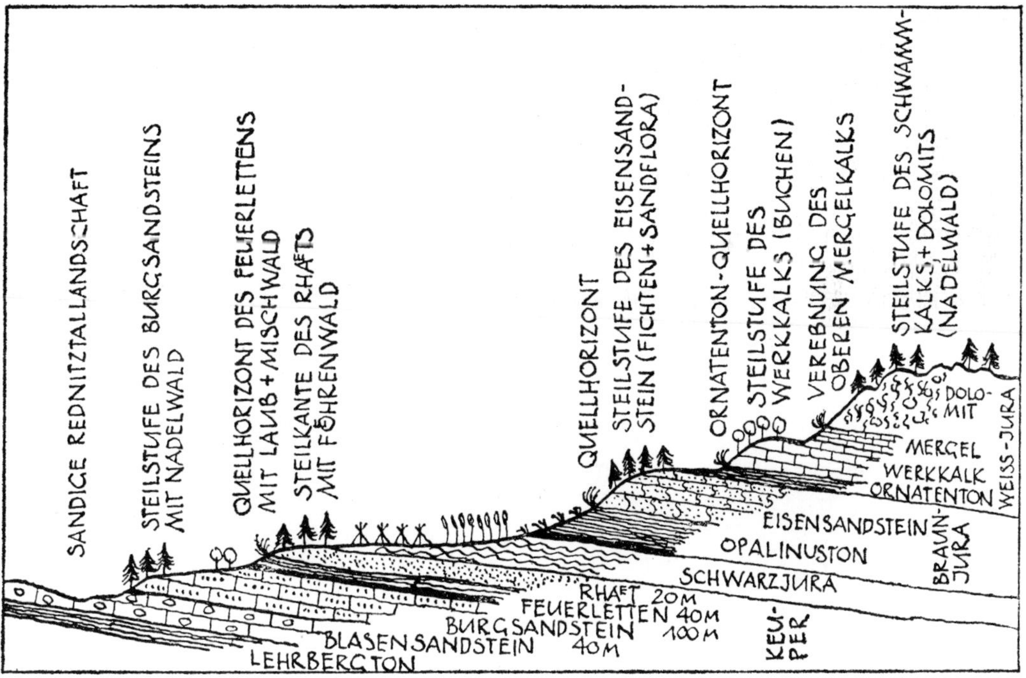

Querschnitt durch das Albvorland und den *Albrand*: Die verschiedenen Gesteinsschichten des Weißen, Braunen und Schwarzen Jura lagern nicht waagrecht, sondern senken sich von Westen nach Osten.

turmschichten, Eybrunner Mergel, Regensburger Grünsandstein, Reinhausener Schichten. Verkieselungen (nach Abzug des Kreidemeeres) führten zu den heute auf großen Flächen dieser Formation zu findenden »Kallmünzer und Amberger Tripeln«: Die Verwitterungsrinde ist meist dunkelbraun und glatt, ihr Inneres porös und rauh. Die Böden sind kalk- und nährstoffarm.

Karst

Weitere Besonderheiten stellen die heute durch Absenkung des Grundwassers wasserlosen Höhlen und Gänge im Juragestein dar (Karsterscheinungen). Die im Regenwasser enthaltene Kohlensäure wirkt lösend auf das Kalkgestein; dadurch werden Spalten und Klüfte, die durch gebirgsbildende Vorgänge im Tertiär bereits angelegt wurden, erweitert. Viele dieser *Höhlen* weisen herrliche Tropfstein- und Sinterbildungen aus.

Man hat errechnet, daß jährlich von jedem Kubikkilometer Jurakalk 42,5 cbm in Lösung gehen. Jeder Tropfen, der durch das Gestein sickert, enthält eine winzige Menge gelösten Kalks; er läßt sie beim Verdunsten an der Höhlendecke zurück oder hilft, wenn er abtropft, eine Kalksäule aufbauen. Die von der Decke hängenden »Stalaktiten« und die vom Höhlenboden aufwachsenden »Stalagmiten« schließen sich häufig zu Säulen zusammen. »Vorhänge« entstehen durch Kalkwasser, das aus feinen Felsrissen quillt.

Die berühmtesten Jurahöhlen befinden sich im fränkischen Teil der Alb; aber auch unser Gebiet weist eine stattliche Anzahl schöner Höhlen auf, es sei nur an die »König-Otto-Höhle« bei Velburg, an die Sternsteinhöhle bei Sulzbach oder an die Osterhöhle mit ihrem prächtigen Tropfsteinschmuck erinnert. Die Maximiliansgrotte im oberen Pegnitztal ist mit ihren fünf Stockwerken und formenreichen Hallen eine der bemerkenswertesten Jurahöhlen überhaupt. Die über 200 Höhlen der Regensburger Umgebung werden von einem Kreis von Höhlenforschern untersucht.

Bild Seite 40

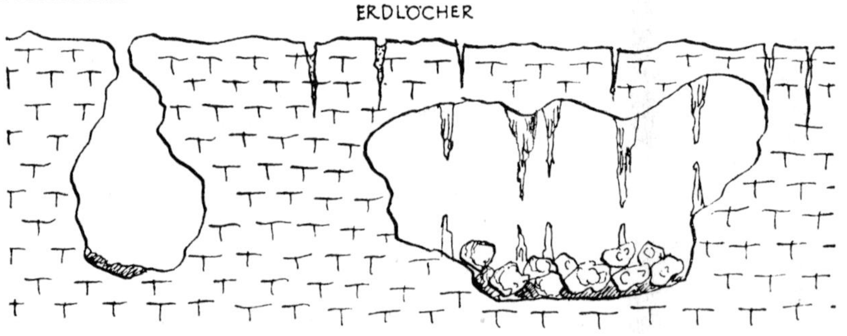

Karsterscheinungen in der Alb: Erdlöcher, Spaltungshöhle (links) und Zerklüftungshöhle mit Stalaktiten und Stalagmiten.

Neben diesen unterirdischen Karst treten bemerkenswerte Kleinformen an der Oberfläche: *Karren* sind aufrecht stehende Gesteinsrippen zwischen dünnen Rinnen. Manchmal reichen Rinnen und Schlote mehrere Meter tief nach unten. Solche »Dolinen« sind häufig über unterirdischen Hohlräumen durch Einsturz entstanden. Daneben gibt es trichterartige Erdlöcher, im Volksmund »Seign« (= Sauglöcher), Schauer- oder Teufelslöcher genannt. Diese Vertiefungen sind oft mit Sand oder Verwitterungsschutt bedeckt und sehr wasserdurchlässig. Es ist schon vorgekommen, daß ein Bauer beim Ackern plötzlich mitsamt Pferd und Pflug ein paar Meter tief eingesunken ist. Häufig finden sich in der Altmühlalb langgestreckte, gut erkennbare Trockenwannen, die sog. »Reindln«.

Wasserversorgung

Auf dem Albhochland hat sich ein Netz alter, flachmuldiger Täler erhalten, die infolge der Verkarstung fast das ganze Jahr über trocken liegen. Nur zur Zeit des Wasserüberschusses (im Frühjahr) kann sich dort ein fließendes Gewässer halten; sonst versickert alles Wasser.

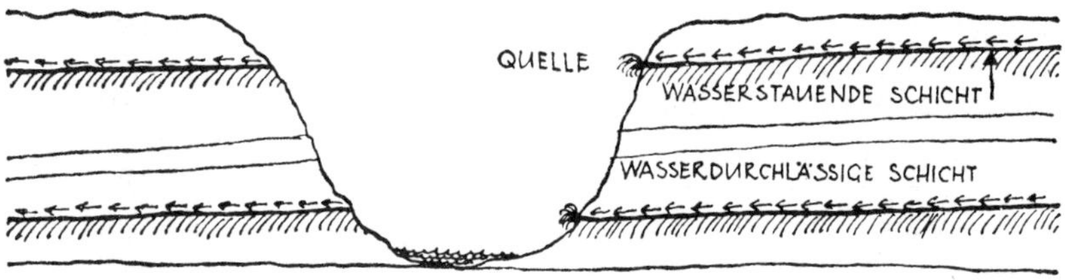

Grundwasserhorizonte im Karst

Die Siedlungen auf der Jurahochfläche beziehen ihr Wasser aus Tiefbrunnen, die in den wasserführenden Karst hinabreichen. Durch Unterwasserpumpen wird das Trinkwasser auf die Jurahochfläche gedrückt und durch ein weitmaschiges Netz von Rohrleitungen und Hochbehältern auf die Dörfer verteilt.

Auch die Wasserversorgung der Stadt Regensburg muß auf das tiefliegende Kluftsystem des Juragesteins zurückgreifen: Im Gebiet von Sallern wurden in einer Bohrtiefe von 150 m große Wassermengen (400–600 Liter/sec.) erschlossen. Die Amberg-Sulzbacher Gegend verdankt ihre Wasserversorgung ebenfalls ergiebigen Tiefbrunnen. Ein wesentliches Quellgebiet der Stadt Nürnberg, aus dem 530 Liter/sec. in natürlichem Gefälle abgeleitet werden, liegt bei Ranna (Lkr. Neustadt/Waldnaab).

Bild Seite 20

Die Wasserverhältnisse der Alb sind nicht nur gesteinsmäßig, sondern auch klimatisch bedingt: Die Alb fängt an ihrer westlichen Trauf erhebliche Steigerungsregen ab; die mittleren Jahresniederschläge betragen dort 700–800 mm. Nach Osten zu nehmen die Feuchtigkeitsmengen sehr ab. Die Sommer der Albhochfläche sind heiß, die Winter weniger rauh und schneereich als in den entsprechenden Höhenlagen des Oberpfälzer Waldes.

Die Juralandschaft erlebt seit dem Tertiär eine ständige Heraushebung, so daß sich die Flüsse mehr und mehr in den Untergrund einschneiden. Enge, wasserreiche Täler mit feuchten Wiesengründen (Altmühl, Schwarze Laber, Lauterach) sind die Folgeerscheinungen. Die Vils windet sich südwestlich Vilseck in einem 130 m tief eingekerbten Engtal durch Malm (Weißjura) und Doggersandstein (Braunjura). Dort, wo das Grundwasserkissen von der Tallinie angeschnitten wird, treten sehr starke (Karst-)Quellen auf; dies ist in der Regel am westlichen Rand der Täler der Fall. Manchesmal sind oberhalb des eigentlichen Grundwasserhorizontes noch wasserstauende Schichten (z. B. Ton) eingeschaltet, dann entstehen »Hungerbrunnen«; das sind Karstquellen, die nur zur Zeit der Schneeschmelze oder größerer Niederschläge Wasser führen.

Wo sich bei flachem Talboden ausgeprägte Schleifen (= Mäander) mit langen Talspornen bildeten, kommt es hin und wieder zum seitlichen

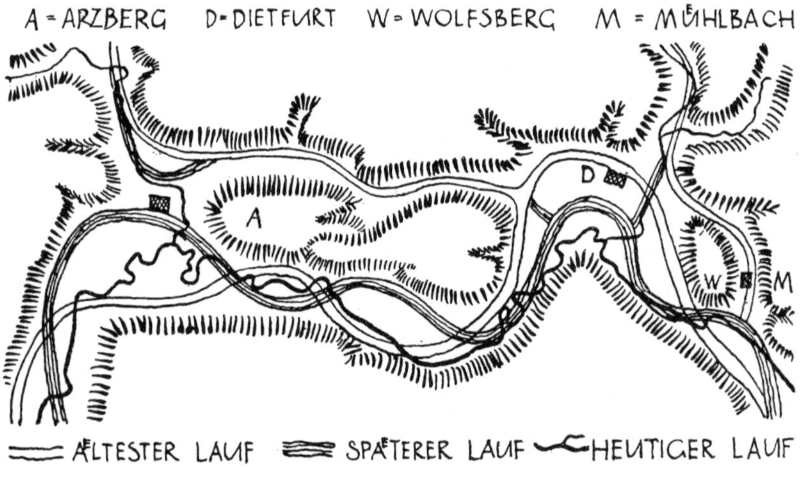

Der Wolfsberg bei Mühlbach ist ein typischer Durchbruchsberg. Die Laber floß ursprünglich östlich am Wolfsberg vorbei durchs heutige Mühlbachtal. Später brach sie bei Dietfurt zur Donau durch; der südlich gelegene Talzug erweist sich nämlich durch Schotter als alter Donaulauf. Auf ähnliche Weise entstand auch der nahe gelegene Arzberg bei Beilngries (dieser Bereich ist seit dem 1. 7. 72 dem Regierungsbezirk Oberbayern zugeschlagen worden): Den nördlich gelegenen Talzug, der heute vom Rhein-Main-Donau-Kanal genützt wird, durchfloß einst der Unterlauf der Sulz; später brach er zur tiefer gelegenen Donau durch.

Durchbruch. Berge, die dadurch entstehen, daß ein Fluß zu einem anderen durchbricht, nennt man *Durchbruchsberge.* Der Arzberg und der Wolfsberg im Altmühltal sind so entstanden.

Der *Grenzlinie* zwischen Juragestein und Kristallin folgt das untere Regental. Auffallend ist das unsymmetrische Talprofil (z. B. östlich Eitlbrunn); es beruht auf der verschiedenen Widerstandsfähigkeit des Untergrundes. Auch ein deutlicher Unterschied im Bewuchs ist ersichtlich. Das kristalline Gebirge ist mit Nadelwald bedeckt, während auf der steileren Juraseite zwischen den Dolomitfelsen nur magere Wiesen und Laubbäume gedeihen.

Am interessantesten tritt die Grenzlinie zwischen Jura und den granitischen Ausläufern des Bayerischen Waldes am *Keilberg* östlich Regensburg zutage. Die Keilbergscholle ist das südöstlichste Juravorkommen der Oberpfalz (s. Seite 20). Längs des Granites haben sich an einer Störungslinie (der sog. Keilbergspalte) die Juraschichten stark verschleppt bzw. steil aufgerichtet. Wenn man vom Südrand des Keilberges gegen Tegernheim geht, gelangt man in immer ältere Schichten: Zunächst die verschiedenen Malmhorizonte; dazu gehört der Felsenkalk, der in großen Steinbrüchen abgebaut wird. Dolomitische Kalke und Kreidezeitablagerungen sind eingelagert. Es folgen die Doggerschichten (hauptsächlich gelbbrauner Sandstein), der sog. Opalinuston und andere dunkle Tone (rund 20 m) und die schiefrigen Ausprägungen der Liasschichten. – Zwischen den Juraablagerungen und dem Granit des Mittelberges finden sich (auf der östlichen Seite der Tegernheimer Schlucht) Rotliegendablagerungen: Es sind im Erdaltertum entstandene Abtragungsschichten des Granits.

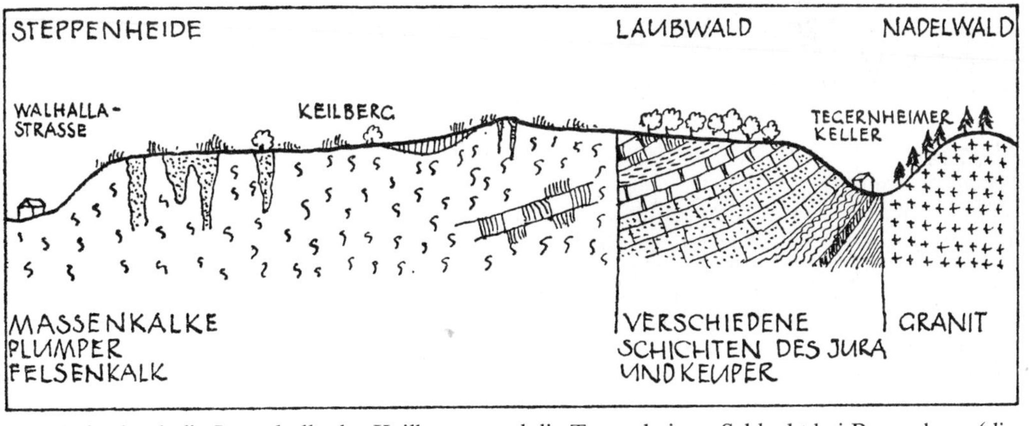

Querschnitt durch die Juraschollle des Keilberges und die Tegernheimer Schlucht bei Regensburg (die sog. Keilbergspalte)

So finden wir, wenn wir die Alb durchwandern, eigentlich zweierlei Landschaftsbilder vor: das herbe, einsame des Hochlandes – das bewegtere, romantische Bild der Täler mit ihren kühnen Felswänden und rauschenden Gewässern; oben ruhige Formen und Farben – unten das leuchtende Grün saftiger Wiesen; oben eine große Weite des Horizonts – unten oft eine Enge, so daß für die Verkehrswege nur ein knapper Streifen bleibt. Im Tal der Weißen Laber und streckenweise auch in dem der Schwarzen Laber (zwischen Beratzhausen und Lupburg) kann nicht einmal eine Straße angelegt werden.

Landschaftsbild

Die Hänge der Täler und der Hochfläche tragen meist nur eine dürftige Verwitterungskrume und machen dann einen sehr kahlen Eindruck. Fremdartig-unberührt erscheint uns diese Landschaft; und doch ist sie nur durch menschliche Einwirkung zu ihrem heutigen Aussehen gelangt: Die Hänge wurden entwaldet und als *Schafweiden* genutzt. Die Schafzucht spielte früher eine große Rolle, worauf noch viele Flurnamen (Schafberg, Schafacker usw.) hinweisen. Da die Schafe das Gras bis hart an die Wurzeln – oft auch mit diesen! – abbeißen, außerdem auch junge Laubbäume beschädigen, setzten sie den Fluren bedenklich zu. Wo man von Beweidung absieht, kommen innerhalb weniger Jahre wieder Waldpflanzen auf.

Die kalk- und nährstoffarmen Kreideböden (s. o.) tragen nur schwachwüchsige Waldbestände mit geringem Florenreichtum: Heidelbeere, Preißelbeere, Moose und anspruchslose Gräser sowie örtlich Keulenbärlapp, Zypressenbärlapp, Katzenpfötchen und Arnika. Die kalkhaltigeren Böden der Kreide und vor allem die des Juramalmgesteins weisen dagegen einen großen Pflanzenreichtum auf. Das Florenkleid mit über siebenhundert Arten wird von keiner anderen Landschaft der Oberpfalz übertroffen. Laubholzreiche Mischbestände aus Fichte, Buche, Tanne, Lärche, Eiche – dazu die selten gewordenen Elsbeere und die Eibe – wechseln mit kiefernreichen Beständen. Charakteristisch für die warmen, kalkhaltigen Südhänge ist die Steppenheide mit Wacholder und Steppengräsern wie der Steinfeder, dem Kammgras und dem duftenden Ruchgras. Silberdistel, Küchenschelle, Steinrösel, Diptam und andere seltenen Kräuter und Blütenpflanzen vervollständigen das Bild der Flora. Typisch vertreten sind sie am Keilstein bei Regensburg und an den Steinhängen bei Kallmünz und Riedenburg.

Auf frischeren Standorten blühen im Wald so seltene Pflanzen wie der Türkenbund, der Frauenschuh, weißes und rotes Waldvögelein, Zweiblatt, große Waldanemone, Seidelbast und selbstverständlich eine ganze Reihe von kalkliebenden aber nicht so seltenen Blütenpflanzen. Typisch für diese kalkhaltigen Standorte ist das Vorkommen der Walderdbeere.

Neben diese pflanzengeographischen Besonderheiten treten noch einige seltene Tiere: Der größte Eulenvogel, der Uhu, kommt in einzelnen Exemplaren noch im felsigen Gebiet des Naabtales vor. Den scheuen Wasserschmätzer und den blaugrünen, einzelgängerischen Eisvogel kann man im Lauterachtal beobachten.

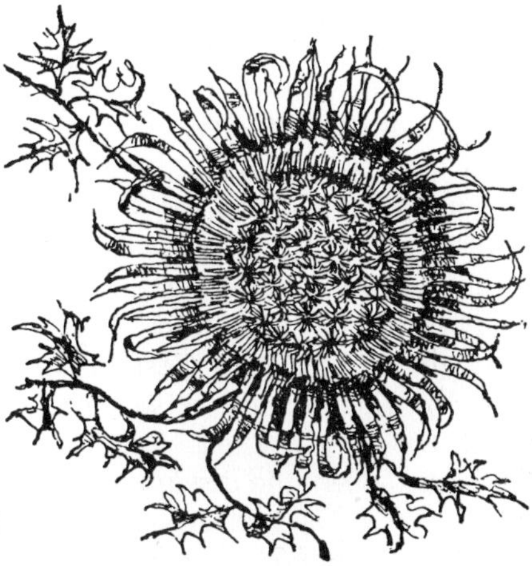

Silberdistel

Ein stimmungsvolles Bild der Juralandschaft entwirft der aus ihrem Boden (Beratzhausen) erwachsene Dichter Gottfried *Kölwel* in seinem Roman »Das Jahr der Kindheit«:
»Nun mußte ich aber am Abend desselben Tages im Auftrage meiner Eltern zu einem einsam auf den Jurahöhen wohnenden Taglöhner gehen und ihm sagen, er möchte an einem der nächsten Tage zur Arbeit in unser Haus kommen. Der Weg führte mich auf die Höhe des Tales, über Jurafelsen, zwischen Wacholder- und Schlehenbüschen dahin ... Die Sonne war eben im Untergehen und ließ das westliche, von hundert Buckeln und Bergen durchwölbte Jurahochland im farbenreichen, verklärten Licht erscheinen ... Bald freilich war die Pracht verschwunden, und die blauen, dämmernden Farben der fernen Höhenzüge verliefen sich zusehends zu dunklen und schwarzen Schatten. Da erschien auf einmal die Welt scharf begrenzt, und diese Grenzen wurden immer enger, je dämmeriger es wurde. Das weite Land schien sich zusammenzuziehen, der Himmel zu ducken, aus der dunklen Erde heraus aber buckelten sich die Felsen wie verwunschene Riesen und Gnomen und zeigten die phantastischsten Stellungen; schwarze Wacholderbüsche stachen wie breite Schwerter aus dem Boden auf, sahen auch wie unheimliche, schwarze Flammen aus oder krochen, zu rundlichen Büschen geformt, gleich finsteren Igeln über die

Bergrücken. Dabei wurde das Licht immer schummeriger, und große Käfer flogen schreckhaft um mich her. Eine eigenartige, immer furchtsamere Stimmung erfaßte mich . . .«

Die Senken

Albvorland

In einem kleinen Zipfel reicht die Oberpfalz noch in das Übergangsland zwischen Albsaum und mittelfränkischem Becken hinein. Der Gesamtcharakter ist der eines flachwelligen Beckens mit steilwandigem Abschluß. Die Täler der Sulz und Altmühl ziehen das Landschaftsbild des Vorlandes ein Stück in die Alb hinein. Losgelöste Randberge ragen über die Fläche auf: Man nennt sie *Zeugenberge*, weil sie von dem ehemals (im Tertiär) weiter westlich verlaufenden Albrand zeugen. Alle diese Erhebungen (Tyrolsberg, Hohe Ahnt, Staufer Berg, Buchberg, Galgenberg u. a.) zeigen den gleichen Gesteinsaufbau wie der benachbarte Albtrauf, von dem sie durch die zerstörende Arbeit des Wassers abgetrennt wurden. Bild Seite 31

Der Schwarze Jura (Lias) und der untere Braune Jura (Dogger) liefern *tonigmergelige Böden.* Da mehrere wasserstauende Schichten vorhanden sind, besteht ein Hauptproblem der Bodennutzung in der Entwässerung. Nasse Wiesen mit Erlen- und Eschenbeständen zeigen die geringe Abflußgeschwindigkeit des Sickerwassers an. Südwestlich Neumarkt treten im Bereich des ehemaligen Moosweihers sogar Torfbildungen auf. Die Versumpfung ist mit eine Folge der flachen *Talwasserscheide* zwischen Sulz (-Donau) und Schwarzach (-Rhein). Die Donau hat hier (im Tertiär) Gebiet verloren: Ehedem floß die Rednitz nach Süden zur Altmühl, wie sich an Keuperschotter, dessen ursprüngliche Lagerstätte weiter nördlich war, nachweisen läßt. Die Mainnebenflüsse zapften die der Donau ab. Die Böden oberhalb der Eisensandsteinstufe (im Dogger) sind weniger naß; auf ihnen gedeihen neben Fichten und Föhren auch Mischwälder.

Oberpfälzer Hügelland

Eine breite Senkungszone dehnt sich zwischen den Ausläufern der Alb und den kristallinen Gebirgen im Osten aus. Das weiträumige Hügelland um Grafenwöhr steht durch das Vilstal in der Amberger Gegend mit der Bodenwöhrer Bucht in Verbindung. Charakteristisch ist der Wechsel zwischen Weitungen und Engstrecken, der auf einen Wechsel des Gesteinsuntergrundes zurückgeht. Höhenunterschiede von mehreren hundert Metern zeigen an, daß es sich keineswegs um eine einfache Senke handelt. Bild Seite 150

Im Grafenwöhrer Hügelland treten Gesteine vom Erdaltertum bis zur Jetztzeit an die Oberfläche: Zechstein, Buntsandstein, Keuper und auch

39 Im *Stiftland.* Blick von den Höhen der Wallfahrtskirche Kappel gegen den Oberpfälzer Wald, den im Norden die Naab-Wondreb-Senke vom Fichtelgebirge trennt. Die ausgedehnten Wälder sind durch Rodungsinseln aufgehellt. Um Wochen später als im südlich anschließenden Oberpfälzer Hügelland setzt hier die Ernte ein.

40 *Tropfsteinhöhle* in der Velburger Alb: Das durchs Gestein sickernde Kalkwasser baut Säulen und allerlei phantastische Gebilde auf.

41 Vom Bergfried der *Ruine Wolfstein* bei Neumarkt geht der Blick über die *Oberpfälzer Juralandschaft.*

42 Vom Falkensteiner Schloßberg aus eröffnet sich eine weite Sicht über die »bucklige Welt« des *Vorwaldes.* Links neben der Turmspitze der Schloßkapelle ist im Mittelgrund die Wallfahrtskirche Marienstein zu erkennen, die sich über einer uralten Kultstätte erhebt.

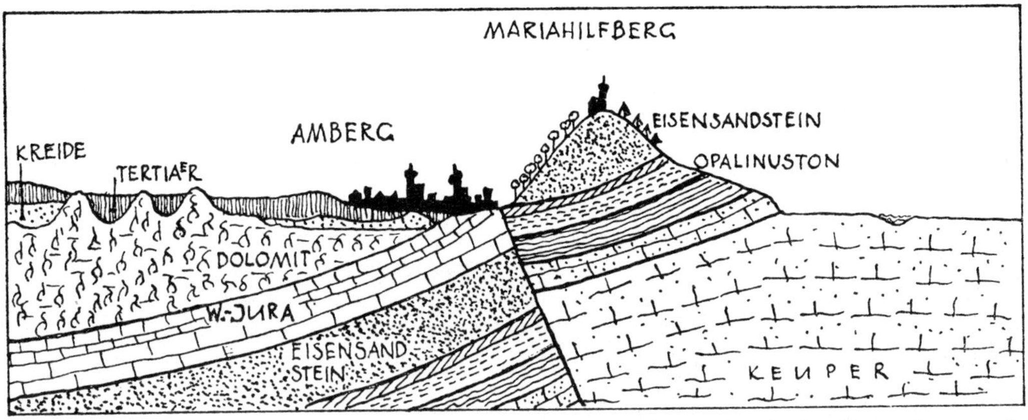

Querschnitt durch den Gesteinsuntergrund der Amberger Umgebung: Durch eine Verwerfung wurde der bräunliche, eisenhaltige Sandstein des Braunjura nach oben geschoben und ragt über die tertiären Schichten auf.

noch Brauner Jura in größeren Vorkommen; darüber legen sich Decken von Sanden und Kiesen aus dem Quartär (= Erdgegenwart). Durch Windauswehungen kommt es auch zur Dünenbildung. Um Amberg drängen sich all diese Gesteine auf engem Raum zusammen; dieses Schollenmosaik ist durch die Amberg-Sulzbacher Störungszone mit ihren vielen Verbiegungen und Verwerfungen bedingt. So wurde z. B. der Eisensandstein des Mariahilfberges durch Verwerfung emporgehoben; bei Grafenwöhr ist eine Schicht längs einer Spalte abgerissen und tritt erst 500 m tiefer wieder auf. Die Schollenränder sind durch Verwitterungsschutt vielfach verhüllt und eingeebnet; daher erscheint der geologisch so wildbewegte Untergrund des Oberpfälzer Hügellandes nach außen ziemlich eintönig.

Basalte

Bild Seite 285, 294

Deutlich treten allerdings im Norden die freigelegten Schlote vulkanischer Kegel in Erscheinung. Die Basalte des Rauhen Kulm (682 m), des Parksteins (594 m) u. a. haben das ältere Schichtgestein durchbrochen und recken sich beherrschend über das weiträumige Land. Am Parkstein ist die säulige Verwitterung des dunklen, feinkörnigen Gesteins markant ausgeprägt. Einschlüsse von Olivin, einem Magnesiumsilikat, ergeben eine grünliche Färbung.

Südlich dieser durch vulkanische Erscheinungen etwas bewegteren Zone ist das Relief wieder sehr flach; die sanften Hänge, Mulden und Rücken in der Gegend von Auerbach und Grafenwöhr tragen Felder, Kiefern- und Fichtenwälder, mit Birke und Eiche.

Neben Heidekraut, Heidelbeere und Preißelbeere, Moosen und anspruchslosen Gräsern treffen wir örtlich die Frühlingsheide und die übliche Kahlschlagflora mit den violettrot blühenden Weidenröschen an. Ginster und Lupinen sind in großem Umfang, u. a. im Bereich des Weidener und Bodenwöhrer Beckens sowie im Amberger Raum künstlich zur Bodenverbesserung (Stickstoffanreicherung) eingebracht worden.

Plünderung der Wälder für die Eisenverhüttung (Holzkohlenmeilerei) und Raubbau während des 30jährigen Krieges sowie extrem starke, durch Jahrhunderte anhaltende Streunutzung haben den an sich armen Böden hohe Nährstoffverluste zugefügt. Nur nach großen Anstrengungen war es möglich, die nach dem 30jährigen Krieg verwüsteten Wälder wieder zu bestocken. Hierbei mußte allerdings teilweise auf die Schaffung von Mischbeständen verzichtet werden. Auch heute noch ist der Kiefernreinbestand auf vielen Flächen die einzig mögliche Waldform. Den oben erwähnten Anbau der Lupine und des Ginsters ersetzt nunmehr die moderne Forstwirtschaft durch ein Düngungsprogramm, das die entnommenen Nährstoffe (vor allem den Stickstoffverlust) langfristig ergänzt. Die Wuchskraft der Böden soll erhöht und eine Neubegründung von Mischbeständen ermöglicht werden. Man kann diese Maßnahmen als »Wiedergutmachung« am Wald bezeichnen.

Klimatisch macht sich in der Senkungszone die Wirkung der Wind und Regen abhaltenden Alb bemerkbar. Regen- und Naabtal sind niederschlagsarm. (Weiden 650 mm, Amberg 660 mm, Regenstauf 630 mm, Cham 670 mm durchschnittliche jährliche Niederschlagsmenge.) Es überwiegen Sommerniederschläge. Bild Seite 20

Weiher, Seen, Moore

Das dicht unter der Oberfläche träge zirkulierende Grundwasser fördert die Entwicklung von Rohhumus; es entstehen Moore, die hier nicht klimabedingt sind. Die stehenden Gewässer der Oberpfalz sind zum einen Teil natürlichen Ursprungs, zum andern Teil künstlich angelegt. Nicht nur aus Gründen der Fischzucht hat man im Mittelalter Seen aufgestaut; diese waren auch zur Wasserversorgung in Trockenzeiten und für den Eisenhüttenbetrieb bestimmt. Sogenannte Hammerweiher, besonders in der weiteren Umgebung von Vilseck, wurden zur Regulierung der Wasserverhältnisse für Eisenhämmer und Mühlen angelegt.

Viele Sümpfe und Seen verschiedenster Größe finden sich um Eschenbach-Schlammersdorf, Grafenwöhr und Auerbach. Die große Seenplatte nordöstlich Schwandorf gehört der Bodenwöhrer Senke an. Diese Gewässer liegen meist in Kiefernwälder eingebettet und erwecken in manchen Gebieten noch den Eindruck urtümlicher Unberührtheit. Bild Seite 54

Wenn wir auf schmalen Dämmen zwischen den schwarzbraun schillernden Flächen der Seen wandern, umgibt uns eine Pflanzengemeinschaft, die halb dem Land, halb dem Wasser angehört: Binsen und Seggen und

die dunklen Moorkolben wogen am Ufer; Wasserlinsen, gelbe und weiße Seerosen bilden einen schwimmenden Teppich.
Purpurn und violett schimmert die Sumpfflora im Sommer. Sumpfdotterblume, Vergißmeinnicht, Wasserschwertlilie, Weideriche, Sonnentau, das selten gewordene Knabenkraut und der weiße Siebenstern gehören zu dieser Gemeinschaft. Die Zwergbirke und die Kriechweide sowie die Moosbeere sind Eiszeitrelikte. Sie nehmen mit sauren Torfböden vorlieb. Die Orte Moosbach und Mitterteich führen bezeichnenderweise den Mooskolben im Wappen, Schönsee den querliegenden Wurzelstock einer Seerose.

Zwischen den Weihern und die Flußläufe entlang erfreut uns die bunte Vielfalt der Wiesen: Kuckucks- und Pechnelke, Wiesenschaumkraut, Löwenzahn, Salbei und Zittergras – wer könnte sie alle aufzählen, die leuchtenden Sommerblumen!
So findet der Naturfreund in unserer Heimat auf verhältnismäßig engem Raum eine große Mannigfaltigkeit von Arten. Es gibt Gegenden im Mittelteil der Oberpfalz, in denen der Wanderer auf einem einzigen Spaziergang die Heideflora der Sandböden, die Moorgemeinschaft und die Pflanzen des Bergmischwaldes der kristallinen Gebirge antreffen kann.

Naab-Wondreb-Senke

Der Südostabdachung des Fichtelgebirges ist eine Senke vorgelagert, die von Erbendorf bis Waldsassen reicht. Dieses ehemals zum Stift Waldsassen gehörende Land (= Stiftland) wird von Naab und Wondreb entwässert.
Geologisch ist dieses Gebiet nicht einheitlich: Im Mittelteil sind tertiäre Ablagerungen verbreitet, die von Basalten und Tuffen durchbrochen werden. Im Gefolge dieses Vulkanismus finden sich Mineralquellen (Reichsforst) und eine starke Kaolinisierung des Granits (Schönwald – Tirschenreuth). Gegen die Ränder der Senke tauchen alte Gesteine

(Granit, Gneis, Phyllitschiefer) auf. Braunkohlenflöze finden sich bei Erbendorf (Thumsenreuth).

Bild Seite 39

Flache Wellen und Kuppen bestimmen das Landschaftsbild. Steil ragen die Gebirgshänge zu beiden Seiten der Senke auf. Auf den sandig-lehmigen Böden des Gebirgssockels überwiegen dunkle Fichtenwälder, die nassen Böden der Täler sind von Wiesenland, Sümpfen und Seen erfüllt. Die Öffnung nach Nordosten macht sich klimatisch stark bemerkbar: Im Winter erlebt die Naab-Wondreb-Senke strengere Fröste, im Frühjahr einen späteren Vegetationsbeginn als das Oberpfälzer Hügelland.

Cham-Further-Senke

Bild Seite 51

Grenzt die Naab-Wondreb-Senke den Oberpfälzer Wald gegen Norden ab, so bildet die Cham-Further Senke eine ihm südlich vorgelagerte Einmuldung. Die bei Thierlstein querende Pfahlstörung trennt das enge Regental von der Talweitung, die sich zwischen Roding–Cham–Furth erstreckt. Die mittlere Meereshöhe beträgt 400 m, sanfte Böschungen steigen zu beiden Seiten an.
Die Randterrassen sind mit aufgelockerten Mischwäldern besetzt, der leicht gewellte Talboden ist vom Hellgrün der Wiesen und den wechselnden Farbtönen der Äcker bestimmt. Der Chamb mit seinen Nebenbächen mäandert geruhsam durch die Auen. Die zahlreichen Schlingen und Altwasserarme deuten auf ein sehr geringes Gefälle des Flusses hin, der bei Schneeschmelze häufig über die Ufer tritt. Östlich Cham vereinigen sich Chamb und Regen in einem Gewirr von Wasserläufen. Mehrere Nebenadern, wie der Münchsbach, sind zu Fischweihern angestaut. Die Flußtäler – zu kleinen Buchten ausgeweitet – schließen das Gebirge zur Chamsenke hin auf; die Talböden dieser Buchten tragen fruchtbare Lößbedeckung.
Über den ganzen Landkreis Cham verteilt, gibt es eine Reihe seltener, schutzwürdiger Pflanzenarten und -gesellschaften mit Schwerpunkten im Falkensteiner Vorwald und in der Cham/Further-Senke. Häufig vertreten ist hier das gefleckte Knabenkraut. Die Vegetationsformen an den Regensteilhängen sind sehr eindrucksvoll; aber auch die Sumpfflora (zottige Fetthenne, Sonnentau und geflecktes Knabenkraut) in der Umgebung von Rettenbach und Falkenstein ist faszinierend.
Am Galgenberg bei Cham findet man seltene wärme- und trockenheitliebende Pflanzen wie Wermut und Stacheldistel. Ebenso schutzwürdig ist der Silberdistelbestand bei Schwarzenberg.
Die Chamer Bucht liegt als Zone geringerer Niederschläge inmitten feuchter Gebirge. Der rauhe Böhmwind fällt im Winter ein; die Schneedecke ist nur gering, starke Tau- und Nebelbildungen treten auf.

Dungau-Anteil (Gäuboden)
Bild Seite 17

Steht man auf einem der Steilabhänge, die den Bayerischen Wald zur Donau hin begrenzen, so überblickt man ein weites, fast ebenes Kulturland: Es ist der Gäuboden oder Dungau, der in seinem nördlichen Teil der Oberpfalz angehört. Gegen Straubing erweitert er sich trichterförmig, im Süden schwingt er sich kaum merklich ins niederbayerische Hügelland hinein.

Noch nie war dieses Land Waldgebiet; wahrscheinlich breitete sich nach der Eiszeit eine Steppenflora aus, die eine frühe Besiedelung ermöglichte. Aus der Natursteppe entstand eine Kultursteppe. Durch die intensive Landnutzung sind viele der ursprünglichen Wald- und Wiesengesellschaften verloren gegangen.

Durch die feuchte Niederung zog einst das verwilderte Bett der Donau; mehrmals änderte der Strom seinen Lauf, es bildeten sich Altwässer mit Auenwäldern. Im 19. Jahrhundert ist der Flußlauf vielerorts seines natürlichen Charakters beraubt worden. Dämme wurden errichtet, das Bett ausgebaggert.

In unseren Tagen wird vor allem der Ausbau der Großschiffahrtsstraße Main-Donau östlich von Regensburg vorangetrieben. Eine Staustufe bei Geisling hebt den Niederwasserspiegel der Donau zwischen Staudämmen auf Hochwasserhöhe an. Im Stadtgebiet Regensburg ist die Staustufe mit Schleuse betriebsbereit. Donauabwärts ist die nächste Staustufe Straubing in Planung. Beiderseits der Staudämme erstrecken sich die Donaupolder bei Oberachdorf – Kiefenholz – Demling und auf der rechten Donauseite die Polder Gmünd – Pfatter – Eltheim. Die Bayerische Wasserwirtschaftsverwaltung hat schon vor zehn Jahren die nicht eingedeichte Donauschleife – die sog. Gmünder Au – käuflich erworben und bei Kiesentnahmen Brutinseln für die am Wasser lebende Vogelwelt geschaffen. Der Vogelbestand hat gegenüber früher in der Gmünder Au zugenommen. Ein Rest der alten Donaulandschaft wurde so durch wasserbauliche Eingriffe dem natürlichen Zustand wieder nahegebracht.

Einige Meter über den Donauniederungen liegen die lößbedeckten Terrassen, die das fruchtbarste Anbaugebiet nicht nur der Oberpfalz, sondern ganz Bayerns darstellen. Die Mächtigkeit der Lößdecke beträgt fünf bis sechs Meter.

Nicht nur die Bodenbedingungen, auch das warme, trockene Klima kommt der Landwirtschaft entgegen. Die Umgebung von Regensburg gehört zu den regenärmsten Bezirken Deutschlands (500–600 mm). Das Kontinentalklima des Dungaus dehnt sich nach Norden in die Senken hinein. Die Täler von Regen und Naab haben mehr Sonnentage als die sie umgebenden Randgebirge. Besonders kontinentale Verhältnisse weist die Chamer Senke auf mit heißen Sommern und Wintertemperaturen bis zu −35 Grad Celsius.

Die günstige Lage der Senken gegenüber den Gebirgen läßt sich am jährlichen Gang der Vegetation ablesen: *Vegetationsablauf*
Beginn der Apfelblüte durchschnittlich am 10. Mai in der Senke, fünf Tage später auf der Alb; Beginn der Roggenernte in der Senke noch im Juli, auf der höheren Alb im August, der Haferernte in der Senke zwischen 8. und 15. August, auf der Alb zwischen 13. und 16. August. Der Reifungsablauf der östlichen und nördlichen Gebirge hinkt entsprechend nach (Apfelblüte: 13.–17. Mai, Roggenernte oft erst im letzten Drittel des August). Der Bauer in der Schwandorfer Gegend kann mit etwa 170 frostfreien Tagen rechnen, während sich das nördliche Naabbecken mit einer wesentlich kürzeren Vegetationsspanne begnügen muß.

So wie der Mensch das natürliche Gedeihen der Pflanzen beeinflußte, manche Arten durch Rodung verdrängte oder kultivierte, andere Gemeinschaften durch Bodenänderung förderte, so hat er auch der freien Entfaltung der Tierwelt Schranken gesetzt. Deshalb kommt dem Schutz der noch vorhandenen Tierbiotope (Lebensraum bestimmter Arten) eine besondere Bedeutung zu. Im Donau-Isar-Gebiet findet man noch erwähnenswerte Enten- und Wasservogelbiotope (Brut- und Durchzugsbiotope). Auch der Brachvogel, Bekassine, Wachtelkönig, Kiebitz und Storch sind im Gäuboden als Standvogel heimisch; Alpenstrandläufer, Grün- und Rotschenkel sowie Uferschnepfe kommen nur noch als Durchzügler vor. *Tierwelt*

Noch vor 150 Jahren traf man Bär, Wolf, Luchs, Marder, Wildschwein, Wildkatze und Fischotter auf freier Wildbahn an. *Wölfe und Bären* hatten sich besonders im 30jährigen Krieg derart vermehrt, daß von der Obrigkeit Prämien für die Erlegung dieser Räuber ausgesetzt wurden. Überall in der Oberpfalz treffen wir Orts- und Flurnamen mit »Bär« an (Bärenwinkel, Berndorf, Bärnhöh, Bärnau), die das häufige Auftreten dieser Tiere bezeugen. In Regensburg tragen mehrere Wirtshäuser den Bären im Schild. Bild Seite 150

Während bis 1830 noch jährlich mehrere Bären erlegt wurden, kamen Wölfe zu dieser Zeit nur noch vereinzelt vor. Ein großer Wolf, der über zwei Jahre mordend durch die Oberpfalz gezogen war, konnte 1853 bei Vilseck gestellt werden.

Fischottern hat man in geringer Anzahl noch um 1950 an der Schwarzach beobachtet, Biber sind ganz verschwunden. *Bisamratten,* die seit dem Ersten Weltkrieg aus Böhmen einwanderten, bevölkern heute in Mengen unsere Weihergegenden und werden in Fallen gefangen.

Der Hirsch kommt als Standwild im Veldensteiner Forst, in den Wäldern um Krottensee und Königstein und im Hirschwald vor. Rebhühner, Fa-

sane, Krammetsvögel, Wildenten, Hasen, Rehe und Füchse in großer Zahl locken den Jäger. Als einzige Giftschlange vermag die Kreuzotter den Wanderer zu gefährden.
Ungezählte Vogelarten bevölkern Wald- und Sumpfregionen: Nachtigall, Würger, Grasmücke, Fliegenschnäpper, Rohrsänger, Schwalben, Finken und Meisen sind bei uns heimisch – im ganzen etwa 250 Arten. Ein Paradies für Wasservögel stellt der Große Rußweiher bei Eschenbach dar.
Kennzeichnend für das Landschaftsbild der wasserreichen Senken sind die *Störche.* Viele Türme tragen ein Wagenrad, das jährlich von einer Storchenfamilie benistet wird.
Eine Fülle von Leben regt sich an und in den Gewässern unserer Heimat. Durch eine fortgeschrittene Fischzucht (s. Seite 253f.) ist auch hier der ursprüngliche Zustand weitgehend beseitigt.

Das Werden der heimatlichen Kulturlandschaft

1. Von den ersten Menschenspuren bis zur Einwanderung der Bayern

Altsteinzeit

Die *Eiszeit* dürfen wir nicht als eine Epoche durchgehender Vereisung weiter Landstriche auffassen: Über Jahrtausende zog sich ein Wechsel von kalt und warm, von Eisvorstoß und Eisschmelze hin. Die ersten Menschen auf bayerischem Boden waren noch Zeugen der Vereisung des Voralpenlandes. An den mitteldeutschen Gebirgen stauten sich die von Nordeuropa gegen Süden vordringenden Eismassen. Zwischen nördlicher und südlicher Vereisung aber lag ein Gebiet, das immer eisfrei blieb und ein bescheidenes Pflanzenkleid (Tundra) trug. Zu diesem eisfreien Raum, dem große Bedeutung für die Entwicklung des mitteleuropäischen Menschen zukommt, gehörte auch unsere Heimat.

Im Dolomitkalk des Naabtales, kurz vor der Einmündung des Flusses in die Donau, liegt die »Räuberhöhle«; sie hatte – in Staub und Sand eingebettet – eine ganze Reihe von Fundstücken aus der Altsteinzeit aufzuweisen. Andere Fundorte wie der »Hohle Stein« bei Schambach, das »Loch« bei Eichhofen im Labertal, das »Kühloch« bei Königstein, die Flußterrassen bei Etterzhausen, die Lößschichten südlich Regensburg (Oberisling) ermöglichen es dem Forscher, ein Bild von der Lebensweise dieser frühen Menschen zu geben.

Es war ein kleiner, abgehärteter Menschenschlag mit flachem Schädel, niedriger Stirn und mächtigem Gebiß. Natürlich lebte er nicht ständig in Höhlen, sondern suchte diese nur zum Schutz gegen die Unbilden der Witterung auf. In den Höhlen wurden später auch kultische Handlungen vollzogen, d. h. es wurde den Göttern und Dämonen geopfert.

Durch Jagen, Fischfang und Sammeln wilder Früchte bestritt dieser primitive Mensch seinen Lebensunterhalt. Schon das Aufsparen eines gewissen Vorrats für Zeiten der Not oder ungünstiger Witterung setzt Denkvorgänge voraus. Daß der Mensch mit Schlauheit vorgehen mußte, um sich der wilden Tiere (Mammut, Nashorn, Bisam, Hyäne, Höhlenbär) zu bemächtigen, läßt sich denken. Diese geistige Überlegenheit unterschied ihn eben vom Tier. Sie befähigte ihn, sich zweckmäßiges *Werkzeug* aus Stein und Knochen zu schaffen. So entstanden durch Schlagen und Abdrücken Faustkeile, Schaber und Klingen. Eines der schönsten Fundstücke ganz Bayerns haben wir in dem altsteinzeitlichen Faustkeil von Pösing bei Roding vor uns. Mit den Klingen löste der Mensch den Tieren das Fell ab, das er als Kleidung verwendete. Eine

51 Die Kreisstadt *Cham* liegt in der Weite der *Cham-Further-Senke.* Hier zieht sich geruhsam der Lauf der Chamb hin, gesäumt von Auenwiesen. Auf den sanftgeböschten Terrassen wechseln Mischwälder und Ackerland. Im Vordergrund liegt das bereits in der Merowingerzeit gegründete ehemalige Kloster *Chammünster;* die romanischen Türme der Basilika sind Zeugen dieses frühen Stützpunktes an der wichtigen Eingangspforte nach Böhmen.

52 Bei *Gillisberg* nahe *Chamerau* geht der Blick ins Regental und über die weitschwingenden Höhen des *Bayerischen Waldes.*

53 Enge Täler sind tief in die Alb eingekerbt. *Breitenbrunn* an der Wissinger Laber ist weithin bekannt durch seine barocke Wallfahrtskirche St. Sebastian.

54 In den *Weihergebieten* der Oberpfalz (hier Schwandorf-Schwarzenfeld) werden beachtliche Fischzuchtergebnisse erzielt. Dem Naturfreund bieten sich stimmungsvolle Landschaftsbilder und die Möglichkeit, seltene Pflanzen- und Tiergemeinschaften zu beobachten.

der ersten Großtaten menschlichen Geistes war es, sich des Feuers zu bemächtigen und seine Kraft zu nützen.

Mittelsteinzeit

Der Forscher unterscheidet mehrere Entwicklungsstufen von der älteren bis zur mittleren Steinzeit. Diese Stufen umfassen Zeiträume von einigen Hunderttausenden von Jahren, in denen der Mensch seine geistigen und handwerklichen Fähigkeiten ganz allmählich heranbildete.
Auf die letzte Eiszeit folgte eine warme, trockene Klimaspanne. Süddeutschland bedeckte sich mit Wald und Buschwerk; Haselsträucher boten wichtige Vorratsfrüchte. Manche Gegenden behielten weiter ihre Steppen- und Tundrenvegetation (Donauebene). Der Fischfang spielte eine große Rolle.
Der Mensch ließ von seiner bisherigen Freizügigkeit und gewöhnte sich langsam an eine *seßhaftere Lebensweise.* Aus Astwerk und Schilf baute er sich Hütten und begann, mit einfachen Hacken den Boden zu bearbeiten. Von Bauernstämmen, die aus dem Südosten donauaufwärts gewandert waren, lernte er wahrscheinlich den Gebrauch des Hakenpfluges. Er baute Weizen, Gerste und Hirse an und machte sich so von den Zufälligkeiten der Jagd unabhängig. Im Tier sah er nun nicht mehr bloß den Feind oder die Beute; er verstand es, Tiere zu zähmen und zu seinen Helfern und Anhängern zu machen. Das erste *Haustier* wird der Hund gewesen sein; im Laufe der Zeit kamen Pferd, Rind, Schaf, Schwein und Ziege hinzu.

Bild Seite 63

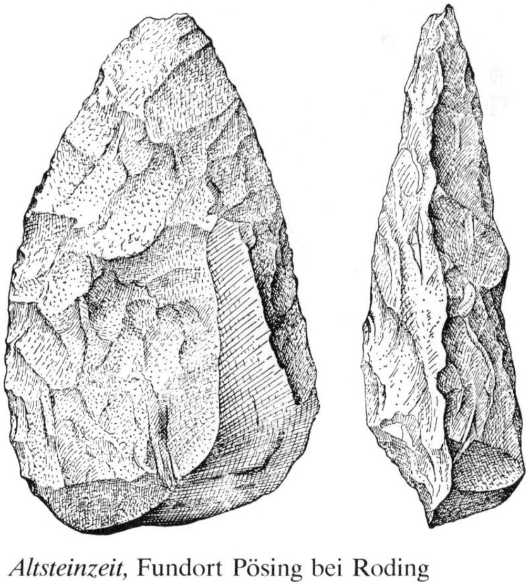

Faustkeil der *Altsteinzeit,* Fundort Pösing bei Roding

Jungsteinzeit

Während vieler Jahrtausende vervollkommnete der Vorzeitmensch seine Geräte. Schon die Faustkeile der Altsteinzeit zeichneten sich nicht nur durch Zweckmäßigkeit, sondern auch durch Schönheit der Form aus. (Zeugnisse ausgesprochen künstlerischer Betätigung wie Höhlenmalerei konnten in unserem Gebiet bisher nicht gefunden werden.) In der Jungsteinzeit verstand sich der Mensch bereits auf die verfeinerten Techniken des Sägens, Bohrens, Schleifens und Polierens; er konnte recht gefällige und brauchbare Pfeilspitzen, Klingen und durchbohrte Steinäxte herstellen. Günstiges Material bot sich an: Feuersteinknollen (= Hornstein, im Gestein der Kreidezeit zu finden). Dieser Feuerstein ließ sich zu scharfen Messerklingen verarbeiten. Eine steinzeitliche Schlagstätte für Feuersteinwerkzeug hat man z. B. bei Michelsneukirchen im Vorwald festgestellt. Verstreute Funde (Furth, Cham, Weiden, Zeitlarn u. a.) beweisen, daß die Landstriche nördlich und östlich der Donau in der Jungsteinzeit nicht menschenleer waren, wie man lange Zeit annahm. Auch die Alb war bewohnt. Die unscheinbaren Überreste dieser frühen Besiedelung sind oft nicht beachtet worden. Jedes neue Fundstück trägt dazu bei, das Bild, das wir uns von der Vorzeit unserer Heimat machen, zu vervollständigen.

Die primitiven Hütten der mittleren Steinzeit waren von großen, rechteckigen Häusern abgelöst worden. Sie setzen bereits eine planvolle Siedelgemeinschaft voraus. Vor allem südlich der Donau muß es in der Jungsteinzeit schon größere Wohnplätze gegeben haben. Die (extensive) Art der Bewirtschaftung ohne Düngemittel machte einen Wechsel der Anbauflächen nötig: Alle paar Jahre, wenn der Boden verbraucht war, zogen die Bauern ein Stück weiter (Wanderbauerntum).

Einen bedeutenden Fortschritt brachte die Bearbeitung von Ton zu Gefäßen aller Art. (Sie ersetzten Lederbeutel, Kürbisschalen und ähnliche Gefäße, welche nicht zum Erwärmen der Speisen gebraucht werden konnten.) Der Mensch formte sie aus freier Hand, brannte sie und benützte sie dann zur Nahrungsbereitung und zum Aufbewahren von Vorräten. Diese *Tongefäße* weisen in den verschiedenen Landschaften und Zeitstufen ausgeprägte Stilrichtungen auf, die Rückschlüsse auf die Lebensart der Hersteller ermöglichen (Kulturkreise). Sie wurden verziert mit einfachen Bandmustern, mit Spiralen und Zickzacklinien.

Glockenförmige Tonbecher wurden um Regensburg (z. B. in Barbing) gefunden; sie sind mit kunstvollen Strichmustern und gekerbten Leisten verziert.

Die Kenntnis von Handspindeln und einfachen Webstühlen ermöglichte die Herstellung verfeinerter Kleidung.

Glockenbecher aus der Jungsteinzeit
(Höhe 11,8 cm, Barbing, Lkr. Regensburg)

Bronzezeit

Schon für die Jungsteinzeit läßt sich erkennen, wie der Mensch seine Verstorbenen auf für längere Zeit immer wieder benützten *Begräbnisplätzen* bestattete: Bei einigen Gruppen wurden die Toten begraben, bei anderen verbrannt. Hinter der Sitte, die Toten gefesselt in Hockstellung zu beerdigen, stand wahrscheinlich die Absicht, dämonische Kräfte der Verstorbenen zu bannen (Angst vor der Wiederkehr). Bisweilen errichtete man auch stattliche Hügel über den Gräbern.

Hügelgräber-Bronzezeit

Etwa um 1600 v. Chr. wandelten sich die Bestattungsbräuche bei der ansässigen Bevölkerung dahingehend, daß nunmehr fast ausschließlich über die bestatteten Körper *Hügel* aufgeschüttet wurden. Dies ist so typisch, daß diese neue Zeit danach den Namen Hügelgräberbronzezeit bekommen hat.

Bild Seite 58

Als Grabbeigaben finden sich bei den Toten Waffen, Schmuck und Tongefäße, die vermutlich eine Wegzehrung fürs Jenseits enthielten. In diesen Grabbeigaben taucht nun ein ganz neues Element auf: das *Kupfer*. Bevorzugte Frauen waren reich geschmückt mit spiraligen Armbändern, Ringen und Gewandnadeln (= Fibeln). Bei Aufhausen und Sengkofen in der südlichen Oberpfalz stieß man auf viele solche Grabbeigaben. Die ältesten Metallgegenstände sind teils sehr weich, teils spröde; es fehlte noch die Erfahrung im richtigen Mischen der Metalle.
Die frühen Kulturvölker im Vorderen Orient kannten schon um 2000 v. Chr. eine Legierung von Kupfer und Zinn (= Bronze); in unserem Raum setzte sich die *Bronze* erst um 1700 v. Chr. durch. Kupfer wurde in verschiedenen Mittelmeerländern sowie in Österreich und Ungarn gewonnen, Zinn baute man auf den Britischen Inseln ab. Weit lagen die Abbaustellen auseinander; nur durch das Vorhandensein ausgedehnter *Handelswege* ist die Entwicklung der Bronzekultur zu erklären. Als beliebtes Tauschmittel verwendeten die nördlichen Völkerschaften den als Schmuck sehr geschätzten *Bernstein.* Von den Fundstellen an der Ostsee führten mehrere Bernsteinstraßen nach Süden, die älteste die Elbe und Saale aufwärts, durch die heutige Oberpfalz und weiter südwärts.

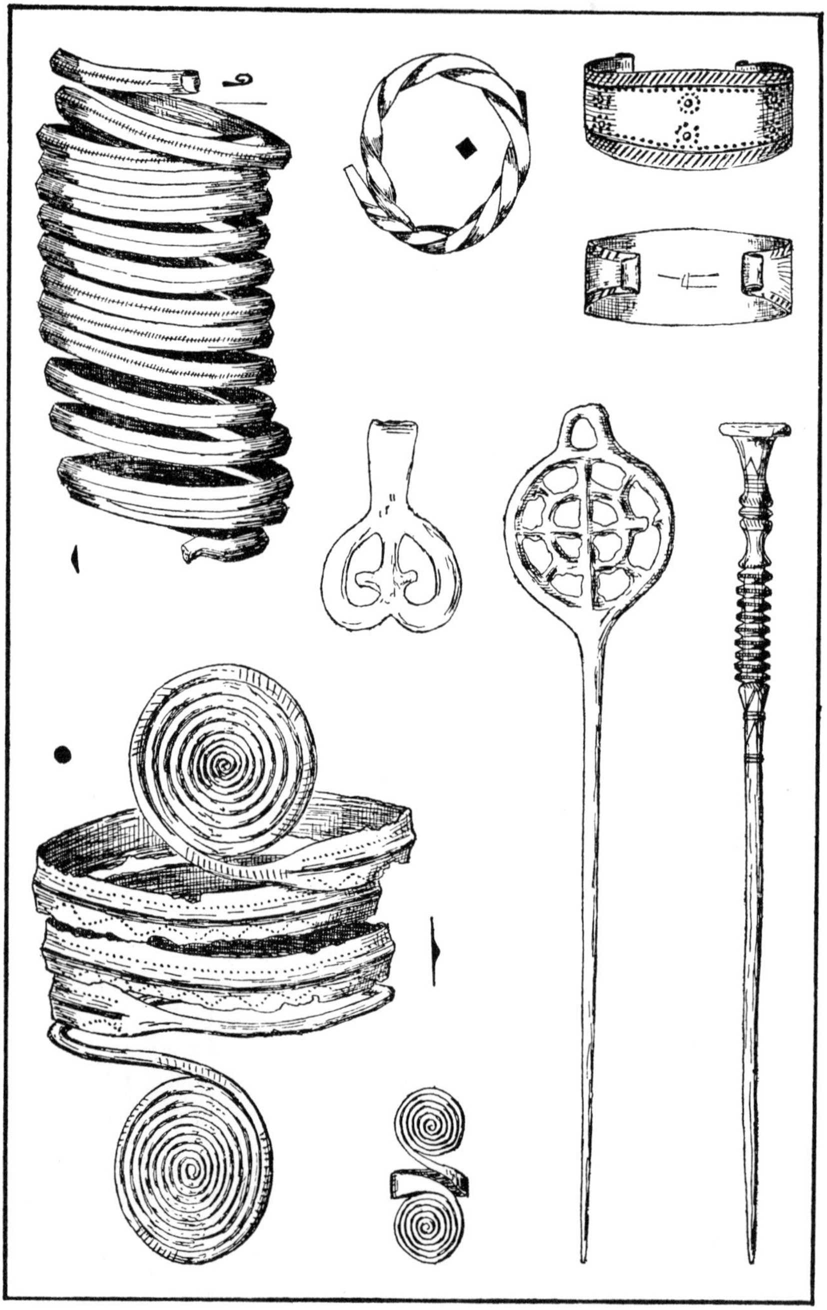

Kunstvolle Spiralarmbänder, Armringe und Gewandnadeln wurden aus Gräbern der Hügelgräber-Bronzezeit geborgen.

Als man das richtige Mischungsverhältnis von Kupfer und Zinn herausgefunden hatte, setzten sich mit dem neuen Metall auch neue Formen durch: Nun brach eine Blüte der Bronzekultur an. Die alten Werkstoffe Stein, Knochen und Horn traten allmählich zurück. Den Feuerstein benützte man kaum mehr zur Waffenherstellung; zum Feuerschlagen allerdings blieb er weiterhin unentbehrlich. Ackerbau und Viehzucht verbreiteten sich nun auch in ungünstigeren Gebieten, denen der Mensch bisher ausgewichen war. In der Alb häufen sich für diesen Zeitraum die Fundorte. Einer der wichtigsten ist der *Schloßberg von Kallmünz*, über den sich deutlich sichtbare Befestigungsanlagen hinziehen.
Neue Formen von Gefäßen und Schmuckgegenständen sowie neue Bestattungssitten weisen um 1200 v. Chr. auf tiefgreifende Umwälzungen hin. Eine große Bereitwilligkeit, fremdes Kulturgut zu übernehmen, ist festzustellen; ob sich diese im Zusammenhang mit kriegerischen Auseinandersetzungen ergab oder eine Folge friedlicher Unterwanderung war, läßt sich nicht mit Sicherheit aussagen. Ungewiß ist auch, ob die nachmalige Oberpfalz solchen Einwanderungen unterlag, beziehungsweise wie weit diese vorgetragen wurden. Auf jeden Fall liegt eine Zeit großer Unruhe, weiträumiger *Wanderbewegungen* zwischen der Hügelgräber-Bronzezeit und der durch das Eisen bestimmten Epoche.

Urnenfelderzeit (etwa 1800–1200 v. Chr.)

Den Namen hat diese Übergangszeit von der Sitte, die Toten zu verbrennen und ihre Asche in großen *Urnen* auf Friedhöfen (= Urnenfeldern) beizusetzen. Es ist möglich, daß dabei – ähnlich wie bei der Fesselung der Leichen – die Angst vor der Wiederkehr eine Rolle spielt. Wahrscheinlich wollte man die Seele des Verstorbenen vom Körper befreien und ihr den Weg ins Jenseits erleichtern. Die Wegzehrung nahmen verschiedene Töpfe und Kännchen auf.

Urne der späten Bronzezeit mit eingekerbtem Ziermuster (Haidenkofen, Lkr. Regensburg)

An vielen Orten unseres Bezirks sind Urnenfelder ergraben worden, z. B. in Tegernheim (Landkreis Regensburg), in Schalkenthann (Landkreis Amberg-Sulzbach), in Krottensee (Landkreis Neustadt/WN.).

Eisenzeit

Während die Verwendung von Kupfer und Zinn die Menschen der Bronzezeit weitgehend von fernen Abbauplätzen abhängig machte, konnten sie in der folgenden Epoche auf einheimisches Material zurückgreifen: Eisen besaß man z. B. in den Bohnerzen des Jura. Die Gewinnung dieses Metalls verlangte eine neue Technik, da es höhere Schmelztemperaturen besitzt als Kupfer und Zinn; in kleinen Hochöfen wurde es im sogenannten Rennverfahren verhüttet. Waffen fertigte man mehr und mehr aus Eisen, während die glänzende Bronze Schmuckgegenständen vorbehalten blieb.

Hallstattzeit (800–450 v. Chr.)

Nach dem berühmten Fundort in Österreich wird die neue Zeit Hallstattzeit genannt. Der Name »Hall« deutet auf das lebensnotwendige Salz, das man dort (wie in Hallein, Reichenhall, Hall i. Tirol) zutage förderte. Die in der früheren Eisenzeit begangenen *Salzstraßen*, die oft auf noch ältere Handelswege zurückgehen, behielten auch in historischer Zeit (das ganze Mittelalter hindurch) ihre Verkehrsbedeutung.
Wiederum änderten sich die Bestattungssitten: Man ging erneut zur Körperbestattung über und begrub die Toten nun in *Grabkammern*. Dabei tritt ein ganz neues Kulturgut in Erscheinung: der von Pferden gezogene *Wagen*. Seit der Urnenfelderzeit kannte man das Rad; Reste von eisernen Radreifen und von Beschlägen für das Pferdezaumzeug sind erhalten geblieben. Bei sozial höhergestellten Personen kam es vor, daß man die Verstorbenen auf (oder neben) einem Wagen bestattete. Dies hängt wohl mit der Vorstellung einer Fahrt ins Totenreich zusammen. Außerdem gab man in die Kammern noch Geschirrsätze von 15 bis 20 Gefäßen. Weißgrundige Keramik ist für die Oberpfälzer Funde dieser Zeit charakteristisch; sie war hell- und dunkelbraun bemalt. Die typischen »Stufenschalen« sind mit Hilfe von Zahnrädchen verziert. Den männlichen Toten waren meist lange Eisenschwerter und -beile beigegeben, den weiblichen reicher Bronzeschmuck, der häufig mit eingravierten Vögeln verziert war.
Neben diesen reich ausgestatteten Gräbern finden sich ganz schlichte; allem Anschein nach hatte sich um diese Zeit bereits eine gewisse »Adelsschicht« herausgebildet. Die Bevölkerung war auch schon aufgegliedert in Bauern, Handwerker und Händler. Bedeutende Ausgrabungen bei Schirndorf nahe Burglengenfeld lassen die Vermutung zu, daß eine Oberpfälzer Urbevölkerung bereits um 700 v. Chr. zwischen Naab und Vils ansässig war. So umfassende Friedhofsanlagen wie die bei

Schirndorf, die 1000 Jahre benützt wurden, sind nur vor dem Hintergrund volkreicher Siedlungen denkbar.

Latènezeit

Um 450 v. Chr. trat ein Wandel ein, der sich vor allem durch einen verstärkten Einfluß *mittelmeerischer Kulturen* bemerkbar machte. Nach einem Fundort am Neuenburger See in der Schweiz nennt man diesen Abschnitt der Eisenzeit Latènezeit.
Gefäße wie Schnabelkannen und bemalte Vasen weisen auf griechisch-römisches Vorbild hin. Zunächst traten die neuen Formen als Handelsware auf; allmählich aber eignete man sich die Errungenschaften der hochstehenden Mittelmeervölker an: Man nahm die *Töpferscheibe* in das heimische Gewerbe auf und begann *Münzen*, die sogenannten Regenbogenschüsselchen, zu prägen.

Kelten

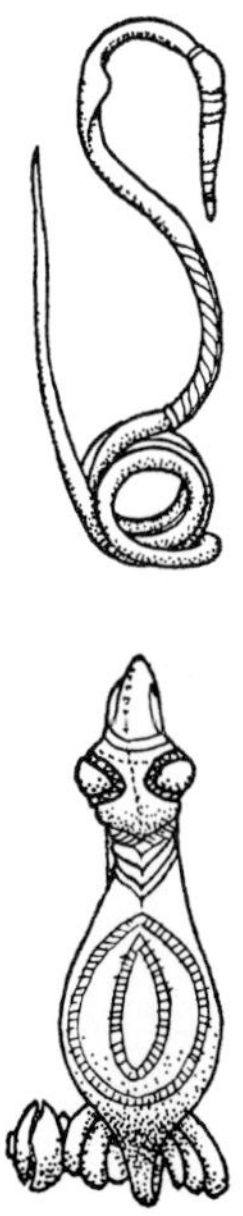

Keltische Gewandnadeln, die in Degerndorf und Hohenfels gefunden wurden.

Als Träger dieser Kultur begegnen wir im süddeutschen Raum zum ersten Mal historisch faßbaren Völkerschaften. Durch Vermischung von Stämmen hatten sich die Kelten herausgebildet. Sie gehörten der großen Gruppe der Indogermanen an und breiteten sich von ihrem Ursprungsgebiet an Oberrhein und Oberdonau langsam nach Frankreich, Spanien, England und die Donau entlang nach Osten und Südosten aus. Im vierten vorchristlichen Jahrhundert stellten sie für Rom eine ernsthafte Bedrohung dar. Römischen Schriftstellern verdanken wir die erste schriftliche Kunde über die Kelten; sie werden als ein geistig und körperlich bewegliches Volk geschildert, das – ähnlich wie die Germanen – von stolzem Wuchs, blond und blauäugig war.
Das offene Land in Süddeutschland war annähernd so dicht besiedelt wie heute. Davon zeugen Reste ausgedehnter Burgen, die dem Schutz der Bevölkerung in Gefahrenzeiten gedient haben mögen. In der Oberpfalz finden wir mehrere dieser *Befestigungsanlagen*, so z. B. auf dem Johannesberg bei Freudenberg (Landkreis Amberg-Sulzbach), auf dem Wolfsberg im Altmühltal und auf mehreren Randhöhen des Vils- und Lauterachtales. In Anlehnung an südliche Vorbilder bauten die Kelten stadtartige Siedlungen; diese »*oppida*« waren mit Mauern umgeben. Bei Kelheim, nahe unserer Bezirksgrenze, bestand das bedeutende oppidum Alkimoennis, das durch Eisenverhüttung großen Wohlstand erlangte. Heute noch sind auf dem Michelsberg mehrere einst mächtige, zu Wällen verstürzte Wehranlagen zu sehen.
Der *Name* »Radaspona« geht auf die Kelten zurück; eine entsprechende Siedlung bei Regensburg ist bisher jedoch nicht gefunden worden. Die meisten Fluß- und Bachnamen in der Oberpfalz sind vorgermanischen Ursprungs: Luhe, Regen, Chamb, Naab, Vils. Mancher keltische Orts- und Personenname ist noch bis ins frühe Mittelalter beurkundet. Von

den Römern und Germanen wurden viele Wörter aus dem Keltischen entlehnt; so ist das deutsche Wort »Reich« auf keltisch rig = König zurückzuführen.

Im Jahrhundert vor der Unterwerfung des Landes durch die Römer entstanden keltische *Viereckschanzen.* Lange Zeit hielt man sie für Wehrbauten oder befestigte Gutshöfe; neuere Ausgrabungen weisen sie als kultische Stätten aus, an denen Opfer dargebracht wurden. Der Grundriß dieser meist quadratischen Wallanlagen (60–100 m Seitenlänge) ist im Gelände heute noch erkennbar, so etwa bei Lauterhofen, wo sich der Flurname »Die Schanze« erhalten hat, oder bei Haag (Landkreis Neumarkt) »Am Schanzel«. Besonders schöne Beispiele befinden sich in Nößwartling (Landkreis Cham; Flurname »Im Burgholz«) und bei Poign (Landkreis Regensburg; irrtümlicher Name »Römerschanze«).

In der Bronzezeit hatten sich bereits *germanische Völkerschaften* im Norden gebildet, die nun gegen Süden vordrangen. Ein Teil der Kelten

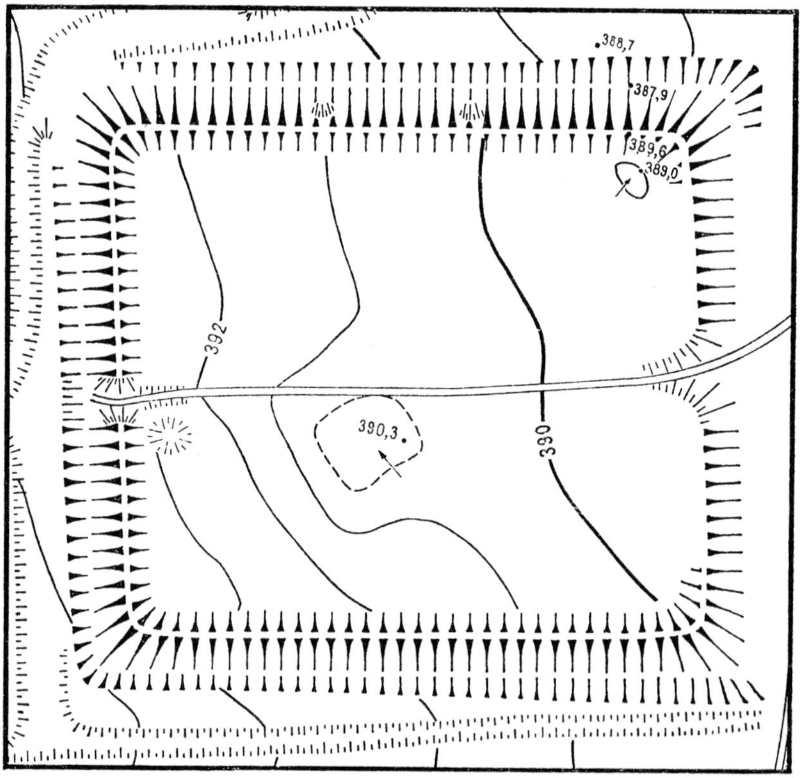

Spätkeltische Viereckschanze (Hagelstadt, Lkr. Regensburg)

63 Mittelsteinzeitlicher *Getreidemahlstein:* Das Getreide, dessen Anbau eine gewisse Seßhaftigkeit voraussetzt, wurde auf flachen Mahlsteinen mit Hilfe eines anderen Steines zerrieben.

65 Ein römischer Gutshof (villa rustica) wurde in Regensburg-*Burgweinting* ausgegraben (links). Durch Luftaufnahmen (1977) konnten die in der Saat sich abzeichnenden Grundmauern weiterer Gebäude ausgemacht werden (rechts).
Römische Münze (Fundort Regensburg) mit dem Bildnis Kaiser Marc Aurels (161–180), des Erbauers des Legionslagers.

◁ 64 Die *Porta Praetoria* in Regensburg, eines der nördlich der Alpen seltenen Hochbauwerke aus der Römerzeit. Der Name rührt vom ersten Offizier des Lagers, dem Praetor, dessen Wohnung sich in der Nähe des Nordtores befand. Elf Meter ragt der Ostturm des Tores heute noch auf; dabei steckt ein Drittel des Baues im Boden! Rechts schließt sich der Bischofshof an, dessen Mauern einst Kaiser und fürstliche Würdenträger beherbergten.

66 Herzogshof am Alten Kornmarkt in *Regensburg:* Die alte Hauptstadt Bayerns war das weithin ausstrahlende Kulturzentrum des frühen Mittelalters. Anstelle der alten Pfalz wurde um 1200 der *Herzogshof* mit der romanischen Fenstergruppe errichtet.

wanderte ab (z. B. die Helvetier in die Schweiz). Es ist bis heute nicht zu übersehen, in welchem Umfang Germanen die Landschaften unserer Heimat besetzten oder aus welchen nichtgermanischen Siedlern sich die oberpfälzische Urbevölkerung zusammensetzte. Die Epoche, in der die Kelten das Gesicht Süddeutschlands geprägt hatten, ging zu Ende.

ömer

Das Land westlich des Rheins war unter dem römischen Feldherrn Cäsar bereits an das Römerreich gekommen. Im Jahr 15 v. Chr. schickte Kaiser Augustus seine Stiefsöhne Tiberius und Drusus an der Spitze eines römischen Heeres nach Norden, um die Germanenstämme zurückzuwerfen. Im Laufe eines Sommerfeldzuges gelang es ihnen, das Alpenvorland bis zur Donau zu besetzen. Die Römer errichteten in diesem Raum die beiden Provinzen Noricum und *Rätien.* Mittelpunkt Rätiens wurde die Stadt Augusta Vindelicorum (Augsburg), die sich zu großer Bedeutung aufschwang. Junge keltische Männer mußten im römischen Heer Kriegsdienste leisten; der unterworfenen Bevölkerung wurden Steuern auferlegt.
Die Kaiser Vespasian (69–79 n. Chr.) und Hadrian (117–138) beseitigten den einspringenden Winkel zwischen der Donau- und Rheingrenze und verkürzten so die römische Grenzlinie. Der befestigte Grenzstreifen (= *Limes*) zieht sich in der westlichen Nachbarschaft unsres Gebiets (Lkr. Kelheim) hin. Die nördlich davon liegenden Landschaften, also auch unsere Oberpfalz, gehörten zum freien Germanien, über dessen Zustand wir kaum unterrichtet sind; nördlich des Limes haben wir aus dieser Zeit nur wenige, schwer deutbare Funde.
Nun zogen römische Kultur und Zivilisation in den Raum südlich der Donau ein.
Die wichtigste Voraussetzung für die Erschließung und Verteidigung des Landes waren brauchbare *Straßen*; für jene Zeit bedeuteten sie so viel wie für das 19. und 20. Jahrhundert der Bau von Eisenbahnen. Die Römer waren Meister im Anlegen von Straßen, die sie über Höhenzüge hinweg schnurgerade durchs Land führten. Es waren sehr dauerhaft gebaute Verkehrswege mit einem Unterbau von Bruchsteinen. Zur Gewinnung des Materials hatten die Römer eigene Steinbrüche angelegt. Die Breite der Straßen betrug vier bis sechs Meter; Meilensteine gaben die Entfernungen an. Besonders dicht war das Straßennetz aus militärischen Gründen hinter dem Grenzstreifen. Die Straßen waren die Lebensadern des Reiches: Auf ihnen bewegten sich die Legionen und die Handelsreisenden, auf ihnen vollzog sich der Kultur- und Völkeraustausch. Sie ermöglichten eine straffe Organisation der Provinz.
Die günstig gelegenen befestigten Orte der Kelten mögen in manchen Fällen die Grundlage für *römische Siedlungen* gebildet haben. Diese

dienten zunächst rein militärischen Zwecken *(Kastelle)*. Schon während ihrer 20jährigen Militärzeit konnten die Soldaten in der Nähe ihres Lagers *Bauerngrundstücke* erwerben. Die ausgedienten Veteranen ließen sich im Land mit ihren Familien nieder und verbreiteten römische Gesittung und Zivilisation. Südlich der Donau fanden sie ein gut aufbereitetes Ackerland vor. Sie pflegten den Garten-, Obst- und *Weinbau* wie in ihrer südlichen Heimat. Den Römern verdankt Bayern die Rebe. Große, herrschaftliche Gutshöfe finden sich übers ganze Land verstreut. Eines der am eingehendsten erforschten Landgüter (villae rusticae) lag bei *Burgweinting*: Eine Mauer von mehr als 400 Metern umfaßte etwa zehn Gebäude; das quadratische Wohnhaus besaß einen Säulengang mit Lauben; es war heizbar.

Im Laufe der Zeit vermischten sich die römischen Siedler mit den Ortsansässigen, es bildete sich eine römisch-keltische Mischkultur heraus.

Markomannen

Im zweiten Jahrhundert n. Chr. begann es hinter der Grenzlinie unruhig zu werden. 166 setzten die Markomannen zu einem großen Sturm im mittleren Donauraum an; verheerend fielen sie in die Provinzen Rätien, Noricum und Pannonien (Ungarn) ein. Die Römer mußten erkennen, daß die Donaulinie nur unter erheblichem Kraftaufwand zu halten war. Daher gingen sie daran, ein wirkungsvolles Verteidigungssystem auszubauen.

Längs des rätischen Limes wurde nun eine zwei bis drei Meter hohe und einen Meter starke Steinmauer errichtet. Als man sich diese in späteren Jahrhunderten nicht mehr zu deuten vermochte, hielt man sie für Teufelswerk; noch heute ist im Volk der Name »Teufelsmauer« für die wallartigen Überreste des Limes gebräuchlich. Der Limes schloß die »pax romana« (das befriedete Weltreich) nach außen hin ab. Vor dem Limes ließ man einen Wüstenstreifen entstehen, der von den Wachttürmen aus leicht überblickt werden konnte.

Castra Regina

Die Kette der Kastelle wurde verstärkt. Ein Kohortenlager auf der Höhe von *Kumpfmühl* bei Regensburg war dem Markomannensturm zum Opfer gefallen; es wurde nicht mehr aufgebaut. Nördlich davon im Donauknie jedoch erstand nun das *Legionslager Castra Regina*. Es hatte die Aufgabe, an diesem wichtigen Punkt, an dem mehrere römische Straßen zusammenliefen, den Flußübergang und den Zugang zu Regen- und Naabtal zu überwachen. Eine sieben Meter lange Bauinschrift, die über dem Lagertor eingelassen war, ist erhalten geblieben (Stadtmuseum Regensburg); sie besagt, daß Kaiser Marc Aurel die starken Befestigungen des Lagers bis zum Jahre 179 n. Chr. errichten ließ. Noch heute hebt sich die rechtwinkelige Form des Kastells (450 m auf 540 m) deutlich im Stadtplan von Regensburg ab. Die mächtigen Quader der *Porta Praetoria* bildeten das Nordtor des Lagers. Nur noch in Trier haben wir ein

Bild Seite 64

ähnlich gut erhaltenes römisches Hochbauwerk auf deutschem Boden. Teile der Südostecke des Lagers sind vor Jahren in der Nähe des Bahnhofs freigelegt worden, als man den Grund zu Neubauten aushob. 1976/77 erfolgten weitläufige Ausgrabungen in der Weststadt am Bismarckplatz, wo Teile des zur Garnison gehörenden Lagerdorfes freigelegt wurden. Römische Siedlungsspuren wurden auch im Umland entdeckt und ausgegraben, so die villa rustica in Burgweinting und die in Großprüfening und die Fundamente eines weiteren, wenn auch kleinen Kastells gegenüber der Naabmündung. Es geschieht immer wieder, daß man bei baulichen Veränderungen in Stadt und Land auf Überreste der Vorzeit stößt. Bei achtlosem Vorgehen können wertvolle Hilfen für die Deutung unserer Vergangenheit verlorengehen; daher soll der Laie in solchen Fällen immer sachkundige Männer zu Rate ziehen (zuständig für die Oberpfalz ist das Bayerische Landesamt für Denkmalpflege, Zweigstelle Regensburg, Runtingerhaus, Keplerstraße 1).

Das Militärlager zog große Betriebsamkeit nach sich: Soldaten- und Beamtenfamilien richteten sich ein; Händler, Handwerker und Wirte machten ihre Geschäfte in der volkreichen Siedlung. Eine Fülle von Münzen, Inschriften, Gebrauchskeramik, Säulenresten, Götterstatuen, Altären, Grabmälern usw. bewahrt das Regensburger Stadtmuseum aus dieser Zeit auf. Reger Schiffsverkehr muß an der römischen Anlegestelle geherrscht haben. Mancherlei diplomatische und wirtschaftliche Fäden spannen sich auch hinüber nach jenseits der Donau, wahrscheinlich sogar über den alten Handelsweg der Further Senke nach Böhmen. Die Römer hatten Geschick in der Behandlung fremder Völker.

Alemannen

Als aber vom Jahr 213 n. Chr. an die kriegerischen Alemannen, die Vorfahren der Schwaben, den Limes berannten, war mit Diplomatie nichts mehr auszurichten. 233 konnte der Limes mit Not noch gehalten werden, 260 wurde er durchbrochen: Die Alemannen stießen durch und drangen weiter nach Westen und Süden vor. Auch Castra Regina scheint teilweise zerstört worden zu sein. Noch einmal gelang es den Römern, die ärgste Gefahr zu bannen; die Provinz Rätien konnte dank ihrer Tatkraft weitere 200 Jahre gehalten werden. Den Juralimes gab man auf und konzentrierte sich auf die Verteidigung der Donaulinie. Castra Regina erlebte unter Kaiser Diocletian (284–305) eine neue Bauperiode. Dieser mächtige Kaiser erreichte durch innere Neuordnung eine Festigung des Reichsfriedens.

Die Römer machten alle Anstrengungen, Rätien, das Vorwerk Italiens, zu halten. Im Kampf gegen die andrängenden Germanenstämme nahmen sie sogar Germanen ins Heer auf. Auch germanische Siedler wurden auf Reichsboden seßhaft gemacht. So fand langsam eine Untermischung mit germanischem Blut statt.

Völkerwanderung

Um die Mitte des fünften Jahrhunderts ließen sich die Germanenstämme, die wiederum durch die nachdrängenden Slawen nach Westen abgeschoben wurden, nicht mehr zurückhalten. Alemannen, Franken, Ostgoten gerieten in Bewegung. Die Markomannen saßen in Niederösterreich nördlich der Donau, die Thüringer stießen in die nachmalige Oberpfalz vor.
Die Römer waren durch die Verteidigung des Kernlandes gebunden; ihre Resttruppen in Rätien blieben ohne Führung und Sold. Das wehrlose Donauland wurde von allen Seiten angefallen.

Hl. Severin

In dieser Zeit allgemeiner Auflösung vollzog ein tatkräftiger Mann, der hl. Severin, sein großes Hilfswerk. Er versuchte, dem von Angst und Unsicherheit geplagten Volk caritative Hilfe und Ordnung angedeihen zu lassen. Mit großer Umsicht und politischem Instinkt organisierte er den Rückzug eines Teiles der römischen Bevölkerung. Das Leben des hl. Severin († 482) wurde von seinem Schüler Eugippius aufgezeichnet; dies ist für uns das wichtigste Zeugnis von dem Geschehen im Donauraum am Ende des fünften Jahrhunderts, von dem Ringen der Germanen mit den Römern und dem frühen Christentum.
Reste römischer Verwaltungseinrichtungen und Kultur erhielten sich noch lange Zeit in Rätien und wurden von den Germanen weitergetragen. Ein Teil der seßhaften Landbevölkerung hatte sich auch durch die Stürme der Völkerwanderung nicht von seinem Besitz verdrängen lassen.
Der größte Teil der heutigen Oberpfalz war außerhalb des Römerreiches geblieben. Wir wissen daher nur aus Bodenfunden und gelegentlichen Bemerkungen antiker Schriftsteller über ihren damaligen Zustand Bescheid. Die Fundarmut von der Latènezeit an läßt eine sehr schwache Besiedlung bis ins siebente und achte nachchristliche Jahrhundert vermuten. Der Römer Tacitus spricht in seinem Werk »Germania« (98 n. Chr.) von den *Nariskern*, einem germanischen Stamm, der sich zwischen Donau und Fichtelgebirge niedergelassen hatte. Diese Narisker (manchmal auch Naristen oder Varisken genannt) wanderten um 450 n. Chr. nach Burgund und Ungarn aus. Eugippius berichtet im »Leben Severins« (nach 482) von den Nachfolgern der Naristen, den *Thüringern*, die das Land nördlich der Donau in Besitz nahmen und sogar einmal bis Passau vordrangen. Das Thüringerreich wurde dann 532 von den Franken zerstört.

Baiwaren

Um diese Zeit erfolgte die Einwanderung der Baiwaren oder Bayern (die Schreibweise mit y hat sich ab 1818 eingebürgert). *Herkunft* und Zusammensetzung des Stammes konnten bisher von der Forschung nicht geklärt werden. Wahrscheinlich verstand man unter »Bajuwarii«

Leute, die aus Boiohemum (= Baiaheim, Böhmen) stammten. Böhmen war nämlich die Heimat der keltischen Bojer gewesen, ehe dort der mächtige germanische Markomannenkönig Marbod (zur Zeit des Augustus) sein Reich errichtete. Man weiß nicht, ob der Kern der nach 500 westwärts wandernden Volksgruppen aus Markomannen bestand; sicher ist, daß Bevölkerungsteile mancher in Böhmen, Westungarn und Niederösterreich sitzender Stämme, z. B. der Langobarden und Donausueben, beteiligt waren.

1938 fand man in einer Gräberreihe bei Irlmauth (Straubing) das bisher älteste Gefäß der Einwanderer; aus der Art seiner Verzierung schließt man auf böhmische Herkunft. Man sucht darin einen Beweis für die Verbindung von Bayern und Böhmen: Die Reihengräberfunde in Böhmen brechen um diese Zeit ab, während sie im Alpenvorland einsetzen.

Erste Siedlungen

Zuerst taucht der Name »Baiwarii« in der Geschichte der Goten von Jordanes 551 auf. Hier heißt es: »Das Land der Schwaben hat im Osten die Baiern als Nachbarn.« Aus keiner geschichtlichen Quelle läßt sich entnehmen, daß mit der Landnahme Kämpfe verbunden waren. Friedlich nahmen die Grundherren von dem altbesiedelten Boden in den trockenen Tälern und im Donaugau Besitz. Die neuen Siedler vermischten sich mit der ansässigen Bevölkerung. Die ortsgründenden Siedlungsleiter einer ganzen Gegend gehörten meistens einer Sippe an. Zunächst stießen sie noch nicht rodend in die Wälder vor. Diese darf man sich aber auch nicht siedlungsfeindlich vorstellen, sie waren wesentlich lichter als unsere heutigen Wälder; sie bestanden hauptsächlich aus Laubbäumen, die auch der Schweinezucht (Eicheln!) günstig waren. Der große Lindenbestand gab den Bienen (= Zeideln) Nahrung: Zeitlarn hat davon seinen Namen. (Vgl. Unterlindhof mit dem benachbarten Zeitlhof bei Wenzenbach.)

Am besten geben die Ortsnamen Auskunft über die frühen Siedlungen, denn die schriftlichen Zeugnisse aus dieser Zeit sind sehr spärlich. Die alten *ing-Orte*, die sich auf frühkultiviertem Boden finden, bezeugen eine frühe Besiedelung vor allem durch die Bayern. Damals überwog noch die Bindung von Mensch zu Mensch; die Siedlungen wurden nach dem Führer einer Gruppe, der den Ort gründete, benannt. (Mangolding war die Gründung eines Mangold, Sinzing eines Sinzo, Massing eines Masso, Högling eines Hagilo usw.!) Gehäuft finden sich ing-Orte auf dem Lößboden des Regensburger Gebietes (Burgweinting, Köfering, Obertraubling, Unterisling und andere). Die ing-Orte im Donaugebiet tragen die Namen des bayerischen Uradels. Weitere Gruppen von alten ing-Orten treten auf im Altmühltal und an der Sulz (z. B. Berching), im Albvorland (Deining, Möning, Pölling), an der Schwarzen Laber (Sinzing, Alling), zwischen Amberg und Nabburg (Wolfering, Pennating, Högling, Jeding, Weiding) und im Chamer Becken. Nicht alle ing-Orte sind »echt«, d. h. kurz nach der Einwanderung entstanden; ihre Häufung in bestimmten Gebieten der Oberpfalz läßt aber vermuten, daß diese Landesteile schon im sechsten Jahrhundert von den Bayern kolonisiert waren.

2. *Der Nordgau unter den Agilolfingern und Karolingern*

Volksrecht

Wie die anderen deutschen Stämme, so hat auch der bayerische zwischen dem 6. und 8. Jahrhundert sein sog. Volksrecht festgehalten; die »Lex Bajuwariorum« ist ein wichtiges Denkmal aus der bayerischen Frühzeit: Sie stammt zum größten Teil aus fränkischen Königsgesetzen; auch kirchlicher Einfluß läßt sich spüren. Die »regula St. Benedicti« ist bereits bekannt: Mit ihr legte *Benedikt* von Nursia, der Gründer von Monte Cassino in Italien (592), eine besonders wirksame Form des abendländischen Mönchtums (Benediktiner) fest. Die Bestimmungen des bayerischen Volksrechtes gehen sehr anschaulich vom konkreten Einzelfall aus; jede Rechtsverletzung wird mit einer bestimmten Buße belegt. Auch Bestimmungen über den Herrenhof sind enthalten.

In diesem Volksrecht wird das Geschlecht der *Agilolfinger* genannt, das über das bayerische Volk herrschte und in einem Abhängigkeitsverhältnis zum Frankenreich stand. Wahrscheinlich stammten die Agilolfinger aus Burgund und waren in der Südostecke des Frankenreiches gegen Byzanz und Langobarden sowie gegen Slawen als Amtsherzöge eingesetzt. Die Agilolfinger stützten ihre Macht auf einen ausgedehnten Landbesitz, sie waren die reichsten Grundherren in Bayern. Ihre Befehlsgewalt erstreckte sich vom Naabtal bis ins Pustertal.

Als regionale Einteilung finden sich *Gaue*. Grafen hatten anstelle von König und Herzog kommissarische Befugnisse in Gericht, Verwaltung und Heerführung.

Ständegliederung

Das entscheidende Element und der Träger des Stammesbewußtseins war der schwerttragende *Adel*: Diese Oberschicht verfügte über einen reichen Besitz an Grund und Leibeigenen; sie kämpfte für oder gegen Herzog und König, errichtete Eigenklöster und besetzte sie mit Familienangehörigen; sie begründete (Nieder-) Kirchen, beherrschte die Bischofsstühle und gebot – neben Herzog und König – von ihren Salhöfen (Gutshöfen) aus über Land und Leute.

Auf den Hufen saßen die sog. *Herzogsfreien*, die auf den Gerichtstagen zu erscheinen und Kriegsdienste zu leisten hatten. Als man ihre Kriegsdienste wegen Veränderung der Kriegstechnik (Panzerreiterheer im Le-

hensverband!) nicht mehr benötigte, wurden sie meist an die Kirche verschenkt; doch behielten sie eine gehobene Stellung innerhalb der Unfreienschicht als »Barschalken« bei.
Die Masse des »Volkes« bestand aus *Leibeigenen*, die die Knechtsarbeit leisteten. Sie setzten sich großenteils aus Kriegsgefangenen oder verknechteter Vorbevölkerung zusammen.
Diese Schichtung des Volkes hat ihre Wurzeln bei den Wanderständen der germanischen Frühzeit und blieb bis in die Neuzeit herein bestimmend.

gilolfinger
ld Seite 66

Die Herzöge nahmen ihren Sitz in dem aus der Spätrömerzeit erhaltenen wehrhaften *Regensburg*. Herzog *Theodo* herrschte hier um 700 wie ein unabhängiger Fürst. Er verhandelte selbständig mit dem Papst wegen der Errichtung einer bayerischen Kirchenprovinz. Bei Erbstreitigkeiten machte sich der fränkische Einfluß geltend. Herzog *Odilo* (= Oatilo) mußte die fränkische Oberhoheit anerkennen (744), da der mächtige Hausmeier Karl Martell sich durchzusetzen begann.
Tassilo III. wurde als Knabe von seinem Oheim, dem Frankenherrscher Pippin dem Älteren, eingesetzt und beschützt. Der Vasalleneid (= Eid des Gefolgsmannes gegenüber dem Schutzherrn) legte die Pflicht der Heeresfolge fest. Ihr suchte sich Tassilo mit seinen Bayern auf dem aquitanischen Feldzug von 763 zu entziehen; die Aufgaben im eigenen Land erschienen ihm wichtiger als die endlosen Verwicklungen (neun Jahre!) im fremden Westen. Rückhalt gaben die befreundeten Langobarden.
Nun folgte eine Zeit intensiver Siedel- und Kolonisationsarbeit, eine Epoche aufblühender Kultur in Bayern von den Alpen bis zur Straße nach Böhmen. Die Agilolfinger, besonders Tassilo, haben sich große Verdienste um Bayern erworben; um so härter erscheint ihr Schicksal.

bsetzung
assilos 788

Inzwischen war das Frankenreich unter *Karl dem Großen* erstarkt. Nachdem Sachsen und Langobarden unterworfen waren, kam es zu Spannungen mit dem Bayernherzog, der sich dem fränkischen Ausgreifen entziehen wollte. 788 setzte man Tassilo gefangen und verurteilte ihn mitsamt seiner Familie zu lebenslänglicher Klosterhaft. Bayern wurde zu einer Provinz des fränkischen Reiches. Bayerische Stammesgeschichte blieb von nun an eingebettet in die fränkische und deutsche Reichsgeschichte, ohne daß bayerisches Sonderleben dadurch geschmälert worden wäre.

arolinger

Das weitverstreute Herzogsgut ging in den Besitz der fränkischen Könige, der nachmaligen Karolinger, über. Fränkische Beamte vertraten ihren Herrn: *Statthalter* (= Praefekt) wurde zunächst der Schwager Karls, *Gerold. Grafschaften* entstanden nach fränkischem Muster. Als Kontrollorgane des Königs prüften *Sendboten* das Wirken der Grafen.

Marken

Karl der Große errichtete eine *Böhmische Mark* gegen die Slawen, deren Umfang man nicht genau kennt. Sie reichte etwa von der Donau bis zum Egerer Becken, vom breiten Waldsaum im Osten bis zu den erschlossenen Ackergebieten an der Regnitz. Burgorte dienten im südlichen Teil als militärische Stützpunkte; der Norden wurde erst im Lauf des Jahrhunderts in diese Schutzorganisation einbezogen. Erster urkundlich genannter Markgraf ist Audulf. Der Name »*Nordgau*« hängt zunächst am südwestlichen Teil der heutigen Oberpfalz nördlich der Donau und wandert von da allmählich nach Norden und Osten.

Die Hauptleistung Karls des Großen für Bayern war der Schutz gegen die Einfälle der *Avaren*, eines wilden Reiterstammes aus Asien. »Nach all diesen Ereignissen kam König Karl selbst nach Regensburg und ordnete dort die Grenzen und Marken der Bayern, wie sie mit Hilfe Gottes gesichert sein könnten gegen die Avaren«, heißt es in den Reichsannalen (historischen Jahrbüchern).

Der bayerisch-fränkische Gegensatz klang allmählich ab. *Ludwig den Deutschen*, den Enkel Karls, kann man als bayerischen Karolinger bezeichnen. Alle seine Unternehmen gingen von hier aus, immer wieder kehrte er nach Bayern zurück. 843 erhielt er nach Streitigkeiten mit den Brüdern im Vertrag von Verdun das ganze Ostfrankenreich zugesprochen. Damit war ein neuer Schritt des Hineinwachsens Bayerns ins Reich getan: Regensburg wurde nun Sitz der Reichsverwaltung; bayerischer Adel erlangte großes Gewicht. 844 ist eine Urkunde in Roding, wo sich ein Königshof befand, ausgestellt. Der König hatte ja noch keinen festen Sitz, sondern reiste ständig im Reich herum. Auch unter *Kaiser Arnulf* (von Kärnten), der sich 887 gegen die schwächere Linie der Karolinger durchzusetzen wußte, war Bayern Kernland des Ostfrankenreiches. Mit Ludwig dem Kind erlosch 911 das Geschlecht der ostfränkischen Karolinger.

Die Bedeutung der Herzogsstadt Regensburg zur Karolingerzeit erweist die Tatsache, daß sowohl Ludwig des Deutschen Gemahlin Hemma sowie Kaiser Arnulf von Kärnten und Ludwig das Kind ihr Grab in St. Emmeram gefunden haben.

Im 8. Jahrhundert entfaltete sich eine der bedeutendsten Einrichtungen des Mittelalters: das *Lehenswesen* (= Feudalwesen s. Seite 275). Die leihweise Überlassung von Grund, Leibeigenen oder bestimmten Einnahmen verpflichtete den Beliehenen (= Vasall) zu persönlicher Treue und zu Dienstleistungen gegenüber dem Lehensherrn. So wurde vor allem der Adel mit Land beliehen.

75 *Perschen* bei Nabburg war zur Zeit der Karolinger kirchlicher Mittelpunkt des Nordgaus. Neben der wuchtigen romanischen Basilika steht der ältere Rundbau des *Karners* (Anfang 12. Jh.), der durch seine Wandmalereien berühmt ist. Die Ummauerung rechts vorne gehört zum Edelmannhof, der einstmals als Pfarrhof diente und heute das *oberpfälzische Bauernmuseum* beherbergt.

△ 77 Klosterkirche von *Prüfening* bei Regensburg: Der Chorraum birgt die bedeutendsten Reste romanischer Wandmalerei in Deutschland. In der Mitte des Deckenfreskos thront, von den Evangelistensymbolen umgeben, Ecclesia (= die Kirche) mit der Kreuzfahne in der einen, dem Erdkreis in der andern Hand. Um diesen Mittelpunkt der Welt scharen sich Propheten, heilige Würdenträger und Märtyrer.

◁ 76 Ein bedeutendes Werk der *Regensburger Buchmalerei* (um 1014) stellt das Sakramentar Heinrichs II. dar. Das Titelblatt zeigt den Kaiser, den die Heiligen Emmeram und Ruprecht stützen. Christus setzt ihm die Krone auf: Damit soll angedeutet werden, daß er sein hohes Amt von Gottes Gnaden verliehen bekam.

78 Buchkasten des *Uota-Codex:* Unter Bischof Wolfgang führte die Reformäbtissin Uota von Niedermünster die erneuerte Benediktinerregel ein. Für dieses adelige Damenstift wurde eines der bedeutendsten Werke abendländischer Buchmalerei geschaffen, das Uota-Evangelistar. Der Buchkasten, in dem diese Handschrift aufbewahrt wurde, ist eine kostbare Regensburger Goldschmiedearbeit (ungefähr 1030) mit reichem Edelstein- und Filigranschmuck. ▷

AVE MARIA
GRACIA PLENA

hristentum

Die Besiedlung des Nordgaus ging Hand in Hand mit der Missionierung.

Bis zum Jahr 313 war das Christentum offiziell verpönt gewesen. Daß trotzdem schon Gemeinden in Bayern vorhanden waren, beweist unter anderem die Verehrung der hl. Afra in Augsburg und eine Inschrift aus dem Regensburger Gräberfeld: Die Christin Sarmanina wurde gemäß der Bestattungssitte neben christlichen Blutzeugen beigesetzt (»Sarmanina quiescet in pace Martyribus sociata«). Vor der bayerischen Einwanderung bestand in Regensburg schon eine frühchristliche Friedhofskirche auf dem Grund der späteren St. Emmeramskirche.

isch-fränkische Mission

Durch die keltoromanische Restbevölkerung, vor allem aber durch Wandermönche aus Irland und Frankreich, wurden die Bayern mit dem christlichen Gedankengut vertraut gemacht. Mit langem Haar, den Ledersack auf dem Rücken, zogen diese Mönche, von Missionseifer erfüllt, durchs Land. Von den Bayernaposteln Kolumban, Emmeram, Rupert,

. Emmeram

Korbinian und Kilian war für unsere Gegend St. Emmeram, vermutlich ein Franke, am bedeutsamsten. Er wurde von Herzog Theodo vor 700 nach Regensburg geholt, wo er den Grund legte für die spätere Reichsabtei St. Emmeram. Er reinigte und erneuerte das (zwar schon vorhandene, aber mit fremden Kulten vermischte) Christentum. Nach dreijähriger Wirksamkeit fiel der hl. Emmeram einer Verleumdung zum Opfer. Bald fand er als Martyrer große Verehrung: Sein Grab in der Apsis der Regensburger Kirche war Ausgang der größten frühmittelalterlichen Wallfahrt in Bayern. Das Leben Emmerams schildert uns der gelehrte Bischof Arbeo von Freising sehr anschaulich; in diese Lebensbeschreibung ist eine begeisterte Schilderung des Bayernlandes eingeflochten.

. Bonifatius

Der eigentliche Organisator einer romverbundenen Landeskirche wurde der hl. Bonifatius. Sowohl die Herzöge als auch der Papst hatten Interesse an einer Organisation der Seelsorge in Bayern. So wurden 739 die Grenzen der Diözesen Freising, Regensburg, Passau und Salzburg festgelegt.

Karl der Große ernannte 798 Bischof Arn von Salzburg zum Erzbischof und unterstellte ihm die anderen Bistümer Bayerns. Römisch-christliche Kultur und germanisch-bayerisches Volkstum verschmolzen miteinander.

Missionsaufgaben es Klosters t. Emmeram

ild Seite 51

Um 745 wurde aus alemannischen, fränkischen und nordgauischen Teilen das *Bistum Eichstätt* gebildet und dem Angelsachsen Willibald unterstellt. Regensburgs Missionsgebiet lag nun im Norden und Osten: Als erstes oberpfälzisches Tochterkloster von St. Emmeram erstand 740 unter Herzog Odilo *Chammünster* (= cella apud Cambe). Es wurde mit reichlichen Ländereien ausgestattet und wuchs zum Ausstrahlungspunkt für die Ostmission heran. Für die militärische Aufgabe der deutschen Herrscher, die Straße nach Böhmen zu sichern, stellte es eine wichtige Stütze dar. Mindestens neunmal wurde die Cham-Further Senke bis zum Hochmittelalter von deutschen Heeren durchzogen. *Böhmen mit Prag* gehörte bis 973 zum Bistum Regensburg, der hl. Emmeram wurde dort hoch verehrt. Die ersten Meßbücher, die auf dem Domberg in Prag Verwendung fanden, stammten aus der Regensburger Schreibschule. Vierzehn böhmische Fürsten kamen 845 nach Regensburg mitsamt ihren Dienstmannen, um sich taufen zu lassen; im Jahr 895 stellte sich der böhmische Adel hier ein, um König Arnulf von Kärnten zu huldigen. Daß Böhmen und Mähren heute dem westlichen Kulturkreis zugehören, ist eine bedeutende Leistung auch des Regensburger Domklosters St. Emmeram.

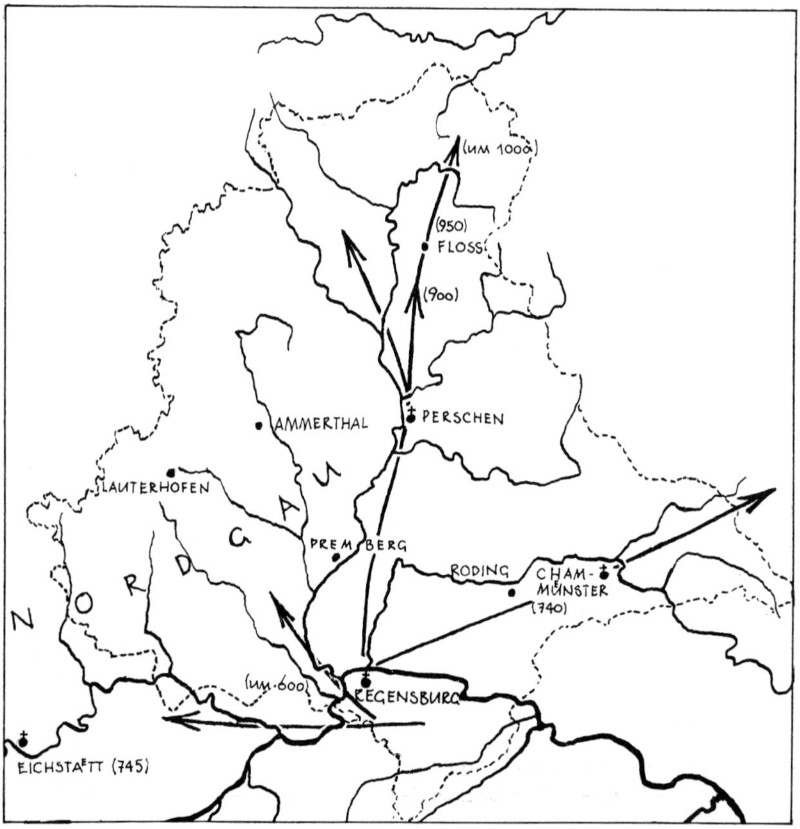

Kolonisierung und Missionierung des Nordgaus bis gegen die Jahrtausendwende

Rodung Immer mehr Rodungsinseln schoben sich ins Waldgebiet hinein. Zur Zeit der Agilolfinger war die bayerische Besiedlung vilsaufwärts bis in die Gegend von Amberg und naabaufwärts bis etwa Nabburg vorgedrungen. Um 900 konnte schon das Gebiet an der Luhe in die Regensburger Diözese einbezogen werden (Pfarrei Floß 950 gegründet), im 11. Jahrhundert reichte sie bis Tirschenreuth und Eger. Manche Siedlungen an alten Straßen gehen auch noch weiter zurück. Durch die Zuwendungen der Adeligen erhielt die Kirche die wirtschaftliche Grundlage für ihr kulturelles Wirken.

Slawensiedlungen Seit etwa 600 n. Chr. waren Slawen selbständig siedelnd ins Obermain-, Rednitz-, Wiesent-, Naab- und Schwarzachtal eingesickert, wie die Ortsnamen auf -itz bekunden (Söllitz, Döllnitz, Hohentrewitz u. a.). Orte mit der von den Deutschen gebrauchten Bezeichnung »windisch« rühren meist von slawischen Gefangenensiedlungen oder gelenkter Kolonisation her. Bonifatius nannte die Rednitzslawen noch Heiden; Karl der Große fügte sie durch ein Machtwort endgültig in die christliche Kirche ein. Kirchlicher Mittelpunkt war *Perschen* (bei Nabburg). Eine wichtige Stellung nahm der Ort *Premberg* bei Burglengenfeld ein: Bis dorthin durften die Slawen ihren Handel nach Westen vortragen. Es bestand sogar Stapelpflicht für die Kaufleute. Premberg scheint bis ins 12. Jahrhundert ein bedeutender Handelsplatz an der Kreuzung alter, großer Durchgangsstraßen gewesen zu sein. Man kann sagen, »daß die Oberpfalz seit den Tagen des alten Nordgaus geistig-kulturell, aber auch wirtschaftlich und politisch eingespannt war zwischen die großen Brennpunkte Regensburg, Nürnberg, Bamberg, Prag . . .« (K. Bosl, »Kulturströme und Kulturleistungen der bayerischen Oberpfalz.« 1963).

Bild Seite 75

Frühe Bauten Karl der Große schrieb für die größeren Kirchen Steinbau vor: Die Würde Gottes sollte sich auch im Baumaterial ausdrücken. Vorher hatte man für Gotteshäuser – mit Ausnahme der klösterlichen – nur Holz verwendet. Die Grundformen der Baukunst wurden aus der Antike übernommen: Basilika, Querschiff, Zentralbau. Am stärksten war die römische Überlieferung in *Regensburg*, wo bereits um 350 eine frühchristliche Kirche entstand (s. Seite 79). Aus diesem Kern erwuchs in den nächsten Jahrhunderten die Märtyrerkirche St. Emmeram. Arbeo von Freising berichtet in der Lebensbeschreibung des Heiligen, daß sein Grab einen Überbau trug, »an dem Zierate von Edelsteinen und Perlen funkelten und alle Art Bildschnitzereien aufstrahlten«. Die Kenntnis der antiken Baukunst lebt in den frühromanischen Nischenbauten von St. Stephan (sog. Alter Dom von Regensburg) und St. Emmeram fort.

Wie aus vielen Gräberfunden in der Oberpfalz zu ersehen ist, hielten die Bayern noch Jahrhunderte an der Sitte der Beigaben fest (vergoldete Fibeln, Vogelzierate). In den Gräbern befindet sich auch viel Importware (bes. von den Langobarden). Diese Sitte verschwand erst nach 700, als sich die christliche Jenseitsauffassung durchgesetzt hatte. Nun wurden die Toten nicht mehr außerhalb der Siedlung in Reihengräbern beerdigt, sondern im Vorplatz der Kirche (Kirchhof).

Kirchengerät

Die Kirchen stattete man mit allerlei kostbarem Gerät aus: Nonnen stellten kunstvolle Altartücher und Meßgewänder her, Mönche fertigten Leuchter, Reliquienschreine, Kännchen, Glocken. Die älteste Glocke der Oberpfalz ertönt noch heute vom Kirchturm in Thurndorf (westlich von Eschenbach).

Bild Seite 96

Kultureller Mittelpunkt war die Benediktinerabtei St. Emmeram zu Regensburg. Diesem Kloster schenkte König Arnulf das wertvolle Evangelienbuch »*Codex Aureus*«, das nach 870 im westfränkischen Königskloster St. Denis in Paris entstanden war. Das Werk, ein glänzendes Beispiel für klösterliche *Buchmalerei und Goldtreibearbeit*, ist in Regensburg überarbeitet worden. Der Deckel zeigt eine eindrucksvolle, jugendliche Christusgestalt von großer Gefühlsdichte. Ein anderes kunsthandwerkliches Meisterstück dieser frühen Zeit war bis 1811 im Besitz von St. Emmeram: ein Tragaltärchen von einem halben Meter Höhe, das Kaiser Arnulf auf seinen Ritten durchs Land mitgeführt hat. Die Dachfelder zeigen vier Szenen aus dem Leben Jesu in vorzüglicher Goldtreibearbeit (heute im Residenzmuseum München).

Domschule und Bibliothek

Unter Tassilo (Synode von Neuching 771) wurde das älteste deutsche Schulgesetz formuliert: Es enthält Richtlinien für die Errichtung von Schulen an Bischofssitzen und legte den Grund für die berühmten Schreibschulen und Dombibliotheken des Mittelalters. Auch auf diesem Gebiet war das Domkloster und spätere Reichsstift St. Emmeram bald führend (s. Seite 79). Hier entstand z. B. das für die Sprachforschung wichtige althochdeutsche Wörterbuch, die »Samanunga«. Eine der ersten Dichtungen unseres Volkes, der »*Muspilli*«, wurde ebenfalls in St. Emmeram gefunden: Es ist eine Stabreimdichtung vom Untergang der Welt, in der sich heidnische Vorstellungen mit christlichem Auferstehungsglauben verknüpfen. Die gesamte Bildung der Zeit lag in den Händen der Geistlichkeit.

Von den großen Bücherbeständen der Abtei blieben nur 80 Bände erhalten.

Die kaum erblühte Kultur wurde jedoch bald durch die Verheerungen der Ungarnstürme in ihrer Entfaltung gehemmt. Erst nachdem diese Landplage beseitigt war, konnte sie sich endgültig durchsetzen.

3. *Von den Ungarneinfällen bis zu den ersten Wittelsbachern (900–1180)*

Hundert Jahre nach der Beseitigung der Avarengefahr setzte sich von neuem ein wildes Reitervolk aus dem Osten in Bewegung: die *Ungarn*. Immer wieder fegten sie sengend und plündernd durchs Land. Von frühmittelalterlichen Chronisten wurden sie als »Pest des Vaterlandes« bezeichnet. Adel und Geistliche vergossen ihr Blut in den Abwehrschlachten.

uitpold

895 war der den Karolingern verwandte Luitpold zum Markgrafen in Kärnten und Grafen auf dem Nord- und Donaugau erhoben worden. Nach mehreren rühmlichen Gefechten unternahm er im Jahre 907 mit dem bayerischen Heerbann einen Vorstoß gegen Ungarn, der mit der blutigen Niederlage bei Preßburg endete. Das Land lag offen für die Raubzüge der flinken ungarischen Reiter: 948 kam es zu einer Schlacht bei Floß, 950 erzitterte das Volk an der Luhe vor ihnen. In dieser Notzeit

Ierzog Arnulf

übernahm Luitpolds Sohn Arnulf in Bayern die Führerrolle. Während die letzten Karolinger sich in Familienzwisten verzehrten, ging er daran, ein den Ungarn ebenbürtiges Reiterheer aufzubauen, Ringwälle zum Schutz für Bevölkerung und Vieh zu errichten. Um die Kriegskosten aufbringen und seine Gefolgsleute mit Land belehnen zu können, hielt er sich an die Kirchengüter. Von den Mönchen bekam Arnulf daher den Beinamen »der Böse«. Fast alle Urklöster gingen damals ein. Dieser kraftvolle jüngere Stammesherzog konnte sich auch gegenüber dem Machtanspruch des deutschen Königs *Konrad I.* (von Franken) behaupten. Seinem sächsischen Nachfolger, Kaiser Heinrich I., leistete er 921 den Lehenseid. Doch bedeutete das keinen Verzicht auf seine Machtfülle. Er führte Krieg auf eigene Faust, stellte Urkunden aus, prägte Münzen. Zu den Stammesversammlungen traf man sich in Regensburg, wo Kaiser Arnulf von Kärnten neben der alten Pfalz am Kornmarkt eine neue Pfalz über der heutigen Torhalle von St. Emmeram hatte erbauen lassen. Der Herzog war zugleich Träger des Stammesbewußtseins, seine Person verkörperte das baierische Volk.

'ngarnschlacht 55

Nach Arnulfs Tod verlor das Herzogtum seine Rechte mehr und mehr an das Königtum. Unter König Otto I. fiel 955 die Entscheidungsschlacht auf dem Lechfeld, an der dem bayerischen Heer das Hauptverdienst zuerkannt werden muß; auch die Böhmen waren daran beteiligt. Die Ungarn wurden vernichtend geschlagen und über die Enns hinaus verfolgt. Seßhaft geworden, errichteten sie einen kraftvollen Staat, dessen Herrscherhaus mit Bayern in enge Beziehungen trat.

'abenberger im 'ordgau

Damals wurde der Nordgau aus seiner unmittelbaren Verbindung zum bayerischen Herzogtum gelöst: Die politische Leitung erhielt *Bertold*

von Schweinfurt aus der jüngeren Babenbergischen Linie (um 950). Die Grafschaftsrechte reichten von den Mainquellen bis in den Donaugau. Bis 1057 herrschte dieses Geschlecht im Nordgau.
Ein anderer Babenberger, Bertolds Bruder *Luitpold*, wurde (976) Markgraf in der Bayerischen Ostmark (Niederösterreich).
Als Burggraf von Regensburg wird ein *Papo* genannt, der vermutlich auch Babenberger war.

Bistum Bamberg

Als der Bayernherzog Heinrich (aus sächsischem Geschlecht) zum deutschen König und abendländischen Kaiser gewählt worden war, empfing man ihn mit Jubel in Regensburg. Die alte Herzogsstadt trat jedoch bald zurück, Heinrichs Liebe gehörte dem neugegründeten (1007) Reichsbistum Bamberg. Den Bistümern Eichstätt und Würzburg wurden Rechte zugunsten der neuen Diözese abgenommen; Reichsbesitzungen nahm der Kaiser zurück und schenkte sie an Bamberg. Bambergs gewaltiger Besitz erstreckte sich auch in den Nordgau hinein: Hohenschambach, Vilseck, Hersbruck, Auerbach, Schwarzenfeld u. a. wurden bambergisch. Die Alte Kapelle in Regensburg (alte Pfalzkapelle) wurde mit reichem Besitz in Bayern und vor allem im Oberpfälzer Gebiet an das Reichsbistum am Main geschenkt. Die Klöster Prüfening und Ensdorf sind bambergische Gründungen.
Das reiche neue Bistum verhinderte das Aufkommen größerer weltlicher Machtanhäufung im Osten. Immer mehr wurde die Kirche Rückhalt des Königs und Träger wichtiger Reichsaufgaben (Hoffahrt, Heerfahrt, Herbergs- und Kanzleipflicht).

Heinrich von Schweinfurt

König Heinrich II. mußte 1003 gegen den Markgrafen und seine Verbündeten ziehen: Heinrich, der Sohn und Nachfolger Bertolds von Schweinfurt, hatte nämlich hochverräterische Beziehungen zu dem mächtigen Böhmenkönig Boleslav dem Glorreichen angeknüpft. Heinrich mußte sich dem König unterwerfen und verlor die Markgrafschaft. Der Fürsprache mehrerer Bischöfe verdankte er seine Begnadigung; er erhielt die nördlichen und östlichen Teile seiner Güter im Nordgau zurück und konnte sie an seinen Sohn Otto weiterreichen.

Sulzbacher

Unter Kaiser Heinrich II. erhielt der vermutliche Ahnherr der Grafen von Sulzbach (Kastl – Habsberg – Hirschberg), *Graf Berengar*, den Westteil der Oberpfalz (Juragebiet, späteres Landgericht Hirschberg). Die Sulzbacher traten später auch als Vögte für die bambergischen Besitzungen auf (Vogt = weltlicher Schutzherr eines Kirchengutes).
Unter den *fränkischen Kaisern* aus dem Geschlecht der Salier (1024–1125) war Bayern lange Zeit Krondomäne und Königsprovinz. Kaiser Heinrich III. vor allem führte die staatliche Organisation des

Nordgaus energisch fort, gewann Neuland hinzu und sicherte den Ostteil gegen Böhmen durch die Errichtung der Marken Cham und Nabburg. Es ist beurkundet, daß König Heinrich IV. im Jahre 1061 seinem Ministerialen (= Dienstadeligen) Otnant einen Waldbezirk »in pago Nortgawe et in marchia Napurg« zuwies, mit dem Recht, hier im Quellgebiet von Krummennaab und Trebnitz zu roden.

Der unbewohnte Waldsaum gegen Böhmen wurde immer schmaler, jenseits der Grenze aber festigte sich der tschechische Staat der Přemysliden unter Břetislav. Daher schien es geboten, den Hauptübergang bei

)iepoldinger 1077

Furth stark zu befestigen; die schwäbischen Diepoldinger von Vohburg (Donau) wurden 1077 als Markgrafen von Cham – Vohburg eingesetzt. Ein Ahnherr dieses tüchtigen, kaisertreuen Geschlechtes hatte 955 auf dem Lechfeld sein Leben gelassen (s. Seite 83). Im Kampf für seinen königlichen Herrn (gegen den Gegenkönig Rudolf von Rheinfelden) ist Markgraf Diepold I. 1078 gefallen. Nach dem Aussterben der Grafen von Schweinfurt (Babenberger) erhielten die Diepoldinger deren Besitzungen, erschlossen mit ihren bäuerlichen Untertanen die Quellgebiete von Mies und Wondreb und gewannen das *Egerland* hinzu. Die Diepoldinger machten sich auch als großzügige Stifter und Förderer der Klöster Waldsassen und Reichenbach verdient. Diepold III. († 1146) hob das Stift Waldsassen aus dem Einflußbereich der weltlichen Gewalt, gewährte ihm Lastenfreiheit und Gerichtsbarkeit; das war die Wurzel der Entstehung zweier Verwaltungseinheiten in diesem Gebiet: des Stiftlandes und des Egerer Landes. 1061 wird das Egerland (provincia Egire) zum ersten Mal urkundlich genannt. Die grauen Mönche von Waldsassen (Zisterzienser) wurden zu den großen Kulturpionieren im Egerland und in Nordwestböhmen. Neben ihnen wirkte im gleichen Sinn die Reichsdienstmannschaft.

Der alte Nordgau löste sich also im 11. Jahrhundert allmählich auf. An die Mark Cham – Vohburg schloß sich gegen Norden die »Mark und Reichsveste Nabburg« als selbständiger Verwaltungsbezirk an. In gro-

3ild Seite 29, 111,
12
3ild Seite 268

ßer Zahl erwuchsen nun befestigte *Burgen* vom Fichtelgebirge bis zum Hohen Bogen (s. Seite 284 ff.): Falkenberg, Flossenbürg, Leuchtenberg, Obermurach, Sulzbach, Burglengenfeld, Kallmünz, Hohenburg sind nur die größten davon. Die alte Reichsburg Cham wurde mit einem Kranz von Burgen umgeben. Der schlichten Zweckmäßigkeit dieser klotzigen Wehrburgen standen die mehr schloßartigen Bauten an der Donau gegenüber, Donaustauf, Wörth. Sie sind zum Teil in ihrem Äußeren wesentlich jünger.

Adelsgeschlechter

Noch heute zeugen die Oberpfälzer Burgen von der Wehrhaftigkeit stolzer Adelsgeschlechter. Durch Heirat, Erbschaft und Ankauf entstanden oft ausgedehnte Besitztümer. So gelang es den *Leuchtenbergern*

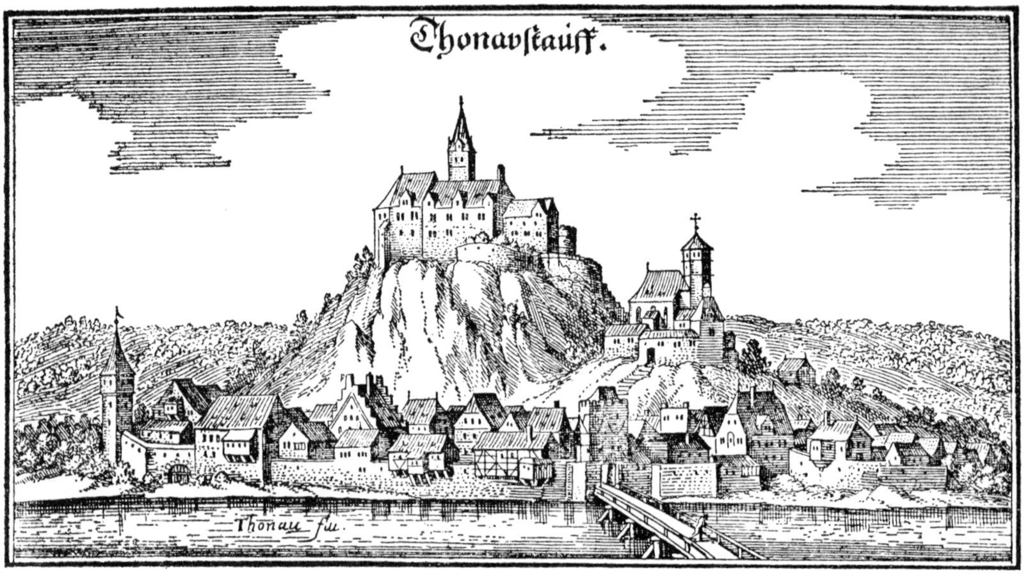

Seit dem 10. Jahrhundert hatte das Bistum Regensburg Besitzungen um *Donaustauf* (bis 1810). Die weiträumige Burganlage geht auf romanische Zeit zurück; sie nahm häufig den bischöflichen und kaiserlichen Hof auf. Der Dreißigjährige Krieg wurde ihr zum Verhängnis. Der Markt zu Füßen der Burg konnte bedeutende Einnahmen aus Weinbau und Fischerei sowie durch den sehr alten Brückenübergang erzielen. Auch er hat sein ursprüngliches Aussehen durch viele Katastrophen eingebüßt (besonders durch das Großfeuer von 1880). – Unser Bild ist eine Darstellung von Merian, einem der berühmtesten Kupferstecher des 17. Jahrhunderts.

von 1119 ab, Güter um Grafenwöhr, Kemnath, Pleystein, Wernberg, Waldmünchen usw. in ihrer Hand zu vereinigen.
Im Steinwald kamen die *Nothaft* auf dem Weißenstein hoch, die später auch in der südlichen Oberpfalz ansässig wurden. Als Anführer der Siedlergruppen wirkten im Nordosten die Trautenberger, die Liebensteiner, die Leonberger, die Waldthurner u. a. Die Landgrafen von *Stefling* und Riedenburg (aus dem Geschlecht der Paponen, s. Seite 84) hatten auch die Burggrafschaft von Regensburg (ab 976) inne. Sie starben am Ende des 12. Jahrhunderts aus. Ihre Nachfolger in der Landgrafschaft wurden die Leuchtenberger, in der Regensburger Burggrafschaft die bayerischen Gebietsherzoge.
Neben der Aufgabe des Abwehrens in kriegerischen Zeiten erfüllte die Oberpfalz aber auch die Aufgabe der friedlichen Fühlungnahme mit den Slawen. Von Bamberg abgesehen war Regensburg der Hauptträger wirtschaftlicher, geistiger, künstlerischer Beziehungen nach dem Osten,

87 Kloster *Kastl,* hoch über dem Lauterachtal. Dieses älteste Kloster der Hirsauer Reformbewegung in der Oberpfalz geht auf eine alte Befestigungsanlage zurück. Es wurde 1103 von den Grafen Kastl-Habsberg und Sulzbach gegründet. Reiches Stiftungsgut und Schenkungen der Babenberger gaben ihm günstige wirtschaftliche Bedingungen. Zur Blüte gelangte es unter Abt Hermann (1322–56), einem eifrigen Parteigänger Kaiser Ludwigs des Bayern, der sich viel hier aufhielt. Heute befindet sich in Kastl ein Gymnasium für Exilungarn.

88 Portal von *St. Jakob, Regensburg:* 1090 wurde das »Schotten«-Kloster St. Jakob von irischen Mönchen gegründet. Das romanische Portal (um 1185) mit seinem reichen Figurenschmuck regte zu vielen Deutungsversuchen an: Wahrscheinlich sollen die verschiedenen Gefahren der Seele dargestellt werden, welche durch die Kirche abgewehrt werden.

89 *Allerheiligenkapelle* im Regensburger Domkreuzgang: Der kleine Zentralbau, der wahrscheinlich als Begräbniskapelle diente, weist lombardische (oberitalienische) Stilelemente auf. Die Flächen sind reich und harmonisch gegliedert. Das Innere ist mit Fresken (1150) ausgestattet, die das Jüngste Gericht darstellen. ▷

90 *Turmkirche* von Penk im Naabtal: Einen trutzigen Eindruck machen die vielen romanischen Turmkirchen der Oberpfalz. Sie sind aus Bruchsteinen oder behauenen Quadern aufgerichtet; ihre starken Mauern und schmalen Schartenfenster dienten dem wehrhaften Zweck.

die bis Kiew (Ukraine) und Konstantinopel (= Byzanz) reichten. Eine Grafentochter von Sulzbach kam als Kaiserin (Irene) auf den byzantinischen Thron.

. Wolfgang

Regensburg war um die Jahrtausendwende auch Ausgangspunkt einer kirchlichen Erneuerung. Das Klosterleben hatte gelitten, viele Klöster befanden sich in Abhängigkeit von Bischöfen und Adeligen; sowohl die äußere Organisation als auch der klösterliche Geist lagen im argen. Da erwarb sich ein Mann, der an der berühmten Benediktinerschule von Reichenau (Bodensee) und an der Bischofsschule von Würzburg erzogen worden war, große Verdienste um die Reform der bayerischen Klöster: Ab 972 wirkte der hl. Wolfgang als Bischof und Mönch zugleich in Regensburg. Er führte die Reform des lothringischen Klosters Gorze und des Trierer Klosters St. Maximin ein.
Ihm oblag auch die Erziehung der bayerischen Herzogskinder, darunter des späteren Kaisers Heinrich II. und Giselas, der Gemahlin Stephans des Heiligen von Ungarn.

ld Seite 78

Auch die beiden Kanonissenstifte Ober- und Niedermünster, die königliches Eigentum und mit Frauen aus dem höchsten Adel besetzt waren, versuchte Wolfgang für die Regel des hl. Benedikt zu gewinnen. 983 gründete er Mittelmünster (St. Paul) in Regensburg, um seine Ideen beispielhaft durchführen zu können. In ganz Süddeutschland wirkten sich die Reformgedanken segenspendend aus. Schönste Früchte trugen sie in dem alten Kloster Niederalteich unter dem großen Abt Godehard. Angesehene Eremiten (Einsiedelmönche) beeinflußten durch ihr vorbildliches Leben auch die Politik: So konnte der Böhmerwaldmönch Gunther vermittelnd in den Kampf zwischen Kaiser Heinrich III. und dem Böhmenkönig Břetislav eingreifen. Regensburg hatte den größten Einfluß auf die geistige Durchdringung und Organisation der Kirche in Böhmen und Mähren im 9./10. Jahrhundert. In St. Emmeram bestand eine ausgezeichnete Schule für die Ausbildung von Slawenmissionaren.

'istum Prag 973

Wolfgang willigte 973 in die Errichtung einer eigenen Diözese Prag (s. Seite 80) ein. Außerdem erkannte er, daß sich die Aufgaben eines Bischofs schlecht mit denen eines Abtes vertrugen, und trennte daher den Bischofssitz von der Abtei St. Emmeram. Als ersten Abt setzte er *Ramwold* dem Kloster vor, der die innere Erneuerung in seinem Sinne durchführte. Im Jahr 1000 wurde der Hundertjährige in der Krypta von St. Emmeram beigesetzt. Persönliche Armut, fromme Übung und Enthaltsamkeit waren wieder die obersten Richtlinien für das Klosterleben geworden. Die Folge war eine Blüte des Geisteslebens.

Wilhelm von Hirsau

Während sich die Regensburger Reformen um das Jahr 1000 in gegenseitiger Übereinstimmung von Kirche und Staat vollzogen, wobei Frömmigkeit und Weltoffenheit sich die Waage hielten, erfaßte ein paar Menschenalter später das Abendland eine Bewegung, die unsere Heimat in ein tragisches Geschehen verwickelte. Wieder kam aus Regensburg einer der führenden Geister: Wilhelm, der ab 1069 als Abt im Schwarzwaldkloster *Hirsau* wirkte und dieses zu einem Musterkloster des neuen Reformwillens in Süd- und Mitteldeutschland (Ausgang: Kloster Cluny in Frankreich) ausbaute. Weltabgewandte Arbeit, Enthaltsamkeit, strenger Gehorsam, Freiheit der Kirche von staatlichem Einfluß waren die neuen Grundsätze der Geistlichkeit, denen im Laienvolk eine Welle religiöser Erschütterung entsprach.

Investiturstreit

Zum großen politischen Problem wurde die Forderung, kein Laie dürfe einen Bischof oder Abt einsetzen (= Laieninvestitur). Es war bisher unbestrittenes Recht der Herrscher gewesen, den von ihren Vorfahren begründeten oder mitbegründeten und von ihnen reich beschenkten Diözesen und Klöstern Männer ihres Vertrauens vorzusetzen. Die hohen Geistlichen betreuten seit Kaiser Otto I. zugleich wichtige Ämter als Reichsfürsten (in Hofhaltung, Heerbann, Verwaltung). Der ganze Staat war auf das Zusammenwirken von Staat und Kirche und auf das Eigenkirchenrecht aufgebaut. Nach dem Tode der Bischöfe fielen ihre Güter an den König zurück.

Als es zum Ausbruch des Streites (zwischen Kaiser Heinrich IV. und dem großen Reformpapst Gregor VII.) kam, waren Wilhelm von Hirsau und seine Anhänger auf der Seite des Papstes zu finden, während die meisten Bischöfe, Äbte und Ritter in Bayern dem König die Treue hielten. Ernsthafter Eifer für kirchliche Freiheit und die Autorität des königlichen Lehensherrn verursachten schwere Gewissenskonflikte.

Verschwörung des Nordgauadels

Die Bevorzugung der kleinen Ministerialen, der Bürger und Bauern durch Kaiser Heinrich IV. war der Hauptgrund einer Verschwörung der hohen Adeligen im Nordgau 1105/06: Sie befürchteten Unruhen im eigenen Land. Markgraf Diepold von Vohburg-Cham, Otto von Kastl und Graf Berengar von Sulzbach machten ihren verwandtschaftlichen Einfluß auf den Königssohn (Heinrich V.) geltend und setzten seine Machtergreifung durch. Am Regen standen sich die Heere von Vater und Sohn gegenüber; aber die Bundesgenossen Heinrichs IV., der Böhmenherzog und der Markgraf von Österreich, verweigerten den Kampf. Der Kaiser zog sich zum Rhein zurück und starb bald darauf. In die Regierungszeit seines Sohnes Heinrich V. fällt dann die Beilegung des großen Kirchenkonflikts (1122).

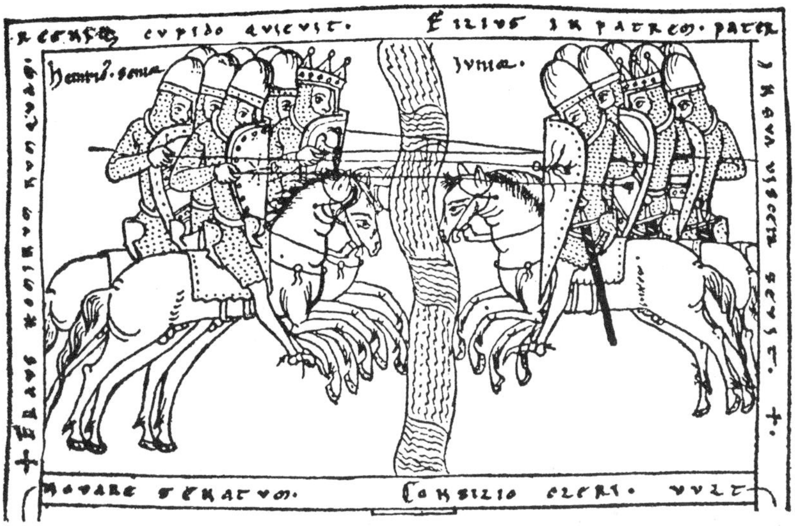

Am Regen standen sich 1105/06 die Heere Kaiser Heinrichs IV. und seines mit dem Nordgauadel verbundenen Sohnes (Heinrich V.) gegenüber. (Illustration aus der Weltchronik Ottos von Freising)

elfen und Staufer

In Bayern war 1070 (nach einer Periode ständigen Wechsels in der Führung) das reiche schwäbisch-fränkisch-italienische Geschlecht der Welfen zur Herzogswürde gelangt. Welf I. (aus der jüngeren Linie) starb auf dem ersten *Kreuzzug*. Die Kreuzzugsbewegung ist aus der allgemeinen religiösen Erregtheit jener Zeit erwachsen: Man wollte dazu beitragen, das Heilige Land mit dem Grab Christi den Heiden zu entreißen, und damit das eigene Seelenheil fördern. Viele Kreuzfahrer sammelten sich im Lauf der nächsten Jahrhunderte um Regensburg und zogen donauabwärts in den Orient, so zum Beispiel das große Heer Kaiser Friedrich Barbarossas 1189.

Als Heinrich der Stolze, der Enkel des ersten Welfen, 1125 die Tochter des sächsischen Herzogs Lothar von Supplinburg (des späteren Kaisers) zur Frau nahm, zeigte sich in dieser sächsisch-bayerischen Verbindung ein über Jahrhunderte währender Konflikt zwischen dem Welfengeschlecht und dem Kaisergeschlecht der Hohenstaufen an. Nach dem Tode seines Schwiegervaters hielt der Welfe mit den beiden Herzogtümern und den ererbten Ländereien in Italien eine Machtfülle in Händen, die von der Nordsee bis Mittelitalien reichte. Wollte sich der zum deutschen König gewählte Staufer Konrad III. ihm gegenüber behaupten, mußte er diese bedrohliche Macht schmälern. Es kam zum Kampf. Durch ganz Süddeutschland peitschte der Ruf: »Hie Welf – hie Waibling!« (Waiblingen = Ort der Herkunft der Staufer). Sieger in diesem Ringen blieben die Staufer, die ihre Position nun in ganz Bayern auszubauen begannen. Unter Kaiser Friedrich I. (Barbarossa) gelang endlich eine Aussöhnung: Der Welfe Heinrich der Löwe erhielt Bayern. Die babenbergische Mark (s. Seite 83f.) wurde völlig abgetrennt und zum selbständigen Herzogtum erhoben (Österreich). Mit dem Verlust seines Kolonisationslandes im Südosten blieb Bayern nun auf sein altes Stammesgebiet beschränkt. Als Heinrich der Löwe dem Kaiser auf einem Italienzug seine Hilfe versagte und Barbarossa ihn deshalb 1180 in Acht und Bann tat, berührte das die Bayern nicht sehr: Der Welfe war für sie ein Landfremder geworden, dessen Interessen mehr im Norden lagen.

Heinrich der Löwe (1156–1180)

Reichsland im Nordgau

Viel welfischer Besitz ging in die Hand der Staufer über und wurde von Reichsministerialen verwaltet. Es zeigte sich das Bestreben, das staufische Schwaben mit dem Reichsland von Neuburg an der Donau bis Nürnberg und Eger zu verbinden. Als die Sulzbacher ausstarben, erwarb Barbarossa deren Vogteien in der Oberpfalz (Auerbach, Amberg), die sie vom Hochstift Bamberg zu Lehen trugen. Vohenstrauß, Floß, Parkstein und Neumarkt wurden hinzugekauft. Das Egerland mit der mächtigen Veste Eger war ohnehin schon geschlossenes Reichsland. Hier wirkte seit 1133 das Zisterzienserkloster Waldsassen (ab 1147 reichsunmittelbares, nur dem Kaiser unterstelltes Kloster) als Träger der Kolonisation (s. Seite 85), gestützt auf wirtschaftliche Erfahrungen und geordnete Güterverwaltung. Weit nach Böhmen hinein griffen diese Kulturpioniere aus. Die Äbte standen mit den Stauferherrschern in naher Verbindung. Auch die alten Königsrechte am Regen (im »Champriche«) machte Friedrich I. wieder geltend; die Wälder zwischen Roding und Schwandorf lagen in staufischen Händen und gingen später an die Wittelsbacher über.

Romanische Kunst

Am sinnfälligsten tritt die mittelalterliche Einheit von weltlicher Machtfülle und christlicher Frömmigkeit in den großen Bauten, die um die Jahrtausendwende aufgeführt wurden, in Erscheinung. Erst wieder in der Spätgotik herrschte eine ähnliche Baufreudigkeit in unserem Land.

Basiliken

In *Regensburg* entstanden die Alte Kapelle, die Neubauten von St. Emmeram, von Ober- und Niedermünster, die alte Dombasilika. Es waren Bauten von schlichter Monumentalität: klar gegliederte, dreischiffige Pfeilerbasiliken mit flachen Decken, Rundbogenfenstern, Rundbogenportalen, zwei mächtigen Türmen auf quadratischem Grundriß.
Hundert Jahre später erhielten die Kirchenhallen durch die neue Wölbekunst eine andere Raumwirkung: Sie wurden höher und heller, die Seitenschiffe hochgezogen. 1103 erstand in *Kastl* der erste Einheitsraum dieser Art. (Die alte Burg wurde durch Adelsstiftungen der Sulzbacher

Bild Seite 87

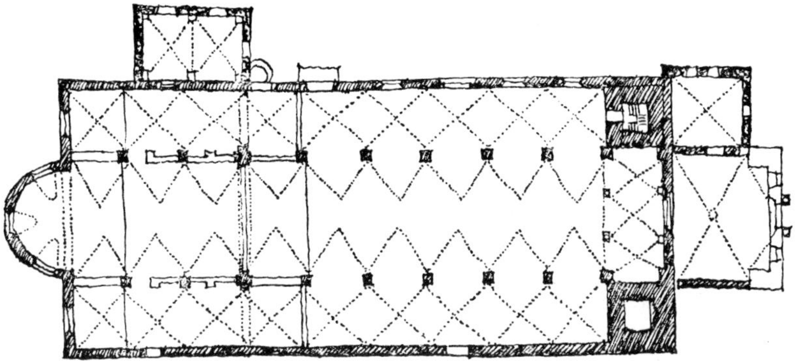

Grundriß einer romanischen Basilika

ild Seite 77

ild Seite 88

und Diepoldinger in eine Reformabtei umgestaltet.) St. Leonhard, die Klosterkirchen Prüll und *Prüfening* folgten in Regensburg. Die Prüfeninger Anlage gehört – wie Kastl – dem Typ der Reformklöster an: Querschiff und Chornischen mit Altären dienen der Andacht der Mönche, das Langhaus ist für die Laien bestimmt. Die gut erhaltenen Wandmalereien machen die Prüfeninger Kirche als Kulturdenkmal besonders interessant; eine der Darstellungen zeigt, wie der Stellvertreter Christi (Petrus bzw. der Papst) ein Schwert nach links dem Kaiser und eines nach rechts dem Bischof austeilt; darin drückt sich die Anschauung der cluniazensischen Reformer über die Machtbefugnisse der Kirche aus. Die Klöster Plankstetten, Michelfeld, Waldsassen, Reichenbach sind Gründungen im Geist des erneuerten Mönchtums.

Das zweite bedeutende Werk der Hochromanik (12. Jahrhundert) in Regensburg stellt die Schottenkirche *St. Jakob* dar. Säulen mit reichgeschmückten Kapitellen gliedern den Raum. Das Portal mit seinen schwer erfaßbaren Inhalten soll wohl das Weltgericht verbildlichen: Germanisches, christliches und antikes Gedankengut ist hier künstlerisch verarbeitet. Regensburg kann als das Herzstück bayerischer Romanik bezeichnet werden.

Als Hauskloster errichteten die Regensburger Burggrafen die Abtei *Walderbach*. Wie ein mächtiger Wald wirken die Vierkantpfeiler der Abteikirche, die ein (bereits auf die Gotik vorweisendes) Kreuzrippengewölbe tragen. Dieses ist mit feinen rötlichen Ornamenten bemalt.

Übers Land verstreut finden wir ein- und mehrschiffige romanische Kirchen mit halbrundem oder quadratischem Chor; sie machen einen massiven, wehrhaften Eindruck. Genannt seien Perschen, Kronstetten, Wil-

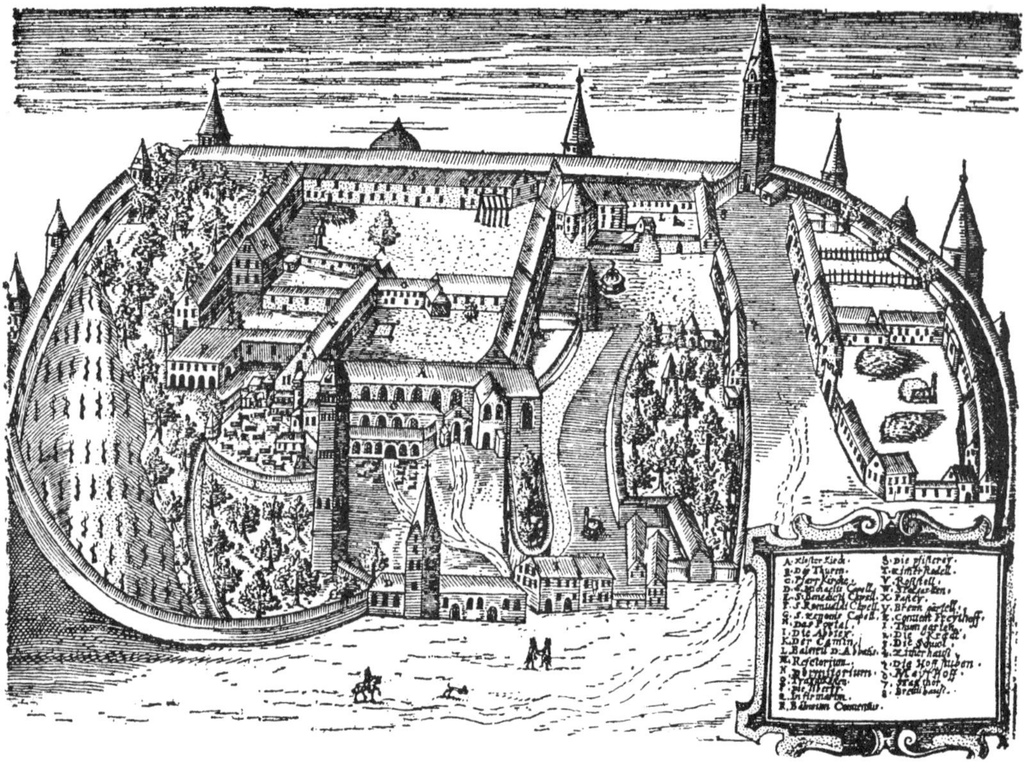

Das *Kloster St. Emmeram* zu Regensburg: der Holzschnitt von 1619 hält noch den spätmittelalterlichen Baubestand fest.

chenreuth, Ammerthal, St. Jakob in Neunburg vorm Wald, St. Nikolaus in Kleinvenedig bei Nabburg, Allersburg. *Turmkirchen* mit kleinen Schartenfenstern zur Verteidigung, die Kapelle und Burg zugleich waren, haben wir in Hof am Regen, Schönfeld bei Roding, in Obertrübenbach, in Penk, in Breitenstein nordwestlich von Sulzbach und im Kreuzhof bei Regensburg vor uns. Das Obergeschoß diente mancherorts als Zuflucht und Herberge.

Bild Seite 90

Zentralbauten

Mehrere romanische Zentralbauten sind uns als Grabkapellen und Beinhäuser (Karner) oder Taufkapellen erhalten: Das prächtigste Beispiel ist die *Allerheiligenkapelle* beim Regensburger Dom mit ihrer komplizierten Gesetzmäßigkeit. Stark ist hier – wie überhaupt in Regensburg – italienischer Einfluß zu spüren. Einfacher sind die ländlichen Rundbauten etwa in Perschen, Chammünster, Roding oder in Tremmersdorf bei Eschenbach.

Bild Seite 89

Steinerne Brücke

Eine gewaltige Bauleistung des hohen Mittelalters, damals als »Welt-

ıld Seite 99, 149

wunder« weitberühmt, stellt die Steinerne Brücke zu Regensburg dar. In einem trockenen Sommer machte man sich bei Seichtwasser an die Arbeit: Die Pfeiler der 16 Bogen sicherte man mit Eichenstämmen, Eisen und Blei. Heinrich der Stolze trieb den Bau voran, um den Handelsverkehr in seinem von Meer zu Meer reichenden Gebiet in Schwung zu bringen und ihn vom Westen zur Donau zu leiten. Die Fernwirkung dieses 330 m langen Donauüberganges war einschneidend; sogar Nürnberg als Zwischenhandelsstation nahm an dem bedeutenden Aufschwung der Wirtschaft teil. Nach elfjähriger Bauzeit wurde die Brücke 1146 fertiggestellt. Im darauffolgenden Jahr zogen bereits Scharen von Kreuzfahrern aus allen Ländern darüber; 90000 Mann schifften sich in Regensburg zur Pilgerreise ins Heilige Land unter König Konrad III. ein. Ein Brückenmeister hatte dafür zu sorgen, daß das stolze Werk »von jedermann für heilig gehalten« wurde: Jeder Streit mußte vor der Brücke verstummen. Wer dieses Gebot brach, sollte die rechte Hand verlieren. Was den Menschen damals gelang, diese durch Figuren und aufragende Tore geschmückte Brücke vor jeder Unbill zu schützen, konnten sie im 20. Jahrhundert nicht mehr durchsetzen: Schwer hat das Werk im Zweiten Weltkrieg gelitten.

ildhauerei

ild Seite 100

Nur wenige Werke der Bildhauerkunst besitzen wir aus romanischer Zeit. Das »*Astrolabium*« von 1070 (im Städtischen Museum Regensburg) wird Wilhelm von Hirsau zugeschrieben; es ist ein astronomisches Gerät zur Bestimmung der Tageszeiten. Ein kauernder Mann auf einem Steinpfeiler sieht nach den Sternen. Figur und geometrischer Körper sind bei dieser reifen romanischen Plastik zur Einheit verschmolzen. Eine ausgewogene Frauengestalt ziert das hochmittelalterliche Grabmal der Königin *Hemma* (der Gemahlin König Ludwigs des Deutschen) in St. Emmeram. – Mehrere Werke voll unvergleichlichen inneren

ild Seite 101

Schwungs verdanken wir dem sog. *Erminoldmeister*: den lächelnden Verkündigungsengel und die würdevolle Maria im Dom sowie das Hochgrab des ersten Prüfeninger Abtes Erminold. Sie gehören bereits der frühen Gotik an (s. Seite 118).

Ialerei

Neben der Bemalung der *Allerheiligenkapelle* in Regensburg, den Resten einer Innenbemalung in Karthaus-Prüll (Verkündigung) und den großartigen Fresken von *Prüfening* (s. Seite 95) ist uns aus romanischer

ild Seite 75

Zeit vor allem in *Perschen* (Karner) ein Gemäldezyklus von Bedeutung erhalten: Feierlich gruppieren sich Apostel, Heilige, Jungfrauen und Engel in Reihen um das Bild des thronenden Christus und Mariens.

St. Emmeram war berühmt für die Kunst der *Glasmalerei*: Im Dom sind noch einige Fenster aus romanischer Zeit (zum Beispiel das Medaillon der Kreuzigung, um 1270) herübergerettet worden. Sie weisen die gleiche zeitlose Schönheit auf wie die Bilder der Prachthandschriften, die aus der Emmeramer Malschule hervorgingen: Das »Uta-Evangelistar« und das »Regelbuch von Niedermünster« sind theologisch und künstlerisch wertvolle Beiträge zur Liturgie. Auch das Kloster Prüfening war eine berühmte Pflegestätte der Buchmalerei. Bild Seite 76, 78

Dichtung

Als Beispiel eines mit geistiger Arbeit erfüllten Lebens sei der Regensburger *Mönch Otloh* (um 1050) genannt, aus dessen Feder allein 15 selbständige theologische Werke, zahlreiche Beschreibungen von Heiligenleben, Gedichte und Übersetzungen hervorgingen. Regensburg preist er als berühmteste Stadt Deutschlands: »Groß ist ihr Überfluß an Gold, Silber und anderen Metallen, an kostbaren Geweben, Purpur und Waren aller Art. Ihren überragenden Reichtum verdankt die Stadt der Schiffahrt und den Zöllen und dem Zustrom wertvoller Handelsgüter aller Art.«

Regensburg erblühte in der Welfenzeit zu glanzvollem geistigem Leben. Unter Heinrich dem Stolzen arbeitete ein Geistlicher, dessen Name mit *»Pfaffe Konrad«* in die Geschichte der Dichtkunst eingegangen ist. In seinem »Rolandslied« strömen ritterliche Weltanschauung, Kreuzzugsgedanke und Verehrung des großen Frankenkaisers Karl zusammen. Die Sage vom treuen kaiserlichen Ritter Roland, der gegen die Heiden in Spanien siegreich kämpft und fällt, steht im Mittelpunkt. Das Gedicht ist in deutschen Reimen abgefaßt.

Aus dem Kreis des Meisters Konrad ging auch die weitverbreitete »Kaiserchronik« hervor, die dem Zusammenhang der römischen mit den deutschen Kaisergeschlechtern nachgeht. Es werden Schicksale von Kaisern, Päpsten und Heiligen, Legenden vom Kampf zwischen Heiden und Christen in 1700 Versen geschildert. Immer wieder spielen die heimatliche Landschaft, »der Wald«, und die Verhältnisse der Stadt Regensburg mit herein.

Minnesänger

Mit tiefer Jenseitsgläubigkeit ging im Mittelalter frohe Diesseitsbejahung Hand in Hand. Unter den lyrischen Dichtern fand der *Burggraf Friedrich von Regensburg* als einer der ersten den Tonfall der Minnesänger. *»Minne«*, die Verehrung einer adeligen Dame, war zum tragenden Gedanken der neuen höfischen Gesittung geworden; von Südfrankreich (Provence) ausgehend und durch die Kreuzzüge gefördert, hatte sich diese der ganzen europäischen Ritterschaft bemächtigt. Feines Benehmen, edle Haltung, Verehrung der Frauen in Lied und Reiterspielen, Beherztheit zu großen Taten: das waren die vornehmsten Tugenden des Ritters. »Fahrende« (durchs Land ziehende Spielleute) verbreiteten Lieder und Sagen aus der Ritterwelt von Burg zu Burg. Eine erste Blüte deutscher Laiendichtkunst entfaltete sich gegen Ende des 12. Jahrhunderts: Es war die Zeit, in der große deutsche Dichter wie Walther von der Vogelweide und *Wolfram von Eschenbach*, der sich einen Bayern

99 Oben: *Regensburger Münzen* waren begehrt in allen Ländern. Seit der Karolingerzeit bestand in der Stadt eine Münzprägestätte, die weithin als vorbildlich galt. Im Mittelalter war Regensburg eine Zentrale des Geldverkehrs; der »Regensburger Pfennig« wurde durch herzoglichen Erlaß zur Grundwährung Bayerns bestimmt. (Links ein Denar aus dem 10. Jahrhundert, rechts Stadtansicht auf einer Münze der Barockzeit.)
Unten links: Für Recht und Ordnung auf der als »Weltwunder« bestaunten *Steinernen Brücke* zu Regensburg (Bauzeit 1135–1146) sorgte ein eigener Brückenmeister. Die Wichtigkeit seines Amtes und des Bauwerkes bezeugt das Siegel von 1250 mit der Inschrift: »sigillum gloriosi pontis« (Siegel der berühmten Brücke). – Rechts: Siegel der Äbtissin von Kloster Mittelmünster (Regensburg) mit dem Bildnis des heiligen *Wolfgang*. Er war der Erneuerer des kirchlichen Lebens in Bayern zu Ende des 10. Jahrhunderts und der Gründer des Bistums Prag. (Siegel von 1363)

101 *Erminoldgrabmal* im Kloster Prüfening: Die lebensgroße Steinfigur des Gründungsabtes ruht auf einer von vier Säulen getragenen Platte. Energie und Spannkraft sprechen aus dem Gesicht. Der unbekannte Schöpfer, dem u. a. die Verkündigungsgruppe im Regensburger Dom zugeschrieben wird, hat hier ein vollendetes Werk geschaffen.

◁ 100 Das »*Astrolabium*« ist eine der schönsten romanischen Plastiken. Jahrhundertelang stand es im Freien und war der Verwitterung ausgesetzt. Auf der Rückseite der Scheibe hinter der zum Himmel blickenden Gestalt befand sich das eigentliche astronomische Lehrgerät mit Gradeinteilung, Achsen und Horizontlinien. Es geht wahrscheinlich auf den großen religiösen Reformator Wilhelm von Hirsau zurück, der um die Mitte des 12. Jahrhunderts in St. Emmeram wirkte.

102 Aus *Konrad von Megenbergs* »Buch der Natur«: Der Regensburger Domherr verfaßte eine eingehende Beschreibung der Natur nach dem Wissensstand des ausgehenden Mittelalters. Es ist das erste in deutscher Sprache geschriebene wissenschaftliche Werk, das schon eine auf die Renaissance verweisende Freude an den Naturdingen zeigt. Es wurde mit köstlichen Holzschnitten illustriert.

nannte, durchs Land zogen und auch an bayerischen Höfen zur Fiedel sangen. Es ist bezeugt, daß sich Wolfram, dessen Parzival den Gipfel höfischer Epik darstellt, mehrmals auf dem Schloß Haidstein bei der Markgräfin von Cham-Vohburg aufhielt. Daß unsere Heimat im Mittelpunkt höfischen Kulturlebens stand, beweist auch das Auffinden einer wertvollen Handschrift des *Nibelungenliedes* auf Schloß Prunn im Altmühltal (heute außerhalb unseres Regierungsbezirkes). Dieses große deutsche Heldenepos schildert in Versform die tragischen Ereignisse der Völkerwanderungszeit.
Viele der ritterlichen Herren versuchten sich mit mehr oder weniger Geschick in kunstvollen Reimereien. Aus der Oberpfalz ist uns unter anderen *Reinmar von Brennberg* aus dem Geschlecht der Vögte des Bistums Regensburg bezeugt. 1276 wurde er in einer Fehde von den Regensburgern erschlagen. Auf ihn geht die Sage vom gegessenen Herzen, die in vielen Ritterdichtungen auftaucht, zurück. Es wird vermutet, daß auch die Minnesänger Neidhart von Reuenthal (1180–1250) und der Tannhäuser (1228–1265) im Raum des ehemaligen Nordgaus beheimatet waren. *Hadamar von Laber* verfaßte 1340 eine im Stil recht verschrobene Dichtung »Die Jagd«, durch die ritterliche Weidmannslust klingt.

4. Unter den frühen Wittelsbachern

Das Jahr 1180 bedeutet für die bayerische Geschichte einen entscheidenden Einschnitt: Die Wittelsbacher übernahmen die politische Führung; sie regierten Bayern, bis es Republik wurde (1918). Dieses alte Geschlecht hatte seine Stammburg an dem südlichen Donauzufluß Paar. Seit 1119 besaß es (Burg-)Lengenfeld.

ild Seite 268

Das alte Stammesherzogtum war bereits unter den Herzogen aus dem Welfenhause in ein neues Gebietsherzogtum umgewandelt worden, das sich im ganzen auf den altbayerischen Raum beschränkt sah. Doch bedurfte es aller Anstrengungen der neuen wittelsbachischen Herren, aus einer Vielfalt adelig-kirchlicher Herrschaften ein geschlossenes *Territorium* mit verhältnismäßig einheitlicher Regierungsgewalt zu schaffen.

ussterben alter
eschlechter

Dabei kam den Wittelsbachern das Aussterben der mächtigsten Grafengeschlechter zustatten, so der Sulzbacher, der Landgrafen von Stefling, der Peilsteiner, der Burggrafen von Regensburg, der Bogener Grafen im Donaugau und im Bayerischen Wald. Als Nachfolger dieser Sippen übernahmen die Wittelsbacher auch deren Klostervogteien. Beim Untergang des Kaisergeschlechts (1268) fielen den Wittelsbachern außerdem die Besitzungen der Staufer im Nordgau zu.

So hat sich dieses Geschlecht in zäher Kleinarbeit einen beträchtlichen persönlichen Herrschaftsbesitz (= Hausmacht) geschaffen, der Grundlage seiner Machtentfaltung wurde; denn das neue Herzogtum bedeutete, wie gesagt, nicht mehr Herrschaft über einen Personenverband, es war vielmehr raumbezogen: Herr des Landes, »dominus terrae«, war der Fürst des späten Mittelalters (Territorialherr).

Otto von Wittelsbach

Graf Otto von Wittelsbach-Scheyern war 1180 von Kaiser Friedrich I. Barbarossa für seine treuen Dienste für Kaiser und Reich mit dem Herzogtum Bayern belehnt worden (s. Seite 94). Sein Sohn Ludwig I. der Kelheimer erhielt von Kaiser Friedrich II. die wichtige *Pfalzgrafschaft* bei Rhein zugesprochen. Die Pfalz war besonders unter den Staufern bevorzugtes Reichsland; unter allen deutschen Fürsten nahm der Pfalzgraf die überragende Stellung des Königsvertreters ein. Von nun an spielte Regensburg nicht mehr die führende Rolle als Herzogsstadt: Es wurde von den neuen Hauptstädten Landshut und Heidelberg (später München) abgelöst.

Pfalzgrafschaft

Teilung Bayerns 1255

Zwei Generationen später kam es zum Streit zwischen den Herzogssöhnen und schließlich zur Teilung des Herzogtums in Ober- und Niederbayern (1255). Ludwig II. der Strenge erhielt Oberbayern, das ein beträchtliches Stück über die Donau in die heutige Oberpfalz hineinreichte, sein Bruder Heinrich XIII. Niederbayern. Der Herzog und spätere Kaiser Ludwig der Bayer konnte 1340 das Land wieder vereinigen; aber unter den Nachfahren wurde es wieder mehrfach unterteilt und aufgesplittert.

Innerer Aufbau

Für den inneren Aufbau des Landes entstand aus den Teilungen kein Nachteil. Die Landesherren vergaben ihre Güter nicht mehr, wie es bisher üblich war, als Lehen, sondern ließen sie durch herzogliche Beamte verwalten. Das wichtigste Amt war das des *Landrichters*, der zugleich Steuer- und Verwaltungszentrale darstellte. Später nahm ihm ein *Pfleger* die Sorge um Burgen und Verwaltung ab. Über den Beamten der Unterbezirke stand der *Viztum* (der Name leitet sich von lat. vice dominus = Stellvertreter des Herrn ab) als oberster Justiz-, Steuer- und Verwaltungsbeamter. In der Oberpfalz wurde ein Viztumamt in (Burg-)Lengenfeld errichtet. Diese Verwaltungseinheit wurde auch »Nordgau« genannt; so weist das Staatsarchiv Amberg z. B. einen Beleg über »Michel Walrab, Rentmaister zu Lengfeld und auf dem Norgkau« auf.
Der Landesherr verfügte über Zoll- und Münzrecht, über das Recht zum Burgenbau und zur Städtegründung; früher waren das königliche Vorrechte gewesen. Sie wurden bei Geldbedarf des Herrschers häufig verkauft oder verpfändet. Gerade aus den aufblühenden Städten er-

wuchsen den Landesherren beträchtliche Steuereinnahmen, die nun vielerorts in Geld gezahlt wurden.

udwig der Bayer

Unter Kaiser Ludwig dem Bayern (1314–1347) wurde bayerische Geschichte wieder zur Reichsgeschichte. In seiner jähen, aber treuen und leutseligen Art war Ludwig ein echter Wittelsbacher. Schon zu Beginn seiner Herzogszeit mußte er sich mit seinem habsburgischen Vetter, *Friedrich dem Schönen*, um das Erbe von Niederbayern herumschlagen. (Das österreichische Geschlecht der Habsburger hatte es aus kleinem Anfang zu einem ansehnlichen Territorium gebracht. Ein halbes Jahrtausend konnte es sich dann als Träger der Kaiserwürde behaupten.) Verhängnisvoll wurde dieser Konflikt, als bei einer Doppelwahl beide Fürsten für die deutsche Königswürde bestimmt wurden. Es kam zur letzten glänzenden Ritterschlacht ohne Feuerwaffen (1322 bei Mühldorf), aus der Ludwig siegreich hervorging. Am Abend nach dem Sieg beim Mahl soll der König gerufen haben: »Jedem Mann ein Ei, dem frommen Schweppermann zwei!« Darauf geht die Redensart vom tapferen Nordgauritter Seyfried *Schweppermann* zurück. Im Kloster Kastl, wo Ludwig seinen Sieg gefeiert hat, liegt Seyfried begraben. Auch die kleine Anna, Ludwigs Tochter, hat hier ihr Grab gefunden.

ild Seite 113

Friedrich der Schöne saß zweieinhalb Jahre gefangen auf der alten Burg Trausnitz an der Pfreimd. Noch heute ist die schöne Geschichte von der Aussöhnung der beiden Herrscher lebendig: Ludwig nahm dem ritterlichen Gegner das Ehrenwort ab, nach seiner Freilassung zu versuchen, die Habsburger Partei mit den Wittelsbachern auszusöhnen. Als Friedrich nach vergeblichen Bemühungen freiwillig zurückkehrte, wurde er vom Kaiser großmütig und in kluger Einschätzung der politischen Lage als Mitregent aufgenommen.

irchenkampf

Unter Kaiser Ludwig flackerte der Kampf mit dem unter die Kontrolle des französischen Königtums geratenen Papsttum von neuem auf; er wurde mit dem Schwert (in Italien), mit diplomatischen Mitteln und mit Propaganda ausgetragen. Seit 1323 führten wortgewandte Laien (Marsilius von Padua) und aus England und Italien stammende Franziskanermönche (Wilhelm von Occam und andere) einen lebhaften Federkrieg für die Rechte des Herrschers. In Regensburg wirkte der Domherr Konrad von Megenberg, der sich mit den benannten Franziskaneremigranten am Hofe Ludwigs des Bayern heftig stritt.

Trotz des Kirchenbannes, den der Papst gegen ihn schleuderte, konnte sich der städtefreundliche, volksnahe König halten. Die wachsende Hausmacht der Wittelsbacher jedoch (zu Bayern hatten sie Tirol, Brandenburg, Holland, Seeland und Friesland dazugewinnen können) rief das Mißtrauen der deutschen Kurfürsten wach. Sie wählten deshalb den böhmischen Luxemburger zum deutschen König; dieser fand aber erst nach Ludwigs Tod 1347 als Karl IV. allgemeine Anerkennung.

Hausvertrag von Pavia 1329

Von all den Ereignissen während der Regierungszeit Ludwigs war eines für die Oberpfalz von einschneidender Bedeutung: 1329 traf Ludwig mit den Söhnen seines Bruders Rudolf Abmachungen in der norditalienischen Stadt Pavia; dabei wurde festgelegt, daß Rudolfs Nachkommen über die Rheinpfalz und einen Teil des Nordgaues herrschen sollten. Die Kurwürde sollte gemeinsamer Besitz bleiben und abwechselnd von den beiden Häusern getragen werden; doch schlug sie Karl IV. bald ausschließlich dem Pfalzgrafen zu.
Dieser Hausvertrag von Pavia leitete eine Sonderentwicklung der Oberpfalz ein, die bis zur Wiedervereinigung mit dem Herzogtum Bayern (1623/28 bzw. 1777) dauerte. Die zur Pfalzgrafschaft bei Rhein geschlagenen Teile des alten bayerischen Nordgaus wurden ihr Nebenland mit eigener Verwaltung. In den Urkunden der kurfürstlichen Kanzlei wurde das neue Fürstentum »Unsere Pfalz in Baiern« oder »Unsere Pfalz gein Amberg« genannt. Da dieses Gebiet vom Rhein aus gesehen höher lag, bürgerte sich seit der Wende vom 15. zum 16. Jahrhundert auch der Name *»Obere Pfalz«* (oder lateinisch: Palatinatus Superior) ein. (Die amtliche Bezeichnung »Oberpfalz« gibt es erst seit 1837.)

Obere Pfalz

Die »Obere Pfalz« blieb für die nächsten Jahrhunderte ständige Verbindungsbrücke Bayerns zur Pfalz. Sechs Städte, 19 Märkte und 24 Burgen gehörten zu dem neuen Territorium, dessen Ländereien sich um Vils und Naab gruppierten. Sitz der Regierung und eines Viztums wurde *Amberg*. Unter der pfälzischen Herrschaft erlebte die Oberpfalz einen kulturellen und wirtschaftlichen Höhepunkt.
Ein Rest der wittelsbachischen Nordgaubesitzungen blieb weiterhin bei Niederbayern; zu Oberbayern kamen u. a. Lengenfeld, Kallmünz und Schwandorf.

Nach Ludwig dem Bayern fielen die Stammlande noch mehr auseinander. Seit der Merowingerzeit war es üblich, daß Land und Volk als Eigentum der Herrscherfamilie betrachtet und behandelt wurden. Die Teilungen hatten für Bayern allerdings auch den Vorteil, daß die kleineren Gebiete intensiver verwaltet und organisiert werden konnten; als sie dann später wieder zum Gesamtterritorium vereinigt wurden, gewann dieses daraus Stärke und innere verwaltungsmäßige Geschlossenheit.

Verpfändung des Egerlandes 1322

Schon 1322 hatte Ludwig der Bayer das Reichsland um Eger gegen Waffenhilfe an den Böhmenkönig Johann von Luxemburg verpfändet. Da dieses Pfand nicht wieder eingelöst wurde, bedeutet dieses Jahr die historische Trennung der im alten Nordgau vereinigten Landesteile. In

Seit dem Vertrag von Pavia (1329) war der überwiegende Teil des alten Nordgaus zum Nebenland der Pfalz bei Rhein geworden. Es führte zunächst den Namen »Unsere Pfalz in Baiern«; zu Beginn des 16. Jahrhunderts bürgerte sich der Name »Obere Pfalz« ein, wofür dieses Notizblatt für ein Schreiben an die Pfarrer von 1513 den ersten Beleg darstellt. Noch ist der Schreiber unsicher: Das ursprüngliche »in der Pfalz in Baiern« streicht er durch (vierte Zeile) und ersetzt es durch »des obern furstenthumbs zu Bairn«.

einer bedeutsamen Urkunde wurde die verfassungsmäßige Sonderstellung des Pfandlandes 1322 gegenüber Böhmen ausdrücklich garantiert; die Einverleibung des selbständigen Egerlandes in das böhmische Territorium ist zwar verschiedene Male versucht, aber rechtlich nie vollzogen worden. (Dies gelang erst dem 1918 neu errichteten tschechoslowakischen Staat.)

Neuböhmen«

Pfalzgraf Ruprecht mehrte zwar seinen Besitz im Westen und gründete die Heidelberger Universität, seine oberpfälzischen Besitzungen aber verkaufte er teilweise an Karl IV. von Böhmen. Dieser Luxemburger, der nach Ludwig dem Bayern deutscher König und abendländischer Kaiser wurde, war mit einer Tochter des Pfalzgrafen Rudolf II. verheiratet; 1356 setzte er seine Erbansprüche auf die nördliche Oberpfalz durch, und so geschah es, daß bei dem häufigen Besitzwechsel in jener Zeit die Oberpfälzer auch einmal einen böhmischen Landeshauptmann (Sitz in Sulzbach) anerkennen mußten. Karl IV. hielt sich häufig in Sulzbach auf; an die 100 Urkunden hat er hier unterzeichnet. Diese luxemburgischen Erwerbungen, das sogenannte »Neuböhmen«, sollten eine Landbrücke zu den westlichen Besitzungen dieses Hauses und den Reichsstädten Nürnberg und Frankfurt aufbauen helfen. Sie zerfielen aber schon unter Karls Sohn und Nachfolger Wenzel. Dauerhafter waren die geistigen Beziehungen, die als ständiger Wechselstrom der Anregungen die Länder verbanden. 1348 war in *Prag* die erste deutsche

Universität gegründet worden, was vor allem auf die kulturellen Zentren der Oberpfalz, die Klöster, von tiefreichender Wirkung war.

Johann von Kastl

Bahnbrechend für die neue, von der Einzelpersönlichkeit geprägte Frömmigkeit (Mystik), wurde die Klosterburg Kastl. Hier schrieb um 1400 *Johann von Kastl* sein Büchlein »Wie man Gott anhangen soll«, das sich nicht nur bei Ordensleuten großer Beliebtheit erfreute. Er gibt darin Übungen an, die das Leben der Seele pflegen sollen, damit sie zur Gottesschau gelange; ein Mittel dazu sei die Versenkung in die Leiden des Herrn. »Ziehe dich mit deinem ganzen Wesen vollkommen in dein Inneres zurück und bleibe hier in Betrachtung im Angesichte des Wahrheitslichtes . . .«
Dieses Wahrheitslicht, das Johann von Kastl so sehnlich begehrte, sollte den beiden Nachbarvölkern für lange Zeit verdunkelt werden:
Durch seine Beziehungen zu Böhmen wurde das oberpfälzische Land einer der Hauptleidtragenden in dem blutigen Streit des Reiches mit den Hussiten.

Hussitenkriege

Dem Prager Universitätsprofessor *Jan Hus* ging es um eine theologische Auseinandersetzung; seiner Meinung nach sollte der Einzelne vernunftgemäß aus der Schrift überzeugt werden, nicht durch die Lehrautorität der Kirche; deshalb beugte er sich auch nicht dem Konzil. Zur Bereinigung der Angelegenheit wurde Hus auf das Konstanzer Konzil (1415) geladen unter Zusicherung des freien Geleits (d. h. der König bürgte für seine Sicherheit). Aus einem Brief erfahren wir, wie Hus auf seiner Fahrt durch die Oberpfalz überall freundliche Aufnahme fand. In Konstanz aber wurde er als Ketzer zum Scheiterhaufen verurteilt, und der Pfälzer Ludwig der Bärtige vollzog das Urteil.
Dieser Brand entfachte die verhängnisvolle Flamme der böhmischen Wut: Das Prager Bürgertum, das nach der Vertreibung deutscher Patrizier in deren Stellungen nachgerückt war, suchte seine städtische Machtstellung im Lande mit Hilfe eines Städtebundes auszubauen. Zu den Husanhängern und den deutschfeindlichen Bürgern kamen noch die revolutionären Brudergemeinden um das südböhmische *Tabor* und das nordböhmische *Königgrätz*; diese wollten eine klassenlose Gesellschaft nach urchristlichem Vorbild errichten.
Nach acht Jahren innerböhmischer Auseinandersetzungen ging der Hussitismus zum Angriff auf die Nachbarländer unter Führung Prokops über. Die Feldgemeinden der Taboriten überfluteten die böhmischen Grenzen, drangen bis zur Ostsee und zur Donau vor und verheerten Sachsen und die Oberpfalz. Dadurch sollte das Christentum gezwungen werden, der hussitischen Sache Gehör zu schenken.
13 Jahre lang quälten die Hussiten mit ihren Einfällen das Volk, nahmen

das Vieh weg, beraubten Klöster und mißhandelten deren Insassen. Der Pfarrer von Nittenau wurde an einen Wagen geschmiedet und zu Tode geschleift. Jedes Jahr gingen Orte in Flammen auf, Waldsassen zum Beispiel zweimal, Pleystein dreimal. Manche konnten sich durch schimpfliche Lösegelder retten; selbst eine Stadt wie Nürnberg kaufte sich durch Geldzahlungen los. Waldmünchen leistete heldenhaften Widerstand, auch Obermurach und Reichenbach konnten sich erfolgreich verteidigen. Immer wieder versuchten die Oberpfälzer unter ihrem tapferen *Herzog Johann von Neumarkt*, die Eindringlinge zurückzudrängen. Die durch ihren Anführer Ziska zusammengehaltenen Hussiten schlugen mit ihrem Schlachtgeheul und ihrem wilden Auftreten mehrmals die Reichstruppen in die Flucht. 1433 vermochte Herzog Johann von Neumarkt bei Hiltersried endlich einen bedeutenden Sieg zu erringen. Trotzdem kam es in den nächsten Jahren noch zu Überfällen.

iltersried 1433

Auch auf Oberpfälzer Boden hatte die Lehre des Johann Hus Anhänger gefunden: Ein fanatischer Wanderprediger war 1423 in Amberg den Flammen übergeben worden, und noch 1487 mußten in der Landgrafschaft Leuchtenberg Hus-Befürworter bestraft werden.

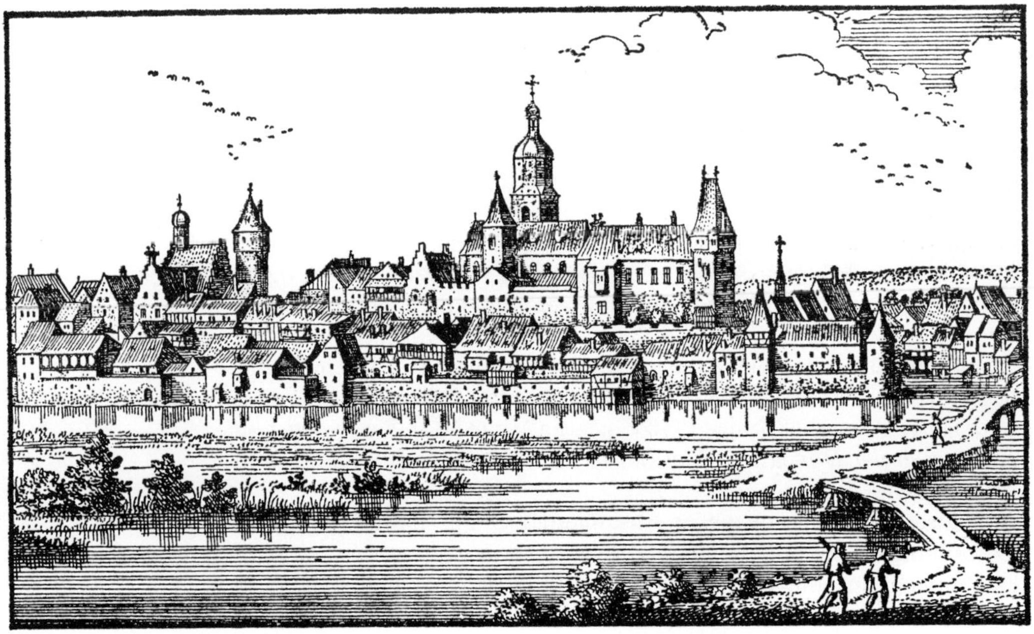

Neunburg vorm Wald (nach Merian) wird beherrscht von dem Komplex der Residenzbauten und der Pfarrkirche. Es war ab 1410 der Sitz des Hussitenbezwingers Pfalzgraf Johann. Heute noch ducken sich viele Häuser hinter die feste Stadtmauer oder sind mit ihr verschmolzen.

Zu dieser Zeit hatten vier Pfälzer Wittelsbacher ihr Erbe geteilt; es bestanden nun folgende *Teilfürstentümer*:

Pfälzer Teilfürstentümer

1. Heidelberg (Kurwürde) mit Amberg, Kemnath u. a.
2. Neumarkt mit Auerbach, Sulzbach, Cham, Neunburg vorm Wald u. a.
3. Simmern – Zweibrücken
4. Mosbach/Neckar)

Nachdem die Hussitennot überstanden war, hatten die Oberpfälzer einige Jahrzehnte Ruhe von außen. Pfalzgraf Ludwig IV., der Sanftmütige, führte 13 Jahre lang ein friedliches Regiment. Daher standen die Oberpfälzer bei seinem Tod 1449 zu seinem Sohn (Philipp) und wollten zunächst die Herrschaft Friedrichs des Siegreichen (1449–1476) nicht anerkennen. Dieser war der mächtigste Mann im Reich, der sich selbst gegen Kaiser und Fürstenbündnis zu behaupten vermochte und sich schließlich mit Gewalt durchsetzte.

Kurfürst Friedrich der Siegreiche

Mathias von Kemnath, der die Chronik des Fürsten schrieb, ergriff die Partei seines Herrn gegen die aufsässigen Amberger, die »mit gewapenter handt und uppigen schmelichen wortten« dem Pfalzgrafen widerstanden. Drei Amberger Bürger büßten die Treue zu ihrem alten Eid mit dem Leben.

Gegen Ende des 15. Jahrhunderts wurde unser Land in einen Familienzwist der Wittelsbacher hineingerissen. Der letzte der reichen Herzöge Niederbayerns, Georg, vermachte Niederbayern durch Testament – vertragswidrig – seiner Tochter Elisabeth, die mit dem Pfalzgrafen Ruprecht vermählt war. Als dieser 1503 auf seine Rechte pochte, kam er mit der oberbayerischen Linie der Wittelsbacher in schweren Konflikt. Im »Landshuter Erbfolgekrieg« stand König Maximilian auf der Seite des Münchener Herzogs (Albrecht), Böhmen hielt zu den Pfälzern. Neun schreckliche Brand- und Mordmonate mußte die Oberpfalz erleiden; Waldsassen und die Gegend von Neumarkt wurden besonders schwer mitgenommen. Schließlich kam nach Ruprechts Tod eine Einigung zustande: Für dessen Kinder Ottheinrich und Philipp wurde ein eigenes Herzogtum, die »Junge Pfalz«, geschaffen (1504). Sie reichte von *Neuburg an der Donau*, das Residenzstadt wurde, bis Burglengenfeld und Sulzbach.

Landshuter Erbfolgekrieg 1503/04

»Junge Pfalz«

Am meisten Gewinn aus dieser Auseinandersetzung hatten die *Nürnberger* gezogen: Sie konnten einen breiten Streifen am westlichen Albrand und das nachmalige Sechsämterland einstecken und damit das größte städtische Territorium aufbauen, das es in Deutschland gab.

Man würde nichts vom Geist des Spätmittelalters erfassen, wollte man nur die politischen Verhältnisse betrachten. Welcher Reichtum eröffnet

Bürgerkultur

111 Eine der markantesten und typischsten Burganlagen der Oberpfalz ist die Ruine *Flossenbürg*. Ihre Mauersteine scheinen aus dem Granitfels herauszuwachsen. Von oben geht der Blick hinüber zum Fahrenberg und hinweg über die endlosen Grenzwaldungen.

113 Burg *Trausnitz* über dem Pfreimdtal, auf der Friedrich der Schöne 28 Monate gefangensaß, ehe ihm sein ritterlicher Gegner, Kaiser Ludwig der Bayer, die Freiheit zurückgab. Die hohen Mauern der Wohnbauten bildeten den Bering der kleinen romanisch-gotischen Burg.

112 Die erste Nachricht von Burg *Falkenberg* (Landkreis Tirschenreuth) stammt aus dem Jahr 1154. Über Granitblöcken ragt der geschlossene Baukörper auf, der mehrmals Renovierungen erfuhr.

114 Burg *Wolfsegg* (Landkreis Regensburg) geht ins 14. Jh. zurück. Sie ist eine der wenigen wiederhergestellten und durch Führung zugänglichen Burgen der Oberpfalz.

sich uns in Religion, Kunst und Wirtschaftsleben! Bis zum 12. Jahrhundert waren Priester die Träger der Geisteskultur gewesen; dann trat ihnen der Ritter und seine Laienkultur zur Seite. Erst im späten Mittelalter schwang sich das Bürgertum zu kultureller Höhe auf.
König Ludwig der Bayer war ein Freund der Städte gewesen; er hatte sie mit vielen Vorrechten ausgestattet. Nachdem die königlichen Rechte der Marktgründung und Befestigung auf die Fürsten übergegangen waren, wurde von den Wittelsbachern eine Reihe neuer Städte gegründet. Cham, Amberg, Nabburg, Neustadt an der Waldnaab erhielten Stadtrechte, viele größere Orte Marktrecht. Ratsherren und Bürgermeister wurden von den Bürgern gewählt und übten Wohlfahrtspflege und niedere Gerichtsbarkeit in ihrem Gemeinwesen aus. Kaufleute und Handwerker schlossen sich in *Gilden und Zünften* zusammen, deren Hauptaufgabe es war, gegen Schwarzarbeiter und Pfuscher vorzugehen; sie waren darauf bedacht, die Vermehrung der bestehenden Betriebe hintanzuhalten, damit die Qualität der Arbeit gewahrt bleibe.
Unter den Pfalzgrafen war die Oberpfalz, vor allem wegen ihrer Eisenvorkommen, ein lebhaft blühendes *Industriegebiet*; »Ruhrgebiet des Mittelalters« wurde sie zu Recht genannt. Die reichen Zölle aus dem Bergwesen verwendeten die Landesherren teilweise zur Befestigung der Städte. 1387 schlossen sich Amberg und Sulzbach mit 68 Hüttenbesitzern zur »Hammereinigung« zusammen (s. Seite 223).

Regensburger Kaufherren

Diesen im Spätmittelalter neu aufkommenden Kommunen stand die alte Kaufmannstradition Regensburgs gegenüber. Freilich profitierte auch diese Stadt durch die vils- und naababwärts kommenden Eisenwaren, die in Regensburg umgeschlagen wurden. Schon im 9. Jahrhundert hatte Regensburg als Markt Bedeutung gewonnen, eine erste Stadterweiterung mit der Ummauerung des Kaufmannsviertels erfolgte im Jahr 920 durch Herzog Arnulf. Im 12. Jahrhundert war Regensburg schon eine der volkreichsten Städte Deutschlands. Seit dem 13. Jahrhundert teilten sich Bischof und Herzog in das Regiment; aus den Reibereien der beiden Herren aber zog Regensburg Gewinn und ließ sich Freiheiten und Vorrechte bestätigen. Im 14. Jahrhundert hatte es weitgehende Reichsfreiheit erlangt und war von keinem Stadtherrn mehr abhängig. Die wirtschaftliche und kulturelle Blüte bezeugen stolze *Patrizierhäuser* mit Wehrtürmen (über 50 waren es damals!), wie sie zum Stadtbild in Ober- und Mittelitalien gehören. Gewölbte Lagerräume, Festsäle und Hauskapellen schmückten diese Wohnburgen, deren Besitzer Leute von aufgeschlossenem Geist und Kunstsinn waren. Die Weite des Blickwinkels ergab sich aus den Handelsbeziehungen zum Balkan und zur Ukraine, zu Venedig, zu den flandrischen Städten an der atlantischen Küste. Auf den großen Messen der Champagne (Frankreich) waren Regensburger

Kaufherrn vertreten. Die hier geprägte Münze, der »*Regensburger Pfennig*«, stand von Warschau bis Paris hoch im Kurs. Das bedeutendste private Geschäftsbuch Deutschlands besitzt Regensburg im Runtingerbuch: Der reiche Unternehmer Runtinger hat es von 1383 ab geführt und darin Unkosten und Gewinn seines Fernhandelsgeschäftes verzeichnet.

Bild Seite 99

Spätmittelalterliche Religiosität

Kennzeichnend für diese Zeit der Gegensätze und des Umbruchs ist die Tatsache, daß gerade in den reichen Städten die neuen Orden, deren Ideal die Armut und das bedingungslose Nachleben des Evangeliums war, rasch an Boden gewannen. Nicht mehr an bevorzugten Landschaftspunkten wie die Benediktiner oder in stillen Waldtälern wie die Zisterzienser und Prämonstratenser ließen sich die *Franziskaner* nieder: Ihr Hauptzweck war die *Predigt*, und dazu waren sie auf die breite Bevölkerung der Städte angewiesen. Noch wirkte der hl. Franz in Italien, da zogen seine Anhänger schon über die Alpen und gründeten 1221 in Regensburg den Franziskanerorden (= Barfüßer, Minoriten). Vor 1456, dem Stiftungsjahr des Klosters, faßten sie in Amberg Fuß. Aus ihren Reihen erwuchsen so redegewaltige Männer wie der Oberpfälzer

Dieses Stadtbild von Regensburg entstammt der mit 2000 Holzschnitten versehenen »Weltchronik« des Nürnberger Humanisten Hartmann Schedel aus dem Jahre 1493. In einzigartiger Geschlossenheit ist die mittelalterliche Wirtschaftsmetropole mit ihren turmbewehrten Stadtburgen wiedergegeben. Deutlich ist zu sehen, daß an einem der Domtürme noch gebaut wird.

Berthold von Regensburg
Bild Seite 373

David von Augsburg, der Theologieprofessor in Regensburg und Lehrer Bertholds war. Berthold von Regensburg († 1272) gilt als volkstümlichster Verkünder des Wortes im mittelalterlichen Deutschland. Durch hinreißende Buß- und Sittenpredigten wirkte er von Schlesien bis Ungarn, von Regensburg bis zur Schweiz. Er kannte sich im Schrifttum wie im Volksleben aus und würzte seine bewegte Sprache mit überzeugenden Bildern (s. Seite 362).

Albert der Große

Ein anderer Predigerorden – die *Dominikaner* – brachte den führenden deutschen Gelehrten des Jahrhunderts, Albert den Großen (Albertus Magnus), hervor. Eine Zeitlang wirkte er als Bischof von Regensburg; er soll auch am Bau der Dominikanerkirche und des Domes aktiv beteiligt gewesen sein. Albertus Magnus faßte das gesamte Wissen seiner Zeit zusammen: sein gewaltiger Geist überblickte Natur- und Geisteswissenschaften.

Konrad von Megenberg
Bild Seite 102

Dem Regensburger Domherrn Konrad von Megenberg, der uns schon bei den kirchenrechtlichen Auseinandersetzungen mit den prokaiserlichen Franziskanern begegnet war, haben wir das erste deutschsprachige Werk über die Natur zu verdanken.

Neue Orden und zahlreiche Laienbruderschaften, die das Armutsideal in den Mittelpunkt ihres Lebens stellten, wuchsen hervor: Augustinereremiten, Klarissinnen, Karmeliter, Kartäuser usw. Sie ließen sich in den Vierteln der ärmeren Bevölkerung nieder. In der Pflege von Armen, Kranken und Waisen wurden große Leistungen der Selbstentsagung und Liebestätigkeit vollbracht. Heilig-Geist-Spitäler zur Pflege Siecher und zur Aufnahme der Pilger wurden im 14. Jahrhundert in Regensburg, Amberg, Sulzbach und Weiden gegründet. Wo heute der Regensburger Stadtpark Erholung spendet, lag einst das Lepra-Spital St. Lazarus mit dem dazugehörigen Friedhof. Die *Beulenpest* war Mitte des 14. Jahrhunderts aus dem Orient eingeschleppt worden und raffte annähernd die Hälfte der deutschen Bevölkerung dahin. In Amberg wütete sie im Jahr 1521 besonders heftig.

Bild Seite 147

Für die Schrecken der Pest machte man die als Geldverleiher verhaßten Juden verantwortlich; die Volkswut entlud sich in bösen Ausbrüchen. In Amberg, Neumarkt und Berching hatte es bereits im 13. Jahrhundert Verfolgungen gegeben, in Regensburg riß man 1519 die Synagoge am Neupfarrplatz nieder und ersetzte sie durch die Wallfahrtsstätte zur »Schönen Maria«.

Wallfahrten

Ein wahrer Wallfahrtstaumel, der den Reformatoren dann Anlaß zu heftiger Kritik wurde, riß das Volk hin. Grausame Kriege, religiöse Wirren und Seuchen hatten in allen Volksschichten Erregung, Unsicherheit und aufgewühlte Religiosität hervorgerufen. Der Kult des »Schmerzensmannes« und der leidenden Madonna führten zur Entstehung neuer

Wallfahrtsstätten. Die 14 Nothelfer wurden Patrone in der Pestzeit (Beispiel: Friedhofskapelle zu Vilseck). Der aus Schweden kommende Orden der Birgitten war dem leidenden Erlöser geweiht; Pfalzgraf Johann von Neumarkt stiftete 1426 für diesen Frauenorden das Gebetskloster *Gnadenberg*. Bild Seite 123

Als Beispiele von Gefühlsstärke in der volkstümlichen Leidensdarstellung seien die Vesperbilder von Pfreimd, Atzmannsricht bei Amberg und Katzbach bei Neunburg vorm Wald genannt. Wie nahe sind sich Lebenssehnsucht und Todesangst in den vielen künstlerisch gestalteten *Grabdenkmälern*! In der Grabkapelle des Klosters Reichenbach (für die Stifterfamilie der Diepoldinger) sieht man neben einer kraftvollen Herrschergestalt im Prunkmantel das Memento-mori-Bild eines verwesenden Leichnams. – Ein vorzügliches Werk ist auch die Tumba des Pfalzgrafen Otto in der Hofkirche zu Neumarkt.

Baustil der Gotik

Inzwischen hatte sich der Kunststil der Gotik durchgesetzt; er war von Frankreich angeregt worden, wo schon im 12. Jahrhundert das neue Formgefühl beim Bau von Kathedralen durchgebrochen war. An der ehemaligen Dompfarrkirche *St. Ulrich* zu Regensburg läßt sich der Übergang von der Romantik zur Gotik erkennen. Die *Dominikanerkirche* (Ende des 13. Jahrhunderts erbaut) repräsentiert vornehme Frühgotik: Die gedrungene Ruhe der romanischen Kirche ist hier schon durch den nach oben dringenden Freiheitswillen gesprengt; Spitzbogen, schlanke Pfeiler und Arkaden gliedern den harmonischen Raum. Die *Minoriten* errichteten eine große, flachgedeckte Kirche; in ihrem Chor wurde Berthold von Regensburg beigesetzt. (Die Minoritenkirche und das ehemalige Kloster beherbergen seit 1930 die wertvollen Ausstellungsstücke des Städtischen Museums Regensburg.)

Dombau

Der alte Dom war 1272 teilweise abgebrannt; nun machte man sich mit Eifer und Opfermut an den Neubau: Bischof Leo, aus dem Regensburger Geschlecht der Thundorfer, legte den Grund; er verwertete die Anregungen, die ihm auf einer großen Frankreichreise zuteil geworden waren. 1313 wurde der Chor fertig, um 1400 war die Fassade aufgeführt. Die ersten, in Frankreich geschulten Baumeister, lösten Regensburger und Oberpfälzer Baumeistergeschlechter ab. Konrad *Roritzer* schuf das Gewölbe. Die Dombauhütte faßte alle dem großen Werk Dienenden zusammen: Viele Bauleute, die dann auf dem Land tätig waren, holten sich hier Können und Anregung. In jahrhundertelanger Arbeit wurde das heutige Gesicht des Domes geschaffen. Die Ausgestaltung der Türme stammt aus dem 19. Jahrhundert.

Zu den besten Werken frühgotischer Baugesinnung in der Oberpfalz gehört die Pfarrkirche in *Nabburg* mit ihrem hochragenden Doppelchor.

In der *Neumarkter* Pfarrkirche ist die Trennung von Chor und Laienschiff zugunsten eines alle Stände umfassenden Einheitsraumes gefallen. ild Seite 125 Die Hallenkirche zu *Kemnath* gehört zur reifsten Gotik. Der Kirchturm schließt den Marktplatz ab und dient als Befestigungstor. Das wohlha- ild Seite 126 bende *Amberg* schuf sich in St. Martin (1421–1483) einen weit ausschwingenden, geschlossenen Kirchenraum. Die Wandgliederung durch Seitenkapellen und Emporen ist ganz neu in der Entwicklung gotischer Kunst. Die wappengeschmückten Emporen boten verdienten Bürgern Platz. Erst in der gotischen Spätzeit entfaltete sich die ganze Baulust des Bürgerstandes. Im 16. Jahrhundert lebte sie sich noch auf dem Land aus.

Ialerei

Die Kirchen waren teilweise mit volksnahen Wandmalereien geschmückt; solche haben sich u. a. erhalten in Lerchenfeld und Adlersberg bei Regensburg. Farbenfrohe Glasgemälde verliehen den Kirchen geheimnisvolle Stimmung. Die Fenster des Regensburger Domes, bes. des Chors, und der Minoritenkirche stellen einen kostbaren Bestand dieser Kunst dar.

Die Malerei der Spätgotik gipfelt in großen Tafelgemälden. Das tiefe Einssein von Mensch und Natur ist ein Kennzeichen der sog. Donau- ild Seite 18, 373 schule, die in *Albrecht Altdorfer*, dem Ratsherrn und Stadtbaumeister in Regensburg, ihren Meister fand (s. Seite 365). Er schenkte der europäischen Kunst die reine Landschaftsdarstellung und reifte in seinen Werken zu einem der größten Meister süddeutscher Malerei. In Altdor- ild Seite 147 fers Schatten stand Michael *Ostendorfer*, dem wir Gemälde, Flügelaltäre und vor allem zeitgeschichtlich sehr aufschlußreiche Holzschnitte verdanken.

chnitzwerk

Mit Hingabe wurde an der Ausstattung der Gotteshäuser gearbeitet. Aus Belegen des Städtischen Archivs in Amberg geht hervor, daß allein diese Stadt 14 Maler und zwei Bildhauer in ihren Mauern aufzuweisen hatte. Unter Meister *Hans von Amberg* muß es eine weithin ausstrahlende Bildschnitzerschule gegeben haben. Vom Meister selbst stammen die Schnitzarbeiten der Bergkapelle zu Hohenhard und der Kirche von Dechantsee. Viele schöne, reichverzierte Schnitzaltäre gingen aus ober- ild Seite 279 pfälzischen Werkstätten hervor, so die Altäre in Tirschenreuth und in St. Wolfgang bei Velburg.

ild Seite 373 Einer der kühnsten Gestalter in Holz stammt aus Schmidmühlen: Erasmus *Grasser*. Glänzende Charakterisierungsgabe entfaltet er in seinen berühmten Moriskentänzern (s. Seite 363).

Veltliche Bauten

Neben die religiöse Kunst trat im Spätmittelalter in zunehmendem Maß die kunstvolle Gestaltung weltlicher Bauten. Die wachsenden Stadtgemeinden benötigten große Versammlungshäuser: Auf bevorzugtem Platz, häufig inmitten breiter Marktstraßen und von stattlichen Patrizierhäusern gesäumt, erheben sich die *Rathäuser*. Spitzbogige *Tortürme* bestimmen das Ortsbild von Freystadt, Amberg, Hahnbach, Berching, Kemnath, Nabburg usw. Am geschlossensten hat sich der Eindruck der spätmittelalterlichen befestigten Kleinstadt in Berching erhalten. Bild Seite 135 Bild Seite 269

Wandteppiche

Als Zeugen einer sehr hochentwickelten Gobelinwirkerei können wir u. a. den phantasievollen Wirkteppich der »thronenden Minne« und den Wandbehang »Kampf der Tugenden und Laster« (Regensburg) ansehen. Der berühmte Medaillonteppich mit 50 Minneszenen ist eine Arbeit der Regensburger Wollsticker um 1360 (Stadtmuseum).

Volkslied

Wie in allen Kunstzweigen, so schob sich auch im Bereich der Musik die städtische Mittelklasse in den Vordergrund. Das deutsche Volkslied, das sich seit der Minnesängerzeit großer Beliebtheit erfreute, gelangte im 15. Jahrhundert zu Wärme und Ausdruckskraft. Dieser unübersehbare Melodienschatz wurde im Lauf der Zeit dem Zersingevorgang unterworfen. Die zunächst von Einzelnen geschaffenen Lieder wurden rasch vom Volk aufgenommen und verbreitet, mehrmals umgestaltet, vermischt und bearbeitet. Im Spätmittelalter entstanden die ersten großen *Volksliedersammlungen*. Nicht alle Lieder entzücken durch gemütvolle Lebendigkeit; viel Gleichklang, Unverständliches und Übernommenes läuft mit.

Der Amberger Arzt und Verleger *Georg Forster* gab 1539 die vielbenützte Sammlung »Auszug guter alter und neuer teutscher Liedlein« heraus (5 Bände). Als Textdichter, Komponist, Sammler und Herausgeber in einer Person, nimmt er in der Musikgeschichte der damaligen Zeit eine Sonderstellung ein.

5. *Das Zeitalter der Glaubensspaltung in der »Oberen Pfalz«*

Im Lauf des 15. Jahrhunderts hatte sich ein Wandel der Weltanschauung vollzogen:

Humanismus

Aus eigener Kraft waren Bürger italienischer und deutscher Städte zu Ansehen und Reichtum gelangt. Dies förderte den Glauben an die freie Entfaltung der Persönlichkeit. Der allseitig durchgeformte, körperlich und geistig bewegliche Mensch wurde zum neuen Leitbild, das man in der Zeit der alten Griechen und Römer schon einmal verwirklicht fand. Daher grub man die antiken Schriftsteller aus und suchte auf Reisen in Italien sein Wissen zu erweitern. Nicht mehr ins Jenseits ging der Blick wie beim mittelalterlichen Menschen; das Diesseits bot Aufgaben und Ziele. Damit gewann die Natur an Bedeutung. Nur vereinzelt hatte man sich ihr bisher forschend zugewandt (Konrad von Megenberg), und immer war sie nur im Zusammenhang mit der göttlichen Heilsordnung gesehen worden (Albert). Nun aber setzte eine drängende Freude an ihrer Schönheit und wissenschaftlichen Erforschbarkeit ein (»Innerweltlichkeit«). Dieses neue Weltgefühl gelangte zur Darstellung in Altdorfers Landschaftsschilderungen wie in den Werken der großen Augsburger (Elias Holl, Burgkmair) und Nürnberger (Behaim, Pirckheimer, Dürer usw.) Humanisten. (Humanisten nannte man die Anhänger dieses neuen Menschenbildes.)

'rfindungen und 'ntdeckungen

Neuer Natursinn und Diesseitsbejahung führten zu bedeutenden Erfindungen und zur Entdeckung unbekannter Wirklichkeitsbereiche. Johannes Gutenberg schuf 1445 in Mainz die beweglichen Lettern und wurde so der Vater des *Buchdruckes*. Überall in Bayern entstanden nun Druckerpressen; sie ermöglichten erst die Verbreitung der neuen humanistischen und religiösen Schriften im Volk. 1485 wurde als erstes Buch in unserem Raum das »Regensburger Missale« gedruckt und hervorragend ausgestattet.

In Nürnberg baute der Patrizier Martin Behaim den ersten Erdglobus; er beteiligte sich an weiten Reisen als »Mathematiker und Kosmograph«. Es war die Zeit der großen Seefahrer und Weltumsegler, eines Columbus (Entdeckung Amerikas 1492) und Vasco da Gama.

Das Interesse der Landesherren an der Vermessung ihrer Ländereien und an der Herstellung brauchbarer *Karten* führte zur Gestaltung der ersten geographischen Holzschnitte und Kupferstiche. Der Nürnberger

ild Seite 116

Humanist Hartmann *Schedel* gab 1493 seine berühmte »Weltchronik« in Druck; unter den 2000 Holzschnitten, die ein umfangreicher Text erläutert, befindet sich auch die erste geschlossene Stadtansicht von Regensburg.

Ein Lieblingskind der Humanisten war die *Astronomie*, die Beobachtung und Berechnung der Sterne und ihrer Umlaufbahnen. Unter dem

ild Seite 267

Abt Johann von Falkenstein war in dem Oberpfalzkloster *Reichenbach* ein Mittelpunkt astronomischer Forschung entstanden; der »Mathematische Turm«, zu Himmelsbeobachtungen errichtet, bezeugt heute noch die Bemühungen der Reichenbacher Humanisten.

Der Frühhumanismus zeitigte eine Blüte der Astronomie in Reichenbach; der späte Humanismus fand in Regensburgs Mauern den neben Galilei und Kopernikus größten Himmelsforscher der anbrechenden Neuzeit: *Johannes Kepler* († 1630 zu Regensburg). Er erdachte das astronomische Fernrohr, verstand als erster die Gesetzmäßigkeit der Planetenbewegung und formulierte sie in den nach ihm benannten drei Keplerschen Gesetzen.

;eschichts- :hreibung

Einen großen Aufschwung nahm zu dieser Zeit auch die Geschichtswissenschaft. Regensburg war seit dem 13. Jahrhundert eine Stätte der Geschichtsschreibung gewesen. Schon der Augustinerchorherr *Andreas* († 1439) aus dem Kloster St. Mang »am fuess der prukken zu Regenspurg« hatte das Zeitgeschehen in Notizbüchern festgehalten (Hussitenkrieg, Reformkonzilien). Im Auftrag des bayerischen Herzogs hatte er eine knappe »Chronik von den Fürsten zu Bayern« verfaßt.

Etwa hundert Jahre später waren die Methoden der Geschichtsschreibung schon »moderner«: Johannes Thurmair von Abensberg (†1534), der nach Humanistensitte seinen Namen zu *Aventinus* latinisierte, durchforschte die bayerischen Bibliotheken nach Handschriften und Urkunden. Oft war er Gast bei Abt Erasmus Münzer von St. Emmeram, der sein Forschen in den reichen Beständen der Klosterbibliothek bereitwillig unterstützte. So entstand das erste, aus verläßlichen Quellen schöpfende Werk bayerischer Geschichte in deutscher Sprache, die »Baierische Chronik« Aventins. Bild Seite 159

Weniger weitreichend in der Wirkung, aber sehr bezeichnend für den Zeitstil war die Lebensweise des Humanisten *Johann Tröster* aus Amberg: Italiens alte Bibliotheken hatte er gründlich durchgeschnüffelt; er war eifriger Schüler des berühmten Humanisten Enea Silvio Piccolomini (nachmals Papst Pius II.) geworden und schrieb kunstvolle Poesien nach antikem Vorbild.

Der bekannteste in der Oberpfalz gebürtige Humanist war *Mathias Widmann von Kemnath* (1430–1476). Früh kam er an die Heidelberger Universität, die für die Oberpfälzer Landesuniversität war. Dort sammelten sich um den Pfalzgrafen Friedrich den Siegreichen humanistische Gelehrte. Der Kemnather – Prinzenerzieher, Hofkaplan, Hofjurist und Poet in einem – schrieb eine Chronik für seinen Herrn (s. Seite 110). Von Zeitgenossen wurde er gepriesen als der ». . . freien Künste und vornehmlich der humanistischen Studien eifrigster Pfleger, aus dessen Munde Orpheus selbst zu reden scheint . . .«.

Mehrmals hatten im Lauf des 16. Jahrhunderts Oberpfälzer die Leitung der Heidelberger Hofkapelle in Händen. Der berühmteste unter diesen Hofmusikern, *Andreas Raselius*, stammte aus Hahnbach (nördlich Amberg). Ehe er nach Heidelberg übersiedelte, hatte er als Kantor und Musikpädagoge am »Gymnasium poeticum« zu Regensburg gewirkt.

Tatendrang, Wissensdurst und Lebenslust ließen zu dieser Zeit viele begabte junge Leute zum Wanderstab greifen. Unter ihnen war auch Heinrich *Stromer aus Auerbach*, der als Medizinstudent nach Leipzig kam. Dort machte er Karriere, brachte es zum Rektor der Universität und zum Leibarzt mehrerer Kurfürsten. Ab 1520 gehörte er dem Stadtrat von Leipzig an. Das Bürgerhaus »Auerbachs Hof« wurde nach 1530 erbaut und bot vielen gewichtigen Kaufherrn, besonders zu Messezeiten, Unterkunft und die Gelegenheit, ihre Waren in den Gewölben auszule-

△ 124 Das Zisterzienserinnenkloster *Seligenporten* geht auf großzügige Stiftungen der Herren von Sulzbürg zurück. Das sehenswerte Chorgestühl auf der Nonnenempore stammt aus dem frühen Mittelalter.

◁ 123 An der Westgrenze der Oberpfalz liegt die Anlage des einstigen Birgittenklosters *Gnadenberg*. Pfalzgraf Johann von Neumarkt hat es 1426 dem aus Schweden kommenden Orden gestiftet. Noch heute beeindruckt die Ruine der hochgotischen Kirche.

125 *Kemnath:* Den von hübschen Bürgerhäusern gesäumten Marktplatz schließt die gotische Pfarrkirche ab, deren Turm zugleich als Stadttor dient. Der dreischiffige Hallenbau mit schlanken Rundpfeilern und Kreuzrippengewölbe vertritt beste oberpfälzische Gotik.

KEM P 250

126 Als Herzader *Ambergs* hat man die von malerischen Brücken überspannte Vils bezeichnet. Die gewaltige Halle der Martinskirche (ab 1421 aufgeführt) ist nach dem Regensburger Dom der bedeutendste Bau der Gotik in der Oberpfalz.

gen. Weltbekannt ist es geworden durch die an ihm haftende Faustsage, die Goethe dann in der Szene »Auerbachs Keller« verewigt hat.

unst
er Renaissance

Es ist leicht verständlich, daß der ganzen Bewegung des Humanismus etwas Volksfremdes anhaftete: Sie betraf lediglich eine dünne Schicht von Geistlichen und Gelehrten, die von Fürsten oder reichen Kaufherrn gefördert wurden. Der breiten Masse fehlte sowohl das Verständnis für die lateinischen Dichtungen wie für die naturwissenschaftlichen Forschungen. Fremd blieb ihr auch die neue Kunstrichtung der Renaissance (= Wiedergeburt des klassischen Altertums). Daher finden wir ihre an die Antike erinnernden Stilelemente verhältnismäßig selten in unserer Heimat: Säulen, Schnecken (Voluten), geometrische Muster (Rundbogen und Dreiecksbogen), kräftige Gesimse, welche die Waagrechte betonen, ruhige Mauerflächen.

Seit Mitte des 16. Jahrhunderts wurde am Heidelberger Schloß im neuen Stil gebaut. Von dort kamen auch die Anregungen zur Gestaltung der *Regierungskanzlei in Amberg* (heute Landgericht): Ein hoher Renaissancegiebel, Erker und Wappenportal sowie der westliche Treppenturm tragen die Merkmale der neuen Bauweise. Bei den *Tortürmen* und dem

ild Seite 137

Erweiterungsbau des *Rathauses* durchdringen und ergänzen sich gotische Stilelemente mit Renaissancegedanken auf harmonische Weise. Einen vornehmen Eindruck bieten die Innenräume mit ihren gotischen Gewölben, der Holztäfelung und den Kassettendecken. Durch neun Säulen (mit ionischen Kapitellen und Voluten) wird der gedrungene, gewölbte Raum des Stadtarchivs gegliedert. Schmuckformen der Renais-

ild Seite 136

sance zeigt manches Bürgerhaus in Amberg, Burglengenfeld, in Weiden und Regensburg. Lichte, südlich anmutende *Arkadenhöfe* finden wir hier in der Neuen Waag und im Thon-Dittmer-Haus. Einen schönen, zweigeschossigen Laubenhof weist auch das Renaissanceschloß von

ild Seite 138
ild Seite 292

Fronberg auf. Erwähnenswert ist noch das Alte Schloß der Herren von Lobkowitz in *Neustadt an der Waldnaab* und das Schloß Friedrichsburg von *Vohenstrauß*: Ab 1586 wurde an diesem stattlichen Bau gearbeitet, dessen Rundtürme die geschwungenen Staffelgiebel flankieren.

Sonst kam es in unserem Raum zu keinen großen Bauleistungen, da die finanzstarken Auftraggeber (München, Augsburg, Nürnberg!) fehlten und dem kirchlichen Baubedürfnis in der Gotik ausreichend Genüge getan war.

Auf eine künstlerische Besonderheit der Oberpfalz soll noch hingewiesen werden: Seit dem 16. Jahrhundert verstand man es, Bilder und Schriften in *Sollnhofer Marmorstein* zu ätzen; so entstanden herrliche Tischplatten (Amberger Liedertisch, Calendarium Pleningers in Regensburg) oder Grabplatten wie die der Hofer von Lobenstein (1606) in Reichenbach. *Porträtsdarstellungen* bezeugen das neuerwachte Interesse an der einzelnen Persönlichkeit. Eine bedeutende Arbeit aus der Nürnberger Werkstatt Peter Vischers ist das Bronzerelief der Margarete Tucher im Dom zu Regensburg. Vorzüglich gestaltet ist das Grabmal des reichen Büchsenmeisters Martin Merz am Westportal von St. Martin zu Amberg. Bild Seite 161

Vorreformation

Der große Wandel, der sich im Weltgefühl und in der Haltung der Menschen vor 1500 vollzog, traf sich mit dem Bedürfnis nach religiöser Erneuerung. Natürlich ist der Bruch mit Rom, der im 16. Jahrhundert erfolgte, nicht nur auf Mißstände im kirchlichen Leben zurückzuführen. So einfach sind die Verhältnisse in der Geschichte nie; immer legt sich ein ganzes Geflecht von Ursachen und Wirkung über die menschlichen Geschicke. Es gab im 14./15. Jahrhundert ernsthafte Bestrebungen, die Schäden zu beseitigen. Die großen Reformkonzilien (Pisa 1409; Konstanz 1414–18; Basel 1431–39) bewirkten jedoch keine wesentliche Besserung der Verhältnisse.

Tatsache ist, daß vieles im argen lag. Schon Berthold hatte gewettert gegen die »Rockzerrer«, die dem niederen Klerus den nötigen Lebensunterhalt vorenthielten und so seine ungeistliche Lebensführung mitverschuldeten, aber auch gegen jene üblen Frauen, die Geistliche von ihrem Amt abhielten. So klagt der Rat von Weiden, daß von den 18 Priestern (für 1500 Einwohner!) kaum einer vorbildlich lebe. Eine umstrittene Einrichtung des Spätmittelalters waren die Ablässe, die Wohltätern der Kirche von ihren zeitlichen Sündenstrafen gewährt wurden: für Kreuzzugsteilnahme, Kirchenbau oder auch Geldleistungen. Die unwürdige Art, wie Ablaßgelder und Almosen eingetrieben wurden, erregte die Gemüter schon eines Walther von der Vogelweide und schließlich Martin Luthers. Als dieser 1517 an der Schloßkirche zu Wittenberg in Sachsen 95 Thesen (Sätze) gegen den Ablaßhandel anschlug, kam es zur großen Auseinandersetzung der Theologen und schließlich zur Trennung Luthers und seiner Anhänger von Rom.

Martin Luther

Luther hatte nicht die Absicht gehabt, eine neue Kirche zu gründen; er wollte die alte Kirche reformieren und auf das Evangelium zurückführen (Evangelischer Glaube, ab 1529 auch Protestantismus genannt). Die Rechtfertigung des sündigen Menschen vor Gott allein durch den Glauben an Christus war ein Zentralgedanke seiner Lehre, die er in zahlreichen Schriften darlegte. Die äußere kirchliche Ordnung sei für die Gläubigen nicht verbindlich.

Luthers Schriften fanden in den Donaustädten und in der Oberpfalz sofort starken Widerhall; die Menschen hungerten nach Führung in religiösen Dingen und nach Heilsgewißheit. Sogar an der Landesuniversität Ingolstadt (1472 gegründet) bekannten sich maßgebende Lehrer zu

Luther; aus ihr kamen aber auch seine markantesten Gegner, der wortgewaltige Doktor Eck und der Verfasser des volkstümlichen Katechismus, Peter Canisius. Als dann nach harten Auseinandersetzungen im Augsburger Religionsfrieden 1555 das lutherische Bekenntnis neben dem katholischen von Kaiser und Reichsfürsten anerkannt wurde, war die religiöse Spaltung Deutschlands, die schließlich zum Dreißigjährigen Krieg führte, besiegelt. Die Landesherren übernahmen die Beaufsichtigung des religiösen Lebens, sie hatten die Entscheidung über das Bekenntnis ihrer Untertanen zu treffen; denn »cuius regio, eius religio« (= der Landesherr bestimmt die Religion der Untertanen).

ugsburger eligionsfriede 555

Während die bayerischen Wittelsbacher mit ihren Untertanen im alten Glauben beharrten, öffneten sich die Pfälzer Lande und Regensburg der Reformation. Kurfürst Ludwig V. von der Pfalz (1508–1544) hatte die neue Lehre stillschweigend geduldet, wo sie »ohne Geräusch« eingeführt wurde. Sein Bruder und Nachfolger Friedrich II. (1544–1556) begünstigte bereits während seiner Statthalterschaft in Amberg das Luthertum; er erlaubte deutsche Messe und Priesterehe. Im Grunde erregte ihn das religiöse Problem nicht bis ins Innerste; er war ein echter Renaissancefürst, liebte Reisen, prunkvolle Hofhaltung und lebhafte Bautätigkeit.

auernunruhen

Während sich an den Residenzen eine kostspielige Lebensart entfaltete, begann es in Süddeutschland unter dem Landvolk zu gären. In Franken und Schwaben kam es zu blutigen Erhebungen der Bauern, die von allen Ständen die wenigsten Rechte besaßen. Nur der westliche Teil der Oberpfalz wurde von diesen Unruhen betroffen (Hirschberg, Beiln-

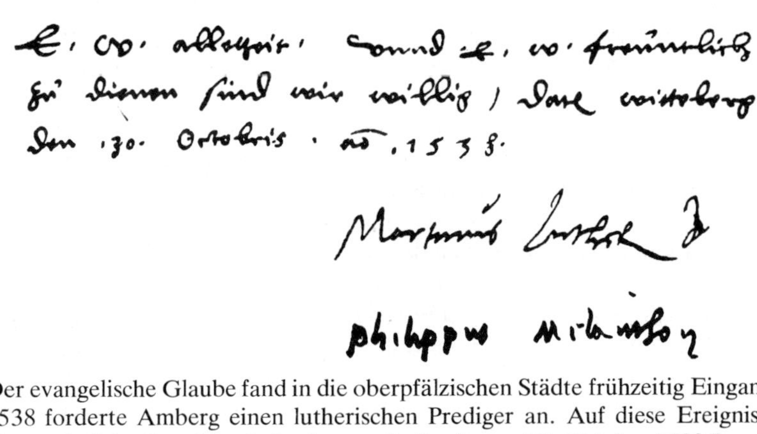
E. W. allzeit. Sonnd E. W. freuntlich
zu dienen sind wir willig / Datt Wittemberg /
den 30. Octobris . Ao . 1538 .
Martinus Luther D
Philippus Melanthon

Der evangelische Glaube fand in die oberpfälzischen Städte frühzeitig Eingang. 1538 forderte Amberg einen lutherischen Prediger an. Auf diese Ereignisse nimmt ein Schreiben *Martin Luthers* an die Stadt vom 30. Oktober 1538 Bezug; auch Philipp Melanchthon, der gelehrte Mitstreiter des Reformators und Förderer des protestantischen Schulwesens, ist unterzeichnet.

gries); Kloster Plankstetten erlebte eine Plünderung. Das energische Eingreifen Pfalzgraf Friedrichs sprengte die Bauern vor Eichstätt auseinander; so wurde größeres Unheil verhütet.

Neue Lehre in den Städten

Während die schlecht organisierten Bauernhaufen keines ihrer Ziele erreichten, traten die erstarkten Landstände in den Städten schon sehr selbstbewußt auf. Die Städte Neumarkt, Amberg, Cham, Nabburg, Neunburg, Weiden, Auerbach, Kemnath verwendeten sich beim Pfalzgrafen für die Einführung der Reformation. Weiden nahm als erste oberpfälzische Stadt 1522 einen protestantischen Prediger; 1525 forderte Regensburg, 1538 Amberg von Martin Luther Prediger an. Der aus Amberg stammende Sebastian *Fröschel*, der an der Universität Leipzig und später in Wittenberg wirkte, stand in engstem Verkehr mit den Reformatoren und förderte deren Verhandlungen mit seiner Vaterstadt.

1542 nahm der Rat der Stadt Regensburg den Protestantismus für die Stadt an. Eine Reihe von Lutherschriften, Handbüchern und Streitschriften erschien im Druck. Um 1520 besaß Regensburg die erste dauernde *Druckerei* (Besitzer Paul Kohl). Es ist bezeichnend für die Zwiespältigkeit der Zeit, daß hier sowohl Lutherschriften als auch Drucke, welche in Bild und Text die alte Religion verherrlichten, herauskamen. Vom Volk war der Reformwille ausgegangen, durch die Fürsten hatte er seine Bestätigung gefunden. Nicht ohne harte Auseinandersetzung vollzog sich der Umbruch; Schmähreden flogen hin und her, die Spaltung ging oft durch die einzelnen Familien. Auf Wunsch des Stadtrates in Amberg mußten die Franziskaner die Stadt verlassen; das Volk stürmte das Kloster und lud die Patres auf Mistkarren. Doch kam es nicht oft zu solch häßlichen Szenen.

Säkularisation der Klöster

Die Klöster waren großenteils sehr dünn besetzt, manche hatten sich bereits der Lehre Luthers zugeneigt; so zählte Walderbach noch fünf, Reichenbach vier Mönche. Friedrich begann die Kirchengüter für den Staat einzuziehen, was für ihn eine willkommene Erleichterung seiner Schuldenlast und zugleich ein Erstarken seiner landesherrlichen Gewalt bedeutete.

Ottheinrich

1556 trat Pfalzgraf Ottheinrich die Nachfolge Friedrichs II. an. An seinem Hof verkehrten bekannte evangelische Theologen wie *Melanchthon*. Nun wurde die protestantische Konfession offiziell in der Oberen Pfalz eingeführt, die Säkularisation (= Verweltlichung) der Oberpfalzklöster Kastl, Waldsassen, Michelfeld, Ensdorf, Speinshart, Reichenbach zu Ende gebracht. Unbeirrbar und würdevoll hielt der Frauenkonvent des Klosters Gnadenberg an seinem Gelübde fest. Sonst nahmen die Klosterleute, deren Zucht mit wenigen Ausnahmen im argen lag, den evangelischen Glauben an oder zerstreuten sich. Die rei-

Otthainrich von gotts gnaden Pfaltzgraue bey Rhein
Des Hay. Rhö. Reichs Ertztruchsas vnd Churfurst/
Hertzog in Nidern vnd Obern Bayren ec.

Lieber getreuer Wiewol wir Jetzo/ in eindrettung vnserer Chur=
furstlichen regierung/ bericht empfangen/ auch nit zweyfeln/ da
weyland der Hochgeborn Furst/ vnser freundtlicher lieber Herr/
vñ vetter/ Pfaltzgraue Friderich Churfurst ec löbseliger gedecht=
tnus/ lenger bey leben gebliben/ es were durch Sein lieb/ in dem
Churfurstenthumb der Pfaltz/ die ware Christliche Religion
gepflantzet/vnd souiel muglich/falscher gottes dienst abgestellett
worden/So haben wir doch/ der ort/ die religion/Lere/ vñ Kir=
chendienst/ nicht one besondere vnser missfallen/ noch dergestaltt
Irrig vnd vnrein befunden/ das vns als der Ordenlichen Obrig=
keit/ nicht weniger als den alten gottseligen Königen/ Ezechia/
Asa/ Josia/ vñ andern/ võ Obrigkeit/ rechts/ vnd gewissens we=
gen/ lenger nit zu zusehẽ/ sonder geburen wöllen/ vor allen dingen/
Gottes ehre/ vnd vnserer vnderthanen seligkeit/ aus Christlchem
eifer/ zu gemuet zufuren/ vnd als hieuor in vnserm furstenthumb
Neuburg beschehẽ ist/ auch dieses anererbtẽ Churfurstenthumbs
der Pfaltz/ onuerzugliche gepurliche Christliche änderung vnd
ordnung/ der hailligen gschrifft/ vnd Augspurgischer Confesion
gemeß furzunemen/ damit also am ersten/die ehre vnd das reich
Gottes/ der vnderthanen Seelen heil/ vnd seligkeit gesucht/ vnd
gepflantzet/ das vbel oder greuwel/ hinweg geton/ außgereutet/
vñ keyner gelegenheit der zit/ wie man sagt/ befolhen/ oder args/
von folge wegen des gueten gestattet/ vnd geduldet werde/ wie
wir vns dan solches/ nit allein gegẽ Gott zuthũ schuldig erkennẽ/
sonder anch vor vns selbsten nach muglichkeit zubefurdern wol
genaigt seien/demnach dir hiemit befelhendt. du Wollest bey den
Pfarhern vnd Kirchendienern / deines von vns befolhenen
ambtts /dieses ernstlich einsehen haben vñ verfugen/ das sie bey

Unter Pfalzgraf Ottheinrich wurde der *Protestantismus* offiziell in der Oberpfalz eingeführt. Ein Mandat vom 16. 4. 1556 schafft den katholischen Ritus ab und empfiehlt den Untertanen »die ware Christliche Religion«. Durch die Kenntnis der Buchdruckerkunst kam es zur raschen Verbreitung solcher Erlasse und der Reformationsschriften.

chen Güter stellte der Kurfürst unter weltliche Verwaltung. In Amberg wurde ein Kirchenrat eingesetzt, der die Landeskirche und das *Schulwesen* betreute. Die Einkünfte aus den bisherigen Kirchengütern wurden meistens schulischen Zwecken zugeführt. Die wertvollen Bibliotheken brachte man zum größten Teil nach Amberg. Die alten Klosterschulen bestanden mancherorts weiter, wie in Reichenbach und Michelfeld. Kurfürstliche Visitatoren beaufsichtigten den Schulbetrieb. Natürlich hatte dieser, was Regelmäßigkeit des Besuches und Können der Lehrkräfte anlangt, in den Städten höheres Niveau als auf dem Land; dort mußten sich die Schulmeister oft um Nebenberufe umsehen, und die Kinder wurden im Sommer zur Landarbeit gebraucht; daran änderte sich bis ins 19. Jahrhundert kaum etwas.
Große Sorgfalt legte man in den protestantischen Schulen auf die Pflege der Musik. Lehrer, Kantoren und Organisten hatten brauchbare Musik für Schule, Kirche und Heim zu schaffen. Das Kirchenlied sollte im deutschen Gemeindegesang dem evangelischen Wort Nachdruck verleihen.

Friedrich III.

Nach dem kinderlosen Ottheinrich gelangte Friedrich III. (1559–76) aus der Linie Simmern zur Kurwürde. Er war ein fanatischer Anhänger des strengen Schweizer Reformators Calvin und hielt es für seine Gewissenspflicht, den Calvinismus in der Oberpfalz einzuführen. Evangelische Geistliche ließ er vielerorts gegen den Willen der Bevölkerung des Landes verweisen. Ein Befehl erging, daß alles, was an das »antichristliche Papsttum« erinnere, wie Sakramentshäuschen, Bilder, Ölberge und dergleichen, entfernt werden solle. Die Spitalkirche in Amberg diente einige Zeit als Pferdestall, St. Georg wurde verwüstet. Viel wertvolles Kulturgut unserer Oberpfalz fiel damals den bilderstürmenden Calvinisten zum Opfer.

Calvinismus

Daß Friedrich III. mit seinen Maßnahmen nur geringen Erfolg hatte, lag einerseits an der Haltung seines protestantischen Sohnes *Ludwig*, der in Amberg Statthalter war, andererseits an der Unbeirrbarkeit der Stände. Das Selbständigkeitsbewußtsein der Stände wirkte sich bereits als Gegenkraft gegen den Willen des Landesherrn aus.

»Landschaft«

Seit ca. 1488 gab es in der Oberpfalz eine regelrechte Vertretung der drei Stände (Geistlichkeit, Adel, Bürgerschaft) in der »Landschaft«. Beim Landtag von 1512 zählte man sieben Prälaten (Erster Stand), 15 Adelige (Zweiter Stand) sowie acht Vertreter aus Pflegeämtern und 13 Städten (Dritter Stand). Anstelle der Prälaten fungierten später die kurfürstlichen Klosterverwalter. Die Städte vertraten auch die Landbevölkerung. Von 1540–1615 fanden 17 allgemeine Landtage statt.
Wir haben gesehen, wie selbstbewußt die Stände in den Zeiten der

Glaubensspaltung aufzutreten wagten. Der Eckpfeiler ihres Mitspracherechtes war die Steuerbewilligung. Der Landmarschall an der Spitze der »Landschaft« wurde von verschiedenen Kommissionen unterstützt; diese hatten die Finanzverwaltung völlig in der Hand. Nicht nur, daß sie dem Kurfürsten die Ausschreibung neuer Steuergelder zusagen oder ablehnen konnten, sie überwachten auch die Verwendung der Gelder. So kam es, daß unter der Mitregentschaft der Volksvertretung die Statthalter in Amberg eine moderne Kanzlei und ein Ministerium einrichteten. Räte in den verschiedenen Fachgebieten, Rentmeister, Landrichter und Kastner waren die wichtigsten Regierungsbeamten.

Schützenfeste

Ausdruck bürgerlichen Stolzes und städtischer Selbstherrlichkeit waren die vielen »großen Schießen« dieser Zeit, verbürgerlichte Nachfahren der großen Ritterturniere des Mittelalters. Sie wurden abgehalten »von wegen und zur Erhaltung guetter Nachparschaft« mit andern Städten, wie anläßlich des Regensburger Schützenfestes von 1586 geschrieben steht.

Diesem war das noch berühmtere Freischießen in *Prag* von 1565 vorausgegangen; an ihm hatten sich auch Amberger Schützen beteiligt – das Amberger Stadtarchiv besitzt eine farbenprächtige Chronik über dieses Ereignis. *Amberg* selbst kann eine glanzvolle Schützenvergangenheit aufweisen: Als markanter Höhepunkt ragt das »*Freie Hauptschießen*« von 1596 hervor, über das eine wertvolle Handschrift Auskunft gibt. »Ordentliche Beschreibung und gründliche Anzeige, wie und welcher Gestalt von den ehrenfesten, fürsichtigen, ehrbarn und wohlweisen Herrn Bürgermeister und Rat der oberen churpfälzischen Hauptstadt Amberg ein freies Hauptschießen . . . angestellt und gehalten worden ist . . .«. So steht auf dem Titelblatt zu lesen. Eine schöne Anzahl von Städten war geladen, Preise wurden ausgesetzt, Schützenordnungen bekanntgegeben. Insgesamt beteiligten sich 244 Schützen (davon allein 45 Amberger) aus ganz Deutschland. Zahlreiche Adelige mit ihrem Gefolge bevölkerten die festlich geschmückte Stadt. Auch Kurfürst Friedrich IV. stellte sich mit 24 Schuß; davon traf er zweimal ins Schwarze. Als Sonderpreis stiftete er ein silbernes, vergoldetes Trinkgeschirr.

(Noch heute ist Amberg eine Pflegestätte des Sportschießens. 1959 konnte das 525jährige Festjubiläum der Amberger Feuerschützen groß gefeiert werden.)

Glaubenswechsel

Der Sohn des Calvinisten Friedrich III. führte das Volk zur lutherischen Konfession zurück. Die Nachfolger Ludwigs wiederum, Johann Kasimir und Friedrich IV. (1592–1610), bekannten sich zum Calvinismus und schritten mit aller Härte gegen Lutheraner ein. Friedrich IV. versuchte durch viele Verordnungen seine Religion durchzusetzen, obwohl ihm

Ordenliche Be-
schreibung unnd
gründtlicher Anzeig
Wie unnd Welcher
gestalt von den Ehrnvesten Fürsichtigen Erbarn unnd Wolweisen
Herrn Burgermeister unnd Rath der Obern Churfs. Pfaltz Haubtstatt Amberg, Ein frey Hauptschiessen
mit der Handt oder Zielpüchsen, Vermög unnd Innhalt zweyer underschiedtlichen hiebevor Registratur
Außschreiben Angestellt unnd gehalten, was unnd wieuiel, auch von was Orthen und Enden
für Herrn unnd Schützen Jetztgedacht Hauptschiessen besucht, Beneben was unnd wie-
uiel ein Jeder Herr unnd Schütz in dem Hauptschiessen, Halben unnd andern Stech-
schüssen, Eingelegt unnd in denselben, wie auch in den Ritterschüssen, wie-
derümben gewonnen, unnd wie es sich sonsten In einem unnd dem
andern, Biß solches zum Ende gebracht worden, verloffen.
Angefangen Sontags denn Fünfften Septembris Nach
Christi unsers Erlösers unnd Seligmachers ge-
burth Im Fünffzehenhundert Sechs-
unnd Neunzigisten Jare.

Titelblatt des Berichtes über das »*freie Hauptschießen*« zu Amberg vom Jahr 1596

die Bürgerschaft erst nach ausdrücklicher Zusicherung der Bekenntnisfreiheit gehuldigt hatte. Trotz der calvinischen Prediger, die vom Fürsten eingesetzt wurden, blieb das Volk zum größten Teil lutherisch. Wo es möglich war, versammelte es sich um die protestantischen Prediger, die sich Landadelige halten konnten. Der Unwille des Volkes wurde an vielen Orten erregt durch Entlassung evangelischer Pfarrer, Beamter und Ratsherren, durch Verhängung der Marktsperre (z. B. über Neumarkt), durch öffentliche Abhörstunden, zu denen das Volk befohlen wurde, damit seine Bibelfestigkeit überprüft werde.
1592 kam es in Nabburg zur Ermordung des calvinischen Pfarrverwesers und im selben Jahr entlud sich die Volkswut an dem calvinischen Stifts-

35 Die Oberpfälzer Rathäuser bil-
en den Mittelpunkt ihres Ortes. In den
ergangenen Jahren wurden gut gelun-
ene Renovierungen durchgeführt, wie
ier in *Dietfurt* (oben) und *Hirschau*.

△ 136 *Weiden* besitzt eine Anzahl stattlicher Bürgerhäuser, deren Baugesicht vom 16. und 17. Jahrhundert (Renaissance-Barock) geprägt wurde. Die hohen Giebel sind reich gegliedert durch Treppen, Gesimse und Rundgiebelchen.

137 Wie bei der Stadtbefestigung, dem Pfalzgrafenschloß und manchen Bürgerhäusern durchdringen ▷ sich auch beim *Rathaus von Amberg* Gotik und Renaissance: Der schlanke Giebel trägt Züge der früheren Bauperiode, während der Erker und das Treppentürmchen nach 1550 hinzukamen. Auch die verschiedenen Säle im Inneren zeigen Schmuckformen der Renaissance.

138 *Schloß Fronberg* besitzt einen sehr qualitätvollen Arkadenhof der *Renaissance.*

hauptmann Valentin Windsheim in Tirschenreuth. Das Strafgericht war hart. Sechs Bürger wurden hingerichtet, andere mit schweren Geldstrafen belegt oder des Landes verwiesen.
Wir können die Einzelheiten des politisch-religiösen Machtkampfes in diesem betrüblichen Kapitel Oberpfälzer Geschichte nicht verfolgen; auf seine nachhaltige Wirkung auf den Volkscharakter aber muß hingewiesen werden: Wie werden sich Untertanen verhalten, die im Laufe eines Jahrhunderts gezwungen sind, fünfmal ihren Glauben zu wechseln? Verzweifelte Unsicherheit oder Gleichgültigkeit, Mißtrauen und Verstocktheit mußte sich ihrer bemächtigen. Der Spruch, der am Haus eines Schmiedes in Neunburg vorm Wald angebracht war, drückt dies zusammenfassend aus:

Ich wollt' gern sein treu und stät,
wenn man mir desgleichen tät,
weil ich aber Untreu befind',
so häng ich 'n Mantel nach dem Wind.

reißigjähriger rieg

Im 16. Jahrhundert machten sich die religiösen Spannungen in mehreren kleinen Kämpfen zwischen den Fürsten Luft; im 17. Jahrhundert aber entluden sie sich in einem dreißig Jahre anhaltenden Ringen, in das fast alle europäischen Völker mit hineingezogen wurden. Es begann bei einer von Protestanten gestörten Prozession in Donauwörth und endete in Blut und Verwüstung.

nion und Liga

Der Statthalter der Oberpfalz, Christian, brachte 1608 ein großes Bündnis der protestantischen Reichsstände zusammen, die Union. Der bayerische Herzog Maximilian I. gründete daraufhin 1609 eine Vereinigung der katholischen Reichsstände, die Liga.
Es ist interessant, daß den Anstoß dazu wiederum ein Oberpfälzer gab: Kasper Scioppius (zu deutsch: Schoppe), Sohn eines protestantischen Amtmanns von Neumarkt und einer der wirkungsvollsten Humanisten, regte in einer Denkschrift an den österreichischen Erzherzog Ferdinand die Bildung der katholischen Liga an.
So standen sich die beiden Wittelsbacher Linien von Anfang an feindlich gegenüber; die Pfälzer verloren den Einsatz: die Obere Pfalz. Die Neuburger Wittelsbacher (»Junge Pfalz«) wurden von den Münchenern in einem Erbstreit unterstützt und wechselten mit ihren Untertanen zum Katholizismus über.

Winterkönig«

1618 erfolgte die Revolution der protestantisch gesinnten Stände in Prag und die Wahl Friedrichs V. von der Pfalz zum König von Böhmen. Da dieser sich nur einen Winter dort halten konnte, ging er als »Winterkönig« in die Geschichte ein. Der katholische Kaiseranwärter, Ferdinand von Österreich, übertrug die Leitung des Ligaheeres dem bayerischen Herzog Maximilian, der zur Entscheidungsschlacht nach Böhmen vorstieß: Die *Schlacht am Weißen Berg* bei Prag 1620 machte aus Friedrich einen besitz- und rechtlosen Flüchtling. Der stärkste Feldherr auf der Unionsseite, der Graf von Mansfeld, wich nach Westen zurück; es kam zu einem blutigen Stellungskrieg bei Waidhaus. Maximilian, der beauftragt war, die Reichsacht an dem Pfälzer zu vollziehen, fiel in die Oberpfalz ein: Die Bevölkerung mußte sich dem Sieger und den sofort einsetzenden Katholisierungsbestrebungen beugen. 1623 wurde auf dem Fürstentag in Regensburg die pfälzische Kurwürde Maximilian zugesprochen, die Oberpfalz dem Herzogtum Bayern einverleibt. Reichsrechtliche Gültigkeit erhielt die Beendigung der Oberpfälzer Sonderentwicklung 1628.

Oberpfalz an Bayern

Tilly und Wallenstein

Das bayerische Heer unter seinem tapferen und frommen Anführer Tilly stand am Gipfel seiner Macht. Es konnte die Kurpfalz besetzen und, gemeinsam mit dem kaiserlichen Heer unter Wallenstein, bis zur Nord- und Ostsee siegreich vordringen. Wie so oft in der Geschichte, wußte sich die siegreiche Partei nicht weise zu beschränken und stachelte so die Gegner zu neuem Widerstand an: Das »*Restitutionsedikt*« sollte die Wiedereinführung des Katholizismus in Norddeutschland erzwingen, die Bistümer und Abteien wiederherstellen. Der vertriebene Winterkönig, dessen Schwiegervater der König von England war, wußte die Herrscher von halb Europa (England, Dänemark, Frankreich, Holland) für sich zu gewinnen. Auch der schwedische König Gustav Adolf fühlte sich verpflichtet, für die Sache des Protestantismus einzutreten. Nach der Niederlage Tillys (Magdeburg/Breitenfeld 1631) lag ganz Süddeutschland den Schweden offen. Der Kaiser mußte den selbstherrlichen Wallenstein entlassen, um Bayern nicht zu verlieren. Tilly holte sich bei einer Schlacht am Lech die tödliche Verwundung, die Lage Bayerns war verzweifelt. Der Kurfürst zog sich in die feste Reichsstadt Regensburg zurück, die Schweden rückten in München ein, das Land wurde schrecklich verwüstet. Nun nahm Wallenstein das ligistische Heer wieder in die Hand: Monatelang mußte die Oberpfalz seine Söldner einquartieren und verpflegen. Erst 1632 kam es zur *Schlacht bei Lützen* in Sachsen, bei der Gustav Adolf sein Leben verlor. Doch keine Aussicht auf ein Ende des grausamen Krieges: Das Schlimmste stand den Oberpfälzern noch bevor. Der schwedische Kanzler Oxenstjerna (»Morgen kommt der Ochsenstern, der die Kinder 's Beten lernt«, sang man im Volk!) drang mit dem Fürsten Bernhard von Weimar und General Horn nach Süden vor; durch Wallensteins Zögern gelang ihnen sogar die Einnahme von Regensburg. Wiederholt wechselten die Städte ihren Besitzer, bei jedem Sturm gab es Brand, Plünderung und Metzelei. Davon wissen die

Schweden in Deutschland

Chronisten jener Zeit ein jammervolles Lied zu singen. Obendrein dezimierte der Schwarze Tod die Bevölkerung. So waren 1634 die Leute vom offenen Land nach Weiden geflüchtet, um hinter den Mauern Schutz zu suchen, als die Pest zu wüten anfing und binnen eines halben Jahres 1800 Menschenleben forderte. In Vilseck sollen allein im August 272 Menschen den Pesttod erlitten haben.

Die Schweden beabsichtigten, *Weiden* zu einem Bollwerk der nördlichen Oberpfalz auszubauen. Durch pausenlose Schanzarbeit wurde die Bevölkerung, die ohnehin durch Hunger und Krankheit geschwächt war, hart hergenommen. Trotzdem konnte die Stadt 1635 von den bayerischen Truppen erstürmt werden. In den nächsten Jahren wurden ganz neue, moderne Bastionen errichtet, und wieder mußten Mann und Frau hacken und schaufeln. (Heute befinden sich Alleen an der Stelle der abgetragenen Schanzen.)

ld Seite 162

Die Todesangst der Bevölkerung regte viele Künstler zur Darstellung eines »Totentanzes« an: In einem Deckenfresko der Friedhofskapelle von Wondreb ist dieses Motiv in eindrucksvoller Weise Bild geworden.

Erst nach Wallensteins Ermordung 1634 konnte das kaiserlich-bayerische Heer wieder Erfolge erzielen, obwohl nun auch Frankreich für das Heer der Union Stellung nahm und mehrmals in Bayern einfiel. 1646 wurde abermals ein Schreckensjahr für unsere Heimat: Unermeßliches Leid brachte die verrohte Soldateska beider Parteien für Oberpfalz und Bayerwald. Im Volk kennt man noch heute den Spruch: »Da Schwed is kumma, hout alas mitgnumma. Hout P'fensta eigschlogn, hout's Blei davontrogn, hout Kugl dras goss'n und Bauan daschossn.«

estfälischer iede 1648

Die Heere und die Bevölkerung waren erschöpft; nichts wurde sehnlicher begehrt als der Friede. Erst 1648 konnte er von Münster und Osnabrück (Westfalen) aus verkündet werden. Dreißig Jahre lang hatten sich die Völker Europas sowie die Deutschen gegenseitig schwerste Verluste zugefügt. Nun kam es zu einem Vergleich: Der Protestantismus hatte sich behauptet, aber auch die geistlichen Fürstentümer blieben bestehen. Außenpolitisch mußte Deutschland Gebietsverluste hinnehmen, im Innern eine Vielzahl geschwächter Territorien.

iegsfolgen

In der Oberpfalz begann mit dem Dreißigjährigen Krieg ein Abstieg, der aus dem wohlhabenden, weltoffenen Land die arme »Steinpfalz« machte. Die einzigartige Stellung innerhalb der deutschen *Eisenindustrie* war eingebüßt: Viele alte Geschlechter von Hammerinhabern fanden sich durch die Gegenreformation gezwungen, ihre Heimat zu verlassen; sie wanderten in die protestantischen Nachbarländer ab und brachten dortigen Industrien wertvollen Zuwachs. So kamen durch oberpfälzische Flüchtlinge die sächsischen Weißblechhämmer in die

Höhe, und auch die mittelfränkische Eisenindustrie profitierte. In der Oberpfalz aber gingen 60–70% der Werke ein, die Gruben des einst so stolzen Amberg überließ man dem Kurfürsten. Die Konkurrenz des steierischen und siegerländischen Erzbergbaues ließ die schwergetroffene Industrie an Naab und Vils nicht mehr hochkommen.
Nicht besser stand es um die *Landwirtschaft*: Gut ein Drittel des Landadels war ausgewandert. Güter und Bauernhöfe standen unbewirtschaftet. Die Anzahl der Bauernhöfe von 1618 konnte hundert Jahre später noch nicht gezählt werden. Auch die weitgehende Befreiung von Steuerlasten (die später Kurfürst Ferdinand Maria gewährte) vermochte dem Bauernstand in der Oberpfalz nicht auf die Beine zu helfen. Die Grundherren waren verschuldet und hatten keine Möglichkeit, von den armen Landleuten Zinsen einzutreiben.

Gegenreformation

Als der bayerische Herzog nach der Schlacht am Weißen Berg siegreich in die Obere Pfalz einzog, brachte der überzeugte Katholik auch den Willen zur Rekatholisierung mit. Dieser Wille wurde in den folgenden Jahren mit aller Strenge durchgesetzt. Der große Kampforden der Gegenreformation, die Jesuiten, entfaltete von München aus seine Tätigkeit. In Regensburg, der reformierten Reichsstadt, die bis 1802 das Bürgerrecht nur an Protestanten erteilte, wirkten ab 1585 Jesuiten. 1627 gab es in der Oberpfalz schon 21 Orte mit Jesuiten. Ein Befehl des Kurfürsten wies die Beamten an, den Orden in jeder Weise zu unterstützen. Was das für ein Land bedeutete, das mit seinem Landesherrn über hundert Jahre zu der neugewonnenen Überzeugung gestanden hat, läßt sich denken.
Die lutherischen Prediger, die protestantischen Ratsherren und den Kirchenrat setzte man nach und nach ab; oft gerieten die Geistlichen mit ihren Familien in bittere Not. Wer den katholischen Gottesdienst nicht besuchen wollte, wurde zu Geld- und Haftstrafen verurteilt. In Michelfeld z. B. wurden einmal 37 Leute eingesperrt, in Amberg 96, weil sie lieber zu Hause ihre Andacht hielten. Aus dieser Zeit stammt die Redensart »jemand katholisch machen«, was soviel besagt wie: jemand mit Gewalt umstimmen. Wie tief der erneute Religionswechsel auch in das Familienleben der Oberpfälzer eingriff, zeigt ein erschütternder Brief, den das staatliche Archiv zu Amberg aufbewahrt. Anna Elisabeth Ruml, die aus Gewissensgründen die Heimat verlassen hatte, schrieb 1629 an ihre Eltern auf Burg Zandt bei Amberg u. a.:
». . . ich bit mein hertzlichen hern Vatter und frau mutter sie wollen mirs doch vor keinen ungehorßsam außrechnen, das ich nicht heim wil, ich bin eich willich in allem zu folgen, allein was meiner sellen seligkeit anbelangt, bin ich nicht schultig zu folgen. wann ihr mich aber darzu netigen wolt, so kendt ihrs nicht gegen Gott verandtwordten, wan ihrs aber

iber eier fetterliches herz bringen kendt mich ganz zu verlaßen, so sei es meinem Gott geklakt . . . wan es aber sein muß das ich hinein kom so wil ich eh alles leidten waß zu leidten ist, eh ich catollisch werdt . . . wie wol ich aber nicht verhof das man mich in der churfirschlichen Regirung dazu netigen wird . . .«

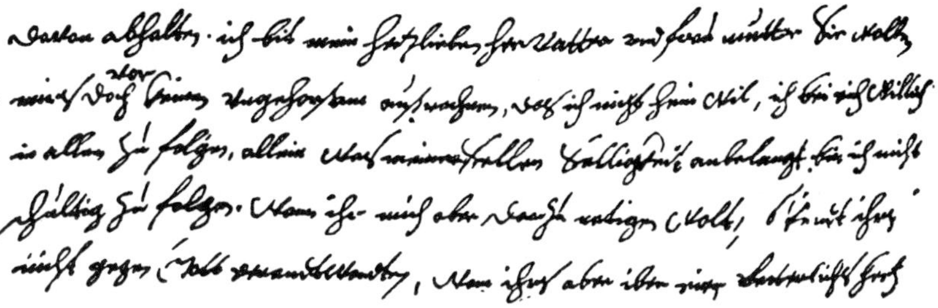

Ausschnitt aus dem Brief der Anna Elisabeth Ruml von 1629

Zu den geistigen Führern der Gegenreformation zählt der Oberpfälzer Veit Höser, der Abt und Reformator des Benediktinerklosters Niederalteich. Von dort aus versuchte er mit seinen Mönchen die Rückführung seiner Heimat zum katholischen Glauben voranzutreiben.
Nach einer festgelegten Frist wurden 1669 die *Klöster wiederhergestellt.* Von den geistlichen Schulen drang die Gegenreformation ins Volk. Der einfache Mann wurde von den Sinnen her gepackt: In Predigten, prunkvollen Aufzügen, in Musik, Bild und Spiel erlebte er Gewalt und Sieg der alten Religion.

6. Die Barockzeit

erritoriale erhältnisse in der berpfalz

Seit dem Dreißigjährigen Krieg war die Oberpfalz wieder in das altbayerische Staatsgefüge eingeordnet. Bevor wir einen Überblick über das politische Geschehen während der Zeit der Kurfürsten geben, wollen wir einen Blick auf die territorialen Verhältnisse in der Oberpfalz nach 1628 werfen. Dieser Besitzstand spiegelt die Zersplitterung des Reiches im kleinen wider:
Neben der kurfürstlich-bayerischen »*Oberen Pfalz*« bestand die selbständige *Landgrafschaft Leuchtenberg* (Landrichteramt Leuchtenberg, Stadtrichteramt Pfreimd, Pflegamt Wernberg, Richteramt Miesbrunn) und das *Fürstentum Sulzbach* (Landgericht Sulzbach). Hier wurde das sog. Simultaneum eingeführt: Beide Konfessionen benützten die Kirchen zu festgelegten Zeiten. 1791 wurde das Fürstentum in die Oberpfalz eingegliedert.

Das *Fürstentum Pfalz-Neuburg* umfaßte die Pflegämter Heideck und Hilpoltstein, Allersberg, Hemau, Beratzhausen, Regenstauf, Laaber, Lupburg; das Landgericht Burglengenfeld, Kallmünz, Hainsacker, Velburg, Schwandorf. *Kleinere weltliche Herrschaften* waren die Grafschaft Sternstein der Fürsten Lobkowitz mit Neustadt an der Waldnaab, Waldthurn und Schönsee, die Grafschaft Wolfstein, die Markgrafschaft Bayreuth mit Neustadt am Kulm und schließlich der Breiteneck-Hohenfelser Besitz der Grafen Tilly. Zwischen die weltlichen Herrschaften schoben sich die *geistlichen*: das Hochstift *Regensburg* (Hohenburg, Donaustauf, Wörth an der Donau), das Hochstift *Eichstätt* (Hirschberg, Beilngries, Berching); das Hochstift *Bamberg* mit dem Pflegamt Vilseck und einem Teil des Amtes Veldenstein. Neben den versprengten Gebieten des Herzogtums »Baiern« (Dietfurt, Altmannstein, Riedenburg, Stadtamhof, Haidau, Cham, Furth) bestand noch die freie *Reichsstadt Regensburg*.

Maximilian I.

Maximilian I. (1597–1651) war der erste absolute Barockfürst in Bayern: Aus eigener Machtvollkommenheit regierte er 28 Jahre sein Land ohne Landtag. Diese größte Gestalt unter den bayerischen Wittelsbachern war dem Volk durch eisernes Pflichtbewußtsein, Sparsamkeit und hohe sittliche Haltung Vorbild in schwerer Zeit gewesen. In der Oberpfalz allerdings konnte Maximilian wegen der strengen gegenreformatorischen Maßnahmen wenig Freunde buchen. Ein gebürtiger Schwandorfer, *Kaspar von Schmid*, wurde Kanzler; er verfaßte das oberpfälzische Landrecht mit drei Kommentaren. Auf einer Wallfahrt nach Bettbrunn im Altmühljura holte sich der 79jährige Kurfürst die zum Tode führende Krankheit.

Ferdinand Maria

Kurfürst Ferdinand Maria bemühte sich mit allen Mitteln, seinem Land den Frieden zu wahren. Dies war eine schwere Aufgabe in einer Zeit, in der Frankreich unter Ludwig XIV. zur Vormacht in Europa geworden war und besitzgierig nach allen Seiten auszugreifen suchte. Groß war der Einfluß der aufblühenden *französischen Hofkultur* auf die deutschen Fürsten; sie versuchten es dem mächtigen »Sonnenkönig« an selbständiger Machtentfaltung und Kulturpflege gleichzutun: Jagden, rauschende Feste, Theaterveranstaltungen vergnügten die Hofgesellschaft. Eine Bauwelle setzte ein; man holte Baumeister aus Italien nach München, wo die ersten Kirchen im italienischen Barock entstanden.

Max Emanuel

Max Emanuel war ein glänzender, verschwenderischer Barockfürst, berühmt durch seinen kühnen Einsatz in den Türkenfeldzügen. 1683 war dieses Volk, dessen wilde Verwegenheit damals ganz Europa erzittern ließ, vor Wien erschienen, nachdem es die Balkanländer durchstürmt hatte. Beim Gegenangriff zeichnete sich Max Emanuel, der »Blaue Kurfürst«, wie man ihn nannte, aus. Eine soldatische Glanzleistung war die Erstürmung der Veste Belgrad, an der auch Soldaten aus dem Oberpfälzer Wald beteiligt waren. Sie brachten ein Gnadenbild mit, das sie 1688 – angeblich schwamm es donauaufwärts – aus der Donau geborgen hatten. Es befindet sich heute noch in der Pfarrkirche von Winklarn.

ürkenkriege

Bei dem Regensburger Drucker Johann Baptist Lang erschien 1716 ein »Holtseeliger Baurn-Discurs« über die Eroberung der türkischen Festung Themeswar unter dem kaiserlichen Feldherrn Prinz Eugen, der neben dem bayerischen Kurfürsten der volkstümlichste Türkenheld war. Diese lustigen Verse zeigen, wie sich die großen Ereignisse der Weltgeschichte in der Seele des einfachen Mannes spiegeln. Urwüchsige bayerische Rauflust, landsknechtfrohes Draufgängertum paart sich dabei mit siegessicherer Kreuzzugsstimmung. Mohammed, der falsche Prophet der Türken, wird als »groussa Narr« verlacht.

»*Ju! Prinz Eugeni leben soll*
– All Helden mitbegriffa –
Den' i dös Liedel aus B-moll
und Kreuzel hab gepfiffa.«

Die Kirche führte während der Türkenkriege das »Angelusläuten« in der Oberpfalz allgemein ein; in einem bischöflichen Erlaß von 1683 heißt es, die »Türkenglocke« solle die Gläubigen zum Gebet ermahnen.

panischer
rbfolgekrieg

Während noch die Türkenfeldzüge viel bayerisches Blut kosteten, wurde das Land 1704/05 durch die ehrgeizige Politik seines Herrn in einen anderen Krieg gestürzt: Durch seine Heirat mit der Habsburgerin Maria Antonia hatte sich der Kurfürst die Aussicht auf das gewaltige Erbe des Kaisergeschlechtes (Österreich – Italien – Spanien – Niederlande – Südamerika) geschaffen. Im Spanischen Erbfolgekrieg rangen Österreich, Frankreich und Bayern um die spanischen Besitzungen Habsburgs.

ild Seite 294

Wieder einmal brachen die Angehörigen der alten bayerischen Ostländer, Österreichs, über Bayern herein. Unerträgliche Steuerlasten, Plünderungen und Zwangsrekrutierungen schürten die allgemeine Verbitterung. In der Rötzer Gegend scharten sich Bauern zusammen und verhinderten den Abtransport von Kriegsverpflichteten. Der *Aufstand* breitete sich rasch über Neunburg, Waldmünchen, Cham bis zur Donau hin aus. Die begeisterten Landesverteidiger fanden jedoch alle ein blutiges Ende, ähnlich den oberbayerischen Bauern (Sendlinger Mordweihnacht 1705).

Max Emanuel, der in erster Linie seinen ehrgeizigen Plänen lebte, konnte ein Jahrzehnt später wieder in sein Herzogtum zurückkehren. Seine aufwendige Hofhaltung entzog der Volkswirtschaft große Summen, und das Land erholte sich nur schwer von all den Schlägen. Trotzdem war und blieb er der Volksheld, dessen Rückkehr stürmische Begeisterung auslöste: Bei den Ambergern äußerte sie sich, wie berichtet wird, in Freudengeschrei und festlicher Schießerei.

Österreichischer Erbfolgekrieg

Die Wunden des Dreißigjährigen Krieges und des Spanischen Erbfolgekrieges waren kaum vernarbt, als unsere Heimat durch die Verflechtung fürstlicher Herrschaftsansprüche von neuem ins Unglück gezogen wurde: Kaiser Karl VI. starb 1740 ohne männlichen Erben, Bayern erhob Anspruch auf österreichische Besitzungen. Kurfürst Karl Albrecht (1726–1745) wurde von anderen deutschen Fürsten unterstützt und in Frankfurt am Main sogar zum Gegenkaiser gekrönt. 1742–45 wütete der Österreichische Erbfolgekrieg: Bayerische Heere drangen nach

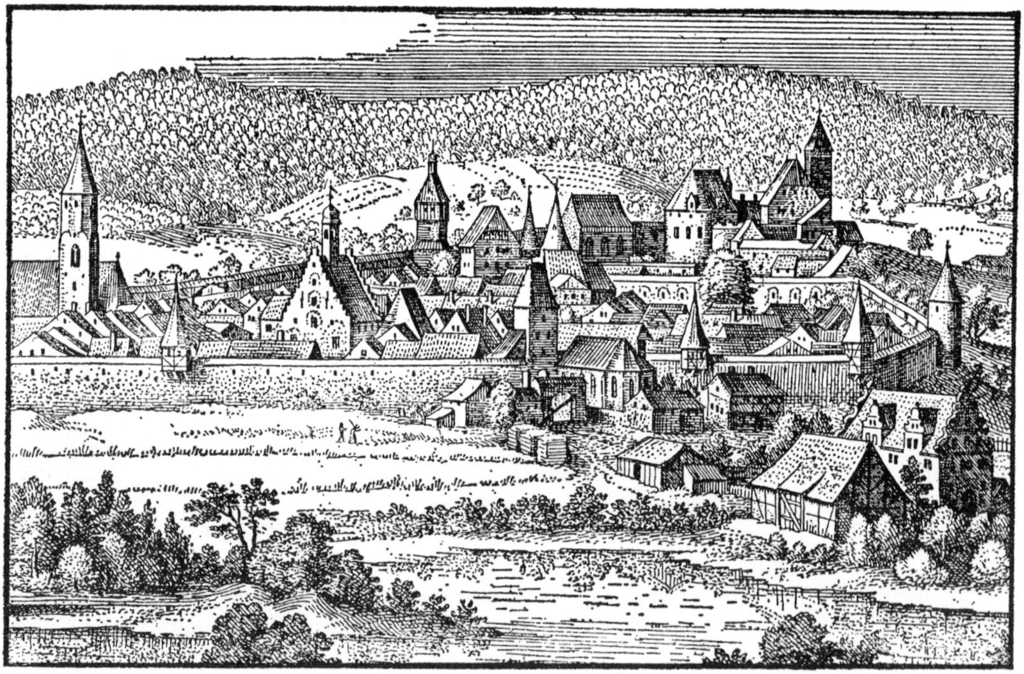

Das schöne Ortsbild der Stadt *Waldmünchen* fiel den Verwüstungen des 30jährigen Krieges und des Spanischen Erbfolgekrieges zum Opfer. (Nach einem Stich von Merian)

47 Oben: Michael Ostendorfers »Wallfahrt zur Schönen Maria«: Re-
ɡiöse Unsicherheit und Aufgewühltheit kennzeichnet das ausgehende
5. und beginnende 16. Jahrhundert. Dies begünstigte ein oft zu ekstati-
hen Szenen ausartendes *Wallfahrtswesen,* wie es auf dem Holzschnitt
ırgestellt ist. Die Holzkapelle wurde auf dem Platz der niedergerissenen
ynagoge errichtet und später durch die Neupfarrkirche ersetzt. Im Hin-
rgrund die Trümmer des Judenviertels, das der Volkswut zum Opfer fiel
519).
echts: Ein *Grundholder des Klosters Speinshart* schwört dem geistlichen
rundherrn seinen Eid: »getreu und gewar wil ich Sein . . .«

148 Die Stadtansicht Regensburgs von Georg Bahre (1638), aus der unser Bildausschnitt stammt, gibt einen Eindruck von der damaligen Betriebsamkeit an der *Donaulände*. Besonders im Spätmittelalter war Regensburg ein bedeutender Umschlageplatz für die vils- und naababwärts kommenden Eisenschiffe. Schienen und in Fässer verpackte Bleche lagerten am Ländeplatz (»Eisengredt«). Für die Rückfahrt wurde Salz geladen.

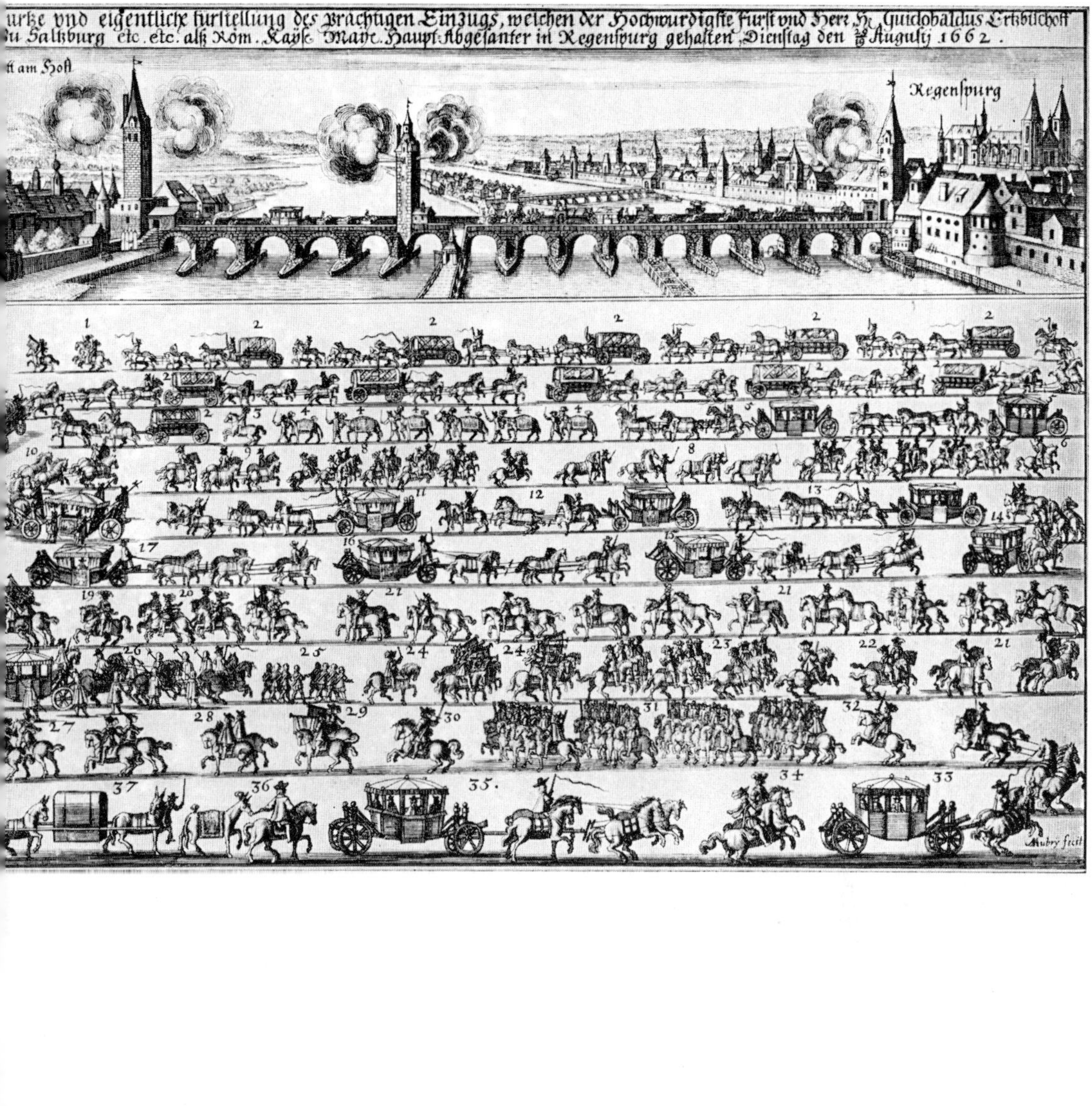

149 Mindestens fünfzigmal war der *Reichstag* schon nach Regensburg einberufen worden, ehe 1662 der »Immerwährende Reichstag« in der Freien Reichsstadt zusammentrat. Der Kupferstich von Matthäus Merian zeigt den Einzug des Fürsterzbischofs Guidobald von Salzburg als Kaiserlichen Gesandten in Regensburg. 250 Personen, Trompetenbläser, zahlreiche Pferde und Prunkwagen boten ein prächtiges barockes Schauspiel. Aus den Türmen der Steinernen Brücke steigen die von den Salutschüssen herrührenden Rauchwolken auf.

150 Ausschnitt aus dem Kalksteinrelief von Philipp Schwaiger 1615 (Stadtmuseum Amberg): Rings um den Mittelpunkt *Amberg* breitet sich das Oberpfälzer Hügelland. In seinen ausgedehnten Wäldern vergnügten sich fürstliche Jagdgesellschaften.

Österreich und Böhmen vor, die Österreicher fielen in Bayern ein. In Sagen und Spielen leben heute noch die Greuel fort, die ungarische Heeresteile (Panduren) verübten. Schwer betroffen wurde der Oberpfälzer Wald, besonders Waldmünchen, Pfreimd, Cham, Furth.

Bild Seite 330

Max III. Josef

Der Sohn Karl Albrechts erkannte nach dem Tod des Vaters Maria Theresia als Kaiserin an und verzichtete auf die Habsburger Erblande. Max III. Josef erlangte außenpolitisch keine große Bedeutung; aber sein Volk liebte ihn als einen rechtlich gesinnten, mildtätigen Fürsten. Sein Interesse galt mehr der Musik als den bildenden Künsten. Im neuerbauten Cuvilliéstheater erlebte Glucks Oper »Orpheus und Eurydice« eine glanzvolle Aufführung (s. Seite 396).

Aufklärung

Während Max Josefs Regierungszeit setzte sich der Geist der Aufklärung in vielen Lebensbereichen durch: Diese Zeitströmung war aus einer Vielzahl moderner, besonders naturwissenschaftlicher Erkenntnisse erwachsen. Sie forderte die freie, kritische Entfaltung der Vernunft. Die Gefahr, daß Kräfte des Gemüts durch diese Denkweise vernachlässigt wurden, war in unserer Heimat geringer als anderswo: Hier hatte im Volk die katholische Barockkultur Wurzel geschlagen.
Viele Bereiche des staatlichen Lebens wurden von Reformen im Sinn der Aufklärung betroffen: das Schulwesen, das Recht, die Landwirtschaft. Die Wissenschaft, vor allem auch das eifrige Sammeln alter Urkunden, erfuhr eifrige Förderung; die »Bayerische Akademie der Wissenschaften« wurde 1773 ins Leben gerufen; ihr gehörte in der Folgezeit eine Reihe bedeutender Oberpfälzer an.

Karl Theodor

Als 1777 die altbayerische Linie ausstarb, kam ein Pfälzer Wittelsbacher (aus der Linie Sulzbach) zur Regierung: Kurfürst Karl Theodor. Er konnte die seit 1329 getrennten Gebiete Bayern, Pfalz, Pfalz-Neuburg vereinigen. Der neue Landesherr, ein selbstsicherer und gebildeter Weltmann, brachte dem altbayerischen Volk wenig Zuneigung entgegen; am liebsten hätte er es in einem Tauschhandel an Österreich verschachert. An seinem Hof gaben Mannheimer und Pfälzer den Ton an. Dem alternden Herrscher gelang es nicht, Günstlingswirtschaft und Mißstände im Land durch strenge Kontrollen und Polizeigewalt zu beseitigen.

Französische Revolution

Über Paris war 1789 die große blutige Revolution gegen Monarchie, Adel und Hohe Geistlichkeit hereingebrochen. Ab 1792 standen Österreich und Preußen mit Frankreich im Krieg. Bayern konnte sich noch eine Weile neutral halten, dann schlug es sich auf Österreichs Seite und wurde in den Strudel der Ereignisse mit hineingerissen.

Barocke Lebensart und Kulturleistung

Aus dem neuen Weltgefühl des Humanismus, aus Reformation und Gegenreformation erwuchs der Lebensstil des Barock. Noch einmal gelang es, die auseinanderfallende Welt in einer großen gemeinsamen Kultur zusammenzufassen.

Fürstliche Prunkfreude und sinnenfrohe Gestaltungskraft des Volkes erfüllten das Zeitalter. Die Hofbaumeister Zuccalli und Viscardi wurden die eigentlichen Schöpfer des Münchener Hof-Barock. Sie bewältigten das Problem des Zentralbaues. Doch der bayerische Barock konzentrierte sich nicht auf die Landeshauptstadt; im Laufe zweier Jahrhunderte drang er hinaus ins Land und erfaßte nahezu jeden Winkel unserer Heimat (Kloster- und Volksbarock).

Außer der späten Gotik war kein Kunststil so vom bayerischen Volk als Ganzem getragen wie der Barock und seine späte Ausprägung, das Rokoko.

Die Oberpfalzklöster, zunächst vom Staat unterstützt, konnten sich von den Folgen des Dreißigjährigen Krieges durch ihre intensive Wirtschaftsführung und den ausgedehnten Grundbesitz verhältnismäßig rasch erholen. Sie boten vielen großen Künstlern Entfaltungsmöglichkeit. Ensdorf, Pielenhofen, Frauenzell, Reichenbach, Speinshart, Michelfeld, Waldsassen und wie sie alle heißen: Alle erstanden sie wieder in neuem Gewand. Sie vermittelten barockes Kulturgut dem Volk.

Die bayerischen Städte verloren durch den Rückgang von Industrie und Fernhandel (besonders seitdem die atlantischen Küstenstädte die Verbindung nach Übersee an sich gezogen hatten) ihre große Bedeutung. Nicht mehr das Unternehmertum, sondern bürgerliche Behaglichkeit und Genügsamkeit machten sich dort breit. Solide Handwerker verschönten auch die kleinen Dinge des Alltags. Meist sind die großen Künstler dieser Zeit aus einfachen Handwerkerkreisen hervorgegangen.

Regensburgs große Kaufherrenzeit war schon im 16. Jahrhundert verblüht und schwand nach dem Dreißigjährigen Krieg endgültig dahin. Einen gewissen wirtschaftlichen, vor allem aber gesellschaftlichen Aufschwung bedeutete es für die Stadt, als der Kaiser *1663* den Reichstag nach Regensburg einberief, der als sog. *Immerwährender Reichstag* bis zur Auflösung des Reiches 1806 dort bestand. Die Vertretung des Kaisers (Prinzipalkommissariat) wurde dem *Haus Thurn und Taxis* übertragen. Dieses war durch den Aufbau des Postwesens im westlichen Europa zu Reichtum und Ansehen gelangt. Der Kaiser hatte ihm das erbliche Amt des Generalpostmeisters verliehen. Seit 1748 bis zum Ende des Reiches residieren die Fürsten Thurn und Taxis in Regensburg, zunächst im Freisinger Hof (heute Regierungsgebäude), später in den Gebäuden des Schlosses St. Emmeram (s. Seite 96).

Bild Seite 149

Der Große Ratssaal von Regensburg mit seiner freitragenden Decke spielte als Versammlungsstätte des Reichstages eine bedeutende geschichtliche Rolle. Hier trafen sich nicht nur die Vertreter der deutschen Reichsstände, sondern auch Diplomaten aus ganz Europa. Eine strenge Sitzordnung entsprach dem barocken Standesempfinden: Auf erhöhtem Thron saß der kaiserliche Prinzipalkommissär, zwei Stufen über die weltlichen und geistlichen Fürsten waren die kurfürstlichen Gesandten erhoben; die reichsstädtischen Abgeordneten nahmen in der Saalmitte Platz.

Kunstformen

In drei Generationen reiften die heimischen Baumeister von der Übernahme italienischer Kunstformen zur eigenen Auffassung des Barockstils. Schon hatte die Kunst mit der St. Michaelskirche in München, dem bedeutendsten Werk deutscher Spätrenaissance, zu neuem Aufschwung angesetzt, als sie die Rauhnacht des Glaubenskrieges traf. Auch bei der 1627 begonnenen protestantischen Dreieinigkeitskirche von Regensburg lassen sich erste Anzeichen des Barock erkennen. Als man nachher wieder zu schaffen begann, waren die ruhigeren Formen der Renaissance den kraftvollen Bewegungen des Barock gewichen. Licht und Schatten bestimmten nun den Raum: vorne die glanzvolle Helle der Altäre – hinten in dunkler Kerkernische der wundenbedeckte Marterchristus. Flackernde Inbrunst belebte die Heiligenfiguren. Im Grundriß der Bauten, in der Ausgestaltung, ja in der Musik, die in diesen Räumen erklang, suchte man eine Beziehung zu den letzten Geheimnissen herzustellen.

Neben die Baumeister traten die Ausstattungskünstler: Der Altar wurde zu einem bühnenhaften Aufbau, der in seinem Figurenschmuck das ganze Welttheater miteinschloß. Viel Gold und feierlicher Marmor fand Verwendung (z. B. Klosterkirche Prüll, St. Emmeram, Alte Kapelle); Chorgestühl, Beichtstuhl und Kanzel wurden mit reichlichem Figurenschmuck versehen. Eine Besonderheit der östlichen Oberpfalz sind die sog. *Monstranzaltäre,* die oft den ganzen Chorraum kleiner Kirchen ausfüllen (Thumsenreuth, Reuth bei Erbendorf u. a.). Die geschnitzten, vielfach verschlungenen Akanthusranken, die das kleine Altarbild rahmen, sind meistens versilbert und verleihen dem Raum festliches Aussehen. Auch das Orgelgehäuse war ein Dekorationsstück (Salesianerinnenkirche Amberg) und wurde wie die Sakristei und der Bibliotheksraum in die künstlerische Gestaltung miteinbezogen. Die Bibliothek war nicht nur der Ort zur Aufbewahrung der Bücher; es fanden in diesen Prunkräumen (Waldsassen!) oft auch gelehrte Gespräche oder Konzerte statt. Im Wettstreit der Künste fehlten neben Malern und Stukkateuren auch Schmiede und Schlosser nicht: Ihre prächtigen Gitter trugen zur Verschönerung des Raumes bei. Die Welle der Erneuerung wirkte sich auf Ziegeleien und Tonwarenbrennereien aus. Es wurde nach Farberden gegraben; besonders die Ockerfunde gaben vielfache Nutzungsmöglichkeiten (»Amberger Gelb«).

Bild Seite 280

Bild Seite 172

Künstler

Es ist bezeichnend, daß in der Barockzeit sich ganze Künstlerfamilien betätigten. Aus der Rosenheimer Gegend stammt das Geschlecht, das wie kein anderes die Bautätigkeit in der Oberpfalz beeinflußte: die *Dientzenhofer.* Von den fünf Brüdern waren zwei in Amberg als Maurermeister ansässig geworden. *Wolfgangs* Hauptwerk ist die Salesianerinnenkirche zu Amberg; er baute auch am Nordflügel des Jesuitenkollegs. Die Neubauten von Kloster Michelfeld (1694) und Speinshart (1695) sind ebenfalls sein Werk, und es steht noch nicht fest, an welchen Bauten in der Oberpfalz er und sein Bruder sonst noch beteiligt waren. *Georg* Dientzenhofer gelang der würdevolle, mächtige Bau der Klosterkirche zu Waldsassen. Nicht weit davon erhebt sich in einsamer Gegend sein reifstes und ausgewogenstes Werk: die Kappel. Die Grundformen des Kreises und des gleichseitigen Dreiecks beziehen sich auf das Geheimnis der heiligen Dreifaltigkeit, der die Kirche geweiht ist. Die Wand löst sich in ein Kurvenspiel von Altarnischen und Halbkuppeln auf. Selten ist ein so geschlossener Zentralbau gelungen. Christoph (Vater) und Ignaz Dientzenhofer prägten den Barock von Prag, die Brüder Johann

Bild Seite 173
Bild Seite 185

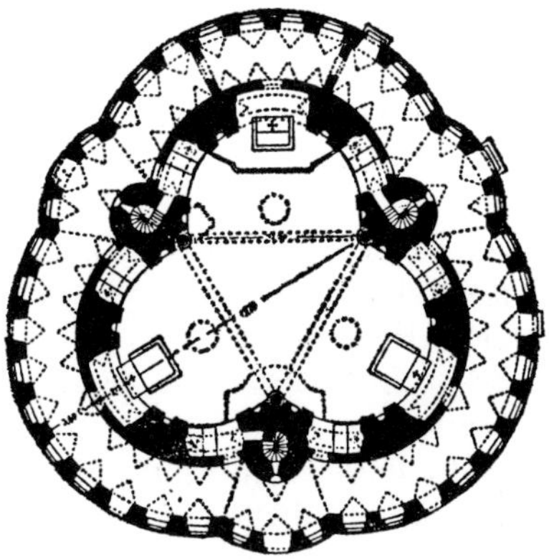

Grundriß der *Kappel* bei Waldsassen

und Leonhard gewannen großen Einfluß auf den bedeutendsten Baumeister im fränkischen Raum, *Balthasar Neumann.* Diese geniale Persönlichkeit entstammt dem alten Nordgau: 1687 wurde Neumann in Eger geboren. Einen anderen sehr begabten Sohn der Oberpfalz zog der Münchener Hof ab: Josef *Effner*, dessen Vorfahren in Pfreimd beheimatet waren und der als Hofbaumeister Großes leistete.

Bild Seite 174

Nur ein einziges Werk ihres fruchtbaren Meisters des Spätbarock kann die Oberpfalz ihr eigen nennen, die Kirche von Aufhausen. *Johann Michael Fischer* entstammt einer Maurerfamilie von Burglengenfeld. Mit seinen Hauptwerken bereicherte er Ober- und Niederbayern (Zwiefalten, Ottobeuren, Rott am Inn u. a.). Auf seinem Grabstein in München ist zu lesen, daß auf ihn der Bau von 32 Kirchen und 23 Klöstern zurückgeht. Fischer beschäftigte besonders das bauliche Problem der Verknüpfung von Langhaus und Zentralraum. Bei aller Geschmeidigkeit und Vielfalt in der Verwendung von Licht, Farben und Formen sind seine Werke durch klar überlegte Konstruktion gekennzeichnet (s. Seite 367).

Bild Seite 184

Auf *Viscardi*, einen Meister im Zentralbau, geht die Wallfahrtskirche in Freystadt (1700–1708) zurück. Aus einfachem quadratischem Grundriß erhebt sich der wuchtige, hochaufstrebende Kuppelraum. Mit der Innenausstattung war eine Reihe guter Oberpfälzer Handwerker, deren Namen uns heute nicht mehr geläufig sind, beschäftigt. Hier begannen auch unter der Leitung ihres Vaters, Georg Asam, die beiden genialen *Asambrüder* ihr ungemein schöpferisches Wirken. Cosmas Damian Asam arbeitete als Maler und Architekt, Egid Quirin Asam als Bildhauer und Stukkateur. Ihrer Zusammenarbeit entsprangen Glanzleistungen wie die Klosterkirche zu Weltenburg. Die gewaltige Phantasie der Brüder diente immer dem Raum als Ganzem. In Ensdorf, Pirkensee,

Michelfeld, in St. Emmeram zu Regensburg, in Alteglofsheim und Frauenzell läßt sich ihre leuchtende Spur durch die Oberpfalz verfolgen. In Alteglofsheim verdient neben den acht Prunkzimmern vor allem der ovale Speisesaal Beachtung: Über nobelstem Stuck und hübschen Puttenreliefs wölbt sich Cosmas Damian Asams herrliches Deckenfresko »Der Tag«, das den Sonnengott Apollo auf dem Triumphwagen, umge- Bild Seite 183 gen von heiteren, hellen Mächten, zeigt.
Welche Krönung erfahren all die schwingenden Raumgestaltungen des Rokoko durch die lichten, festlichen Deckenfresken! Denken wir an den Kaisersaal von Sünching (Landkreis Regensburg), wo sich alle Erdenschwere in einen jubelnden Reigen aufzulösen scheint (Gemälde von Matthäus Günther), oder an die Marienverherrlichung im Deckengemälde von Frauenzell (Michael Speer aus Regensburg) oder an Thomas Schefflers zarte Farbkomposition in der Alten Kapelle!
Noch ein paar Namen aus der Zahl der Ausstattungskünstler: Johann *Schmutzer*, der berühmte Stukkateur aus Wessobrunn, hat die Pfarrkirche von Pfreimd verziert; das italienische Künstlerpaar *Lucchese* schuf die prachtvolle Ausstattung der Klosterkirche Speinshart: Üppige Blu- Bild Seite 171 mengebinde, Früchte, Bänder und Ranken, pralle Engel und wuchtige Figuren bedecken die Wände und bewirken trotz der Fülle einen harmonischen Gesamteindruck.
Virtuose Beherrschung der Technik und gefühlsstarke Bewegtheit seiner Figuren zeichnen den Meister der Rokokoplastik aus: *Ignaz Günther* Bild Seite 186 aus Altmannstein (jetzt Obb.). Eines seiner schönsten Schnitzwerke, eine ihrem Grab entschwebende Maria, von tiefergriffenen Aposteln umgeben, können wir in der Schloßkapelle zu Sünching bewundern (s. Seite 371). – Der Meister der Schnitzereien in der Klosterbibliothek zu Bild Seite 172 Waldsassen ist Carl *Stilp*.
Sünching ist ein Beispiel für den überraschend kultivierten und kostspieligen Lebensstil des Landadels. Zu nennen wären noch das Tillysche Schloß Helfenberg, von dem allerdings nur noch die Fundamente erhalten sind, das neue Schloß der Fürsten Lobkowitz (Neustadt an der Waldnaab), die Neugestaltung der Innenräume in Wörth. Gewaltige Kirchenräume, barocke Schlösser und Bürgerhäuser, eine Vielzahl von Wallfahrtskirchen, Pestkapellen, Feldkreuzen und Wegkapellen, geschnitzten Krippen und bemalten Möbeln bezeugen heute noch die schöpferischen Kräfte, die in jener Epoche unsere Heimat bereicherten.
Nicht so augenfällig sind die Werke der Wissenschaftler, der Dichter und Musiker, die für das Bild der Zeit aber nicht weniger wichtig sind.
Die großen Talente konnten nur an fürstlichen Residenzen bedeutende Förderung erwarten. So erfüllte sich die Lebensaufgabe des Wolfgang *Schmeltzl* aus Kemnath nach weiten Reisen erst in Wien: Dort wurde

dieser tüchtige Schulmeister und Musiker zum Verfasser vieler deutscher Schuldramen nach biblischen Texten.

'arocktheater

In der Regensburger Theaterwelt begann sich damals allerhand zu regen: In Handwerkerkreisen brachte man Fastnachts- und Karfreitagsspiele zur Aufführung; besonders die Schreiner- und Kürschnergesellen taten sich hervor. Das älteste Bauernlustspiel in bayerischer Mundart wurde 1618 von den Schreinern gespielt; der Verfasser war Stephan *Egl* aus Regensburg. Dieser Mann schrieb auch ein Schreinerspiel, das von den wirtschaftlichen Kämpfen der Handwerker berichtet und deutliche Beziehungen zur Stadt *Nürnberg* aufweist. Ein prächtiges Volksschauspiel muß das »Lichterverbrennen« gewesen sein: Dazu fertigten die Schreinergesellen ein hölzernes Haus und zündeten es am Aschermittwochabend auf der Donau an. Dies sollte die Freude der Handwerker darüber ausdrücken, daß die Zeit nun vorbei war, in der sie bei Licht arbeiten mußten. Die Fastnachtsspiele gehen auf das ausgelassene Treiben am letzten Tag vor der Fastenzeit zurück; böse Geister wurden ausgetrieben, maskierte Handwerker boten Stegreifspiele und Schwänke. »Comoedien« wurden u. a. in Amberg, Weiden und Nabburg aufgeführt; als Handlung dienten meistens biblische Geschichten oder lustige Begebenheiten aus dem Volksleben (z. B. »Von bösen weibern zwei Spill«, 1564 in Weiden). Hans Sachs (um 1530 in Nürnberg) hatte diesen losen Spielen zuerst eine künstlerische Form gegeben. Bei den engen Beziehungen der Oberpfalz zu Nürnberg (s. Seite 121) läßt sich eine gegenseitige Beeinflussung leicht denken.

Ein reges Theaterleben entfaltete sich am Hof des Fürsten von Thurn und Taxis, der ab 1748 als »Kaiserlicher Prinzipalkommissär« seinen ständigen Wohnsitz in Regensburg nahm. Emanuel *Schikaneder* († 1751 in Regensburg) veranstaltete hier glänzende Freilichtaufführungen. Von diesem tüchtigen Theatermann stammen Idee und Text zu Mozarts großer Oper »Die Zauberflöte«, die er zusammen mit dem Komponisten in Wien zur Aufführung brachte.

Die gelehrten Humanisten hatten sich an der Aufführung lateinischer Dramen begeistern können. In den *Jesuitenschulen* wurde nun eine große Anzahl lateinischer Stücke geschrieben und aufgeführt; sie dienten zur Förderung der Beredsamkeit und Festigung der sittlichen Haltung. Schon im Mittelalter hatte die Freude am Spiel unsere Vorfahren zu szenischen Darstellungen geführt. Die Stücke der Jesuiten erreichten trotz ihres oft schulmeisterlichen Tones große Bühnenwirksamkeit. »Geistliche sprachen es aus, daß das Spiel mehr Erbauung und heilsame Wirkung zuwege brachte, als die beste Predigt. Für das noch unverbildete, vielfach des Lesens unkundige, leicht zu rührende und zu erregende Publikum war es *das* religiöse und ästhetische Erlebnis schlechthin« (Hans Moser). Meist standen christliche Bekenner und Blutzeugen im Mittelpunkt; gegen sie wütete ein Tyrann, bis Gott eingriff und das Opfer verklärte. Auch hier sehen wir überall die beiden Gesichter des Barockmenschen: Daseinsfreude und Sinnenlust – Angst vor der Vergänglichkeit der irdischen Scheinwelt und Flucht in gläubige Jenseitshingabe. Das Jesuitenspiel steigerte sich in der Spätzeit ins Pompöse; die Musik übernahm die Führung. Als J. W. Goethe 1786 durch Regensburg kam, schrieb er: »Ich verfügte mich gleich in das Jesuitenkollegium, wo das jährliche Schauspiel durch Schüler gegeben ward . . . Auch diese öffentliche Darstellung hat mich von der Klugheit der Jesuiten aufs neue überzeugt. Sie verschmähten nichts, was irgend wirken konnte, und wußten es mit Liebe und Aufmerksamkeit zu behandeln . . . es ist eine Freude an der Sache dabei, ein Mit- und Selbstgenuß, wie er aus dem Gebrauche des Lebens entspringt.« So urteilte ein großer Kenner des Theaterlebens seiner Zeit.

Aus den Bedürfnissen des höfischen Lebens erwuchs die *Oper*. Prachtvolle Aufzüge, Ballett, Wasserkünste und Ausstattungsszenen waren wichtiger als das Wort. Allgemein beherrschte der ziemlich oberflächliche italienische Opernstil die Bühnen. Auch Christoph Willibald Gluck paßte sich ihm in seiner ersten Schaffenszeit an.

Bild Seite 374

Gluck (* 1714 in Erasbach/Opf.) verfolgte seine Ziele mit der hartnäkkigen Zähigkeit, die man als typisch oberpfälzisch bezeichnet hat. Nach harter Jugend erlebte er einen ruhmvollen Aufstieg (s. Seite 369). In Wien und Paris führte Gluck die Reformierung der Oper im Sinn des Musikdramas durch. Damals begann sich eine neue Kunstanschauung in Deutschland Bahn zu brechen: In den klassischen Werken Lessings, Schillers und Goethes fand die Forderung nach »edler Einfalt und stiller Größe« ihre dichterische Verwirklichung. Gluck hat auf musikalischem Gebiet die Barockbühne überwunden und der Klassik den Weg bereitet.

Gelehrte

Neben genialen Künstlerpersönlichkeiten hat die Barockzeit in der Oberpfalz mehrere überragende Gelehrte hervorgebracht: Drei große Fürstäbte von St. Emmeram – Johannes *Kraus*, Frobenius *Forster* und Cölestin *Steiglehner* – können europäischen Rang beanspruchen. In Kloster Ensdorf wirkte der universale Barockabt Anselm *Desing* (* 1699 in Amberg). Dieser kritische Geist war in allen Wissensbereichen beheimatet, auf großen Reisen gebildet, der Aufklärung zugetan und doch über sie hinausgewachsen. Kaum ein Gebiet scheint seiner Begabung entgangen zu sein: Er betätigte sich als Historiker, Geograph und Astronom, als Jurist, Mathematiker, Spielbuchautor und Kupferstecher.

159 *Aventinus* († 1534) war der erste bayerische Geschichtsforscher, der seine Arbeiten auf zuverlässige Urkunden und Handschriften stützte und in deutscher Sprache schrieb. Dieses Bildnis eines selbstbewußten, weltoffenen Gelehrten (auf dem Grabmal in St. Emmeram zu Regensburg) vermittelt einen Eindruck von der in der Zeit des Humanismus aufblühenden Kunst des Porträtierens.

160 Der »Schnitter Tod« hat dem Pfalzgrafen Friedrich von Vohenstrauß beide Kinder entrissen: In gelassener Prinzenwürde sind sie auf der *Weidener Grabplatte* (1590) dargestellt. Rührend die rundlichen nackten Kinderfüßchen und die mit Kränzen geschmückten kahlen Köpfe!

51 Mit vielen Siegeln
t die Urkunde der *Ham-*
ervereinigung von 1387
ersehen. Eines davon ist
as Siegel des Hammer-
eisters Albrecht Köbel
ı Schönsee, das als Sym-
ol drei züngelnde Flam-
en zeigt.

Dieser Grabstein an der ▷
idlichen Außenseite von
t. Martin zu Amberg
eigt die Gestalt des
Büchsenmeisters Martin
Merz († 1501). Selbstsi-
her steht der angesehene
Mann auf den Symbolen
eines Handwerks, her-
enmäßig ist seine Klei-
ung. Berg- und Hütten-
erren und die aus der
Eisenindustrie erwachse-
en Berufsgruppen hatten
urch ihre reichen Stiftun-
en den Bau der Kirche
rmöglicht; in ihren Ge-
völben befinden sich
ahlreiche Stifterwappen.

162 *Totentanz* in der Friedhofkirch
zu *Wondreb*. Das unschuldige Kind i
der Wiege wie den sündigen Alten, de
Edelmann wie den Bauern: alle weiß de
Tod in seine Gewalt zu bekommen; da
war die bittere Erfahrung langer Krieg
und Pestjahre.

7. *Die Oberpfalz im bayerischen Einheitsstaat*

Zu Ende des 18. Jahrhunderts richteten sich die Augen der Welt auf Frankreich; von dort gingen die entscheidenden Impulse aus. Im großen europäischen Kräftespiel stellte Bayern zwar einen wichtigen Faktor dar; um selbständige Politik treiben zu können, war es jedoch nicht stark genug. So mußte unsere Heimat wieder einmal auf sich nehmen, was die Entscheidung der Großen über sie verfügte.

raf Luckner

Für Abenteurer und Haudegen bot diese wirre Zeit reizvolle Möglichkeiten; beispielhaft möge das Schicksal des Chamer Gastwirtssohnes Nikolaus Luckner (* 1722) hier stehen: Weder die Lateinschule in Cham noch das Jesuitenkolleg zu Straubing vermochten den unternehmungslustigen Burschen zu fesseln. Er riß aus und ging unter die Soldaten. Zuerst war er gegen die Türken (1737 bis 39) eingesetzt, im Österreichischen Erfolgekrieg in Böhmen, dann in Holland, wo er seine Frau fand. Bis zum Generalleutnant brachte es der Draufgänger; 1784 wurde er in den dänischen Adelsstand erhoben. Das französische Revolutionsheer bot unerhörte Aufstiegschancen für seinesgleichen: Luckner wurde zum Marschall und Kommandeur der Rheinarmee ernannt. 1792 konnte er die Österreicher in Belgien schlagen; man feierte ihn als Helden und »Retter Frankreichs«. Ihm zu Ehren wurde die »Marseillaise« gedichtet, jene mitreißenden Strophen, die Millionen von Franzosen seither in Begeisterungstaumel versetzten. Eines der vielen tragikomischen Vorkommnisse unserer Geschichte: Ausgerechnet auf einen Oberpfälzer aus dem hintersten Winkel des Landes geht die Entstehung der französischen Nationalhymne zurück! Dem glanzvollen Aufstieg des Grafen Luckner folgte ein ebenso überraschender Abstieg: Unter dem Revolutionsführer Robespierre wurde er zu Unrecht der Verschwörung bezichtigt und zum Tode verurteilt; 1794 endete er unter der Guillotine (Fallbeil).

Iapoleon

Um diese Zeit stieg ein Größerer kometenhaft empor: Napoleon. Auch er war Soldat aus innerem Antrieb, auch er sollte vom Gipfel seines Ruhmes steil abstürzen. Napoleon hatte das Erbe der Revolution übernommen; nach den chaotischen Zuständen der letzten Jahre begrüßten die Franzosen die Zusammenfassung der Staatsgewalt in einer starken Hand, die schließlich zum Kaisertum Napoleons führte. Ganz Europa drückte dieser geniale, aber von ungeheurer Machtgier besessene Mann seinen Stempel auf. Auch für die Entwicklung des bayerischen Staates spielte er eine maßgebende Rolle.

Zunächst bestand noch das Bündnis Bayerns mit Österreich. 1796 zog der französische General Jourdan heran, um den entscheidenden Schlag gegen den deutschen Kaiser zu führen. Amberg, Sulzbach und die Nordwest-Oberpfalz hatten besonders unter den Aufmärschen und Plünderungen der Soldaten zu leiden. Die Bürger von Nabburg, deren Häuser zum großen Teil verwüstet worden waren, flohen entsetzt in die Wälder wie einst im Dreißigjährigen Krieg. Die französische Revolutionsarmee, die doch »Freiheit, Gleichheit, Brüderlichkeit« auf ihre Fahnen geschrieben hatte, brachte gerade den unteren Volksschichten Unbill und Leid. Ein österreichisches Heer rückte gegen Amberg – Sulzbach – Neumarkt vor und schlug die Franzosen nach Westen zurück.

Bild Seite 195

Der Siegeszug Napoleons ließ sich jedoch nicht aufhalten: 1800 besetzte er ganz Bayern und zog in München ein. Der Vertrag von Lunéville 1801 brachte dann Bayerns Umschwenken auf die Seite Frankreichs.

Montgelas

Dies war hauptsächlich ein Werk des gewiegten Diplomaten Freiherrn von Montgelas, der seit 1799 die bayerische Politik als Staatsminister leitete. Für den Verlust der Pfalz konnte Bayern einen bedeutenden Gebietszuwachs im Stammland buchen (s. Seite 165). Als ein neuer Koalitionskrieg (= Bündniskrieg) gegen das Kaiserreich Napoleons entbrannte (1805), war es Bayern, das zwischen den streitenden Ländern lag, unmöglich, seine Neutralität zu wahren; es entschied sich für Frankreich und hatte wiederum die feindlichen Heere im Land stehen.

Ende des 1. Deutschen Reiches

Die Dreikaiserschlacht von Austerlitz (Mähren), wo Napoleon gegen die Kaiser von Rußland und Österreich siegte, gab dem »Heiligen römischen Reich deutscher Nation« den Todesstoß. In Regensburg ging der Reichstag auseinander, und Kaiser Franz II. legte die deutsche Krone nieder.

Königreich Bayern

Als Gegenkraft gegen Österreich und Preußen wünschte Napoleon ein kraftvolles Bayern. Während seiner Anwesenheit in München wurde 1806 das Königreich Bayern verkündet.

Bild Seite 196

Vertragsgetreu kämpften die Bayern 1806 auf der Seite Napoleons, dessen entschlossenes Vorgehen die an der Donau stehenden Gegner zurückwarf. 33000 bayerische Soldaten zogen im Jahr 1812 in den ver-

Bayerisches Königswappen 1806

hängnisvollen Krieg gegen Rußland, der den Umschwung für den Tyrannen Europas brachte. Nur 3000 Bayern sahen die Heimat wieder, die anderen gingen elend zugrunde.

mschwung 1812

Mit viel diplomatischer Schläue bewerkstelligte Montgelas das rechtzeitige Abspringen Bayerns vom untergehenden napoleonischen Schiff. Die patriotische Hochstimmung der Befreiungskriege hatte auch Bayern erfaßt. Man war der ewigen Unruhen müde. Das siebenjährige Bündnis mit Frankreich hatte Bayern territorialen Gewinn gebracht: Nach dem Vertrag mit Österreich 1816 war es der drittgrößte Staat im *Deutschen Bund*, dem es ab 1815 angehörte.

er neue Staat

In einer kurzen Zeitspanne von 16 Jahren und während turbulenter Geschehnisse in Europa hatte sich in Bayern eine unblutige Revolution von oben vollzogen. Montgelas, der verstandesklare Aufklärer französischer Geistesart, hatte einen straffen, modernen Einheitsstaat aufgebaut. Er beachtete dabei nicht das urkonservative Wesen dieses Volksstammes und nahm keine Rücksicht auf die vielen Sonderstellungen der einzelnen Gruppen. Freilich geschah das Zusammenwachsen der Landesteile mit Altbayern nicht nur gezwungen durch staatliche Willkür: Bei unserem Gang durch die oberpfälzische Kulturgeschichte konnten wir die Verflechtungen des ostbayerischen Raumes etwa mit Eichstätt, Nürnberg und Bamberg verfolgen.

äkularisation

Im Jahr 1803 hatte in Regensburg ein Ausschuß (= Deputation) des Reichstags einen äußerst wichtigen Beschluß (= »Schluß«) gefaßt, der als »Reichsdeputationshauptschluß« in die Geschichte einging. Ihm zufolge wurden weltliche und geistliche Territorien in den bayerischen Einheitsstaat eingegliedert. Nur Regensburg nahm eine Sonderstellung ein: Es wurde mitsamt dem bischöflichen Territorium dem Fürsterzbischof Karl Theodor von Dalberg unterstellt.

Für unser Land bedeutete das eine wirtschaftliche und kulturelle Umwälzung. Der Reichtum und der ausgedehnte Grundbesitz der Hochstifte und Klöster kam für die vom modernen Gleichheitsstreben erfaßten Menschen einer Herausforderung gleich, eine Umgestaltung mußte kommen – doch *wie* diese erfolgte, ist ein dunkles Kapitel bayerischer Geschichte.

Stolze Klöster mit uralter Tradition wie St. Emmeram und Waldsassen wurden aufgelöst, die Mönche mit einer kleinen Pension in die Welt geschickt. Aller Besitz wurde versteigert. Dabei gab es viel übles Spekulieren: Spottbillig konnte man wegen des Massenangebotes die kostbarsten Dinge erwerben. »Bibliothekskommissionen« sollten die wertvollsten Bücherbestände der Klöster für den Staat sicherstellen. Aber wer konnte in der Eile zwei Millionen Bände sichten? So wurden viele wert-

volle Handschriften höchst unsachgemäß abtransportiert (auf offenen Leiterwagen!) oder verschleudert. In München aber stauten sich die Bücher zu Tausenden; sie warteten auf die großen Ordner, Sammler und Forscher des 19. Jahrhunderts, die aus diesem an einem Ort zusammengefaßten Kulturgut wiederum Gewinn für unser Land zogen.
Viele Kirchenräume wurden profaniert (= säkularisiert, verweltlicht). In der prachtvollen Bibliothek von Waldsassen lagerte man Getreide bis zu einer Höhe, die heute noch an ihrer verderblichen Spur erkennbar ist. Die Dominikanerkirche in Regensburg diente als Schrannenhalle.
Den Aufklärern galt alles, was an religiösem Brauchtum im Volk verwurzelt war, als mittelalterlich und rückständig. Feldkreuze und Kapellen als »Aushängeschilder der Religionsschwärmerei« sollten ebenso beseitigt werden wie die beliebten Bauernfeiertage, die ortsüblichen Kirchweihfeste, die Laienspiele, an denen das Volk so sehr hing. Bräuche, z. B. die Ausgestaltung der »Heiligen Gräber« am Karfreitag, wurden bei Strafe verboten. So nahm man dem Volk, nachdem man es schon seiner alten Bildungsstätten beraubt hatte, auch noch wertvolles bodenständiges Traditionsgut.
Nicht immer wurden diese Maßnahmen untertänig hingenommen: Die Schwandorfer Bürger und das Landrichteramt zum Beispiel wehrten sich energisch gegen die Aufhebung der als Wallfahrtsstätte beliebten Kreuzbergkirche. Aus eigener Tasche legten sie zusammen, um die Ausgaben für Priester und Meßunkosten bestreiten zu können. Das Kloster St. Emmeram war durch die Säkularisation bayerischer Staatsbesitz geworden. 1812 wurde es mit sämtlichen Gebäuden und Gärten als Teil der Entschädigung für das an den Staat abgetretene Generalpostmeisteramt dem fürstlichen Haus Thurn und Taxis übereignet. Dieses nahm im 19. Jahrhundert mehrere Aus- und Umbauten vor. Der südliche Flügel des Schlosses (Neurenaissance) und der barocke Osttrakt, beherbergen bis heute die fürstlichen Wohn- und Repräsentationsräume.

Schulreform

Auch im Schulwesen wurde Altgewachsenes von nichteinheimischen Gelehrten verächtlich abgetan. Lehrer und Geistliche gingen ihrer alten Aufgabe nun als Staatsbeamte nach. Der Staat übte die Schulaufsicht. 1802 führte er den allgemeinen Schulzwang, 1803 die Sonntagsschule ein. In Amberg entstand eine staatliche Lehrerbildungsanstalt. Pläne für die den Klöstern entrissenen Mittelschulen gediehen: Unter dem Neuhumanisten Niethammer formte sich der einseitig auf alte Sprachen gegründete Lehrplan der Gymnasien aus, der bis ins 20. Jahrhundert herein bestimmend blieb.
Niethammer war aus Sachsen gekommen, wo um die Jahrhundertwende

die geistige Bewegung des deutschen Idealismus ihre Blüte erlebte (Weimar). In den Werken Goethes und Schillers vor allem hatte sie ihre gültige dichterische Form gewonnen, besonders in den heute noch aufgeführten Theaterstücken. Sie gipfelte in der Idee von der Überwindung des Schicksals durch edle Menschlichkeit. Diesen *Höhenflug deutschen Geistes* gedachte Niethammer für die bayerische Volksbildung fruchtbar zu machen: Er trat deshalb mit Goethe in einen Briefwechsel wegen der Gestaltung eines wertvollen Lesebuches. Dieser große Plan gelangte nicht zur Ausführung. Die humanistische Idee jedoch blieb lebendig und fand durch den späteren Ministerialrat Dr. Josef *von Giehrl*, einen gebürtigen Tännesberger (Opf.), einen eifrigen Vertreter; 25 Jahre lang betreute er das bayerische Gymnasialwesen.

Große Reformen

Nicht alle Neuerungen dieser Jahre können wir besprechen; nur die einschneidendsten wollen wir kurz würdigen:
Zentralisierte Ministerien standen an der Spitze des Staates, von einem vorbildlich organisierten Beamtenkörper unterstützt. Das Staatsvermögen wurde vom privaten Fürstenvermögen geschieden. »Rentämter« besorgten nun die Abwicklung der Steuergeschäfte. Die Land- und Pflegegerichte gingen in »Landgerichte« (mit neuen Grenzen) über. Ein unabhängiger Richterstand wurde geschaffen. Die niedere Gerichtsbarkeit allerdings verblieb weiterhin den Hofmarksherren.
Die wichtigste Errungenschaft der Französischen Revolution, die bürgerlichen Grundrechte, kam ab 1808 auch unserer Heimat zugute: Alle Bürger sollten vor dem Gesetz gleich sein ohne Rücksicht auf ihren Stand; gleiche Rechte und Pflichten sollten sie dem Staat gegenüber haben (Beamtentum, Heeresdienst). Persönliche Sicherheit und Gewissensfreiheit wurden allen Untertanen zuerkannt; dies bedeutete die Gleichberechtigung aller Konfessionen.
Die Leibeigenschaft wurde 1808 abgeschafft, die bäuerlichen Frondienste günstiger geregelt. Neue Zunftordnungen gaben dem Handwerk mehr Freiheit. Die Pockenimpfung sollte die Allgemeinheit schützen. Ab 1812 gab es eine staatliche Gendarmerie. Das Strafrecht wurde im Sinn der Aufklärer reformiert. Der Staat übernahm die Post, die vom Fürstenhaus Thurn und Taxis errichtet und verwaltet worden war; dieses wurde für den Verlust an Einnahmen mit Geld und Gütern entschädigt. Man forderte, die hohen Stadtmauern abzureißen und gesündere, luftigere Wohnungen zu schaffen. Damals verloren manche Orte unserer Heimat ihre mittelalterliche Geschlossenheit und Schönheit.

Verfassung 1818

Als krönenden Abschluß der großen Staatsreformen zu Beginn des 19. Jahrhunderts kann man die Verkündung einer Verfassung ansehen:

Am 26. Mai 1818 gab sie König Max Josef als freiwilliges Geschenk dem Volk, 30 Jahre bevor sie in Preußen erzwungen wurde.
Mit Jubel nahm die Bevölkerung das Ereignis auf; in den Kirchen beider Konfessionen wurden Dankgottesdienste abgehalten. »Heil dem König, dem Allgeliebten, welcher das Glück seines Herzens und den Ruhm des Thrones nur vom Glück des Vaterlandes und von der Liebe seines Volkes empfangen will!« hieß es in der »Regensburger Zeitung«.
Das Parlament umfaßte zwei Kammern:
Eine *Kammer der Reichsräte* vertrat die soziale Oberschicht: Prinzen, hoher Adel, hohe kirchliche Würdenträger.
Die *Abgeordnetenkammer*, deren Vertreter nach Berufsständen auf 6 Jahre gewählt wurden, umfaßte die Vertreter der Universität, der Geistlichen, des Landadels, der Städte und Grundbesitzer. Hier sammelten sich die Kräfte des Fortschritts. Die Abgeordnetenkammer hatte das Recht der Steuerbewilligung, der Überprüfung des Staatshaushaltes, der Mitwirkung bei der Gesetzgebung, das Beschwerderecht. Die Oberpfalz stellte jeweils 10–16 Abgeordnete, die nur selten wechselten; manche konnten fünf Wahlperioden im Landtag verbleiben. 1819 wurde sogar ein Oberpfälzer, Sebastian Freiherr von Schrenk, Präsident der Abgeordnetenkammer.
Nun war dem Volk die Möglichkeit einer öffentlichen Aussprache gegeben, ein Ventil, das alle ungute Ansammlung von Mißmut und Zündstoff rechtzeitig freigab. Die Verfassung und das Beamtentum wurden von Bürgern aller Bezirke getragen; sie bildeten die Grundlage eines gemeinsamen Staatsbewußtseins.

Regierungsbezirk Oberpfalz

Die Oberpfalz, die seit der Auflösung der »Landschaft« durch Kurfürst Maximilian bei der Regierung keine Vertretung mehr gehabt hatte, brachte im 19. Jahrhundert eine Reihe bedeutender Politiker und hoher Regierungsbeamter hervor, wie z. B. den Staatsminister von Abel, der Gutsbesitzer in Stamsried bei Roding war, den Handelsminister Gustav von Schlör und den ersten Verkehrsminister von Fraundorfer (aus der Gegend von Waldkirchen), der sich besonders um den Ausbau der Eisenbahnen verdient machte.
Zu Beginn des Jahrhunderts fand unser Bezirk auch eine neue äußere Form: Zunächst nahm man unter französischem Einfluß eine Einteilung Bayerns *nach Flüssen* vor, wobei folgende Kreise am Gebiet des heutigen Bezirks Anteil hatten: der Naabkreis (Amberg), der Altmühlkreis, der Mainkreis (mit Teilen der nördlichen Oberpfalz) und der Regenkreis. Regensburg wurde am 1. November 1810 Hauptstadt des Regenkreises, der auch das Dalbergsche Fürstentum (s. Seite 165) einschloß. Seither ist Regensburg Sitz der Kreis- bzw. Bezirksregierung.

Die für lange Zeit gültige Abgrenzung erfolgte dann 1837 unter König Ludwig; seiner im romantischen Geist verfaßten Verordnung zufolge sollten »die alten, geschichtlich geheiligten Marken« wiederhergestellt werden. Von den acht bayerischen Kreisen erhielt der Kreis IV den Namen »Oberpfalz und Regensburg«. In ihm veranschaulicht sich sowohl die reichsstädtische Sonderentwicklung Regensburgs als auch die kurpfälzische Vergangenheit des Bezirkes. Im heutigen Wappen der Oberpfalz finden sich sowohl die bayerischen Rauten als auch der pfälzische Löwe und die Regensburger Schlüssel.

Wappen des Regierungsbezirks Oberpfalz

Am 24. Juni 1862 wurde zwischen dem Königreich Bayern und dem Kaiser von Österreich, der zugleich König von Böhmen war, ein Staatsvertrag abgeschlossen, der die komplizierten Grund- und Rechtsverhältnisse an der oberpfälzischen Nordost-Grenze (Fraisgebiet) regelte. Alt-Egerer Besitz wurde auseinandergerissen: Altalbenreuth, Gosel, Schönlind und Boden wurden unter böhmische Staatshoheit, die Orte Neualbenreuth, Querenbach, Hatzenreuth, Ottengrün u. a. unter die Krone Bayerns gestellt.
Eine Gebietsveränderung brachte noch das Jahr 1880: Das Bezirksamt Beilngries wurde zur Oberpfalz hinzugenommen; Mittelfranken erhielt dafür das Bezirksamt Hilpoltstein. Einige Gemeinden des Landkreises Eschenbach (Grünreuth, Hartenstein) wurden dem fränkischen Landkreis Hersbruck zugewiesen.

omantik

Während die aufklärerischen Reformen unter Montgelas ersonnen wurden, gab es bereits Ideen, die eine christlich-vaterländische Erneuerung vorbereiteten und schließlich zur Überwindung der Aufklärung führten: Diese sehr vielschichtige Strömung nennt man »Romantik«.
Im 19. Jahrhundert nahm die historische Wissenschaft einen großen Aufschwung. Überall schossen *»historische Vereine«* aus dem Boden; sie versuchten, den Stolz auf die Reichtümer der heimatlichen Vergangenheit zu wecken. Seit 1831 erschienen die »Verhandlungen des Historischen Vereins für Oberpfalz und Regensburg«. Dieser veröffentlichte

u. a. mehrere Abhandlungen des Geschichtsforschers *J. Rud. Schuegraf* aus Cham, vor allem seine bedeutende Geschichte des Regensburger Domes. Der leidenschaftliche Forscher gab seine letzten Pfennige für den Erwerb wertvoller Urkunden und Manuskripte hin und bewahrte viele Geschichtsquellen vor der Vernichtung durch verständnislose Aufklärer.

Für die Geschichtswissenschaftler war es günstig, daß sie fast alle wertvollen alten Handschriften an einem Ort (Münchener Staatsbibliothek) beisammen hatten. Unter vielen hervorragenden Gelehrten, die die Landeshauptstadt anzog, war auch der Oberpfälzer Johann Andreas *Schmeller* (s. Seite 377). Ihm bedeutete die Sprache das kostbarste Gefäß für das bayerische Wesen und Volkstum. Sein Lebenswerk gipfelt in dem »Bayerischen Wörterbuch«.

Bild Seite 375

Ein anderer Oberpfälzer verdiente sich in der Naturwissenschaft Lorbeeren: der aus Schwarzhofen stammende, in Walderbach, Amberg und Regensburg erzogene Johann Nepomuk *Ringseis.* Er studierte an der Universität in Landshut, wo sich viele bedeutende Romantiker zusammenfanden. Ringseis veranlaßte auch, daß die Universität 1826 nach München verlegt wurde. Dort hatte er als Leibarzt König Ludwigs I. großen Einfluß. Als Professor der Medizin lehrte er an der Universität und wurde 1855 Rektor. Er wies das Zusammenwirken von Leib und Seele auf und stellte den Organismusgedanken in den Mittelpunkt seiner Betrachtungen.

Bischof Sailer

Bild Seite 375

Wie Ringseis, so ging auch der große Erwecker eines verinnerlichten Katholizismus aus dem Landshuter Kreis hervor: Johann Michael *Sailer*, der ab 1821 als Bischof von Regensburg wirkte und eine Schar Gleichgesinnter an sich zog. Der hochverdiente Chamer Geschichtsforscher J. Rud. Schuegraf schildert die tiefe Verehrung, die aus allen Volkskreisen diesem Mann entgegenschlug, als er auf einer Firmungsreise 1823 durchs Land zog: »Gegenwärtig sind es schon 16 Jahre, daß meiner Vaterstadt und der großen Landschaft des Bayrischen Waldes das so heilsame und notwendige Sakrament der Firmung nicht mehr zuteil geworden ist. Man kann sich leicht selbst die Vorstellung machen, mit welcher Sehnsucht die frommen Bewohner von einem Jahre zum andern auf die Ausspendung desselben harrten! . . . Schwerlich hat die Stadt Cham im Verlaufe von 100 Jahren einen größeren Fest- und Ehrentag gefeiert und schwerlich eine größere Pracht gesehen, als es der 18. Juli 1823 war, an dem uns die Ankunft des sehnlich erwarteten Kirchenhirten angekündigt war. Schon graut der Morgen des Festtages, und noch immer umhüllen dichte Wolken den Himmel, und in Strömen stürzt der Regen herab. Diesen nicht achtend und vom Gefühle innigster Liebe und hoher Verehrung gegen den Liebenswürdigen gedrungen, fuhren ihm der kö-

171 Die von Wolfgang Dientzenhofer erbaute Klosterkirche von *Speinshart* hat der Italiener Lucchese mit üppigen Ranken, Blüten und Früchten verziert und mit reichem Figurenwerk (links) ausgestattet. Rechts: Jede der Wangen des Kirchengestühls ist ein Prachtwerk der Schnitzkunst. Das im Barock häufig verwendete Akanthuslaub umschließt Putten mit den Leidenswerkzeugen Christi.

172 Ein glanzvolles Beispiel oberpfälzischen Klosterbarocks bietet der mit Fresken, Stuck und Schnitzwerk reich ausgestattete *Bibliothekssaal zu Waldsassen.* Viel bewundert werden immer wieder die köstlichen Figuren von *Carl Stilp,* welche in humorvoller Weise die mit der Herstellung des Buches beschäftigten Berufe darstellen.

173 Die barocke *Kirche des Zisterzienserklosters Waldsassen* verdankt einer Künstlergemeinschaft ▷ Anlage und Ausgestaltung: 1690 begann Abraham Leuthner den Bau; Georg und Christoph Dientzenhofer, G. B. Carlone u. a. waren hier tätig. Ein ungewöhnlich tiefer Chor schließt sich an das Langhaus an.

174 *Aufhausen* (südlich Regensburg) ist das einzige Werk, mit dem Johann Michael *Fischer* in seiner ▷ Heimat vertreten ist. Die Stiftskirche zeigt ein schlichtes Äußeres; im Innern aber überrascht ein vielfältig geschwungenes Linienspiel. Seitenkapellen lockern den achteckigen Grundriß auf, große und kleine Kuppeln überwölben den Raum.

nigliche Herr Landrichter Bronold, der hochwürdige Herr Dekan Bongraz und andere Honoratioren der Stadt bis nach Waldmünchen entgegen. Dahin waren vom Morgen an immer die Blicke gerichtet. – Jetzt schlägt die dritte Nachmittagsstunde, und endlich gibt die große Glocke im feierlichsten Klange das Zeichen seiner Ankunft. – ›Er kömmt, er kömmt‹, hieß es von Mund zu Mund, und als er sich der Stadtflur genähert hatte, erhellte sich der Himmel . . .«
Zu den glühendsten Anhängern des Bischofs gehörte König Ludwig I. selbst, wie aus vielen seiner Briefe hervorgeht:

München, 11. November 1831

Lieber, innigst geschätzter Sailer! Bayern wünsche ich Glück, daß es Sie 80 Jahre besitzt, wünsche, daß es Sie noch lange in der noch fortwährenden, segensvoll wirkenden Geisteskraft besitzen möge. Als Merkmal meiner Gesinnung, meiner Gefühle für Sie, empfangen Sie, der Verdienstreiche, des Verdienstordens Großkreuz. Auf solch treuer Brust zu glänzen, das erhebt den Orden. Ja! treu dem Guten hat sich Sailer bewährt in allen Lagen des Lebens, zu jeder Zeit leuchtete [er] wohltätig in den Jahren der Finsternis, die für Licht der Wahn ausgab; und segensvoll wirkten Sie auf künftige Geschlechter durch die Männer, welche Sie bildeten, die andere bilden werden in gleicher Gesinnung, der unserer heiligen Religion. Lange Jahre noch für Staat und Kirche, und Kirche und Staat leben Sie so fort. Dieses wünscht der Ihren hohen Wert, mein sehr geachteter Bischof, erkennende

Ludwig

Sailers sämtliche Werke (41 Bände) brachte der tüchtige Verleger Johann Esaias *Seidel in Sulzbach* heraus. In dieser ehemaligen Residenzstadt trafen sich viele der gescheitesten Köpfe der Zeit, die verschiedensten Strömungen waren vertreten: Sulzbach war eine Stätte geistiger Begegnungen geworden. Sowohl die Verfügungen Montgelas' als auch Schul- und Gebetbücher wurden hier gedruckt, hebräische Schriften wie volkstümliche Kalender, Wissenschaft und Dichtung, Altes und Neues. Damals hatten die führenden Romantiker Deutschlands, die Naturphilosophen Schelling, Baader, Schubert, die Kirchengeschichtler Ignaz Döllinger und Josef Görres in München ihre Tätigkeit aufgenommen. So wurde zu Beginn des 19. Jahrhunderts der moderne bayerische Staat mit Kräften der Romantik durchdrungen.

udwig I.

Aus den Kreisen der Romantiker war ein neuer politischer Geist erwacht, der Montgelas 1817 zum Rücktritt gezwungen hatte. Ab 1825 hatte König Ludwig die Leitung des Staates übernommen: Er war selbst eine romantische Gestalt, jäh im Temperament und voller Tatendrang, ein Bewunderer griechischer Schönheit und deutscher Vergangenheit. Mit energischer Hand ging er die Regierungsgeschäfte an und brachte es durch Sparsamkeit und Fleiß bald zu einer geordneten Staats- und Hofwirtschaft. Das von Montgelas errichtete Staatsgebäude wurde unter Ludwig von innen durchgeformt und beseelt.

Die Oberpfalz erschien durch die Schäden der Kriege und jahrelanger Einquartierungen als der Fürsorge besonders bedürftig. Regensburg war still und arm geworden. Als Regierungspräsident wirkte hier ein Mann (1831–1841) ganz nach dem Herzen des Königs: *Eduard von Schenk*. Seine vielen informierenden Briefe an Ludwig I. geben Einblick in den damaligen Zustand unseres Landes.

Kirchliche Erneuerung

Ludwig und seine konservativen Minister (ab 1837 Carl von Abel, der Oberpfälzer Gutsbesitzer) gaben der Kirche Gelegenheit, sich von dem schweren Schlag von 1803 zu erholen. Eine Reihe von Klöstern und Orden wurde neu gegründet, u. a. die in der Krankenpflege tätigen »Barmherzigen Schwestern«. Michael Sailers Anregungen trugen reiche Früchte. Sein Nachfolger, Bischof Michael *Wittmann* (aus Pleystein), nahm sich besonders der verwaisten und verwahrlosten Kinder an. In Neunburg vorm Wald rief Mutter *Gerhardinger* den Orden der *Armen Schulschwestern* ins Leben. In dieser großen Oberpfälzerin spiegelt sich der Geist der Romantik und des vorwärtsdrängenden 19. Jahrhunderts:

1829 erschien die Schiffmeisterstochter von Stadtamhof und königliche Lehrerin Karolina Gerhardinger beim Innenministerium in München mit einem Empfehlungsschreiben Bischof Wittmanns; darin wird bestätigt, daß sie die Mädchen »musterhaft zur häuslichen Wirtschaft und ärmeren zum Stande der Dienstboten in den wöchentlich zehn Arbeitsstunden aufziehe indem sie Flachs-, Schafwoll- und Baumwollspinnen, auch den Flachs seidenartig und baumwollartig behandeln lernen, im Nähen und Kleidermachen, Sticken und Zeichnen und Blumenmachen gute Fortschritte erzielen . . .« Gegen alle Widerstände ihrer Heimatgemeinde setzte sich diese energische Frau durch. In Neunburg vorm Wald bekam sie schließlich Grund und Boden zum Neubau einer Mädchenschule. Sie sprach in dieser Angelegenheit sogar bei König Ludwig I. vor; dieser gab die landesherrliche Genehmigung und 1000 Gulden »Aussteuer«. Noch mit 50 Jahren entschloß sich die couragierte Ordensmutter, die Mission nach Amerika zu tragen. Bei ihrem Abschiedsbesuch 1847 gab ihr König Ludwig die für ihn so bezeichnenden Worte mit: »Ich vergesse euch in Amerika nicht, ich verlasse euch nicht, aber bleibt deutsch, deutsch! Werdet nicht englisch!« Mutter Gerhardinger reiste 2600 Meilen unter beschwerlichen Umständen durch Amerika und gründete Schulen und Ordensniederlassungen. Dann kehrte sie zurück, wirkte unermüdlich weiter und bot das leuchtende Vorbild eines heiligmäßigen Lebens.

lassizismus

König Ludwigs Hauptinteresse galt der Ausgestaltung seiner Landeshauptstadt; München erhielt unter ihm ein neues, glänzendes Gesicht. In Reaktion auf den Überschwang und Formenreichtum des Rokoko bemühte sich der »Klassizismus« um schmuckarme Klarheit: Die Schönheit der Proportionen sollte wirken. Der Baustil lehnte sich wie einst der der Renaissance an die antiken Formen an.
Die Zurückhaltung und Strenge des neuen Stils lag der bayerischen Wesensart nicht; daher blieb der Klassizismus mehr auf Hof- und Akademiekreise beschränkt und wurde nie bodenständige Volkskunst. So finden wir außer der sehenswerten klassizistischen Herz-Jesu-Kirche bei Velburg kaum ein nennenswertes Beispiel in der Oberpfalz. Unter Dalberg entstand in Regensburg der gelungene Bau des sog. Präsidialpalais

(lassizistischer Bau von D'Herigoyen: Präsidialpalais in Regensburg (Bismarckplatz)

am Bismarckplatz. Hofarchitekt war der Portugiese D'Herigoyen, auf den auch das Stadttheater (später verändert), das noble »Württembergische Palais« am Prebrunntor und das als Rundtempel gebaute Keplerdenkmal in den Bahnhofsanlagen zurückgehen.
Während sich in München die Spitzen der klassizistischen Kultur zusammenfanden (Klenze, Carl von Fischer, Schwanthaler, Cornelius, Kaulbach, von Schwind u. a.), wurde die Provinz von dem neuen künstlerischen Bemühen kaum betroffen. Einzig in dem Ruhmestempel für große Deutsche, in der *Walhalla*, haben wir in unserem Regierungsbezirk ein Zeugnis von Griechenlandverehrung und nationaler Begeisterung des Münchener Kreises. In beherrschender Lage erhebt sich über der Donauebene die Freitreppe, die den im dorischen Stil von Carl von Fischer und Leo von Klenze errichteten Tempel trägt. Bild Seite 17
Für den Kirchenbau war die große Zeit vorüber: Im Sinn der Romantik kam es zu Nachschöpfungen der Romanik und Gotik, die wenig neue Gedanken boten. So baute der Regensburger Georg Friedrich Ziebland in München für den König St. Bonifaz, eine Kirche im Stil frühchristlicher Säulenbasiliken. Auf dem Gelände der von Stadtbaumeister Albrecht Altdorfer (s. Seite 365) 1530 erweiterten Ostenbastei zu Regensburg ließ König Max II. die »Königliche Villa« in romantischer Neugotik errichten (1854–56).

Industrialisierung

In die Regierungszeit Ludwigs I. fielen die Anfänge der Industrialisierung; nur sehr langsam konnte sie in dem vorwiegend bäuerlichen Land an Boden gewinnen. Zwar fehlte es nicht an bedeutenden naturwissenschaftlichen Denkern (z. B. der Optiker Fraunhofer; der berühmte Physiologe Karl von *Voit* aus Amberg), doch konnten die Neuerungen zunächst nur unvollkommen in wirtschaftlich verwertbare Ergebnisse umgesetzt werden. Zum Aufbau einer Großindustrie fehlte es an Kohle und Kapital.
Das Brauereihandwerk wurde um diese Zeit in München wissenschaftlich ausgebaut. Als Kuriosum sei vermerkt, daß das vielgerühmte Münchener Starkbier, der »Salvator«, auf den aus Fischbach bei Nittenau/Oberpfalz stammenden Paulaner-Klosterbraumeister *Still* (* 1795) zurückgeht.
1846 wurde der *Ludwig-Donau-Main-Kanal* eröffnet; dieses Projekt, das in jüngster Zeit wieder aufgegriffen wurde, vermochte die Wirtschaft damals nur wenig zu fördern. 1834 war nämlich der Deutsche Zollverein gegründet worden, der Deutschland zwar wirtschaftlich zusammenführte, Österreich aber ausschloß und dadurch auch die bayerische Wirtschaft beeinträchtigte: Die jahrtausendealte Lebensader Süddeutschlands, die Donau, verlor ihre Bedeutung.

Eisenbahn

Ein wichtiger Schritt in der Entwicklung war die Eröffnung der ersten deutschen Zugverbindung 1835 (von Nürnberg nach Fürth). 1843 bestimmte der Landtag den Bau einer Nord-Süd-Bahn (Hof – Regensburg). Sie wurde aber erst nach Ausbau der Strecke Passau – Regensburg – Nürnberg in Angriff genommen. In mehreren Orten der Oberpfalz bildeten sich Eisenbahnvereine (in Weiden, Erbendorf, Vilseck), die mit Plänen und Bittschriften an die Regierung herantraten. Man erwartete von der Erweiterung des Verkehrsnetzes ein allgemeines Aufblühen der Industrie, vorweg der Eisenindustrie; man hoffte, sie werde die »Bewohner der in der ganzen Welt als ein deutsches Sibirien verschrienen Provinz zu einem wohlhabenden Fabrik- und Handelsvolk machen«. Nach langwierigen Verhandlungen war es 1859 endlich so weit, daß die Linie Nürnberg – Amberg – Schwandorf dem Verkehr übergeben werden konnte. 1863 folgte die Strecke Schwandorf – Weiden – Bayreuth; 1864 wurde die Linie Weiden – Wiesau eröffnet. 1875 rollte der erste Zug von Weiden über Vilseck und erreichte den wichtigen Anschluß nach Nürnberg. Nun war auch der Regierungsmittelpunkt Regensburg endlich durch ein brauchbares (aber noch nicht ausreichendes!) Straßen- und Bahnnetz mit seinem Hinterland verbunden.

Bild Seite 197

Die Oberpfalz kann sich rühmen, den »Vater der bayerischen Eisenbahnen« hervorgebracht zu haben: Der aus der Vilsecker Gegend stammende Handelsminister *Gustav von Schlör* setzte sich für den Bau der Eisenbahnen im Parlament ein; dadurch gab er den neugegründeten Unternehmen seiner Heimat (z. B. der Maxhütte) erst die Voraussetzungen für den Marktanschluß. Durch Schlör wurde vor allem die Wirtschaft in Weiden gefördert, Gewerbebetriebe (z. B. eine Spinnerei) eingeführt und neue Häuser »in geraden regulären Straßen hoch und gesund« aufgebaut.

Vor 1848

Nebeneinander standen also in der ersten Hälfte des 19. Jahrhunderts die christlich-romantische Weltauffassung und das Streben der fortschrittlichen *Liberalen* (Vertreter der absoluten Freiheit des Einzelnen in den verschiedenen Lebensbereichen). Durch das freiheitliche Staatssystem angelockt, waren viele radikale Elemente besonders in der Presse zu Wort gekommen. Carl von Abel, der führende Minister, sah darin eine Bedrohung des Fürstenstaates und versuchte durch strenges Regiment (Beschlagnahmung von Zeitungen, Kontrolle der Beamten und Schulen) Einhalt zu gebieten.

Die Oberpfalz hatte bis etwa 1830 in rein konservativer, monarchischer Haltung verharrt. Nun begann sich hier und dort liberaler Geist zu regen. *Politische Vereine* bildeten sich (so z. B. in Burglengenfeld). Im ganzen gesehen blieb der Bezirk in diesen unruhigen Jahren ein Muster konservativer Haltung. Sehr gemäßigt war das Schreiben der Stadt Regensburg an den König, in dem sie »ernste Wünsche in Beziehung auf die inneren Verhältnisse Bayerns und dessen Verwaltung« vortrug. Die Seele des politischen Vereins in Regensburg war der fürstlich Thurn und Taxissche Domänenassessor *von Thon-Dittmer*, der sich ab 1836 als Bürgermeister gegen die Knebelung der Presse und das Vereinsverbot einsetzte. 1848 übernahm er das Staatsministerium des Innern.

Presse

1838 wurde eine eigene liberale Zeitung, das »Regensburger Tagblatt«, gegründet, das sich sehr frei und mit zunehmender Schärfe auch gegen kirchliche Kreise äußerte. Dadurch löste es im katholischen Lager eine kraftvolle Gegenwehr aus. Mehrere Verlagsanstalten betont katholischer Prägung erlangten in der ehedem protestantischen Reichsstadt das Übergewicht. Wirkliche Innenarbeit leistete der Verleger Friedrich *Pustet*, der in den 40er Jahren einen Pius-Verein gründete, welcher sich mit einem Netz von Filialen in der ganzen Oberpfalz Einfluß verschaffte und von dem »*Bayerischen Volksblatt*« (das neu bei Pustet herauskam) wirksam unterstützt wurde.

Durch die Presse der verschiedenen Richtungen konnte sich das Volk nun über Geschehnisse in der Welt informieren; es erhielt Berichte über die Verhandlungen im Landtag. Das politische Interesse wuchs.

Allenthalben tat sich das Mißfallen über drückende Polizeiverordnungen kund (Fleischbeschau, Feuerbeschau, Wegeordnung usw.). Besonders lastend empfand die Landbevölkerung die *Forstgesetze*: Die uralten Rechte der Bevölkerung auf Bezug von Holz und Streu aus den landesherrlichen und kirchlichen Waldungen waren beschnitten worden, seit die Wälder in Staatseigentum übergegangen waren. Abgaben für das Forstpersonal mußten geleistet, oft widersinnig erscheinende Maßnahmen befolgt werden. Es kam zu Ausschreitungen gegen Forstleute und zu Forstfrevel im Gebiet von Waldmünchen, Neumarkt und Wörth.

Zur Aufrechterhaltung der öffentlichen Ruhe, die jedoch nirgendwo ernstlich bedroht war, wurden in Regensburg, Amberg, Nabburg, Hemau, Sulzbach, Waldsassen und anderen Orten »*Freicorps*« gegründet. Aber diese Freiwilligenwachen fanden mehr Freude an ihrer Uniform als Arbeit. Wie überlieferungstreu die Bevölkerung im Grunde war, zeigt sich auf urkomische Weise in einem Vorfall, der von Gut Teublitz berichtet wird: Dem Gutsbesitzer und Staatsminister Freiherrn von Gise war zugetragen worden, es sei eine Verschwörung gegen ihn im Gange. Während er sich nach München absetzte, gingen die treuen Schloßdiener, der Förster und der Ökonomieverwalter in Verteidigungsbereitschaft. Bald wäre es zum Kampf mit den bewaffneten »Unterthanen« gekommen; da stellte sich jedoch heraus, daß diese auch nur herbeigeeilt waren, um ihrem Herrn gegen Aufsässige beizustehen.

Die Kampfstimmung, die 1848 in München aufgeflammt war, kannten die Oberpfälzer also kaum. Als der König, von liberalen Kräften gedrängt, Pressefreiheit gewährte, löste das in Regensburg eine Freudenkundgebung aus: Auf den Straßen, in den Gaststuben, im Neuhaussaal versammelten sich begeisterte Menschen und brachten Hochrufe auf den König aus.
Ludwig I. aber beugte sich dem Gebot der Stunde und dankte zugunsten seines Sohnes ab (4. Juni 1848).

Max II.

König Max II. (1848–1864), der Nachfolger Ludwigs, war ein äußerst pflichtbewußter Arbeiter; dem Rat seiner verantwortlichen Männer zeigte er sich aufgeschlossen. Sein einflußreicher Kabinettssekretär, von dem Tausende von Verordnungen verfaßt wurden, war der Amberger F. S. *Pfistermeister* (1820 bis 1912).

Liberale Gesetze

Nun gewann der Liberalismus die Oberhand; mehrere fortschrittliche Gesetze wurden vom Landtag durchgebracht. Ein neues Wahlrecht beseitigte die Ständeordnung. Der König war den Ministern verantwortlich, die Minister dem Landtag. Die Abgeordnetenkammer konnte nun selber Gesetzesanträge stellen. Presse- und Vereinsfreiheit wurde eingeführt, die Justiz völlig von der Verwaltung geschieden.
Von großer Bedeutung war die Aufhebung der Grundherrschaft und der Patrimonialgerichtsbarkeit (niedere Gerichtsbarkeit der Hofmarksherren). Abgaben mußten nun an den Staat entrichtet werden; eine Tilgung der Grundschuld war möglich. Aus hörigen Bauern wurden somit freie Grundbesitzer (= Bauernbefreiung).

Königliche Rundreise

Im Jahr 1849 bereisten der König und die Königin die Regierungsbezirke Niederbayern und Oberpfalz. Regensburg – Amberg – Schwarzenfeld – Neunburg vorm Wald – Rötz – Cham waren die wichtigsten Stationen. Wie ein Lauffeuer ging die Kunde von der Ankunft des Herrscherpaares durchs Land und brachte Bewegung in die Gemeinden: Ehrenpforten aus Laub und Blumen wurden errichtet; die Schuljugend mit dem Ortspfarrer an der Spitze stellte sich auf, schwenkte weißblaue Fähnchen, sang und trug Gedichte vor. Berittene Landwehrordonnanzen geleiteten den König von einem Ort zum andern, wo er jeweils durch Böllerschießen und Glockenläuten empfangen wurde.
Aus Neunburg vorm Wald wird die hübsche Geschichte berichtet: Der König fragte – nach einer kleinen Mahlzeit im Wagen – den Bürgermeister, ob die Bürgerschaft einen besonderen Wunsch habe. Dieser antwortete treuherzig: »A Straa daat uns nout, Majestät.« Die Beschaffung der Waldstreu für den Stallbedarf war ja ein besonderes Anliegen der Landbevölkerung! Außerdem bat der Bürgermeister noch um die Errichtung eines Bezirksgerichtes, von dem man sich einen Aufschwung in

Handel und Gewerbe erhoffte. (1857 wurde diesem Ersuchen stattgegeben.)
In einem Rundschreiben bedankte sich der König für »die rührenden Beweise alter treuer Gesinnung«.
So hatten sich die Oberpfälzer bis zur Jahrhundertmitte weitgehend noch ihre biedermeierlich-fromme Haltung bewahrt. Sie erwärmte das Alltagsleben und waltete in den Veranstaltungen der vielen neu erblühenden *Vereine.* Der »Bürgerverein Amberg« schloß die sog. bessere Gesellschaft der Stadt zusammen. Es fehlte nicht an Vergnügungen: Vorstellungen im Stadttheater, Ausflüge im Sommer, Konzerte und Schlittenfahrten im Winter. Die verschiedenen Liederkränze und Cäcilienbünde umrankten festliche Anlässe mit romantischen Liedern. Die Namens- und Geburtstage des hochverehrten Herrscherhauses gaben Gelegenheit, die Stimme in froher Gemeinschaft zu erheben.

Selbstverwaltung der Gemeinden

Eine Anerkennung der politischen Mündigkeit des Volkes bedeutete die Gemeindeordnung von 1869; sie gab den Gemeinden volle Selbstverwaltung, förderte also die Betätigung des Einzelnen für das Wohl der Allgemeinheit. In den 60er Jahren fielen auch die letzten Fesseln in Handel und Gewerbe. Die Landgerichte wurden in Bezirksämter und Amtsgerichte getrennt.

Frankfurter Parlament

In Frankfurt rang seit 1848 das erste gesamtdeutsche Parlament um ein neues deutsches Kaisertum. Wiederholt hatten die Regensburger Stadtbehörden das Parlament zu überzeugen versucht, daß Regensburg der historisch und geographisch geeignetste Ort für eine Nationalversammlung sei.
Bayern trat mit Zähigkeit für ein großdeutsches Reich unter Österreichs Führung ein. Es wollte die deutschen Mittel- und Kleinstaaten zu einem »dritten Deutschland« zusammenschließen.
Auch in den Oberpfälzer Städten verfolgte man mit reger Teilnahme den Verlauf der Parlamentssitzungen. Den gewählten Abgeordneten wurden Ständchen gebracht; wenn sie abreisten, um ihre Heimat in Frankfurt zu vertreten, gab ihnen viel Volk das Ehrengeleite. Allerorten wurden freiheitliche deutschnationale Lieder angestimmt.

2. Deutsches Kaiserreich 1871

Erst 1870/71 ging die Sehnsucht nach der deutschen Einheit in Erfüllung: Sie war ein Werk des Staatsmannes Otto von Bismarck, der in Preußen eine militärisch gestärkte Monarchie aufgebaut hatte. Sie hatte bereits 1866 ihre Machtstellung gegenüber Österreich und dem Deutschen Bund mit Waffengewalt behauptet. Nun bekannte sich die Volksmeinung zu dem gemeinsamen deutschen Vorgehen gegen Frankreich, an dessen siegreichem Ende die Krönung Wilhelms I. von Preußen zum deutschen Kaiser stand.

183 Cosmas Damian *Asam:* Das Deckenfresko im Ovalsaal des Schlosses *Alteglofsheim* bei Regensburg (um 1730) stellt den Sonnengott Apoll dar, von heiteren Musen umgeben; die Mächte der Finsternis weichen zurück, fröhliche Stimmung liegt über der ganzen Szene.

△ 185 Die auf einsamer Höhe gelegene Wallfahrtskirche *Kappel* bei Waldsassen erinnert mit ihren Zwiebeln und Rundtürmchen an böhmisch-österreichische Baudenkmäler. Eine Fülle symbolischer Beziehungen hat der Baumeister (Georg Dientzenhofer) in den Plan eingearbeitet.

◁ 184 Die Mariahilfkirche von *Freystadt,* 1700 bis 1708 von dem Italiener Viscardi erbaut, weist eine mehr südländische Form des Zentralbaus auf.

186 Zu den reifsten Rokokoschöpfungen zählt Schloß *Sünching* in der Gäuebene, das in der Schloßkapelle diese Altarplastik des Ignaz *Günther* birgt: Die halb schwebende, halb von Engeln emporgehobene Maria läßt die in Ergriffenheit und Verzückung erstarrten Apostel am leeren Grab zurück. ▷

Und so spiegelt sich dieses Ereignis in der Chronik des Bürgervereins von Amberg:

> *»Das war ein Krieg, so frevelhaft erzwungen,*
> *daß nie ein Volk ein reiner Schwert noch zog;*
> *das war ein Sieg, so wunderbar gelungen,*
> *daß er das kühnste Hoffen überwog . . .«*

Siegesfeiern mit großen patriotischen Festreden, Militärmusik und rauschenden Bällen leiteten eine vierzigjährige Friedenszeit ein.
Es gab aber auch Stimmen, die sich gegen die Eingliederung Bayerns in den kleindeutschen Staat ohne Österreich erhoben und in ihr einen gefährlichen Bruch mit der bayerischen Tradition sahen; denn Bayern hatte seine staatliche Eigenständigkeit zum großen Teil (einige Sonderrechte ausgenommen) aufgeben müssen. 48 bayerische Abgeordnete vertraten ihr Land im Reichstag.
Daß es überhaupt zu einer politischen Willensäußerung des Volkes kommen konnte, war eine Folge der liberalen Gesetzgebung des 19. Jahrhunderts (vor allem der Presse- und Versammlungsfreiheit). Allmählich hatten sich Gruppen Gleichgesinnter zusammengeschlossen und organisiert: Parteien waren entstanden.

arteienbildung

1849 konnte der bayerische Landtag bereits 58 Abgeordnete der demokratischen Linken aufweisen. Die *Arbeiter* formierten sich in Vereinen und entwickelten sich zu einer sozialen Klasse, die sich den Linksliberalen zuneigte. Aus dem Kreis der Liberalen ging in den 90er Jahren die *Sozialdemokratie* hervor. Die stärkste Gegenpartei nannte sich ab 1866 »*Patriotenpartei*« und von 1887 an »*Zentrum*«. Sie war die eigentliche katholische Bürgerpartei des konservativen Bayern. Das »Bayerische Volksblatt« unter Pustet in Regensburg verteidigte den oberpfälzischen Katholizismus erfolgreich gegen den Liberalismus; dadurch bekam Regensburg den Ruf einer »schwarzen [klerikalen] Hochburg«. Der Verlag Josef Habbel, der 1883 von Amberg nach Regensburg übersiedelte, wirkte in derselben Richtung.
In der zweiten Jahrhunderthälfte gab es in der Oberpfalz 16 Provinzzeitungen (z. B. das »Tirschenreuther Wochenblatt« ab 1872; den »Chamer Volksboten«, den 1880 Josef Habbel übernahm; »Der Grenzbote« in Waldmünchen, »Neumarkter Tagblatt«); ihr Charakter war neutral oder gemäßigt liberal, zum großen Teil aber auf die Weltanschauung und Politik der Zentrumspartei hin ausgerichtet.
Zu scharfen Auseinandersetzungen kam es um die Schul- und Kulturpolitik: Die Liberalen arbeiteten auf die Gemeinschaftsschule hin; sie brachten ein Gesetz gegen »Mißbrauch der geistlichen Gewalt« (den sog. Kanzelparagraphen) durch. Nach der Jahrhundertwende gelang es

jedoch der Zentrumspartei, die Liberalen aus der Regierung zu drängen. Ein neues Wahlgesetz verfügte 1906 die Einteilung in Wahlkreise und das unmittelbare Stimmrecht.
Zu einem extremen Parteien- oder Klassenkampf kam es in Bayern nicht; die sozialen Unterschiede waren hier nicht so groß wie etwa im Rheinland.

Ludwig II. und Prinzregent Luitpold

König Ludwig II., der in den Jahren der Reichsgründung den bayerischen Thron innehatte, verlor sich immer mehr in eine wirklichkeitsfremde Traumwelt und nahm ein tragisches Ende. Seit 1886 hatte Prinzregent Luitpold die Regierungsgeschäfte übernommen. Ihm zu Ehren wurde das Amberger Eisenwerk »Luitpold-Hütte« genannt. Überall im Land machte nun die Industrialisierung und Technisierung Fortschritte. Das Schienennetz der Eisenbahn wurde verdoppelt, die Postverbindungen verbessert. Für den Verkehr mit »Velozipeden« (so hießen damals die Fahrräder) kamen die ersten Polizeivorschriften heraus.
1900 trat das Bürgerliche Gesetzbuch (BGB) in Kraft; es schuf für ganz Deutschland eine einheitliche Rechtsprechung.

Bildungswesen im 19. Jahrhundert

Das Bildungswesen, früher ein Anliegen der Fürsten und der Kirche, lag nun in der Hand des Staates. Unter König Ludwig I. und unter Max II. hatte es sich besonderer Förderung erfreut. Gegen die Jahrhundertwende wurde die Landeshauptstadt dann zu einem Mittelpunkt wissenschaftlicher und künstlerischer Bestrebungen. Mehrere bedeutende Söhne der Oberpfalz leisteten dazu ihren Beitrag:
Franz X. *Schönwerth* aus Amberg konnte sich durch seine hervorragenden Fähigkeiten und seine Zuverlässigkeit das Vertrauen des Königs erringen; als Kabinettssekretär Max' II. gewann er Einfluß auf allerhöchste Entscheidungen, besonders im Bereich der Wissenschaft, der Künste und der Betreuung notleidender Bürger. Viel Wissen um die Sprache und Denkweise unserer Vorfahren hat er uns in seinen Werken, vor allem in den drei Bänden »Sitten und Sagen der Oberpfalz« bewahrt. (Karl Winkler hat sie in einer handlichen Neuausgabe 1959 zugänglich gemacht.)
Max II. hatte sich vorgenommen, »das bayerische Volk durch freie Bildung höher zu heben«. Von mehreren Gelehrten ließ er eine ausführliche »Landes- und Volkskunde von Bayern« erarbeiten. In diesem Werk, »*Bavaria*«, wird das Land in seinem damaligen Zustand nach naturkundlichen, ortsgeschichtlichen und volkskundlichen Gesichtspunkten beschrieben. Der Band über die Oberpfalz umfaßt allein 720 Seiten. Der Sulzbacher Eduard *Fentsch* bearbeitete die Teile über Volkstracht, Mundart und Sagen. Dies ist die erste zusammenfassende Heimatkunde unseres Gebietes (1863).

Karl von *Reinhardstoetter* gehört zu einer Gruppe von Schriftstellern, die in Abwehr einer Überfremdung des Bayerischen, besonders durch die in München konzentrierten »Nordlichter«, auf Volks- und Landeskunde zurückgriff. 1889 war in diesem Sinne die Zeitschrift »Bayerland« gestartet worden. Reinhardstoetter betonte in seinen kulturgeschichtlichen Erzählungen die Verbundenheit Bayerns mit dem romanischen Süden.
Ein anderer Oberpfälzer machte sich auf dem Gebiet der Geschichtsforschung einen Namen: Der aus Waldsassen stammende Michael *Doeberl* schuf eine »Entwicklungsgeschichte Bayerns«, auf die noch heute die Wissenschaft nicht verzichten kann.
Als Reformator der katholischen Kirchenmusik betätigte sich Franz Xaver *Witt* (* 1834 in Walderbach). Er ist der Vater des Cäcilienvereins, dem die Wiedererweckung der A-cappella-Chöre (Chorgesang ohne Begleitung) zu verdanken ist. Er säuberte die Kirchenmusik von romantischen, nichtliturgischen Elementen. Michael *Haller* (* 1840 bei Nabburg) schrieb Messen im Stil Palestrinas (Meister der Mehrstimmigkeit in der Renaissance), die heute noch viel gesungen werden.

ld Seite 376

Einen bedeutenden Beitrag zum Musikleben um 1900 leistete der in dem oberpfälzischen Dörfchen Brand geborene *Max Reger* (1873–1916; s. Seite 380). Nach Lehrjahren in Weiden gelangte er zu eigenständigem Komponieren in München und Leipzig. Er knüpfte an die polyphone Schreibweise Johann Sebastian Bachs an. Wie dieser war Reger ein Meister der Fuge und ein Meister der Orgel. Neben Liedern schrieb er vor allem absolute Musik; umfangreich ist seine Kammermusik für Soloinstrumente (Sonaten, Suiten, Variationen u. a. für Orgel, Klavier, Geige, Cello usw.). Reger knüpft zwar an die Tradition an; durch die Beweglichkeit seiner Harmonik aber steht er bereits am Beginn der Moderne.

udwig III.

Auf Prinzregent Luitpold, der wegen seiner schlichten Redlichkeit im Volk sehr geschätzt war, folgte 1912 die bürgerliche Persönlichkeit Ludwigs III. Mit ihm ging die siebenhundert Jahre währende Landesherrschaft der Wittelsbacher zu Ende. Ganz im Gegensatz zu seinem königlichen Vorgänger Ludwig II., der den Künsten gelebt hatte, neigte er sich wirtschaftlichen Problemen zu. Er war selbst Gutsbesitzer und galt in Fragen der *Landwirtschaft* als Autorität.
Die Oberpfälzer hatten das schon während der Kronprinzenzeit erfahren, als Ludwig sich 1910 in Irrenlohe (nördlich Schwandorf) abholen ließ, um die Irlachinger Fluren zu besichtigen. Dort hatte nämlich der Königliche Landesökonomierat *Kebbel* gute Arbeit geleistet. Die schwer zu behandelnden Böden waren gründlich entwässert, gedüngt

und allmählich kultiviert worden. Besondere Erfolge wurden auf dem Gut in der Aufzucht von Mastvieh erzielt. Mit Kennermiene besichtigte Ludwig die Stallungen, in denen sich 220 Stück Großvieh befanden, und sprach sich sehr anerkennend aus.
Das soziale Königtum Ludwigs III. konnte sich nicht lange bewähren; es wurde von übermächtigen Ereignissen verdunkelt.

Erster Weltkrieg

Bayern war in den letzten Jahrzehnten immer mehr in die bundesdeutsche Sache hineingewachsen. Als am 28. Juni 1914 die Schüsse in Serajewo fielen, die den Ersten Weltkrieg auslösten, war es für unser Land selbstverständlich, seinen Verpflichtungen als Gliedstaat nachzukommen. Wie überall im Reich, so zogen auch in der Oberpfalz die Männer voll Siegeszuversicht ins Feld. Die Daheimgebliebenen fanden Gelegenheiten genug, ihre vaterländische Begeisterung unter Beweis zu stellen. Da meldete z. B. eine Zeitungsnotiz aus Cham vom 25.8.1914 (»Regensburger Anzeiger«): »Einen rührenden Beweis von Opfersinn legte ein hiesiger Arbeiter an den Tag. Er überbrachte einer Frau aus der Vorstandschaft vom Roten Kreuz zwei goldene Eheringe, seine silberne Uhrkette mit Marientaler, zwei Paar neue Socken und fünf M in bar.«
Nach siegreichem Vorstoß erlebten unsere Soldaten die Verhärtung und Erstarrung der Fronten, den mörderischen Stellungskrieg in Frankreich, das Ausharren in der Hoffnungslosigkeit einer erdrückenden Übermacht gegenüber. Als schließlich noch frische englische und amerikanische Truppen auf der Gegenseite eingesetzt wurden, blieb der abgekämpften deutschen Armee nur die Kapitulation.

Revolution 1918

Endlose Verlustlisten, mangelnde Ernährung ab 1916 und die Wühlarbeit linksgerichteter Kreise hatten auch die Kraft der Heimat erschüttert. So kam es zu Unruhen, zur Erhebung der Massen in der Landeshauptstadt, zum Sturz der Monarchie. Zum Geburtstag des Königs hatte der »Regensburger Anzeiger« am 6. Januar 1917 noch geschrieben: »Das bayerische Volk erblickt in seinem König ein Vorbild patriotischer Hingabe und Pflichterfüllung und weiß ihm am heutigen Tage ganz besonderen Dank für seine tatkräftige Führung und Leistung in den schwierigen Zeiten des nationalen Existenzkampfes, in dem Bayern mit den übrigen Stämmen des Reiches in so hervorragender Weise auf seinem Posten steht.« Im darauffolgenden Jahr, am 8. November 1918, wurde in München die Republik verkündet, und der greise König entband Beamte und Soldaten vom Treueid. Eine neue Zeit war angebrochen, in der das Volk durch seine Vertreter selbst die Leitung des Staates an sich nahm.

Weltpolitische Großmächte bestimmten seit dem Ersten Weltkrieg mehr und mehr die Geschicke Europas und unserer engeren Heimat. Erster Ministerpräsident der jungen bayerischen Republik war Kurt *Eisner*, das Haupt der radikalen »Unabhängigen Sozialisten«. Aber die gärende Zeit hätte nicht einen idealistischen Schriftsteller, sondern einen begabten Staatsmann dringend benötigt. Aus dem Lager der Konservativen traf Eisner – und seine Politik! – die tödliche Kugel.

Weimarer Republik

Bayern wurde nach einigem Schwanken parlamentarische Demokratie, ein Freistaat innerhalb der »Weimarer Republik«. Die Sonderrechte, die es sich 1871 ausbedungen hatte, schwanden. Alle diese Ereignisse spielten sich fast ausschließlich in der Landeshauptstadt ab; die Oberpfalz lag ziemlich »weitab vom Schuß«.

Während sich die bayerischen Sozialdemokraten an Berlin anschlossen, bildete die Zentrumspartei eine von der Reichspartei getrennte »Bayerische Volkspartei«, die monarchischen Kreisen nahestand. Regensburg war, hauptsächlich durch die Vorarbeit katholischer Zeitungen und Verlage, zu einem Mittelpunkt des katholischen Bayern geworden.

Adolf Hitler und seine Partei

Jahre der politischen Unruhe, der Verfassungskonflikte, des Umsturzes folgten. Gestützt auf die allgemeine wirtschaftliche Notlage und den deutsch-nationalen Geist der ehemaligen Militärs, konnte sich die »Nationalsozialistische deutsche Arbeiterpartei« (NSDAP) erheben. Sie wurde zwar 1923 vorübergehend zerschlagen, aber noch im selben Jahr traf das Volk die große Geldentwertung (Inflation), und 1929 brachte die Weltwirtschaftskrise Arbeitslosigkeit und Not auch in unserer Heimat. Viele klammerten sich an die Versprechungen, die der »Führer« der NSDAP, Adolf Hitler, gab: 1933 konnte Hitler die Macht im Staat übernehmen. Aus der Oberpfalz waren ihm am wenigsten Wahlstimmen von ganz Bayern zugefallen (1932). Parteien und Länderparlamente wurden aufgelöst, alle Hoheitsrechte gingen an das Reich über. Man betonte »germanische« Tüchtigkeit und Wehrkraft und bezeichnete in diesem Zusammenhang die östlichen bayerischen Regierungsbezirke als »Gau bayerische Ostmark«. Bereits 1932 waren im Zuge der Verwaltungsvereinfachung, die durch die schlechte Wirtschaftslage notwendig geworden war, der Regierungsbezirk Oberpfalz und Regensburg mit dem Regierungsbezirk Niederbayern vereinigt worden. (Bis 1948 bestand die »Regierung von Niederbayern und der Oberpfalz« in Regensburg.

Bis ins letzte Dorf reichte die politische Durchorganisierung und Volksbeeinflussung. Ein Gewaltregime, in dem Beamte durch politische Funktionäre (Gau- und Kreisleiter) kontrolliert wurden, gewann die Oberhand. Gegner wurden durch Mord oder Verschleppung in »Kon-

zentrationslager« beseitigt. Auch in der Oberpfalz schuf man eine solche Stätte des Leids und der völligen Rechtlosigkeit: das Konzentrationslager Flossenbürg. Dieses Staatssystem konnte sich nach innen und außen nur behaupten, wenn es von einer gewaltigen Militärmacht gestützt wurde. Die Folgen einer allgemeinen Aufrüstung bekam auch die Oberpfalz zu spüren: Der Truppenübungsplatz *Grafenwöhr* (1909 waren in diesem Raum vom Staat 10000 ha Wald erworben und zum Teil gerodet worden) wurde um mehr als das Doppelte seines bisherigen Ausmaßes vergrößert. Die Einwohnerzahl der Stadt Grafenwöhr stieg durch Zivilangestellte des Lagers von 2000 (1925) auf 4300 (1930) an. Auch um Hohenfels entstand ein großer militärischer Übungsplatz.
Mit Bangen verfolgten die Menschen diese Vorbereitungen zu einer großen militärischen Auseinandersetzung. 1939 wurde sie Wirklichkeit.

Zusammenbruch und Wiederaufbau

Aber Bayern überlebte auch diese Schicksalsnacht. Das Unheil des Zweiten Weltkriegs endete mit der bedingungslosen Kapitulation Deutschlands im Jahr 1945.

Noch während der Besatzung durch die amerikanische Armee begann der staatliche Wiederaufbau von unten her, von der Gemeinde- und Stadtverwaltung aus. Ehe die Bundesrepublik sich konstituierte, erhielt Bayern bereits seine Verfassung: Am 19. September 1945 erklärte der amerikanische General Eisenhower Bayern wieder zum Staat. Durch einen Volksentscheid (1. Dezember 1946) wurde die von Ministerpräsident Wilhelm Hoegner und der verfassunggebenden Landesversammlung erarbeitete Verfassung angenommen.
Im Rahmen der westdeutschen Bundesrepublik verblieben Bayern Sonderrechte: Neben dem *Landtag* besitzt Bayern als einziger Bundesstaat einen *Senat*, der an der Gesetzgebung beteiligt ist und jenseits der politischen Parteien steht; ein »Oberstes Landesgericht«, ein selbständiges Polizei- und Unterrichtswesen bezeugen die bayerische Eigenstaatlichkeit. Die Oberpfälzer sind stolz, daß an der Spitze des Staates von 1962–1978 ein Mann aus ihrem Lebensraum stand: Ministerpräsident a. D. Dr. h. c. Alfons *Goppel* ist in Regensburg-Reinhausen geboren. Bild Seite 209
In allen Lebensbereichen erfolgte nach 1948 ein unerhörter Aufschwung. Er ist auf deutsche Leistungsenergie und gesamteuropäische bzw. weltweite wirtschaftliche und politische Bemühungen zurückzuführen.

Gebietsreform

Bis zum Jahr 1971 blieb den bayerischen Regierungsbezirken im wesentlichen die durch König Ludwig I. 1837 verordnete Gliederung und

Abgrenzung erhalten. Bald nach der Wiederaufbauphase nach dem letzten Weltkrieg setzten aber Überlegungen zu einer Reform der Verwaltung und ihrer Gebietseinheiten ein. Die geplante Vereinfachung und die angestrebte Verbesserung und Stärkung der kommunalen Selbstverwaltung ließen sich jedoch nicht ohne eine räumliche Neugliederung der Gemeinden und Landkreise ins Auge fassen. Die Veränderung gesellschaftlicher Strukturen und des Wirtschaftsgefüges in Bayern, die zusätzlichen Aufgaben der öffentlichen Hand, z. B. Umweltplanung, Wohnungsbau, Schulwesen, setzten leistungsfähigere, größere Gebietskörperschaften voraus. Der gesamte Komplex der Gebietsreform war ab dem Jahr 1970 Inhalt und Ziel intensiver Bemühungen, sowohl der Staatsregierung und der zuständigen Behörden als auch der Kommunen, sowohl der Ausschüsse und Parteien als auch der Interessenverbände. Die Ziele der Gebietsreform waren:

1. die Stärkung der kommunalen Selbstverwaltung,
2. die Steigerung ihrer Wirksamkeit zugunsten der Bürger und ihrer Ansprüche,
3. die Verbesserung der Lebensverhältnisse und der Abbau des Leistungsgefälles zwischen Stadt und Land.

Das Konzept wurde schließlich 1971 durch Landtagsbeschluß zur Durchführung freigegeben. Der Neuordnung der Landkreise und kreisfreien Städte im Jahr 1972 folgte in den kommenden Jahren die Neugliederung der Gemeinden. Klein- und Kleinstgemeinden wurden zu größeren Verwaltungseinheiten zusammengefaßt und damit die Zahl der Gemeinden in Bayern wie auch in der Oberpfalz stark verringert. Neu eingeführt wurde die sogenannte Verwaltungsgemeinschaft als ein Zusammenschluß benachbarter, kreisangehöriger Gemeinden unter Wahrung ihrer Eigenständigkeit.

Alle Maßnahmen waren und sind natürlich nicht unumstritten, weil eben Veränderungen des geschichtlich Gewordenen und Gewachsenen nie ohne schmerzhafte Einschnitte und Verzichte geschehen. Trotzdem muß die Gebietsreform als bedeutendes Ereignis gewertet werden, als Modernisierung der staatlichen Verwaltung für zukünftige Aufgaben und Entwicklungen. Auch mag sie zu einem lebendigeren politischen Bewußtsein unserer Bürger beigetragen haben, vor dem sie sich nun weiterhin rechtfertigen muß.

Staatliches und kulturelles Leben der Gegenwart

1. Verwaltung und Aufgaben des Bezirks

Von den sieben bayerischen Regierungsbezirken ist der Regierungsbezirk Oberpfalz an Fläche der viertgrößte, an Bevölkerungszahl der kleinste (Stand 30.9. 1979: 964549 Einwohner). Er gliedert sich in die kreisfreien Städte Amberg, Regensburg und Weiden sowie in die neuen Großlandkreise Amberg-Sulzbach, Cham, Neumarkt, Neustadt/WN., Regensburg, Schwandorf und Tirschenreuth mit insgesamt 222 Gemeinden.

Die *Bezirksregierung* – an ihrer Spitze der *Regierungspräsident* – ist das oberste Organ der staatlichen Verwaltung. Sie vertritt einerseits die Staatsregierung gegenüber dem Bezirk, zum anderen die Interessen und Anliegen des Bezirks gegenüber der Staatsregierung. Bild Seite 207

Bürgermeister und Stadträte, Gemeinde-, Kreis- und Landräte werden vom Volk gewählt. Im Bayerischen Landtag ist die Oberpfalz derzeit mit 19 Abgeordneten, im Deutschen Bundestag mit 7 Abgeordneten vertreten.

Mit den Abgeordneten für das Landesparlament werden zugleich (alle vier Jahre) die Vertreter des Volkes in das »Parlament« des Bezirks, den *Bezirkstag*, gewählt, und zwar entspricht die Zahl der Bezirksräte der Zahl der Landtagsabgeordneten des Regierungsbezirks: dem Bezirkstag der Oberpfalz gehören also derzeit 19 Mitglieder an, die aus ihrer Mitte einen *Bezirkstagspräsidenten* wählen.

Der Bezirk stellt neben den Gemeinden und Landkreisen die dritte kommunale Gebietskörperschaft dar. Gegenüber den Organen der Staats- und Bezirksregierung wurden durch Reform auch hier Eigenständigkeit und der Spielraum der Selbstverwaltung erweitert. So ist der Bezirk Träger einer eigenen Haushaltshoheit und oberster Dienstherr der Beamten, Angestellten und Arbeiter in den Bezirkseinrichtungen.

Einrichtungen des Bezirks

Gemäß der Bayerischen Bezirksordnung kommt dem Bezirk die Aufgabe des Unterhalts von Einrichtungen sowie der Ordnung und Selbstverwaltung von Angelegenheiten zu, die über das Vermögen und die Zuständigkeit der Städte und Landkreise hinausreichen. Er ist der Träger der Fachklinik für Psychiatrie und Neurologie in Regensburg, einer Sonderschule für geistig Behinderte ebenfalls in Regensburg, der Fachklinik für Lungen- und Bronchialheilkunde und des Behandlungszentrums für suchtkranke Jugendliche und Heranwachsende, beide in Pars-

195 Votivbild, von den Nabburger Bürgern in die Kreuzbergkirche von Schwandorf gestiftet. Im Jahr 1796 standen sich die Armeen der Franzosen und der Kaiserlichen bei *Nabburg* gegenüber. Fünf Stunden beschossen die Franzosen Stadt und Burg (vgl. die Geschoßbahnen der Kanonenkugeln!). In der Vorstadt St. Georg brach, wahrscheinlich durch Plünderung verursacht, ein Brand aus, dem 18 Häuser zum Opfer fielen, da die Franzosen das Löschen verhinderten.

196 *Napoleon vor Regensburg 1809* (Gemälde von A. Adam). Die Österreicher hatten sich in die feste Stadt zurückgezogen. Die Belagerung durch die Franzosen, bei der Napoleon verwundet wurde, brachte Regensburg große Verluste: Der Stadtteil um Obermünster stand in Flammen, das Jesuitenstift St. Paul, das Klarakloster und Stadtamhof sanken in Schutt und Asche. Nach der Einnahme quartierte Napoleon 45000 Mann und 4000 Pferde ein, für deren Verpflegung die Bürger aufkommen mußten.

197 Vereine und Persönlichkeiten wie der Handelsminister Gustav von Schlör setzten sich für den Bau von *Eisenbahnen* in der Oberpfalz ein; durch sie sollte das Hinterland den Industriezentren angeschlossen werden. Die Stahlstiche zeigen die ersten Züge, die durch das enge Juratal bei *Etzelwang* (unten) und gegen *Sulzbach-Rosenberg* dampften; die Linie wurde 1859 eröffnet. ▷

198 1748 wurde Fürst Alexander Ferdinand von Thurn und Taxis zum ständigen Vertreter des Kaisers am Immerwährenden Reichstag berufen. Seither ist in Regensburg der Sitz des Fürstlichen Hauses.

Regierungsbezirk Oberpfalz: Landkreise und kreisfreie Städte

berg, ferner der Fachklinik für Psychiatrie und Thoraxchirurgie und eines teichwirtschaftlichen Beispielbetriebs in Wöllershof. Im Jahre 1953 hat der Bezirk mit hohen Aufwendungen das Johannes-Kepler-Polytechnikum (heute Fachhochschule) errichtet, das für die Ausbildung der mittleren technischen und kaufmännischen Führungskräfte und damit für die oberpfälzische Wirtschaft große Bedeutung gewann und 1964 vom Bayerischen Staat übernommen wurde. Der Bezirk unterhält in Regensburg eine Fachschule für Krankenpflege, außerdem ist er Träger des Oberpfalz-Studentenheims, ebenfalls in Regensburg.

Besondere Schwerpunkte in der Arbeit des Bezirks sind neben dem Gesundheitswesen die überörtlichen sozialen Hilfen z. B. die Kriegsopferfürsorge, die Unterstützung der Freien Wohlfahrtsverbände, die Bereitstellung von Einrichtungen der Alten- und Jugendpflege.

Eine bedeutende Aufgabe kommt dem Bezirk auch in der Kultur- und Heimatpflege zu. So unterstützt er durch finanzielle Leistungen die Aktivitäten des *Bezirksheimatpflegers*, dessen Dienstherr er auch ist, den Oberpfälzer Kulturbund und die einzelnen Vereine, das heimische Kulturschaffen, Volksschauspiele und Mundartdichtung, die Erneuerung von Tracht und Brauchtum, schließlich Belange des Sports. Einen besonderen Stellenwert in der Arbeit des Bezirks nimmt die Denkmalpflege ein, wie auch die Errichtung und Förderung von Fach- und Heimatmuseen (s. S. 203).

Für besondere Verdienste um die Oberpfalz hat der Bezirkstag 1976 die *Bezirksmedaille* geschaffen, zu deren ersten Trägern der bayerische Ministerpräsident a. D. Dr. h.c. Alfons Goppel gehört.

Bezirksmedaille

Großräumig-modernes Denken und übernationale Ordnung, in die unsere Heimat langsam hineinwächst, können nicht verzichten auf das Fundament stammesgebundener Vielfalt, des Volkstums und der Heimatliebe.
Die karge Landschaft der Oberpfalz, die das Äußerste an Zähigkeit und Genügsamkeit aus ihren Bewohnern herausholt, wird als Heimat geliebt wie kaum ein Stück Erde anderswo. Viele ihrer großen Söhne, wie Schmeller, Doeberl, Schönwerth, haben sich begeistert zu ihr bekannt.
Frühzeitig stellten sich Idealisten in den Dienst des Heimatgedankens. 1907 gründete J. B. Laßleben in Kallmünz die Zeitschrift »*Die Oberpfalz*«, die auf breiter Basis Einzelforschungen, Berichte, Erzählungen und Gedichte über die Oberpfalz veröffentlicht.
In den zwanziger Jahren erinnerte man an die Verwandtschaft des oberpfälzischen und des egerländischen Stammes. 1930 wurde bei einer Heimattagung in Cham die »Oberpfälzisch-egerländische Arbeitsgemeinschaft Nordgau« ins Leben gerufen. Diesem ersten *Nordgautag* folgte 1931 einer in Weiden, 1932 in Eger, 1933 in Regensburg. In den folgenden Jahren war jeweils ein anderer oberpfälzischer Ort für den Nordgautag verantwortlich. Jede dieser Tagungen war verbunden mit Dichter- bzw. Komponistenabenden, kulturhistorisch wertvollen Ausstellungen, Trachtenumzügen und Volksfesten. Als Pioniere des Nordgaugedankens seien genannt: Dr. Heinz Schauwecker, J. Brunner, August Sieghardt, J. B. Laßleben und sein Nachfolger Michael Laßleben.
Das »Dritte Reich« vereinheitlichte und verpolitisierte die Heimatbewegung. Über dieser Zwischenzeit stand jedoch das Wort, das Schauwecker auf dem 4. Nordgautag (1933) gesprochen hatte: »Staatsformen ändern sich, Heimat hat Dauer.«
Das erwies sich, als kurz nach dem Zusammenbruch der Heimatgedanke neu erstarkte. 1951 rief H. Schauwecker zur Sammlung aller heimischen Kulturkräfte auf; ihm trat als tatkräftiger Mithelfer bald Dr. Friedrich Arnold, Amberg, zur Seite. Die bei Kriegsende eingeströmten Egerländer suchten ihre Tradition zu wahren durch Gründung der »*Eghalanda Gmoin*«. Am siebten Nordgautag 1951, der mit einem Festakt im Reichssaal zu Regensburg eröffnet wurde und in einem prachtvollen Trachtenzug seinen Höhepunkt erlebte, beteiligten sich 40 000 Egerländer.
1953 fand der Nordgautag in Weiden statt; es wurde ein Kulturpreis für schöpferische Leistungen auf den Gebieten der Dichtung, der Malerei, der Musik, der Heimatgeschichte und der Förderung des Nordgaugedankens geschaffen (Nordgauplakette). Die ganze Liebe des Oberpfälzers zu farbenfrohen Festen und zur Demonstration seiner Heimatver-

bundenheit entfaltet sich bei diesen Veranstaltungen und Umzügen der Nordgautage. Vom kleinen »Boum« bis zum Achtzigjährigen reihen sich Begeisterte aus allen Ständen und Bezirksteilen in den Trachtenzug ein – auch wenn Sonne und Gewandung manchen Schweißtropfen hervorrufen. So finden trotz der häufig angeprangerten Verödungs- und Vermassungserscheinungen in unserer Zeit die Gedanken der Volkstumspioniere von Jahr zu Jahr mehr Anklang.
Die »Oberpfälzische Arbeitsgemeinschaft Bayerischer Nordgau« hat sich mit dem »Oberpfälzer Heimatbund« 1969 zusammengeschlossen zum *»Oberpfälzer Kulturbund«*, der Bezirksarbeitsgemeinschaft für Heimatarbeit e. V. Er ist heute der Träger der Nordgautage. Er fördert die verschiedenen Kunstgattungen und setzt sich für die Pflege von Volkslied und Volkstanz, von Brauchtum und Tracht ein. Seine Aufgabe ist ferner die Schaffung und Verwaltung eines Oberpfälzer Kulturfonds. Ihm gehören derzeit 21 Vereinigungen mit insgesamt 65000 Mitgliedern an.
Die *»Oberpfalz-Woche«* findet alle zwei Jahre (im Wechsel mit den Nordgautagen) in Regensburg statt. Auch sie wird vom Oberpfälzer Kulturbund getragen.
Heimatpflege ist auch das Ziel, das sich der »Oberpfälzer Waldverein« gesetzt hat. Er sorgt für Unterkunftshäuser und Wegemarkierungen, unternimmt heimatliche Wanderungen und gesellige Veranstaltungen.

2. Museen

Fast alle größeren Orte unseres Bezirks weisen Schausammlungen heimatkundlicher Sehenswürdigkeiten auf. Furth im Wald, Neunburg v. Wald, Sulzbach-Rosenberg, Grafenwöhr, Berching, Sulzbürg, Neumarkt, Walderbach, Nabburg u. a. haben ihr Heimatmuseum.
Amberg kann stolz auf sein mit heimatkundlichen Schätzen ausgestattetes Museum im »Klösterl« sein. *Weiden* hat in seinem Stadtmuseum seinem großen Komponisten eine Max-Reger-Abteilung gewidmet.
Das *Stiftlandmuseum in Waldsassen* präsentiert seit 1979 in 24 neueingerichteten Räumen vor allem Handwerkerstuben und Arbeitsgerät.

Regensburg

Vorbildlich zusammengestellt und dargeboten werden die reichhaltigen Bestände der Kunst und der kulturgeschichtlichen Vergangenheit Ostbayerns in den Räumen des *Museums der Stadt Regensburg*, das sich in den erweiterten Gebäuden des ehemaligen Minoritenklosters befindet und weit über den Stand eines üblichen Provinzmuseums hinausragt. Hier wird aber nicht nur Vergangenes konserviert: Die Museumsdirektion bemüht sich auch, durch aktuelle Ausstellungen mit dem Kunstschaffen der Gegenwart bekannt zu machen.

Den Geist des wissenschaftlichen 16. Jahrhunderts atmet das kleine *Johannes-Kepler-Museum* in der Keplerstraße, welches das Andenken des 1630 hier verstorbenen Astronomen Johannes Kepler pflegt.

Das *Reichstagsmuseum* im Alten Rathaus gibt ein beredtes Zeugnis der Zeit, als Regensburg Zentrum der europäischen Politik war.

Diözesan- und *Domschatzmuseum* beherbergen Kostbarkeiten der sakralen Kunst.

Das *Marstallmuseum* im Fürstlichen Schloß zeigt eine der größten Sammlungen dieser Art (Prunkwagen, Schlitten, Pferdegeschirr usw.).

Fachkenner setzen sich für die Ausstattung und Unterhaltung des sehr aufschlußreichen *Naturkundemuseums* (am Prebrunntor) ein.

Die *Ostdeutsche Galerie* in Regensburg besitzt eine große Sammlung von Werken ostdeutscher Künstler, die sie laufend ergänzt und in ihren Räumen ausstellt. Sie pflegt dadurch Kontakte über unsere westdeutschen Bundesgrenzen hinweg. In diesem Bestreben und mit ihrem Kunstbesitz ist sie weit über Bayerns Grenzen hinaus bekannt.

Im Rahmen des »Museumsentwicklungsprogramms« wird das frühere städtische Getreidemagazin, der sog. *Leere Beutel*, nun saniert. Nach seiner Fertigstellung beherbergt er die *Ostbayerische Galerie,* d. h. Kunst des ostbayerischen Raums (Bildende Kunst, Kunsthandwerk) von der Gründerzeit bis zur Gegenwart. Außerdem soll er eine Filiale der staatlichen Gemäldesammlungen werden.

achmuseen

Die Errichtung und Förderung unserer Fachmuseen ist, wie schon erwähnt, Aufgabe und besonderes Anliegen des Bezirks: 1964/65 wurde in *Perschen* bei Nabburg das *Oberpfälzer Bauernhofmuseum* gegründet. Der auf das 13. Jahrhundert zurückgehende Edelmannhof in der Nachbarschaft der romanischen Kirche und des Karners diente ehedem als Pfarrhof und dann jahrhundertelang als Bauernhof. Nun wird hier gezeigt, wie unsere ländlichen Vorfahren gelebt und gewirtschaftet haben. Die rasch fortschreitende Technisierung der Landwirtschaft und die Modernisierung der Wohnweise läßt viele alte Geräte und Möbelstücke untergehen. Hier wurden sie zusammengetragen und in einer kulturgeschichtlich interessanten Umgebung aufgestellt. Sowohl alte Erntewagen, Pflüge, Eggen, Sensen, Dreschflegel, als auch Krautfässer, Geschirr, Spinnräder, bäuerliches Spielzeug u. a. nehmen den ihnen zustehenden Platz ein. Alle Nebengebäude (Pferdestall, Schuppen usw.) und Wohnräume sieht man mit originalgetreuer Einrichtung. Der Hausrat ist dort zu finden, wo er seit eh und je in der bäuerlichen Wirtschaft

aufbewahrt wurde. Um die Vielfalt der Oberpfälzer Haus- und Hofformen zu demonstrieren wird zusätzlich im benachbarten *Neusath* ein Freilandmuseum auf 25 ha Grund errichtet.
In dem Hammerherrnschloß *Theuern* (15.–18. Jahrhundert) entsteht das *Bergbau- und Industriemuseum* Ostbayern. Im April 1978 konnte eine Teileröffnung vorgenommen werden. Der Akzent liegt zwar auf dem Bereich der Technik (Eisenhammer, Spiegelglasschleiferei usw.), doch sollen die technikgeschichtlichen Anlagen in ein soziales und wirtschaftliches Milieu eingebettet und Lebens- und Arbeitswelt sichtbar gemacht werden. Eine Mineraliensammlung, ferner eine Glas- und Keramikschau vervollständigen das Angebot.
Ein weiteres Freilandmuseum wurde 1978 in *Hillstett* bei Rötz ins Leben gerufen: Dieses *Oberpfälzer Handwerksmuseum* nimmt historische Anlagen (z. B. den Seebarnhammer) auf und zeigt die Entwicklung von Werkzeugen, Handwerkstechniken und -erzeugnissen.
In *Burglengenfeld* entsteht das *»Oberpfälzer Volkskundemuseum«*.
Ein *Schulmuseum*, das erste seiner Art in Bayern, soll in einem alten Schulhaus bei *Sulzbach-Rosenberg* eingerichtet werden. Eine entsprechende Starthilfe des Bezirks wurde schon gegeben. (Übersicht wichtiger Museen s. S. 388).

3. Schöpferische Leistungen

Das Kulturleben der Oberpfalz erschöpft sich aber keineswegs im Sammeln und Bewahren wertvoller Überlieferung. In den verschiedenen Bereichen leisten eigenschöpferische Künstler ihren Beitrag. Bei vielen Lebenden steht allerdings die Entscheidung über Bedeutung und Dauer ihres Werkes noch aus; es sollen deshalb hier nur die wichtigsten Strömungen des Oberpfälzer Kulturkreises angedeutet werden.

Kulturpreise

Für besondere Leistungen auf den verschiedenen Gebieten des künstlerischen Schaffens werden jährlich folgende Preise vergeben: der Kulturpreis Ostbayern von der Energieversorgung Ostbayern AG, der Kulturpreis sowie ein Kulturförderpreis der Stadt Regensburg, der Nordgaupreis der Stadt Amberg, der Kulturpreis der Stadt Sulzbach-Rosenberg. Ein Musikförderpreis zeichnet Jugendmusikgruppen aus. Die Stadt Regensburg verleiht außerdem für besondere kulturelle Leistungen und Verdienste die Albertus-Magnus-Medaille.

Literatur

Im literarischen Schaffen der neueren Zeit haben sich die Dichter Georg Britting (gest. 1964), Florian Seidl (gest. 1972), Heinz Schauwecker

(gest. 1977) und Gottfried Kölwel (gest. 1958) als Erzähler und Lyriker von hohem Rang erwiesen. *Britting* gelang es, Heimatdichtung zu großer Poesie zu erheben, Persönliches ins Allgemeingültige zu steigern (s. S. 385). *Schauwecker* hat sich neben der eigenen schriftstellerischen Arbeit um die Organisation der Heimat- und Kulturpflege besonders verdient gemacht. *Seidl*, der sich als Lyriker, Dramatiker und Prosaist qualifizierte, erfreut durch volksliedhafte Wärme und kräftigen Humor. Der 1889 in Beratzhausen geborene *Gottfried Kölwel* schildert in seinen Gedichten und Erzählungen in besinnlichem, schlichtem Tonfall die oberpfälzische Heimat.
Schauwecker und Seidl waren auch Mitglieder der *Regensburger Schriftstellergruppe* (= RSG). Diese Arbeitsgemeinschaft deutschsprachiger Autoren wurde 1913 gegründet und ist die älteste aktive Autorenvereinigung des deutschen Sprachraums. Sie wurde ab 1960 überregional erweitert. Heute gehören der RSG Autoren aus sieben Ländern an. Ihre Ziele sind u. a. Pflege der Dichtkunst und Förderung ihrer Mitglieder, besonders auch junger Talente. In Sammelbänden – u. a. »Kranwitt« (1951), »Anthologie 1« (1963), »Anthologie 2« (1969), »Quer« (1975) und »Anthologie 3« (1979) – sowie in kleineren Schriften kommen die Autoren und Übersetzer zu Wort. Zu den besonderen Aktivitäten der RSG gehören die Internationalen Regensburger Literaturtage (ab 1967), die Internationalen Jungautoren-Wettbewerbe (ab 1972), Dramen-Uraufführungen in szenischer Lesung, Ur- und Wiederaufführungen von musikalischen Kompositionen nach Texten von RSG-Autoren, die Mitgestaltung der Nordgautage sowie Autorenlesungen auch im Ausland. Einige junge Schriftsteller haben sich im *»Schattenschrei«* zusammengeschlossen. Eine Reihe von weiteren Schriftstellern gehört keiner Gruppe an.
Ebenso wie die Regensburger Schriftstellergruppe in der Heimat verankert ist und doch hinausgreift ins Überregionale, so ist auch das *Archiv für Gegenwartsliteratur* in Sulzbach-Rosenberg über die Grenzen der Stadt hinausgewachsen. Oswald Heimbucher, zugleich Gründer und Leiter der beachtlichen Musikschule von Sulzbach-Rosenberg, hat es ins Leben gerufen. Walter Höllerer, ein Sohn der Stadt, ist dort ebenso vertreten wie Autoren der Gruppe 47 und andere Moderne.
Eine Reihe von *Mundartdichtern* hat die Oberpfalz aufzuweisen. Dem neuerwachten Interesse an diesem Zweig der Literatur tragen die Beiträge in den Sammlungen »Oberpfälzer Lesebuch«, »Oberpfälzer Sprachmosaik« und »Zammglaabt« Rechnung, die lebendige Oberpfälzer Sprache aus Vergangenheit und Gegenwart darbieten.

Darstellende Kunst

Die Liebe der Oberpfälzer zum Theaterspielen findet Ausdruck in Volksstücken und Festspielen, die in den verschiedenen Teilen des Landes aufgeführt werden. Sie bilden in gewissem Sinne auch den Mutterboden für die Aufgeschlossenheit des Oberpfälzers der darstellenden Kunst gegenüber. Man weiß von Volksspielen, die bis ins Mittelalter zurückreichen. An mehreren Orten sind volkstümliche historische Festspiele entstanden oder neu belebt worden, wie z. B. in Waldmünchen die Trenck-Spiele (s. S. 344), in Furth der Drachenstich (s. S. 343), in Falkenstein die Burgfestspiele, in Kötzting das Pfingstspiel (s. S. 339). Alle Jahre locken diese Darbietungen viele Besucher an.
Von den religiösen Spielen wird im Zusammenhang mit dem Brauchtum des Kirchenjahres noch die Rede sein.
Das *Stadttheater Regensburg*, das sich einer über 300jährigen Tradition rühmen darf, behauptet sich als einzige selbständige Einrichtung dieser Art in Ostbayern. Befruchtenden Einflüssen der Kulturzentren geöffnet, aber durchaus eigengeprägt und in lebendigem Kontakt mit seinem Stammpublikum, kann diese Bühne den Bedürfnissen unseres Kulturraumes entsprechen. Eine Studiobühne ergänzt das Schauspielangebot des »großen Hauses«.
Seit Oktober 1978 besitzt auch *Amberg* wieder einen Kulturmittelpunkt in seinem Stadttheater: Die ehemalige Kirche des Franziskanerklosters, die bereits 1803 eine erste Theaterpremiere erlebte, wurde vorbildlich restauriert. Der Spielplan wird durch Gastspiele – auch des Regensburger Ensembles – bestritten.

Musikpflege

Der stärksten Teilnahme erfreut sich in unserem Raum die Musikpflege, die in *Regensburg* auf einer tausendjährigen Tradition fußt. Hervorragende Ausbildung junger Kirchenmusiker aus dem In- und Ausland gewährleistet die Fachakademie für Kirchenmusik (früher Kirchenmusikschule), die nach Abschluß umfangreicher Renovierungsarbeiten im ehemaligen Kloster St. Mang in Stadtamhof moderne Unterrichts- und Heimräume erhielt.
Ab 1930 begann der Chor der »*Regensburger Domspatzen*« durch Konzertreisen, Rundfunk und Schallplattenaufnahmen in der Welt ein Begriff zu werden. 1964 hat Dr. Georg Ratzinger die Nachfolge des durch Jahrzehnten bewährten Domkapellmeisters Theobald Schrems angetreten. Die Sängerknaben werden heute in einer Internatsvolksschule und in einem eigenen Musikgymnasium herangebildet.
In zahlreichen Chor- und Kammermusikkreisen (Collegium musicum Regensburg, Regensburger Chorkreis, Chor der evangelischen Kantorei, Musica Antiqua Ambergensis, Chor- und Kammermusikvereinigungen in Waldsassen, Sulzbach-Rosenberg u. a.) bemühen sich Laien-

)7 Oben: Johann Pösl (rechts) ar von 1954–1978 der erste Präsi- ent des Bezirkstags der Oberpfalz. in Nachfolger in diesem Amt ist lfred Spitzner (links).

nten: Am 26. September 1978 gte der Regierungspräsident der berpfalz, Prof. Dr. Ernst Emmerig, ter großer Anteilnahme der Be- lkerung den Grundstein zum Kli- kum der Universität Regensburg.

Drogerie Völkel
P

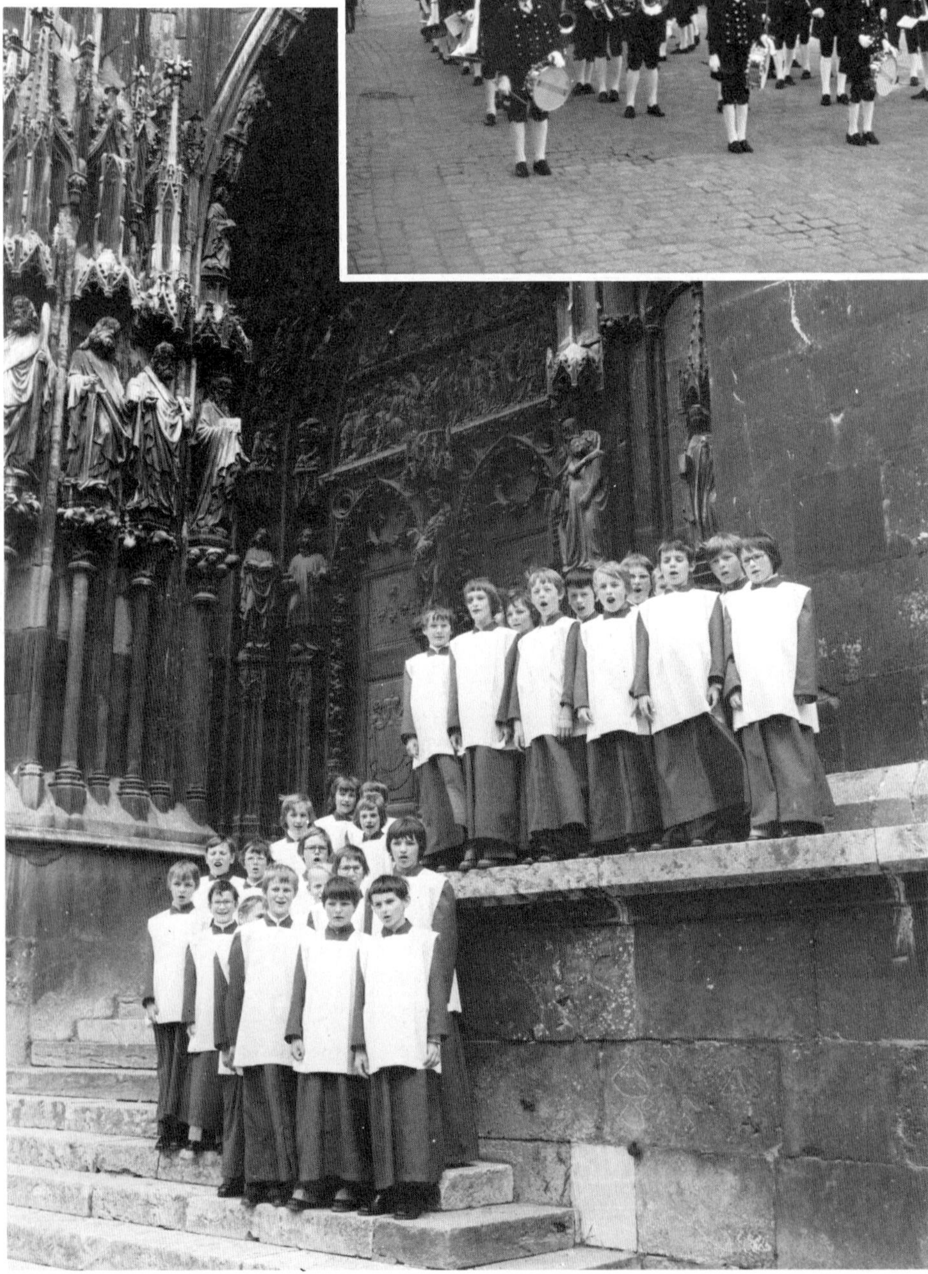

△ 209 Dr. h. c. Alfons Goppel, von 1962–1978 bayerischer Ministerpräsident, verabschiedet sich von den »Bräuten« der Oberpfälzer Festspiele: der Kötztinger Pfingstbraut, der Geliebten des Trenck, dem Further Edelfräulein und der Falkensteinerin.

◁ 208 Oben: Die Oberpfalz besitzt über 200 *Blaskapellen.* Für Jugendmusikgruppen hat der Bezirk 1976 einen Musikförderpreis gestiftet, der jährlich vergeben wird.
Unten: Die *Regensburger Domspatzen,* die in einer eigenen Grundschule und in einem Musikgymnasium schulisch und musikalisch ausgebildet werden, führen eine tausendjährige Tradition der Musikpflege fort.

210 Alljährlich lädt das Städtische Museum Regensburg zu erlesenen *Serenadenkonzerten* in den gotischen Kreuzgarten der Minoritenkirche ein. ▷

und Berufsmusiker um gediegene Gestaltung alter und moderner Musik.
Erlebnisse eigener Art bieten die sonntäglichen Orgelkonzerte in der Minoritenkirche und die sommerlichen Serenaden im Kreuzgarten des Städtischen Museums sowie die Darbietungen im Dom, im Reichssaal des Rathauses, im Runtingersaal oder im großen Saal der Regierung, bei denen Auge und Ohr Feste feiern.
Im Raum unserer Oberpfalz finden auch an historischen Stätten – Kirchen, Schlösser – Konzerte einheimischer Konzertvereinigungen und Künstler statt, so etwa in der Klosterkirche Reichenbach, in der Pfarrkirche von Cham, in den Schlössern Sünching und Köfering, auf dem Habsberg, in Kloster Plankstetten – um nur einige zu nennen.
Im Norden sind die Konzerte in der Basilika *Waldsassen*, getragen vom dortigen Basilikachor, schon zur Tradition geworden. Kammerkonzerte auswärtiger Künstler ergänzen die Kirchenaufführungen.
Ein reges Musikleben zeichnet *Sulzbach-Rosenberg* aus. Der Gesang- und Orchesterverein besteht seit 1844. Der Männergesangsverein, die evangelische Kantorei, Kirchenchöre, wie auch das Kammerorchester und der Chor der städtischen Sing- und Musikschule tragen dazu bei.
Die Reger-Stadt *Weiden* pflegt die Musik nicht nur in der Städtischen Musikschule. Neben dem seit 150 Jahren bestehenden Weidener Liederkranz gibt es einen Fachkreis für Kammermusik. Die »Weidener Musiktage« sind dem Gedenken Max Regers gewidmet, fördern aber auch neuere Musikwerke und einheimische Kräfte.
Namhafte Komponisten der Vergangenheit wie Chr. W. Gluck, Marianus Königsberger, Gregor Aichinger stammen aus der Oberpfalz. Aus unserem Raum erwächst auch gegenwärtig ein fruchtbares kompositorisches Schaffen.
Mit dem Musikgut der Oberpfalz in Vergangenheit und Gegenwart befassen sich in Regensburg zwei Veranstaltungsreihen: Die »Musik der Oberpfalz« widmet ihr Kammermusikprogramm den alten Meistern, und zwar auch jenen, die nicht aus der Oberpfalz stammen, aber als fürstliche Hofmusiker schöpferisch tätig waren: Franz Xaver Pokorny, Theodor von Schacht, Josef Touchemolin. Die Edition »Musik der Oberpfalz« ergänzt diese Aufführungen.
Das Studio »Neue Musik der Oberpfalz« wurde vor einigen Jahren gegründet. Werke zeitgenössischer Oberpfälzer Komponisten werden hier aufgeführt bzw. uraufgeführt. Beide Veranstaltungsreihen werden vom Oberpfälzer Kulturbund getragen.
Von echter Kulturbereitschaft zeugt das Zusammenwirken heimischer Komponisten mit ansässigen Ensembles, Chören und Künstlern. Gerade das begeisterte Musizieren von Laien, das geduldige, hingebungsvolle

Sichmühen, abendländische Musik nachzugestalten und zu vermitteln, kann nicht hoch genug eingeschätzt werden.
Einsichtige Fachkräfte trachten danach, einer Verflachung und Materialisierung durch Förderung musischer Gaben entgegenzuwirken; es sei an die zahlreichen verdienstvollen *Sing- und Musikschulen* etwa in Sulzbach-Rosenberg, Furth i. W., Neunburg v. W., Schwandorf, Weiden, Regensburg, Eslarn u. a. erinnert.
Vom aktiven Gemeinschaftsmusizieren führt der Weg zum Verständnis sowohl der klassischen Werke als auch der guten *Volksmusik*. Dieser widmen der Oberpfälzer Volksliedkreis e. V., die Oberpfälzer Volksmusikfreunde, mehrere Volksmusikgruppen und zahlreiche Blaskapellen ihre Mußestunden (s. Seite 320).

Bild Seite 208

Bildende Kunst

Der Stellenwert, der kulturellen Erscheinungen in einem bestimmten Lebens- und Gesellschaftsraum zugemessen wird, ist nicht nur eine Frage, die die Künstler betrifft oder eine Frage öffentlicher und privater Repräsentation, sondern hängt unmittelbar mit der Akzentuierung und Sinngebung des Lebens zusammen. Es geht sowohl um die Rückvermittlung der Arbeit der bildenden Künstler in die Gesellschaft, als auch um die Förderung kultureller Aktivitäten in der Bevölkerung. Das reicht von einer verantwortungsvollen Umweltgestaltung über neue Formen der Kommunikation bis zur Entdeckung und Förderung kreativer Möglichkeiten und Bedürfnisse. Die Situation der bildenen Kunst in der Oberpfalz und die hier getätigten Aktivitäten beleuchten den Stellenwert, der dem heimischen Kunstschaffen dieses Raumes gebührt.
Ausschlaggebende Aktivitäten von und für die Kunstschaffenden der Oberpfalz und des gesamten ostbayerischen Raumes haben im *Berufsverband Bildender Künstler Niederbayern/Oberpfalz* (= BBK), Sitz Regensburg, ihren Ansatzpunkt bzw. ihr koordinierendes und impulskräftiges Zentrum. Bevölkerung und Institutionen sind sich der Vorrangstellung dieses Verbandes voll bewußt und machen regen Gebrauch von seinen Initiativen. Dem Verband gehören 167 bildende Künstler an. Ein Grundanliegen des BBK ist die Förderung des Ausstellungswesens im Oberzentrum Regensburg und in Ostbayern, aber auch die Repräsentation auf überregionaler Ebene. Aufgrund seiner Breitenwirkung ist eine dauernde Bezugnahme zwischen Künstlern und Öffentlichkeit gewährleistet, gerade auch in den Bereichen »Kunst am Bau« sowie in der Beratung auf sozialem und wirtschaftlichem Sektor.
Die Förderung der Kreativität beim Kind und Jugendlichen erfolgt u. a. durch den seit elf Jahren jährlich stattfindenden Wettbewerb »Regensburger Jugend malt und zeichnet« im Donau-Einkaufszentrum Regensburg. Der Verband wirkt als kooperatives Mitglied im Oberpfälzer Kul-

turbund und dessen Kunstausstellungen in der gesamten Oberpfalz, vor allem auch anläßlich des in zweijährigem Turnus stattfindenden Nordgautages.
Einen guten Namen besitzt in Regensburg seit Jahrzehnten der *Kunst- und Gewerbeverein* (= KGV). Er besteht aus fördernden Mitgliedern und Künstlern und richtet bedeutende Ausstellungen ostbayerischer Künstler und Kunsthandwerker aus.
Der *Kunstverein Weiden* setzt sich aus fördernden Mitgliedern, Künstlern und Hobbymalern zusammen. Er ist vorwiegend in der nördlichen Oberpfalz ausstellungsaktiv.
Für bedeutende Leistungen auf dem Gebiet der bildenden Kunst wurden schon mehrere Künstler aus der Oberpfalz mit Kulturpreisen ausgezeichnet.

4. Bildungswesen

Ein dichtes Netz von Schulen besteht in der Oberpfalz, in erster Linie Grund- und Hauptschulen. Darüber hinaus gibt es derzeit in der Oberpfalz 32 Realschulen und 36 Gymnasien, verteilt auf die einzelnen Landkreise und Städte, sowie sechs Fachoberschulen, 15 Berufsaufbau- und eine Berufsoberschule. Dieses Bildungsangebot schafft die Voraussetzungen für das Hochschulwesen. Die frühere Philosophisch-Theologische Hochschule in Regensburg reicht in ihren Anfängen in die Zeit des großen Gelehrten Albertus Magnus zurück; sie ist ebenso wie die in den fünfziger Jahren gegründete Pädagogische Hochschule heute in die Universität integriert.

Hochschulen

Das 1953 vom Bezirk Oberpfalz gegründete Johannes-Kepler-Polytechnikum wurde 1964 vom Staat übernommen und zur *Fachhochschule* ausgebaut. Die Fachrichtung »Gestaltung« dieser Schule befindet sich in Weiden. Sowohl in Regensburg als auch in der übrigen Oberpfalz konnten mehrere *Fachakademien* (für Kirchenmusik, für Sozialpädagogik, für Hauswirtschaft) und *Fachschulen* errichtet werden.

Volkshochschulen

Es ist eine staatspolitische Notwendigkeit, Bildungsgut nicht in den Städten und Schulen zu horten, sondern es von diesen ins Land hinauszustrahlen und bis in die abgelegenen Dorfgemeinden hineinzutragen. Dieser Aufgabe dient in der Oberpfalz ein dichtes Netz von *Volkshochschulen* und *Volksbildungswerken.* Diese bemühen sich um Erwachsenenbildung in dreifacher Richtung: Politische und sozialkundliche Vorträge sollen die Bevölkerung zu selbstverantwortlicher Mitarbeit an den öffentlichen Belangen hinführen; durch musische sowie allgemeinbildende Veranstaltungen und Arbeitsgemeinschaften bemüht man sich, das geistige Leben der Provinz anzuheben; berufsfördernde Lehrgänge sollen den Erwachsenen auf dem Land Aufstiegsmöglichkeiten erschließen.

Öffentliche Büchereien und Bibliotheken

Neben den zahlreichen Pfarrbüchereien stehen in 70 kommunalen öffentlichen Büchereien rund 350 200 Bände zur Verfügung. Zu diesen Büchereien treten auf einer höheren Ebene mehrere wissenschaftliche Bibliotheken: Das *Staatsarchiv* in *Amberg* hat einen Bestand von 1,411 Millionen Archivalien und 15 700 Bänden, die *Staatliche Provinzialbibliothek*, ebenfalls in Amberg, verfügt über 67 800 Bände. Die *Staatliche Bibliothek Regensburg* zählt derzeit 175 000 Bände, 120 Handschriften, 1107 Wiegendrucke, 1300 Notenwerke und führt 278 Zeitschriften. Die reichhaltige *Thurn und Taxissche Hofbibliothek* steht für Studienzwecke zur Verfügung. Mit ihren ca. 210 000 Bänden, 350 Handschriften, ungefähr 2900 Musikhandschriften, 400 frühen Musikdrucken und ca. 1300 Wiegendrucken hat sie den wertvollsten Bestand der oberpfälzischen Bibliotheken und Archive aufzuweisen. Der vor hundert Jahren in Regensburg verstorbene Musikwissenschaftler und Sammler Carl Proske hat eine für die Musik- und Kirchengeschichte wichtige Sammlung von alten Handschriften und Drucken aufgebaut (*Proske-Bibliothek*: 15 000 Bände); diese ist heute dem vor einigen Jahren errichteten Diözesanarchiv einverleibt. Die *Bibliothek der Universität* hat derzeit (1980) einen Bestand von ca. 1,75 Millionen Bänden.

Universität Regensburg
Bild Seite 207, 304

Die kulturelle Erschließung des ostbayerischen Raumes gipfelt in einem Ereignis von überregionaler Bedeutung, in der Errichtung einer *vierten Landesuniversität in Regensburg*. Sie entspricht einem dringenden Erfordernis: Jahrhundertelang waren die Begabtesten von ihrer Heimat abgezogen worden; dadurch drohte in der besonders gefährdeten Grenzregion ein geistiger Leerraum zu entstehen. Wie ein Magnet hatte die bayerische Landeshauptstadt München auf die Vorwärtsstrebenden gewirkt, und heute noch sind mehrere Prozent der Münchener oberpfälzischer Herkunft. In dem lange Zeit vernachlässigten Bezirk bildet nun die Regierungshauptstadt wieder ein geistiges Zentrum, das die Kräfte zu sammeln und ins Land hinauszustrahlen vermag. Die Statistik der Immatrikulierten zeigt, daß mehr als die Hälfte der Studierenden aus dem unmittelbaren Einzugsbereich zuströmt. Es wird begrüßt, daß dadurch die Möglichkeit geschaffen ist, in größerem Umfang »Landeskinder«, also Menschen, die mit der besonderen Situation des Grenzgebietes von Jugend an vertraut sind, bei der Bewältigung der Probleme ihrer Heimat einzusetzen. Die besondere Aufgabe der Universität ist es, den östlichen und südöstlichen Raum forschend und deutend zu durchdrin-

gen und dadurch zum Verständnis der östlichen Nachbarvölker beizutragen.
Der Universität stehen ein Stammgelände von 100 Hektar und ca. 70 Hektar für das Universitätsklinikum zur Verfügung. Wichtige Etappen der Bautätigkeit waren die Fertigstellung eines Sammelgebäudes mit Lehrstuhlbau (1967) sowie des Auditorium Maximum mit 1500 Plätzen, das zugleich den für Regensburg dringend benötigten Raum für größere Veranstaltungen bietet. 1978 konnte der Grundstein für das Klinikum gelegt werden. Seit nunmehr zwölf Jahren werden jährlich Neubauten der Universität fertiggestellt; insgesamt sind es mittlerweile Gebäude mit ca. 165 000 m^2 Nutzfläche für etwa 550 Millionen DM. Immer mehr setzt sich die Erkenntnis durch, daß die Zukunft unseres demokratischen Staates von der Qualität seiner urteilsfähigen, verantwortungsbereiten und gründlich gebildeten Menschen abhängt.

Wirtschaftsleben

1. Geschichtlicher Rückblick

Nicht nur in kulturellen Dingen bauen wir auf dem Erbe unserer Vorfahren auf: Auch der Zustand und die Eigenart unseres Wirtschaftslebens lassen sich zum großen Teil nur durch die Kenntnis eines jahrhundertelangen Werdens verstehen. Daher wollen wir in einem kurzen Überblick den gewerblichen und industriellen Entwicklungsgang bis zum Beginn der eigentlichen Industrialisierung im 19. Jahrhundert betrachten.

Regensburg

Die Bezirkshauptstadt weist eine von der übrigen Oberpfalz verschiedene Entwicklungslinie auf: Diese Sonderentwicklung Regensburgs soll zunächst ins Auge gefaßt werden. Es war in anderem Zusammenhang davon die Rede, daß sich schon zur Zeit der Römer hier Handelsvorgänge abspielten (s. Seite 69). Der außerordentlich günstigen Verkehrslage an der Kreuzung großer europäischer Fernhandelsstraßen und am völkerverbindenden Strom verdankt die Stadt ihren frühen Aufschwung. Karl der Große versah die Kaufmannsschaft reichlich mit Privilegien. Das Handelssystem des Mittelalters beruhte auf dem Unternehmergeist und der Rührigkeit des Einzelnen und der Kaufmannsgenossenschaften, und daran hat es in Regensburg nie gefehlt. Die Bedeutung des Wasserweges für eine Zeit, in der große Lasten nur auf Flößen und Schiffen befördert werden konnten, leuchtet ein. Die Donaulände entwickelte sich zum internationalen Stapel- und Umschlagplatz. Große Salzstadel unterhalb der Steinernen Brücke bezeugen heute noch den umfangreichen Handel mit Salz, das in Frachtzügen bis zu 300 Tonnen stromaufwärts transportiert und in Regensburg gelagert wurde. Ein regelmäßiger Dienst war zwischen Ulm und Wien eingerichtet, der wöchentlich Personen und Waren beförderte.

Fernhandel

Bild Seite 148

Tüchtige Unternehmergeschlechter (Zant, Reich, Thundorfer, Runtinger, Portner u. a) nützten die Gunst der Lage und knüpften weitreichende Fernhandelsbeziehungen an. Wie später die Fugger in Augsburg höchsten Würdenträgern aus finanziellen Nöten halfen, so waren im 13. und 14. Jahrhundert die Reich aus Regensburg Bankiers von Domherren, Herzögen und Königen.

Gewerbe

Gewerbefleiß brachte im Mittelalter vor allem der Tuch- und Barchentherstellung und der Seidenweberei Erfolg: Zeitweise stand die Produktion der Stadt an der Spitze des deutschen Reiches.

Ansätze zu dem später erblühenden Waffen- und Metallhandwerk lassen sich bereits im 8. Jahrhundert erkennen. Weltberühmt waren die

Regensburger Schwerter. Eine scharfe Konkurrenz erfuhr das Metallhandwerk der Stadt durch die Schmiede der Oberpfalz vom 13. Jahrhundert ab.
Das Kürschnerhandwerk knüpfte an den Pelzbezug aus Böhmen und Rußland (Kiew) an. Im 14. Jahrhundert unterstützten drei Lohmühlen die Lederindustrie.
In erster Linie war Regensburg jedoch nicht eine Stadt der Handwerker, sondern des Handels. Den geregelten Warenverkehr überwachte ein »Hansgraf« (= Vorsitzender der zusammengeschlossenen Kaufherren), der zugleich richterliche und berufsständische Macht ausübte (zunächst auf Handelsfahrt). Beauftragte des Hansgrafenamtes begleiteten die Handelszüge und residierten, vor allem zu Messezeiten, in fremden Handelszentren.

Höhepunkt und Umschwung

So war Regensburg bis ins späte Mittelalter die angesehenste und volkreichste Stadt Süddeutschlands. Man schätzt ihre Einwohnerzahl im 14. Jahrhundert auf 22 000. Von da an erfolgte jedoch keine Weiterentwicklung mehr, die Stadt hatte den Höhepunkt ihres Wohlstandes erreicht. Bald nach der Erhebung zur Freien Reichsstadt (unter Kaiser Friedrich II. 1243) begann sich die Rivalität der Habsburger und der Wittelsbacher für die Wirtschaft der Stadt nachteilig auszuwirken. Als Reichsstadt stand sie dem Kaiser näher, der Herzog aber hatte Wirtschaft und Verkehr des Hinterlandes in der Hand und saß durch den Besitz von Stadtamhof unmittelbar vor der Tür. So wurde die Stadt in ihren natürlichen Möglichkeiten durch die Ungunst der Politik eingeengt. Dazu kamen innere Kämpfe um das Stadtregiment und die einschneidende Tatsache, daß seit dem Vordringen der Türken auf dem Kontinent (14. Jahrhundert) die Lebensader der Stadt am Strom wirtschaftlich durchgeschnitten war; denn ihre Blüte war weitgehend durch die Donau als Verkehrsverbindung in den Vorderen Orient bedingt. Nun übernahmen Prag und Wien die Rolle der Vermittler nach Osten und Südosten, die italienischen Seestädte rissen den Orienthandel an sich. Für den Landverkehr erwies sich die Lage von Nürnberg und Augsburg als günstiger. Es ist bezeichnend, daß in der Handelszentrale Venedig die Führung des »Deutschen Hauses«, bisher unbestrittenes Recht der Regensburger, 1462 an Nürnberger Kaufleute überging. Als dann nach der Entdeckung Amerikas die atlantischen Städte den Verkehrsstrom an sich zogen, lag die alte Reichsstadt vollends im »toten Winkel«.
1486 bot Regensburg, das einst so stolz auf seine Freiheiten war, dem bayerischen Herzog Albrecht IV. die Unterwerfung an. Man erhoffte sich durch die Eingliederung einen wirtschaftlichen und politischen Aufschwung, man dachte an die Errichtung einer Universität; aber schon 1493 erzwang der Kaiser die Wiederherstellung der Regensburger

Reichsfreiheit. Erst seitdem wurde die Residenzstadt München im Bewußtsein des Volkes bayerische Landeshauptstadt.
Im 16. Jahrhundert gab der Kaiser durch die Einberufung vieler wichtiger Reichstage in Regensburg der Stadt wieder politische Bedeutung. Der »Immerwährende Reichstag« (1663–1806; s. Seite 152) bildete dann mit dem Andrang von Gesandtschaften und ihrem Gefolge einen gewissen Wirtschaftsfaktor; glänzende Feste und Aufzüge, kostspielige Lebenshaltung und der Handel mit Luxusartikeln führten eine Scheinblüte herbei. Aber erst das 19. Jahrhundert brachte neue wirtschaftliche Impulse.

Bild Seite 149

Oberpfalz

Wenn wir uns nun dem wirtschaftlichen Schicksal der übrigen Oberpfalz zuwenden, so muß vorausgeschickt werden, daß hier nicht die in Deutschland allgemeine Entwicklung vom Bauernland zum Industrieland vor sich ging, sondern daß Gewerbefleiß und Handel hier schon sehr früh bestimmend für die Wirtschaft wurden. Vor allen anderen Berufszweigen waren es der Bergbau und das Hüttenwesen, die das wirtschaftliche Gefüge des Landes bestimmten. Von ihnen soll daher etwas ausführlicher gehandelt werden.

Erzabbau

Vorgeschichtliche Funde haben ergeben, daß schon in keltischer Zeit nach Bohnerzen (Klümpchen von tonigem Brauneisenstein) im Jura gegraben wurde. In den großen Wäldern zwischen Kelheim – Riedenburg – Parsberg sowie auf dem Eichelberg bei Rosenberg weisen Feuerstellen und Schlackenhalden auf prähistorische Schürfungen hin.
Im Mittelalter findet sich (ungefähr ab 1000 n. Chr.) verstreut über die östliche Oberpfalz hin Erzabbau und Gewinnung von Roheisen in kleinen Hammerwerken. Damals leistete noch eine einzige Person die Arbeit des Bergmannes, des Hüttenarbeiters und des Schmiedes. Menschenkraft mußte die Blasebälge und die schweren Hämmer bedienen. Später erleichterte die Wasserkraft die körperliche Anstrengung: Nun wuchsen an all den kleinen Flußläufen der Oberpfalz Hämmer aus dem Boden. An Zott, Pfreimd, Aschach, Schwarzach, Waldnaab, Vils, Laaber und Altmühl entstanden im 13. und 14. Jahrhundert Hammerwerke. Die Gewässer, die jahreszeitlichen Schwankungen unterworfen waren, wurden angestaut. So ließ der Landgraf von Leuchtenberg 1364 den Pfrentschweiher als Wasserregulator für die Hämmer an der Pfreimd anlegen; die Länge betrug acht Kilometer, die Breite drei Kilometer.

Hammerwerke

Bild Seite 270, 291

Um diese Zeit (ab 1300) traten die Städte *Amberg und Sulzbach*, gestützt auf die reichen Erzlagerstätten der Umgebung, an die Spitze der Oberpfälzer Eisenindustrie. Die Landesherren erteilten ihnen Schürf- und Holzabfuhrrechte, Handels- und Zollfreiheit. Amberg wurde von den Wittelsbachern, Sulzbach besonders von Karl IV., der es zur Haupt-

219 Blick auf das Kraftwerk Reisach der Energieversorgung Ostbayern AG am Trausnitzspeicher (Pumpspeicherwerksgruppe Jansen).

221 Die alten Hammerwerke an den Oberpfälzer Flüssen sind ausgestorben. Einige konnten sich noch einige Zeit halten, indem sie landwirtschaftliche Geräte herstellten, so dieser ehemalige *Waffenhammer bei Thumsenreuth,* der heute Museum ist.

◁ 220 Die *Maximilianshütte* ist das größte Unternehmen der *Eisenschaffenden Industrie* der mittleren Oberpfalz:
Im Stahlwerk der Maxhütte in Sulzbach-Rosenberg: der Kran kippt das Roheisen in einen der drei vollentstaubten 60 t-Konverter (Bild oben). Nahtlose Präzisionsstahlrohre für höchste Ansprüche entstehen im Rohrwerk der Maxhütte in Sulzbach-Rosenberg (Bild unten).

222 Der *Regensburger Hafen* ist der größte Binnenhafen Bayerns. Der Hauptteil seines Gesamtumschlags entfällt auf den deutschen Außenhandel mit den Donauländern.

Hammereinigung 1387

Bild Seite 161

stadt »Neuböhmens« machte, gefördert. Die beiden Städte lagen in scharfem Wettstreit. Schließlich gelangte man zu vertraglichen Einigungen über die Arbeitsteilung. Die wichtigste Einigung fand 1387 statt: Sie umschloß die Städte Amberg, Sulzbach und Nürnberg sowie 83 Hammerbesitzer im Land. Modern anmutende Bestimmungen regelten Herstellung, Absatz, Arbeitszeit und Lohn. Das Roheisen sollte in Form von Halbfabrikaten (Eisenschienen, Stabeisen, Blech) und mit einem Hammerzeichen versehen in den Handel kommen. Amberger Erzmaße und -preise galten damals in ganz Deutschland. Der Gipfelpunkt, sowohl in der Anzahl der Betriebe als auch in der Produktion, wurde im 15. Jahrhundert erreicht. 1475 waren etwa 12000 Menschen in der Eisenindustrie tätig (das ist ein Viertel der Gesamtbevölkerung). Fast alle Bevöl-

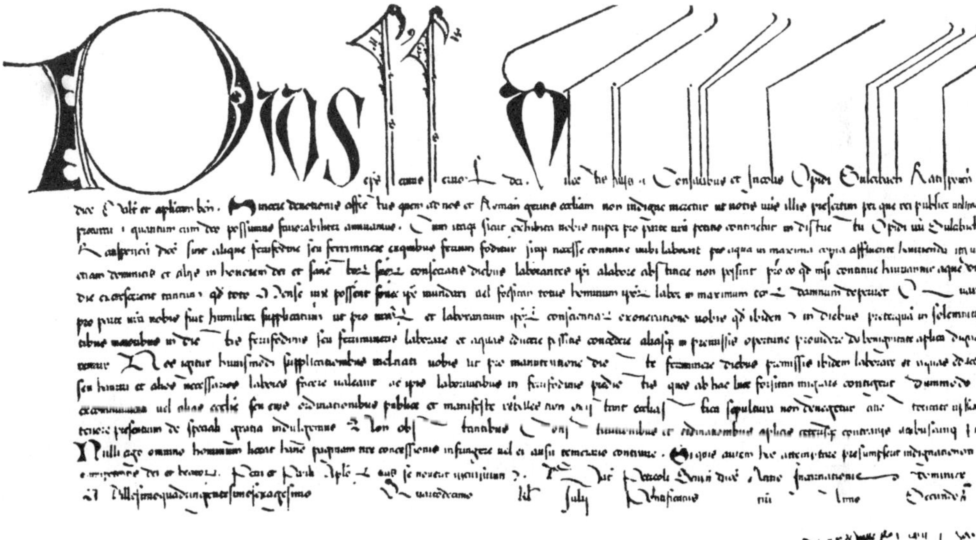

(Siegel)

Einer wirtschaftlichen und sozialen Notwendigkeit trug das von *Papst Pius II.* verliehene *Privileg* (Sonderrecht) für die Stadt *Sulzbach* Rechnung: In dieser Urkunde von 1460 wurde den Bergherren die Erlaubnis erteilt, in Erzbergwerken auch an Sonn- und Feiertagen Wasser zu heben, um ein Absaufen der Gruben zu verhindern. Auch den Flußschiffern war Sonntagsarbeit (sonst streng verboten!) erlaubt: Sie nützten den Stillstand der Hämmer am Wochenende und begannen am Samstag nachmittag ihre Talfahrt.

kerungsteile profitierten von ihr: Holzarbeiter und Köhler schafften den Rohstoff zur Feuerung herbei, Bauern beförderten besonders in den Wintermonaten das Material auf ihren Pferdewagen, Flößer übernahmen den Transport vils- und naababwärts und weiter von Regensburg aus donauabwärts oder nach Ulm, das ein Zentrum des Eisenhandels war. Die günstigen Voraussetzungen (Holzreichtum bei den Erzlagern, schnelle Gewässer) ermöglichten eine Jahreserzeugung von 10000 t (bei einer europäischen Produktion von 60000 t).

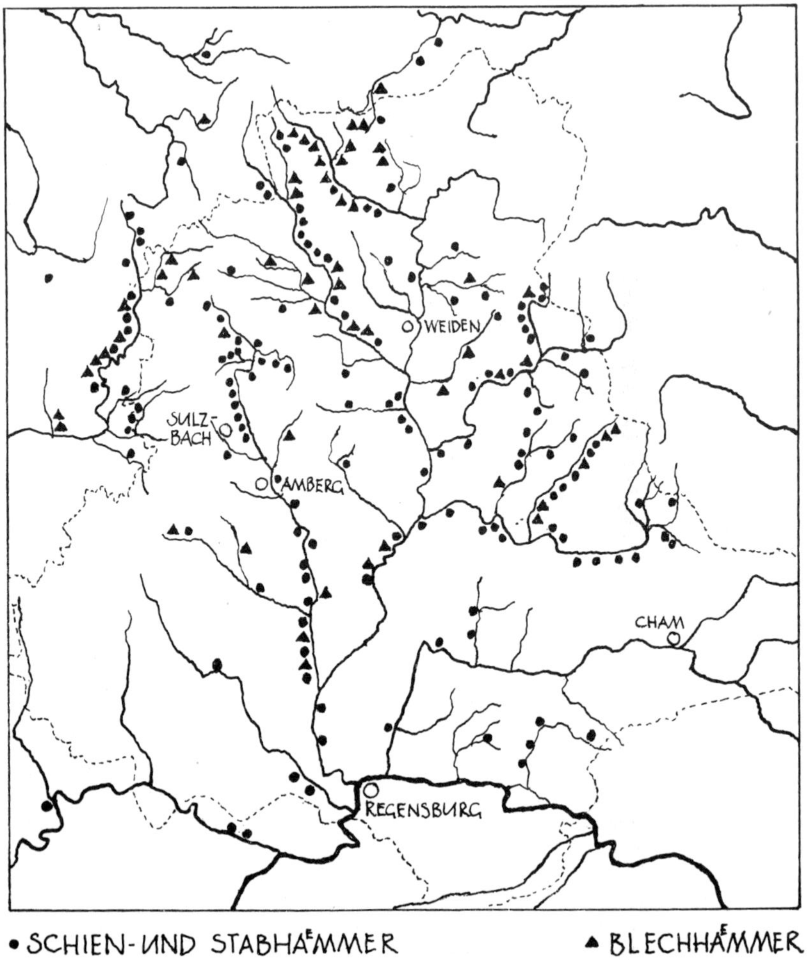

Die spätmittelalterlichen Standorte der Eisenindustrie in der Oberpfalz (1475)

'iedergang

Von dieser Höhe sank unsere Heimat in den nächsten Jahrhunderten zur armen »Steinpfalz« ab. Die Ursachen liegen einmal in der Erschöpfung mancher Erzlagerstätten und in der Minderung des Waldbestandes; zum andern erlitt die Oberpfalz ein unbarmherziges Geschick durch eine Kette kriegerischer Ereignisse: Hussiteneinfälle, Erbfolgestreit und schließlich das Verhängnis des Dreißigjährigen Krieges. Während der Bergbau in der Steiermark, an Lahn und Sieg aufblühte, vermochte sich die verarmte Oberpfalz der Konkurrenz nicht mehr zu stellen, außerdem entwickelte die Technik ein Schmelzverfahren mit Steinkohle, und dazu fehlte hier die Rohstoffgrundlage.

Seit der Gegenreformation verließen die rührigsten und leistungsfähigsten Menschen ihre Heimat und förderten mit ihrer Arbeitskraft die Industrien anderer Gebiete. Von einsichtigen Fachleuten der Wirtschaft ist oft darauf hingewiesen worden, welch beachtliche Leistung für die Volkswirtschaft die Oberpfalz vollbracht hat, indem sie ihre zahlreichen Kinder großzog und dann in ihrer produktiven Lebenszeit an die Fremde abgab. Spätere Hilfsmaßnahmen waren daher als Gegenleistung des Staates angebracht.

'eue Ansätze

Etwa 40 Hämmer hatten sich noch ins 19. Jahrhundert hineingerettet. Das Zeitalter des Liberalismus erreichte die Befreiung der Wirtschaft aus alten Bindungen (Zunftzwang, Abhängigkeit von Grundherren). Aus England kamen nun umwälzende Erfindungen: Gußstahlgewinnung, Walzwerke mit Dampfantrieb, Winderhitzung im Bessemerverfahren u. a. 1850 entstanden im Ruhrgebiet die ersten Kokshochöfen. Die alten Holzkohlehochöfen der Oberpfalz waren nicht mehr wettbewerbsfähig.

Iaximilianhütte
nd Luitpoldhütte

Eine Chance ergab sich durch den Ausbau des Eisenbahnnetzes; der Schienenbedarf wurde zunächst im Ausland gedeckt. 1851 gelang jedoch den Unternehmern Michiels und Goffard der Abschluß eines Vertrages mit der bayerischen Staatsregierung über die Errichtung eines Walzwerkes in der Oberpfalz für laufende Schienenlieferung. Nur heimisches Roheisen und die Lignitkohle des Sauforstes bei Burglengenfeld sollten verwendet werden. Ab 1853 durfte der beantragte Name Eisenwerk-Gesellschaft *Maximilianhütte* geführt werden. Von nun an begann die Aufwärtsentwicklung. Haidhof war Bahnstation; 1869 wurde hier ein Bessemer-Stahlwerk in Betrieb genommen und dadurch der Frischvorgang wesentlich verkürzt. Man war bestrebt, eigene Öfen zur Roheisenherstellung zu errichten. Bei dem Dorf Rosenberg, in nächster Nähe der Sulzbacher Erzvorkommen, konnte 1864 der erste Hochofen angeblasen werden. Die heimische Kohle wurde bald durch die wirtschaftlichere sächsische und böhmische Steinkohle abgelöst. 1870 hatte die Maxhütte eine Belegschaft von 1500 Mann. 1882 nahm dann auch die

Luitpoldhütte den Hochofenbetrieb auf. Die Rückschläge, welche die beiden Weltkriege verursachten, konnten durch geschickte Planung, durch Neuanlagen und teilweise Umstellung überwunden werden.

2. *Gewerbliche Wirtschaft*

Strukturelle Situation der Oberpfalz

Betrachtet man die gegenwärtige Lage der gewerblichen Wirtschaft in der Oberpfalz, so muß zunächst die strukturelle Situation unseres Regierungsbezirks kurz umrissen werden. Die Oberpfalz ist durch die Teilung Deutschlands und die Spaltung Europas als Folge des 2. Weltkrieges in eine extreme Randlage innerhalb der Bundesrepublik Deutschland sowie insbesondere der Europäischen Gemeinschaft geraten. Das Zonenrandgebiet umfaßt 49%, also nahezu die Hälfte unseres Regierungsbezirks. Daraus ergab sich für die oberpfälzische Wirtschaft die Notwendigkeit der Umorientierung zu den neuen wirtschaftlichen Aktivräumen im Westen und Nordwesten der Bundesrepublik Deutschland. Die Marktferne zu diesen Aktivräumen wirkt sich jedoch für die Wirtschaft in der Oberpfalz erschwerend aus. Standortbedingte höhere Transport- und Energiekosten bringen Wettbewerbsnachteile für die ansässigen Betriebe mit sich. Die notwendige Verkehrsanbindung vor allem des Zonenrandgebietes an das überregionale Verkehrsnetz würde durch die beabsichtigten Streckenstillegungen der Deutschen Bundesbahn beeinträchtigt. Sind jedoch die laufenden Straßenbauprojekte (vgl. Seite 240) vollendet, so ist der Anschluß des Grenzlandes an das Verkehrsnetz hergestellt. Bis Mitte der 80er Jahre soll das erreicht sein.

Die strukturell-geographischen Gegebenheiten unserer Oberpfalz (weite Flächen mit dünner Besiedlung) verteuerten in der Vergangenheit die Strompreise im Vergleich zur westlichen Bundesrepublik. Intensive Bemühungen haben dazu geführt, diese Strompreisdisparitäten abzubauen und damit das Energieangebot kostengünstiger zu gestalten. Im Sinne einer umfassenden Energieversorgung sind die bestehenden Raffinerien im Raum Ingolstadt von Bedeutung, ebenso der als Alternative gebotene und weiterhin forcierte Ausbau der Erdgasleitungen.

Die periphere Lage, die in Teilbereichen noch unzureichende infrastrukturelle Ausstattung sowie eine ungünstige Erwerbs- und Branchenstruktur prägen u. a. die wirtschaftliche Gesamtstruktur der Oberpfalz. Um die angestrebte Schaffung wertgleicher Lebensverhältnisse in allen Bezirksteilen zu erreichen, ist es notwendig, in den wirtschaftsschwachen, insbesondere ländlichen und grenznahen Räumen der Oberpfalz eine bessere räumliche Verteilung der Wachstumskräfte der Wirtschaft und der Einkommen zu erreichen.

Der Regierungsbezirk ist hinsichtlich der Wirtschaftsstruktur räumlich in strukturschwache, meist agrarwirtschaftlich ausgerichtete Gebiete im Osten, Süden und Westen, in industrielle »Problemgebiete« in der mittleren und nördlichen Oberpfalz und in den relativ wirtschaftsstarken Verdichtungsraum Regensburg gegliedert. Die Industrie konzentriert sich hauptsächlich entlang der von Norden nach Süden verlaufenden Naabachse und auf die Räume Amberg/Sulzbach-Rosenberg, Cham/Roding, Neumarkt i. d. Opf. und Regensburg, wobei die einzelnen Industriestandorte vielfach monostrukturelle Züge aufweisen.
Etwa 80% aller industriellen Arbeitsplätze der Oberpfalz befinden sich heute in Branchen, in denen auf längere Sicht mit einem sinkenden Stellenangebot zu rechnen ist. Die Erhaltung dieser Arbeitsplätze oder ihr Ersatz durch andere, krisenfeste ist somit ein zentrales Problem der künftigen Entwicklung. Man ist daher um die Ansiedlung neuer Betriebe bemüht.
Immerhin konnte die Oberpfalz in den letzten Jahren ihre wirtschaftliche Leistungsfähigkeit steigern und damit den Entwicklungsrückstand zu Bund und Land weiter abbauen. Um zu verhindern, daß die durch die gezielte Strukturpolitik erreichten Erfolge in Zeiten einer Rezession bzw. Stagnation der Wirtschaftsentwicklung wieder verlorengehen, erscheint es notwendig, die Strukturpolitik weiterhin nach den regionalen Bedürfnissen auszurichten. Darauf ist besonders das schon erwähnte Zonenrandgebiet angewiesen, dem zinsverbilligte Kredite, Investitionszuschüsse, Frachthilfe und Sonderabschreibungen aus staatlichen Mitteln zur Verfügung gestellt werden.

Zonenrandgebiet

Betrachtet man die »Landschaft« der gewerblichen Wirtschaft im Zonenrandgebiet, also in der östlichen Oberpfalz, so ergibt sich folgendes Bild: Eine Reihe bereits ansässiger Betriebe hat sich durch unternehmerische Rührigkeit und Fleiß der Bevölkerung erweitert. Andererseits haben sich Firmen aus den westdeutschen Ballungsgebieten niedergelassen bzw. Filialen errichtet, da sie hofften, die für den gesteigerten Umsatz nötigen Arbeitskräfte hier leichter zu bekommen. So ist es weitgehend gelungen, auch die grenznahen Teile der Landkreise Schwandorf, Neustadt an der Waldnaab und Tirschenreuth in die gewerbliche Wirtschaft mit einzubeziehen und sie einem ausgesprochenen Notstand zu entreißen.
In und um Bärnau (Lkr. Tirschenreuth) hatte sich aus Familien- und Kleinbetrieben die seltene Industrie der *Perlmuttverarbeitung* bzw. *Knopfherstellung* entwickelt. Heute wird fast ausschließlich Kunststoff für modische Knöpfe, Spangen, Schließen verwendet. Automatisierung einerseits und Beschäftigung ausgebildeter Fachkräfte andererseits er-

möglichen ein Schritthalten mit der ausländischen Konkurrenz. Rings um das Grenzstädtchen Schönsee war die oberpfälzische *Spitzenklöppelei* beheimatet. Dieses Kunsthandwerk kam im 19. Jahrhundert aus dem Böhmischen herüber. Die staatliche Klöppelschule wurde zwar vor einigen Jahren geschlossen, doch werden heute zweiwöchige Kurse für Einheimische und Feriengäste geboten.
Nach wie vor ist man bemüht, in Landstrichen mit größerer Winterarbeitslosigkeit und sommerlicher Saisonarbeit standortungebundene Spezialanfertigungen anzusetzen. Nicht alle angesiedelten Betriebe erwiesen sich als krisenfest. Es ist jedoch gelungen, im Raum Cham/Roding einen zentralen Industrieplatz zu schaffen, der mit dem Umland durch einen regen Pendelverkehr verbunden ist. Metall- und Kunststoffverarbeitung, Textil-, Bettfedern-, Bekleidungs-, Elektro- und Holzindustrie sind vertreten.
Im Raum Kötzting, das seit der Gebietsreform zur Oberpfalz gehört, sind *Holz* und *Stein* für die Industrieaufschließung bestimmend. Man ist bemüht, die Produktionsstätten möglichst nahe an die Arbeitnehmer heranzubringen.

Welche industriellen Schwerpunkte gibt es in der übrigen Oberpfalz, wie verteilen sie sich?

Wirtschaftsraum mittlere Oberpfalz

Im Gebiet der m i t t l e r e n O b e r p f a l z bilden auch heute die *eisenschaffenden Unternehmen* von Sulzbach-Rosenberg, Maxhütte-Haidhof, Amberg und Auerbach den wichtigsten Industriezweig, dem für die gewerbliche Wirtschaft der Oberpfalz insgesamt große Bedeutung zukommt. Der Maxhütte unterstehen Grubenanlagen in Sulzbach-Rosenberg und Auerbach, ein Hochofen-, Stahl- und Walzwerk in Haidhof, ein modernes Rohrwerk in Sulzbach-Rosenberg. Die sicheren Lagerstätten der Maxhütte reichen noch für Jahrzehnte; dabei handelt es sich um hochwertige Erze mit einem Eisengehalt von teilweise über 50%.

Bergbau und Eisenindustrie
Bild Seite 220

Durch Anlaufen der Erzförderung in der Grube »Leonie« in Auerbach 1977 wurde ein entscheidender Beitrag zur Sicherung der Abbauvorräte geleistet. Selbstverständlich ist der Umsatz der Eisenerzeugung von der gesamteuropäischen Situation des Stahlmarktes abhängig, der sich in den letzten Jahren in einer starken Krise befand. Dennoch verfügt die Produktion über eine hohe Kapazität: Mehrere hunderttausend Tonnen Roheisen werden jährlich erschmolzen und zum größten Teil zu Stahl weiterverarbeitet. Das Kaltwalzwerk in Maxhütte-Haidhof erhöht den Gesamtumsatz durch Zunahme der Fertigerzeugnisse beträchtlich.
Die Luitpoldhütte AG in Amberg, deren Erzlagerstätten erschöpft sind, hat in den letzten Jahren eine mehr auf Weiterverarbeitung ausgerichtete Betriebsstruktur angestrebt. Das Produktionsprogramm umfaßt

derzeit die Herstellung von Gußrohren, Kundenguß und Kunststoffrohren sowie den Maschinen-, Stahl- und Apparatebau. Sie hat am 1. 10. 1976 auch das Eisenwerk Fronberg übernommen.
Für den Arbeitsmarkt der mittleren Oberpfalz sind die genannten Werke von großer Bedeutung: Ein hoher Prozentsatz der Industriebeschäftigten entfällt auf die eisenschaffende Industrie.

Energiegewinnung

Um 1800, als der Erzbergbau zu erlöschen drohte, hob der Bergbau auf *Braunkohle* an. Wegen ihres großen Wassergehaltes war jedoch der Heizwert der oberpfälzischen Braunkohle nur gering und viele neugegründete Gruben gingen wieder ein. Größere Bedeutung kam der Braunkohle immer in Krisenzeiten zu, so besonders in den beiden Weltkriegen, als die Zufuhr anderer Rohstoffe weitgehend unterbunden war.
1928 erwarb das Bayernwerk AG die Grube Wackersdorf bei Schwandorf (1906 gegründet). Sie gab die Kohlegrundlage für das *Dampfkraftwerk Dachelhofen* bei Schwandorf ab. Nur ein geringer Prozentsatz wurde (bis 1964) zu Braunkohlebriketts verarbeitet, die Hauptmasse der Rohkohle jedoch in Energie umgesetzt. Das Dampfkraftwerk trägt wesentlich zum Ausgleich der jahreszeitlich schwankenden Energieerzeugung in Bayern bei. Auch nach der Erschöpfung der Braunkohlenvorräte, die Anfang der 80er Jahre eintritt, ist die Energieerzeugung des Dampfkraftwerkes Dachelhofen durch Bezug von Braunkohle aus der CSSR vertraglich gewährleistet. Vorangetrieben wird der Bau einer *Müllverbrennungsanlage*, wodurch ebenfalls Energie gewonnen werden soll. Ein entsprechender Zweckverband, dem neun Landkreise und fünf kreisfreie Städte angehören, besteht bereits.
Ergänzend tritt die *Pumpspeicherwerksgruppe Jansen* der Energieversorgung Ostbayern AG (OBAG) hinzu. Dieses Projekt wurde zwischen 1951 und 1959 ausgeführt. Es wird hier nicht nur das Gefälle der Pfreimd beim Durchbruch durch das kristalline Gestein ausgenützt, sondern durch zusätzliche Pumpspeicherung eine »Veredelung« der elektrischen Energie erzielt: Aus den tieferliegenden Kainzmühl- und Trausnitzspeichern wird mit billigem Nachtstrom Wasser in den Hochspeicher Rabenleite gepumpt. Bei Tag kann dieses Wasser über Turbinen wieder in die Unterspeicher abgelassen werden, wobei der wertvollere Tagstrom gewonnen wird. Außer dieser Leistung in der Stromerzeugung ist durch die künstlichen Seen die starke Schwankung zwischen Hochwasserführung und Trockenzeit im Pfreimdtal ausgeglichen worden. Durch die Verschalung des Trausnitzkraftwerkes mit wertvollen Natursteinplatten ist hier nicht nur ein zweckbestimmtes, sondern auch ein schönes modernes Bauwerk entstanden. Gleichwohl ist die OBAG nur in geringem Maß an der Energieerzeugung beteiligt.

Bild Seite 219

Sie ist vielmehr das größte regionale Energieversorgungsunternehmen. Für den Bau von Energieverteilungsnetzen und Umspannwerken beschäftigt sie ca. 2400 Menschen, davon etwa die Hälfte in der Oberpfalz.

Steine und Erden

Zu Eisenindustrie und Energiegewinnung kommt im Wirtschaftsraum der mittleren Oberpfalz als Grundindustrie die der *Steine und Erden.* Rohstoffgrundlage bilden Kaolin, Feldspat, Flußspat, Quarzsand-, Kalk- und Tonvorkommen. Die Gewinnung und Verarbeitung von Steinen und Erden steht umsatzmäßig in der Oberpfalz an der Spitze.
Bei Hirschau und Schnaittenbach wird *Kaolin* abgebaut. (Schon 1830 war in Schnaittenbach eine Kaolinschlämmerei errichtet worden.) Hier liegt sogar das größte deutsche Abbaurevier. Kaolin dient als wichtiger Rohstoff für die chemische, die Porzellan- und Papierindustrie.

Bild Seite 233

Ein sehr hoher Prozentsatz des in der Bundesrepublik geförderten Kaolins wird in der mittleren Oberpfalz gewonnen. Nach neuen montangeologischen Untersuchungen ist zu vermuten, daß ein weiteres großes Kaolinfeld der nördlichen Oberpfalz im Gebiet zwischen Falkenberg und Tirschenreuth liegt. Begehrte Nebenprodukte sind Feldspat und Quarz. Eine Aufschüttung aus reinem Quarzsand, der über 100 m hohe »Monte Kaolino«, bildet als sommerlicher Skiberg eine Attraktion für Einheimische und Fremde.
In die tertiären Braunkohleflöze eingelagert, finden sich wertvolle *Tone.* Das Zentrum der Gewinnung und Verarbeitung liegt zwischen Ponholz und Nabburg. Die Schamotte-, Klinker- und Tonwerke in Schwarzenfeld und Ponholz brennen in modernen Schachtöfen den Ton zu Stückschamotte. – Eine weitere Tonwarenfabrik besteht in Schwandorf (mit einer Zweigniederlassung in Wiesau).
Hochfeuerfeste Tone bilden die Grundlage für die Industrie der Buchtal-GmbH in Schwarzenfeld. Vielbegehrt in ganz Europa sind Buchtaler Fliesen (Spaltplatten aus keramischen Stoffen) als Wand- und Bodenbelag. Bei modernen Bauten stellen die großformatigen Keraionplatten ein eigenwilliges Stilelement dar. Buchtal ist heute im baukeramischen Bereich führend in der Bundesrepublik. Die Bedeutung des Großunternehmens, dessen Erzeugnisse in 55 Ländern vertreten sind, wurde am 14. Januar 1978 durch die selten vergebene Auszeichnung des »Prix de Promotion Internationale« bestätigt.
Auf die Kalk- und Tonvorkommen in diesem Gebiet gründet sich auch die *Zementindustrie.* Wegen ihrer Frachtempfindlichkeit konzentriert sie sich – ähnlich wie die Betonindustrie – auf die Räume Amberg, Schnaittenbach, Hirschau, Weiden, Schwandorf, Neumarkt, Burglengenfeld, Regensburg.
Die *Feld- und Flußspatchemie* verliert in den nächsten 5 bis 10 Jahren

231 Weltruhm haben die nordoberpfälzischen *Porzellanfirmen* mit ihren hochwertigen Erzeugnissen erlangt. Die beiden Bilder zeigen das Eingießen der flüssigen Masse in eine Gipsform und einen bereitgestellten »Wagen« für den Glattbrandofen, wo dann bei hoher Temperatur die harte Glasur erreicht wird.

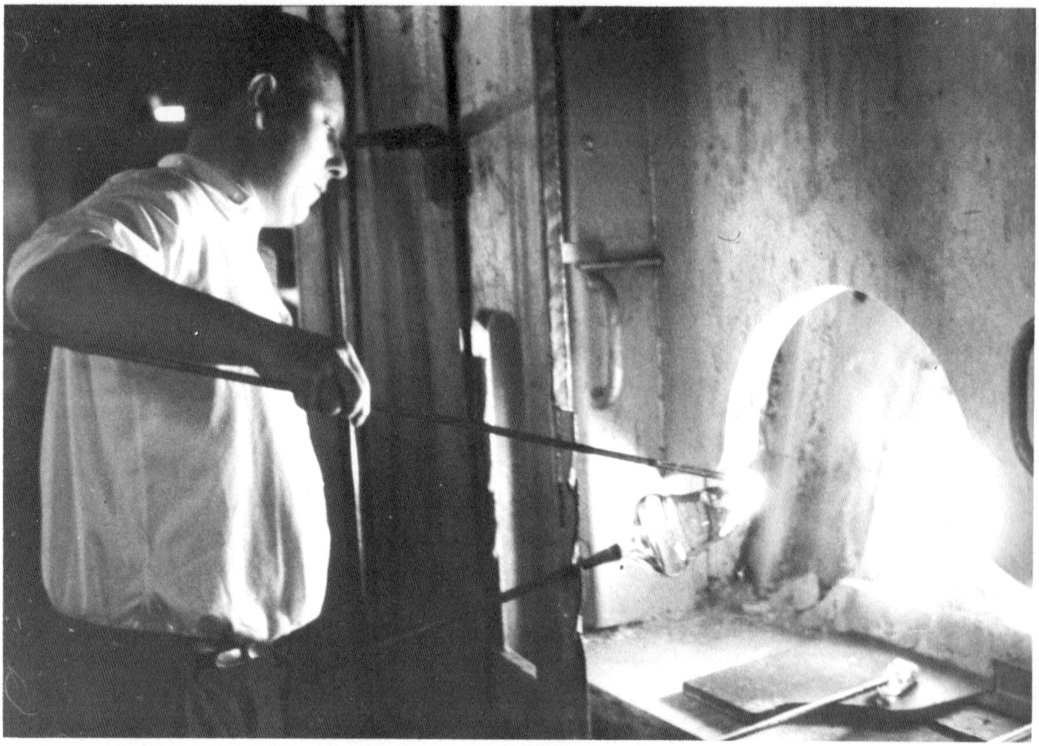

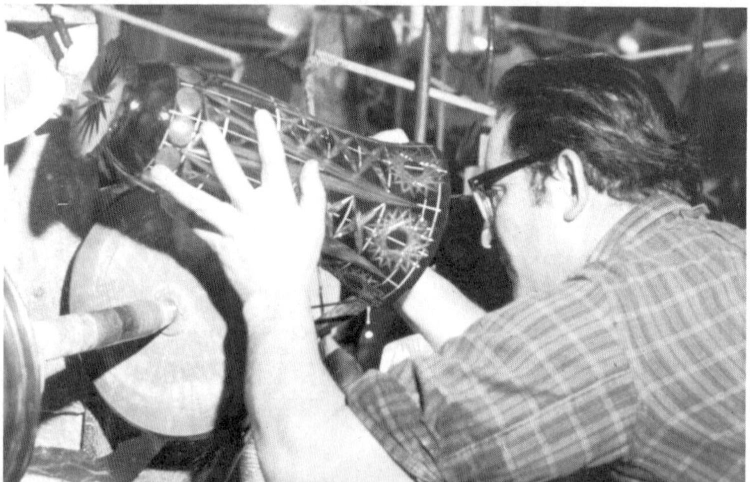

232 *Glasherstellung und -verarbeitung* spielt vor allem im Wirtschaftsleben der nördlichen Oberpfalz eine große Rolle. Die beiden Aufnahmen zeigen verschiedene Stadien der Glasherstellung: Herausholen des flüssigen Glasbreies mittels einer »Pfeife« aus dem Schmelzofen (oben). An einer Schleifscheibe erhält eine Bleikristallvase den Schliff (unten).

△ 234 Im Bauelementewerk der *Siemens AG*, Regensburg sind fast 3000 Arbeiter (davon 60% Frauen) großteils an hochentwickelten Fertigungseinrichtungen beschäftigt.

◁ 233 Oben: Die Tonvorkommen der mittleren Oberpfalz bilden die Grundlage für die Industrie der Buchtal-GmbH in *Schwarzenfeld*.
Unten: In der Hydrozyklonanlage der Amberger Kaolinwerke GmbH *Hirschau* werden Kaolin und Feldspat in mehreren Stufen aus der Roherde voneinander getrennt.

ihre Rohstoffgrundlage. Das Werk Stulln ist bemüht, durch Umstellung seiner Produktion die Arbeitsplätze zu erhalten. Neue Aspekte ergeben sich möglicherweise aus der Abbauwürdigkeit von *Uran* im Osten der mittleren Oberpfalz.

'irtschaftsraum ördliche Ober-'alz

lasindustrie

Den wirtschaftlichen Schwerpunkt des nordoberpfälzischen Raumes haben wir in der Porzellan- und Glasindustrie zu suchen.
Vom Bayerischen Wald her war am Ende des Mittelalters das Glashüttengewerbe eingedrungen. Heimischer Quarz und Holz bildeten die Ausgangsprodukte. Mancherorts wurden verlassene Hämmer übernommen: Die Wasserkraft diente der Weiterverarbeitung im Schleif- und Polierverfahren. Anfangs wurden ausschließlich Hohlgläser hergestellt (sog. Waldglas): grünliche Becher, Humpen, Schalen. Später goß man auch Flachgläser und schliff Spiegelglas. Kohlefeuerung und Maschinenarbeit brachten eine Umstellung im 19. Jahrhundert. Das Glas wurde nun aus Schlesien und Böhmen bezogen. Eine Massenproduktion von Flachglas und Flaschen setzte ein. Für die gesamte Industrie wurde die Verkehrslage maßgebend. Vor dem Ersten Weltkrieg konnten die hohen Transportkosten durch niedrige Löhne ausgeglichen werden: Sie lagen in der Oberpfalz um 20% tiefer als in Westdeutschland. Die geringen Gestehungskosten führten zu einem Aufschwung dieser Industrie.
Nach den Weltkriegen machten sich die Nachteile der Grenzlage geltend; mit Hilfe staatlicher Maßnahmen, durch moderne Produktionsmethoden und die Gewinnung neuer Absatzmärkte gelang es den Unternehmen, sie auszugleichen. Heute beschäftigt dieser Industriezweig ungefähr 6200 Menschen.
Bedeutende Werke der *Flachglasherstellung* (Fensterglas, Farbenglas, Gußglas, Sicherheitsglas) bestehen in Weiden und in Wernberg (Verbundssicherheitsglas, Isolierglas). Eine neue moderne Floatglasanlage in Weiherhammer bei Weiden nahm im Herbst 1979 die Produktion auf.
Der Hauptstandort der *Kristallglaserzeugung* ist Neustadt an der Waldnaab. In eigenen Schleifereien wird das Rohglas geschliffen, poliert und graviert. Ein großer Anteil der hochwertigen Bleikristallwaren wird exportiert.

ld Seite 232

Die traditionelle Handanfertigung und die Mundbläserei kann bei vielen geschmacks- und qualitätsgebundenen Gegenständen nicht entbehrt werden. In Waldsassen wird Antikglas, Marmorglas, Butzenglas und ähnliches (hauptsächlich für Kirchen und Kunstverglasung) im Mundblasverfahren hergestellt. In Vohenstrauß hat sich ein Betrieb auf feinste Handschliffarbeit spezialisiert. In Mitterteich werden maschinengezogene Glasröhren und -stäbe für medizinische Zwecke, sowie hochwertige Farbgläser für die Bau- und Beleuchtungsindustrie produziert.

Wesentlich jünger als die Glaserzeugung ist bei uns die industrielle Herstellung des »weißen Goldes«. Die Porzellanindustrie der nördlichen Oberpfalz konnte sich auf Grund der vorhandenen Rohstoffe (Feldspat, Quarz, Kaolin, Holz, Braunkohle) und der überschüssigen Arbeitskräfte vor etwa hundert Jahren einführen. Ausgangslandschaften waren das angrenzende Sachsen und Oberfranken. *Porzellan*

Die feinkeramische Industrie erreichte mit etwa 11000 Beschäftigten Anfang der 60iger Jahre den bisher höchsten Stand. Seit der Rezession 1966/67 befindet sich dieser Wirtschaftszweig in einem strukturellen Anpassungsprozeß, der u. a. aufgrund des Importdruckes ausländischer Wettbewerber und rückläufiger Inlandsnachfrage zu einem erheblichen Abbau des Arbeitskräftebestandes führte. 7040 Arbeitnehmer fanden im Jahre 1978 (Jahresdurchschnitt) in diesem Industriezweig nur mehr Beschäftigung.

Es ist nicht möglich, alle Betriebe des Bezirks hier zu erwähnen. Die älteste oberpfälzische Porzellanfabrik (gegründet 1838) besteht in Tirschenreuth als Zweigniederlassung der Lorenz Hutschenreuther AG Selb. Von den gepflegten und repräsentativen Servicen, die nach modernsten Methoden hergestellt werden, gehen 70% ins Ausland. Auch die Weidener Porzellanfabrik (Bauscher) ist heute Hutschenreuther angeschlossen. In 80 Ländern werden das Hotel- und Gaststättenporzellan und das feuerfeste Geschirr mit der Firmenbezeichnung »Bauscher-Weiden« benützt. Weiden ist außerdem der Sitz der weltbekannten Firma Christian Seltmann, die in den Werken Weiden, Erbendorf und Krummennaab rund 2000 Arbeitskräfte beschäftigt. Sehr gefragt ist auch das Qualitätsporzellan von Windischeschenbach mit seiner zeitgemäßen, schönen Formgebung. Gebrauchsgeschirr und Geschenkartikel stellen die Fabriken in Mitterteich und in Vohenstrauß (Johann Seltmann) her. Bild Seite 231

Wie die Glas- und Porzellanherstellung fußt auch die Steinindustrie auf heimischen Bodenschätzen. In zahlreichen ergiebigen Steinbrüchen werden die Granite des Fichtelgebirges und des Oberpfälzer Waldes abgebaut (u. a. in Flossenbürg und Neustadt an der Waldnaab). Sie finden Verwendung als Randsteine, als Bauplatten oder in der Bildhauerei. Guter Absatzmöglichkeiten (Bauschotter, Splitt) erfreuen sich auch die Basaltbrüche der nördlichen Oberpfalz (Wiesau, Wölsau, Mitterteich, Pechbrunn, Friedenfels und Kulmain). *Steinindustrie* Bild Seite 246

Kein anderes Gebiet in Süddeutschland weist auf so engem Raum eine solche Fülle von Bodenschätzen auf wie unsere Oberpfalz. Pyrit und

Magnetkies werden südlich Waldsassen, Zink- und Bleierze in Erbendorf, Porphyr bei Freihung gewonnen. Noch nicht alle abbauwürdigen Mineralien sind heute in die Produktion aufgenommen.

extil- und ekleidungs- dustrie

Das weit zurückreichende Tuchmacher- und Buntwebereigewerbe im Raum Tirschenreuth – Waldsassen – Weiden war zu Beginn des Jahrhunderts durch mehrere Betriebe bereichert worden (z. B. Großversandhaus Witt, Weiden, gegründet 1907 oder Strumpfwarenfabrik Wiesau, gegründet 1910). Nach 1945 wanderte eine große Anzahl von Herstellern aus Sachsen, Böhmen und Württemberg zu, sodaß heute in Nordbayern und damit auch in der nördlichen Oberpfalz eine Reihe von Strickwaren- und Bekleidungsbetrieben ansässig sind. Eine große deutsche Hosenspezialfabrik in Vohenstrauß (gegründet 1927) nahm einen stürmischen Aufschwung und produziert bis zu 7000 Hosen täglich.

Vor wenigen Jahren sah sich die heimische Industrie durch das starke Angebot billiger ausländischer Ware großen Belastungen gegenüber. Das erforderte eine Steigerung der Qualität des inländischen Angebots für hohe Ansprüche. Mit großem Kapitalaufwand konnte diese Branche wieder stabilisiert werden.

ıdustrie der ıdwestlichen berpfalz

Im Raum der südwestlichen Oberpfalz stellte sich in den letzten Jahrzehnten eine erhebliche wirtschaftliche Kräftigung ein. Trotzdem bereitet das Wirtschaftsleben hier immer wieder Probleme. Besonders im Landkreis Neumarkt i. d. Opf. – ausgenommen die Stadt Neumarkt und das südwestlich der Stadt gelegene Gebiet – ist es schwierig, auf dem Arbeitsmarkt Arbeitskräfte zu binden, da sich der Sog der industriellen Verdichtungsräume Nürnberg–Fürth–Erlangen bzw. Ingolstadt bemerkbar macht. Der Verkehrsbegünstigung wegen konnten Neumarkt und sein Umland zu einem regionalen Industriemittelpunkt aufsteigen. Elektrotechnik, ein Kalkwerk und eine Portlandzementfabrik, ein Kabelwerk, eine Ziegelei sowie einige Bekleidungsunternehmen spielen im Raum Neumarkt eine große Rolle. Ein großes Unternehmen der Sägerei und Holzbearbeitung schafft allein ein Angebot von ca. 600 Arbeitsplätzen.

irtschaftsraum egensburg

Die *Bezirkshauptstadt* ist heute nicht nur Verwaltungszentrum, Schul- und Bischofsstadt. Seit Kriegsende hat sich ihr Wirtschaftsgefüge wesentlich verändert: Durch Neugründung vieler Betriebe ist sie Industriemittelpunkt geworden. Dazu trug auch der starke Flüchtlingsstrom bei, der Regensburg zu der deutschen Stadt mit den meisten Heimatvertriebenen machte. Unternehmer und Facharbeiter, auch aus Flüchtlingskreisen, leisteten wertvolle Beiträge zum industriellen Aufbau.

Für die südliche Oberpfalz hat heute die einzige Großstadt unseres Bezirks große Sogkraft. Seit 1950 ist die Zahl der in der Industrie Beschäftigten von etwa 7000 auf knapp 17000 (30. 9. 78) angestiegen.

Hafen
Bild Seite 222

Der Hafen und das in der Hafengegend bereitgestellte Industriegelände tragen wesentlich zur Unterstützung der ostbayerischen Wirtschaft bei. Regensburg besitzt den größten Binnenhafen Bayerns. Durch den schon vor Jahren erfolgten Ausbau eines neuen Hafenbeckens ist er den Anforderungen eines gesteigerten Massengüterverkehrs und -umschlags gewachsen. 1979 betrug sein Gesamtumschlag 3,173 Millionen Tonnen. Hiervon entfällt ein Teil auf den Transitverkehr durch die Bundesrepublik, der weitaus größere jedoch auf den deutschen Außenhandel mit den Donauländern. Die Ostblockländer sind beträchtlich am Güterverkehr beteiligt, am meisten jedoch Österreich. Eine weitere Belebung der Handelstätigkeit erwartet man von der Intensivierung des Verkehrs mit den Ostblockländern, von einer weiteren Erschließung des Regensburger Hinterlandes und vor allem von der Fortführung des Rhein-Main-Donau-Kanals. Die 72 km lange Strecke Bamberg–Nürnberg wurde im Jahr 1972 fertiggestellt. Das letzte Teilstück des Kanals zwischen Nürnberg und Kelheim ist im Bau; es soll Mitte der 80er Jahre fertiggestellt werden. Der Hafen Kelheim wurde eröffnet, die Donau zwischen Kelheim und Regensburg bereits kanalisiert. Ebenso wird zwischen Regensburg und Vilshofen weitergebaut, um eine Verbesserung der Schifffahrtsverhältnisse auf dieser Strecke zu erreichen.

Die Gruppe der *Nahrungs- und Genußmittelindustrie* verteilt sich mit ca. 100 Betrieben über den ganzen Bezirk; doch greifen die Erzeugnisse nur teilweise auf heimische Produkte (Pilz- und Beerenerzeugnisse werden vor allem im Regental fabrikmäßig hergestellt) zurück und sind im allgemeinen nicht typisch für unseren Raum.

Zuckerindustrie

Anders ist es bei der Zuckerindustrie: Am Rand des für Zuckerrübenbau sehr geeigneten Gäubodens befindet sich die »Zuckerfabrik«, das zur Süddeutschen Zucker-AG gehörende Werk Regensburg. Es zählt eine Stammbelegschaft von 350 Mann. Infolge der weitgehenden Automatisierung erfordert die Kampagne im Herbst heute kaum mehr zusätzliche Arbeitskräfte. Jährlich werden rund 800000 Tonnen Rüben verarbeitet.

Braugewerbe

Auch für das Braugewerbe bedeutet Regensburg einen standortgünstigen Mittelpunkt. Drei Brauereien verarbeiten den Hopfen des nahegelegenen Anbaugebietes der Hallertau und liefern teilweise Spitzenerzeugnisse der berühmten bayerischen Braukunst.

Bauwirtschaft

In der *Bauwirtschaft* spielen einige Regensburger Großunternehmen eine z. T. überregionale Rolle. Daneben gibt es eine Reihe von Mittelbetrieben. Ansässige Sägewerke, Ziegeleien, Baustoffhändler, Kalk- und Zementwerke beliefern die Baufirmen. Immer wieder macht sich in unserem Raum allerdings der Mangel an Fachkräften auf dem Bausektor bemerkbar.

[M]etallbearbeitung

Eine große Zahl der Industriebeschäftigten im Raum Regensburg entfällt auf die *Eisen- und Metallindustrie.* Das erklärt sich einerseits aus der traditionsbedingten Vertrautheit der Bevölkerung mit dem Eisen, andererseits aus der gewaltig angewachsenen Nachkriegsproduktion durch Neugründungen nach 1945. Es handelt sich durchwegs um Veredelungsindustrie. Die Fertigung erstreckt sich auf Stahl-und Leichtmetalltüren, auf Stahlhochbau, Schaufensterbau, Zentralheizungs-, Maschinen- und Werkzeugbau. Die aus einer Kupferschmiede hervorgegangene Fabrik für gelochte Bleche in Reinhausen produziert für verschiedene Zwecke moderner Sieb- und Trenntechnik. Die künstlerische Metallbearbeitung weist in Regensburg eine sehr alte Handwerkstradition auf. Bis ins 12. Jahrhundert reicht die Zinngießerei zurück, die bis zum Ende des Reichstages 1803 in hoher Blüte stand und heute mit modernen Formen wieder Geltung erlangt.

[E]lektroindustrie

[B]ild Seite 234

Wie die Metallbearbeitung, so ist auch die *Elektrotechnik* zu einem tragenden Element der Bezirkshauptstadt und der oberpfälzischen Wirtschaft geworden. Im Jahresdurchschnitt 1979 waren in der Oberpfalz 18 830 Menschen in der Elektroindustrie beschäftigt. Durch hohe Investitionen für Automatisierung kann weitgehend von rein mechanischen Tätigkeiten abgesehen werden. Um so größere Sorgfalt wird auf die Heranbildung spezialisierter, verantwortungsfreudiger Facharbeiter gelegt. Konstruktionsbüros und Laboratorien arbeiten an der laufenden Vervollkommnung der Einrichtungen. Die Herstellung umfaßt heute, verteilt auf die einzelnen Unternehmen, im wesentlichen elektronische Bauelemente, Installationsgeräte und -systeme, Geräte der Kfz- und Installationselektronik, Schaltschränke, Transformatoren, Stufenschalter, Niederspannungsschaltgeräte und Zähler. Ein Großteil der Erzeugnisse geht ins Ausland.

Gerade der Elektrosektor bedingt einen starken Pendlerverkehr aus dem Umland Regensburgs. Werkeigene Buslinien (Siemens) befördern die Arbeitnehmer z. T. aus einer Entfernung bis zu 50 km.

[D]ruckindustrie

Dem *graphischen Gewerbe* gelangen bedeutende Leistungen in verschiedenen Städten. In Regensburg entstand als erster Buchdruck 1485 ein meisterhaftes lateinisches Altarmeßbuch (s. Seite 121). Der Verlag Friedrich Pustet nahm diese Tradition gegen 1840 wieder auf und veröffentlichte liturgische Ausgaben, die wegen ihrer Qualität und künstlerischen Ausgestaltung in allen Teilen der Welt bekannt wurden. Als Inkunabel (= »Wiegendruck«, Frühdruck aus der Zeit vor 1500) erschien in Regensburg 1486 das Büchlein »Von der Fialen Gerechtigkeit« des Dombaumeisters W. Roritzer.

Textil- und Bekleidungsindustrie

Eine Ballung der Bekleidungsbranche erfuhr Regensburg nach dem Zweiten Weltkrieg; mehrere Betriebe befinden sich seither in der Stadt. Sie haben beachtliche Umsätze erzielt. Eine international bekannte Miederfabrik exportiert Mieder und Bademoden in viele Länder. Eingeführt werden Rohstoffe (Wolle, Federn), die in der Teppichfabrik und in Bettfedernbetrieben Verarbeitung finden.

Auf die Privatinitiative von Heimatvertriebenen geht die *Industriesiedlung Neutraubling* bei Regensburg zurück. Sie ist 1946 auf ausgebombtem Wehrmachtsgelände errichtet worden und mit ihren ungefähr 8000 Einwohnern heute ein integrierter Bestandteil der Stadt. Folgende Wirtschaftsgruppen sind vertreten: fünf metallverarbeitende, zwei Maschinenfabriken, eine Lederfabrik, zwei Betriebe der Bekleidungsindustrie, ein Möbelunternehmen, eine Lack- und Seifenfabrik, ein Betrieb der Glasverarbeitung, ein elektrotechnischer Betrieb, eine Brot-, eine Bonbon-, eine Nährmittelfabrik, außerdem eine Produktionsstätte für moderne Verpackung, das zweitgrößte Unternehmen dieser Art in der Bundesrepublik.

Die Ausbildung von Fachkräften ist für die gewerbliche Wirtschaft von großer Bedeutung. Dazu dient ein Netz von weiterführenden Fach- und Hochschulen in der Oberpfalz und in Regensburg. Gleichzeitig soll dieses Angebot von Aus- und Weiterbildungsplätzen der Abwanderung gerade der Jugend entgegen wirken. Die Arbeitsplätze zu erhalten ist das intensive Bemühen der verantwortlichen Kräfte von Staat und Wirtschaft und Ziel einer Strukturpolitik, die sich verstärkt nach den regionalen Bedürfnissen ausrichtet.

3. Verkehrsnetz

Straßennetz

Für die industrielle und gewerbliche Entwicklung des Regierungsbezirks ist eine ausreichende Infrastruktur lebensnotwendig. Hier kommt vor allem dem Ausbau des *Straßennetzes* eine entscheidende Bedeutung zu. Die Verbindungen zu den Industriegebieten im Westen sollen erleichtert und die Revierferne schneller überbrückt werden. Außerdem können durch die Straßenbaumaßnahmen selbst Arbeitsplätze für Bauarbeiter geschaffen oder erhalten werden.

Den weiträumigen schnellen Verbindungen dienen die *Autobahnen*, die in Form eines großen Dreiecks die Oberpfalz durchziehen. Den südlichen Schenkel des Dreiecks bildet die A 3, die Autobahn Nürn-

berg–Regensburg–Straubing– Passau. Sie ist zugleich ein Abschnitt der Europastraße E 5, die von London über Brüssel–Köln–Frankfurt–Regensburg–Wien–Belgrad bis nach Istanbul führt. Die nördliche Seite des Dreiecks ist die A 6, die Autobahn Nürnberg–Amberg–Pfreimd (–Pilsen), die einen Teil der Europastraße E 12 Paris–Metz–Mannheim–Nürnberg–Waidhaus–Pilsen–Prag–Breslau–Warschau darstellt.
ild Seite 306 Die östliche Seite ist die in Nord-Süd-Richtung verlaufende A 93, die Autobahn Hof–Weiden–Pfreimd–Regensburg–Landshut mit der Abzweigung der A 90 Regensburg–Holledau südlich von Regensburg in Richtung München (bzw. Landshut).

Der Ausbau der letzten Teilstücke wird bis Mitte der 80er Jahre fertiggestellt sein.

Ein gewaltiges Bauwerk ist die 1000 Meter lange und 45 Meter hohe Autobahnbrücke bei Sinzing westlich von Regensburg. Eine neue große Donaubrücke bei Kiefenholz mit 404 Meter Länge soll 1981 dem Verkehr übergeben werden. Im Stadtgebiet Regensburg wurde (unter den Winzerer Höhen) das derzeit längste Autobahntunnel der Bundesrepublik mit 884 Meter Länge vollendet. Die Ortsdurchfahrten der alten Städte Regensburg, Pfreimd, Nabburg, Schwandorf konnten vom Durchgangsverkehr entlastet und somit ihre Lebensqualität verbessert werden.

Neben diesem Autobahndreieck und mit ihm verknüpft, bilden die *Bundesstraßen* ein großmaschiges Verkehrsnetz, das gerade in der Oberpfalz für den weiträumigen Fernverkehr von und zu Gewerbe- und Industriegebieten, für den internationalen Durchgangsverkehr und nicht zuletzt den immer stärker werdenden Urlaubs- und Reiseverkehr von großer Bedeutung ist. Dieser Bedeutung entsprechend sind in den letzten Jahren erhebliche Verbesserungen und Ausbauten an den Bundesstraßen vorgenommen worden und noch geplant. An erster Stelle ist der Ausbau der Bundesstraßen 16 und 20 zu nennen, die das Zentrum Regensburg mit dem Raum Cham und Furth im Wald verbinden werden. Dieser Straßenzug führt direkt zum Grenzübergang Furth i. W./Vollmau in der CSSR und hat für den internationalen Verkehr in die Ostblockstaaten erhebliche Bedeutung. Ebenfalls von überregionaler Bedeutung ist der Ausbau der Bundesstraße 14 (u. a. Umgehung von Vohenstrauß), die zu dem Grenzübergang Waidhaus führt.

Eine weitere wichtige Bundesstraße in der nördlichen Oberpfalz ist die B 22, die von Bayreuth über Weiden nach Cham führt und von dort mit der B 85 zusammen die sogenannte *Ostmarkstraße* bildet, die bis nach Passau läuft. Dieser Straßenzug wird neben seiner regionalen Bedeutung für die Wirtschaft vom Urlaubsverkehr stark frequentiert, führt er doch durch den schönsten Teil der Oberpfalz, an imposanten Burg-

ruinen wie Leuchtenberg, Obermurach und Thanstein vorbei. Die B 22 ist in Teilstrecken bereits vor dem Krieg modern ausgebaut worden. Die noch bestehenden (nicht ausgebauten) Lücken werden Zug um Zug geschlossen.
Auch das Netz der *Staatsstraßen*, die vielfach mit den Bundesstraßen verknüpft, dem weiträumigen Verkehr innerhalb Bayerns dienen und nahezu alle bedeutenden Orte der Oberpfalz verbinden, wird laufend weiter ausgebaut. Die Ausbaumaßnahmen dienen u. a. dazu, das Umland an die neuen, durch die Gebietsreform bestimmten Kreisstädte besser anzubinden. Nur einige wenige, herausragende Baumaßnahmen der letzten Zeit können hier angeführt werden: Da ist der Ausbau der Straße von Falkenstein nach Cham, der Ausbau zwischen Chamerau und Kötzting, der die frühere Kreisstadt kürzer an das neue Zentrum Cham anschließen soll und die im Bau befindliche Regentalstraße zwischen Kötzting und Lam, die den mit der Gebietsreform zur Oberpfalz gekommenen landschaftlich sehr schönen Lamer Winkel mit seinem bedeutenden Fremdenverkehr besser und zügiger erschließen soll. Mit zu den bedeutsamen Baumaßnahmen gehört der Ausbau der Straße zwischen Neunburg v. W. und Rötz, die den neu geschaffenen Schwarzachhochwasserspeicher bei Eixendorf, den Eixendorfer See, auf einer 360 m langen und 35 m hohen Talbrücke überquert; auch der Ausbau der Staatsstraße von Sulzbach-Rosenberg in Richtung Lauterhofen nach Schwend als Zubringer dieser bedeutenden Industriegemeinde zur Autobahn A 6 nach Nürnberg gehört u. a. dazu. Zu den bedeutendsten Maßnahmen zählt ferner der Ausbau der Staatsstraße zwischen Amberg und Vilseck im Bereich von Hahnbach, wodurch der Ort vom häufigen Militärverkehr zwischen der starken Garnison Amberg und dem Truppenübungsplatz Grafenwöhr entlastet worden ist.
Jede der genannten Straßenbaumaßnahmen verbessert nicht nur die Infrastruktur des Bezirks und hilft, Verkehrsunfälle zu vermeiden, sie prägt auch das Landschaftsbild bedeutend mit und erschließt bisher kaum bekannte Landschaftsteile.

Schienenverkehr

Das Streckennetz der *Bundesbahn* in der Oberpfalz beträgt heute 866 km, wovon 523 km auf Hauptbahnen entfallen und 343 km Nebenbahnen sind. Auf ca. 210 km verkehren nur noch Güterzüge.
Der Raum der Oberpfalz wird überwiegend von der Generalvertretung der Deutschen Bundesbahn in Regensburg betreut. Allerdings decken sich der Einzugsbereich der Generalvertretung und die Grenzen des Regierungsbezirks der Oberpfalz nicht ganz. Die Generalvertretung Regensburg ist eine der größten im Bereich der Deutschen Bundesbahn und liegt von 51 Generalvertretungen im Bundesgebiet an 13. Stelle im

243 Früher wurde in der Oberpfalz auf dem Lande das Brot vielfach selbst gebacken. Dabei wurden, wie hier, Strohkörbe verwendet. Der Backofen stand wegen Feuersgefahr meist etwas abseits von den Häusern.

244 Diese Grabplatte von 1585 in der Pfarrkirche von *Eschenbach* gewährt einen guten Einblick in die ländliche Arbeitsweise unserer Vorfahren: Ein Bauer führt den Holzpflug, den zwei ins Joch gespannte Ochsen ziehen; ein Knecht sät in die Furchen, zwei andere mähen mit der Sichel; im Hintergrund wird die Ernte aufgeladen und zu den Scheunen gebracht.

245 Die *Teichwirtschaft* der Oberpfalz erbringt eine rentable *Fischzucht* (besonders Karpfen und Forellen).

246 In zahlreichen Steinbrüchen des Oberpfälzer Waldes wird *Granit* abgebaut. Er wird zu Rand- oder Bausteinen weiterverarbeitet und findet auch in der Bildhauerei Verwendung. Die frühere Steinhauerarbeit wird heute weitgehend durch die Maschine ersetzt. ▷

Verkehrsaufkommen und sogar an erster Stelle bei der Länge der Betriebsgleise.

In diesem Zusammenhang sei nochmals auf den Regensburger Hafen, den Güterverkehr auf der Donau und die Bedeutung des *Rhein-Main-Donau-Kanals* verwiesen. Er steht u. a. auch als Transportweg für Rohstoffe und für Erzeugnisse aus der Oberpfalz zur Verfügung und dient damit seinerseits Industrie und Handel. Für Erholung und Freizeit wird er von wichtiger Funktion sein.
Das Projekt eines *Luftlandeplatzes der Klasse I* in der mittleren Oberpfalz wird gegenwärtig von der Regierung der Oberpfalz vorangetrieben.

4. Land- und Forstwirtschaft

Vor einem halben Jahrtausend war die Oberpfalz ein Industriezentrum; heute liegen die Verhältnisse so, daß man sagen kann: Die Oberpfalz ist ein hauptsächlich durch Land- und Forstwirtschaft genütztes Land mit Ballungsgebieten der Industrie. 17% der Bevölkerung sind in der Land- und Forstwirtschaft tätig (Landesdurchschnitt 12%).

Bodennutzung

Es ist verständlich, daß man den schwer zu bearbeitenden Böden weite Waldflächen überläßt. So finden wir in den Grenzgebieten mit Ausnahme der Tal- und unteren Hangpartien Forstnutzung auf nährstoffarmer, tiefgründiger Verwitterungsrinde. Auch im Mittelteil der Oberpfalz dehnen sich Gras- und Sandböden hin. In der Alb erweist sich nur die südlich auftretende Albüberdeckung für den Anbau als gut geeignet; zum großen Teil aber handelt es sich um geringmächtige, humusarme Scherbenböden, die obendrein durch ihre Trockenheit dem Bauern Probleme aufgeben. Einzig in dem Raum südlich der Donau und in den unteren Tälern der Nebenflüsse erlaubt der fruchtbare Lößlehm großflächigen Weizen- und Zuckerrübenbau. Dieses Gelände steht seit der Steinzeit unter dem Pflug und gehört zu den intensivst genutzten Anbaugebieten Deutschlands, während der übrigen Oberpfalz das tägliche Brot unter großen Schwierigkeiten abgerungen werden muß.
Ein Jahrtausend lang war die *Dreifelderwirtschaft* die herrschende Art der Bodennutzung; jedes Feld war dem Wechsel von Wintergetreide – Sommergetreide – Brache unterworfen.
Im Laufe des 18. und 19. Jahrhunderts erfuhr die seit dem Dreißigjährigen Krieg besonders ärmliche Landwirtschaft eine Belebung durch den *Klee- und Luzernenbau*, der erst die Stallfütterung ermöglichte. Ein Markstein wurde die Einführung der *Kartoffel*, die (vom Sechsämter-

land her südwärts vordringend) ab 1710 in der Oberpfalz nachweisbar ist. Notzeiten lehrten sie besonders schätzen. In den großen Hungerjahren 1770/72 und 1817/18 und während der Weltkriege wurden Kartoffeln unters Brot gebacken. Bis in unser Jahrhundert herein hatte in manchen Gegenden unserer Heimat der Spruch Geltung:

»*Erdäpfl in der Fröih,*
Mittags in der Bröih.
Abends in der Heit (Haut)
Erdäpfl in alle Ewigkeit.«

Kartoffel und Klee verdrängten die Brache und führten zur »*Verbesserten Dreifelderwirtschaft*« (etwa ab 1780), die bis in unsere Zeit herein ihre Stellung hält.

Arten der Feldbestellung

In frühester Zeit erfolgte die Bodenbearbeitung mit einem einfachen *Hakenpflug*; bei Pfreimd z. B. wurde ein solcher aus der Jungsteinzeit gefunden. Der Haken wurde durch die *Pflugschar* ersetzt und schließlich das Gerät mit Rädern verbunden. Die Schar und dann auch der ganze Pflug bestanden erst später aus Eisen. Noch vor hundert Jahren benützte man meistens Holzpflüge. In unseren Tagen verwendet man sie gelegentlich noch zur Bearbeitung von Kraut- und Kartoffelfeldern, weil sie den Boden schön locker machen. (So heißt es in einem Bericht aus Kirchenthumbach.)

Bild Seite 244

Seit dem Ersten Weltkrieg ersetzen Schlepper mehr und mehr die tierische Zugkraft. Die ansteigende *Maschinenverwendung* ist überhaupt eine der auffallendsten Erscheinungen unserer heutigen Landwirtschaft. So waren beispielsweise zum 1. 1. 1978 in der Oberpfalz 32596 Schlepper, 8765 Mähdrescher (bei kleinen Betrieben im Lohndreschverfahren), 3784 Feldhäcksler und 4566 Kartoffelvollerntemaschinen in Betrieb. Dabei ist zu bedenken, daß die Kartoffelerntemaschine nur bei siebfähigen Böden benutzt werden kann, daß in den Mittelgebirgen große Flächen forstwirtschaftlich erfaßt sind und sich der Geländeformen wegen auch schlechter für Maschinenbearbeitung eignen.
Jahrhundertelang zog der Bauer gleichmäßige Furchen durch die Felder; längst ist dieser *Bifangbau* (Bifang = Ackerbeet mit mehreren rinnenförmigen Reihen) in der Oberpfalz dem *Ebenpflügen* gewichen.

Anbauprodukte

Die Saatzucht nahm in der Oberpfalz um 1850 ihren Ausgang. Gegen Ende des Jahrhunderts konnten ertragreiche Getreidesorten geschaffen werden. Der Domänenpächter Lang in Niedertraubling bemühte sich um die Weizenauslese, und auch die Fürstlich Thurn und Taxissche Wirtschaft versuchte sich erfolgreich in der Pflanzenzucht. Damals gewann die Kenntnis der *Mineraldüngung* an Boden: Das Kalkwerk Büechl in Regensburg versorgte die Landwirte mit Düngekalken; Tho-

masphosphate (gemahlene Schlacke) lieferten die Stahlwerke Rosenberg ab 1887.
In der Bodennutzung steht an erster Stelle der Anbau von Sommergerste (zum Teil beste Qualitätsbraugerste), die fast ein Viertel der Ackerfläche einnimmt. Es folgen Weizen, Roggen und Hafer. Auf knapp 10% des Ackerlandes werden Kartoffeln angebaut. Während die *Zuckerrüben*verarbeitung sich zu einer wichtigen landwirtschaftlichen Industrie aufschwingen konnte, verlor der einst von Kelheim bis Straubing blühende Donau*weinbau* seine wirtschaftliche Bedeutung. Der früher stark verbreitete *Flachs*bau – Ende des 18. Jahrhunderts gab es allein in der nördlichen Oberpfalz ungefähr 2000 Leineweber! – spielt heute ebenfalls keine Rolle mehr. Jura*hopfen* ist von guter Qualität und erzielt höhere Preise als der Halletauer. Mengenmäßig aber fällt er heute nicht mehr so ins Gewicht wie in früheren Jahrhunderten. Die alten Kommunbraurechte der mittleren Oberpfalz erklären sich aus dem verbreiteten Anbau von Hopfen: 40 bis 50 Bauern hatten in einem Markt oder einer kleinen Stadt das Recht, im gemeinsamen Bräuhaus zu brauen und an bestimmten Tagen ihr eigenes Bier auszuschenken.
Die gesamte Wirtschaftsfläche unseres Bezirkes wird mit 946500 ha angegeben; davon entfallen 375000 ha auf Forstnutzung. Ackerland, Dauergrünland und Wald verteilen sich flächenmäßig im Verhältnis 1 : 0,51 : 1,29.

esitz- und lurverhältnisse

Ostbayern ist Anerbengebiet, das heißt, das genutzte Land wird ungeteilt vererbt. Die durchschnittliche Betriebsgröße beträgt 10,5 ha landwirtschaftlich genutzte Fläche; es gibt nur wenige größere Gutshöfe. Viele der kleinen und mittleren Landwirtschaften sind auf ein außerlandwirtschaftliches, hauptberufliches Einkommen angewiesen und betreiben die Landwirtschaft im Nebenerwerb oder im Zuerwerb.
Die Besitzverhältnisse in der Oberpfalz waren früher sehr schwierig; so gab es z. B. als oberpfälzische Eigenform die »Wechselwiesen«, die im gemeinsamen Besitz mehrerer Bauern standen, deren Nutzen aber von Jahr zu Jahr wechselte. Die alten Rechte der Waldweide, der Streu- und Holznutzung sind bereits von den Forstbehörden abgelöst.
Seit über hundert Jahren bemüht sich der bayerische Staat darum, die Strukturverhältnisse in der Landwirtschaft günstiger zu gestalten. Der stark aufgesplitterte Grundbesitz eignet sich schlecht für eine intensive Bewirtschaftung des Bodens. Moderne Maschinen lassen sich nur bei größeren Flächen mit Vorteil anwenden; sie sind bei dem Mangel an Arbeitskräften jedoch heute nicht mehr auszuschließen. Freilich fällt es dem Bauern oft schwer, sich von einem Stück Land zu lösen, dem seine Vorfahren den Namen gegeben haben und an dem er durch lange Arbeitserfahrung der Familie hängt. Auch für die Lebensgemeinschaft von

Pflanze und Tier (etwa in Hecken und Feldrainen) sowie für den Wasserhaushalt der Landschaft ergeben sich durch die *Flurbereinigung* manche Probleme. Sie sind jedoch nicht unüberwindlich; fachmännische Beratung spielt hier eine ausschlaggebende Rolle. Durch die spürbare Erleichterung, die die Maschine dem überlasteten Landwirt gewährt, hat sich der Widerstand gegen die Flurbereinigung langsam gelegt. Sie ist jedoch erst bei etwa 45% der landwirtschaftlich genutzten Fläche der Oberpfalz vollzogen, bei ungefähr 14,2% im Gang. Hand in Hand mit der Flurbereinigung müssen zweckmäßigerweise der Wirtschaftswegebau, wasserwirtschaftliche Maßnahmen und die Dorferneuerung gehen.

Viehwirtschaft

Eine Lösung von alter bäuerlicher Tradition bedeutete es auch, als die Gemeindeweiden (Allmenden) aufgelöst wurden. Während vordem Rinder, Pferde, Schafe, Ziegen und Schweine teilweise ohne Aufsicht bis in den Spätherbst hinein auf den Brachfeldern oder der Allmende geweidet hatten, ging man nun zur Stallfütterung über. Durch den verbesserten *Futterbau* brauchte man das Vieh im Winter nicht mehr halb verhungern zu lassen und konnte seine Leistung steigern. Folgende Rassen waren in der Oberpfalz eingeführt:

Das *Chamauer* Vieh (im Südosten, bis über die Naab) war genügsam; es zeigte eine gute Zug- und Mastleistung, gab aber wenig Milch. Weiter nördlich war der Typ des arbeitstüchtigen »*Vogtländers*« geschätzt; dieses rote Rind, eine Züchtung des Klosters Waldsassen, lieferte vor allem schmackhaftes Fleisch. An die Viehzucht und den lebhaften Viehhandel der Tirschenreuther Gegend knüpften sich Fleischwarenbetriebe und Gerbereien.

In der Südwestoberpfalz fand die *Kelheimer* Rasse Verbreitung. In Kruppach (Landkreis Neumarkt) schlossen sich 1904 die Landwirte zur ersten Zuchtgenossenschaft zusammen und führten anstelle der alten Kelheimer Rasse die aus der Schweiz stammende Simmentaler Rasse, das Scheck-oder *Fleckvieh*, ein. Seit 1912 hat es sich in vielen Milchleistungsprüfungen bewährt und hat in der Oberpfalz alle anderen Viehrassen verdrängt.

Auch im Raum *Weiden* werden – den schwierigen Klima- und Bodenverhältnissen zum Trotz – erstklassige Leistungen erzielt. Es ist sogar erreicht worden, daß oberpfälzische Zuchtverbände mit ihrem ganzjährigen Milchabschluß der Herdbuchkühe an erster Stelle in Bayern stehen. Die Milchleistung in der Oberpfalz betrug 1978: 10559 kg Milch bei 4,28% Fettgehalt.

Früher wurde die Milch ab Hof geliefert; das ist heute nicht mehr statthaft. 1930 gründete man in Regensburg die erste *Molkerei*, um dem Bauern eine geregelte, preissichere Abnahme, dem Städter eine hygienisch einwandfreie Milchversorgung zu sichern. Inzwischen sind viele Molkereien entstanden, die durch Kannenbelieferung oder Milchtankwagen versorgt werden.

An die Molkereien der Oberpfalz angelieferte Milch betrug 1963: 32,75 Mill. kg Milch, das entspricht 57,4% der Erzeugung, 1977: 65,38 Mill. kg Milch, das entspricht 88,4% der Erzeugung.

Ein gewaltiger Anstieg der *Nutzleistung* unserer Rinder konnte durch die Verbesserung der Futterverhältnisse erzielt werden. Früher betrug das Gewicht eines Rindes zwischen 4 und 6 Zentner, heute liegt es bei 11 bis 15 Zentnern. Der Anteil der Arbeitskühe ist auf fast 0% abgesunken.

Während die ältere Bauerngeneration noch das Kochen des *Viehfutters* in sogenannten Höllhäfen (s. Seite 324) kennt, ist die jüngere längst zur Gärfutterbereitung übergegangen. Die Konservierung erfolgt in Futtersilos. Moderne Selbsttränkanlagen erleichtern die Stallfütterung.

lärkte

Als wichtige *Viehmärkte* galten und gelten in der Oberpfalz: der früher viel besuchte Pfreimder Ochsenmarkt; Schwandorf, wo heute regelmäßig Zuchtviehauktionen stattfinden, und vor allem Cham, das bis in die Gegenwart den größten bayerischen Nutzviehmarkt aufzuweisen hat. Im Jahr finden 25 Märkte statt, zu denen sich Käufer aus der ganzen Bundesrepublik, besonders aus dem Rheinland, einfinden. Während früher mehr Ochsen angeboten wurden, überwiegt heute der Handel mit Jungvieh.

Ein genossenschaftlicher Schlachthof der »Südfleisch« in Cham besteht seit 1964 und hat eine sehr positive Entwicklung für dieses Gebiet gebracht.

Das *Pferd* war jahrhundertelang Zugkraft und Verkehrsmittel. Als kriegswichtiges Reittier fand es früh Förderung durch die Guts- und Landesherrn. Auf eigenen Fohlenhöfen züchtete man in der Oberpfalz vor allem das mittelschwere norische Arbeitspferd. Die Maschine brachte ein Absinken der Pferdehaltung (1950: 32044 Pferde; 1963: 9459 Pferde, 1977: 4130 Pferde). Der Pferdemarkt in *Berching*, zu Anfang des 19. Jahrhunderts weitberühmt und mit vielen hundert Tieren beschickt, zählte in den letzten Jahren durchschnittlich 120 Pferde. Kleinere Betriebe allerdings, bei denen eine Vollmotorisierung nicht rentabel ist, können das Pferd als Zugtier auch heute noch nicht entbehren.

Unsere Vorfahren deckten ihren Fleischbedarf größtenteils aus den *Schweine*herden, die sich in den ausgedehnten Laubmischwäldern ihr Futter suchten. (Die Jagd war ein Vorrecht des Adels.) Futtermangel trat ein, als die Mischwälder durch Rodung zurückgingen, beziehungsweise durch Nadelholz ersetzt wurden. Erst die verbesserte Milchwirtschaft (Molke als Abfallprodukt) und der Kartoffelbau brachten auch der Schweinezucht neue Möglichkeiten. Dem halbroten Landschwein gegenüber setzte sich allmählich das veredelte weiße Landschwein durch. Zuchtleistungsprüfungen, Körungen und Absatzveranstaltungen des Schweinezuchtverbandes haben sich als fördernd bewährt. Die Schweinemärkte in Neumarkt sind besonders für die westliche Oberpfalz bedeutsam.

Kleinvieh

Vereine förderten die Pflege und Züchtung verschiedener Arten von Kleinvieh: Seit 1863 gibt es in Tirschenreuth, seit 1866 in Burglengenfeld einen Bienenzuchtverein. Für eine Aus- und Fortbildung der Imker wurde in jüngster Zeit in Aschach bei Amberg der »Bienenhof« errichtet, dessen Träger der Bezirksverband der Imker ist. Der erste bayerische Kaninchenzuchtverein wurde 1895 auf Anregung des Fürsten von Thurn und Taxis in Regensburg gegründet; die Zucht auf Angorawolle und Fleisch fand bald in der Oberpfalz Verbreitung, obwohl sich anfangs Stadträte und Gastwirte gegen die Einführung »dieser Schädlinge« entschieden zur Wehr setzten.

Während es früher in der Oberpfalz sehr viel Kleinvieh, vor allem Gänse, Schafe und Ziegen gab, spielt ihre Züchtung und Haltung in der heutigen Landwirtschaft keine maßgebende Rolle mehr.

Die Junggeflügelmast hat jedoch in der südlichen Oberpfalz eine sehr große Bedeutung erlangt. In der Brüterei Süd in Regenstauf werden jährlich über 60 Millionen Küken erbrütet, sowohl für Legehennenhaltung als auch für Junggeflügelzucht. In dem »Geflügelschlächterei-Viereck« Nittenau – Freystadt – Gangkofen – Bogen wird mehr als ein Viertel des bundesdeutschen Mastgeflügels erzeugt.

Landwirtschaftliche Fortbildung

Bis ins 19. Jahrhundert herein erteilten die Landpfarrer, die meistens selbst eine kleine Ökonomie zu bestellen hatten, den Bauern Rat und Anleitung. Gegen Ende des Jahrhunderts kamen dann die »Landwirtschaftlichen Winterschulen« auf. 1868 wurde in Regensburg eine Kreislandwirtschaftsschule errichtet. Die Viehhaltungs- und Melkerschule in Almesbach bei Weiden sollte eine neuzeitliche Ausbildung der Landjugend ermöglichen.

Heute bestehen in der Oberpfalz sieben landwirtschaftliche Fachschulen – für jeden Landkreis eine – mit den gut frequentierten Abteilungen Landwirtschaft und Hauswirtschaft. Die Lehrkräfte sind auch für die landwirtschaftliche Beratung an den Ämtern für Landwirtschaft zuständig. Diese Fachschulen werden in beiden Abteilungen mit je zwei fachtheoretischen Wintersemestern und einem fachpraktischen Sommersemester geführt. Die landwirtschaftliche Berufsausbildung hat in den letzten Jahren große Fortschritte erzielt. Es werden pro Jahr in der

Oberpfalz durchschnittlich ca. 320 männliche Auszubildende zur landwirtschaftlichen Abschlußprüfung und ca. 150 weibliche Auszubildende in der ländlichen Hauswirtschaft zur Abschlußprüfung geführt. Ein Teil davon unterzieht sich auch der Meisterausbildung. In den Jahren 1958 bis 1978 wurden in der Oberpfalz insgesamt 510 Landwirtschaftsmeister und 258 Meisterinnen der ländlichen Hauswirtschaft nach erfolgreicher Ausbildung und bestandener Meisterprüfung gezählt.
Der Tatkraft eines Oberpfälzers, Max Schönleutners, verdankt die einzige *landwirtschaftliche Hochschule* Bayerns ihre Entstehung: In *Weihenstephan* bei Freising legte er 1804 ein landwirtschaftliches Mustergut mit verschiedenen Zuchtanstalten an.
Nur durch Kenntnis und Anwendung moderner Möglichkeiten vermag der Landwirt heute wettbewerbsfähig zu bleiben. Seit dem europäischen Zusammenschluß hängt dies noch mehr als bisher von einer gründlichen Fachschulung des Nachwuchses ab. Die *Raiffeisenorganisation* – ein genossenschaftlicher Bauernverband mit hundertjähriger Tradition – sieht heute ihre wichtigste Aufgabe darin, die Bauern für die Bedürfnisse des modernen Marktes zu interessieren.

eichwirtschaft

Als landwirtschaftlicher Nebenzweig wird weithin die Fischzucht betrieben. Im Mittelalter gab es in unserem Raum noch mehr Weiher als heute. Die große Zahl der damaligen Staubecken (s. Seite 44) regte zur Fischzucht an. Sie war ein besonderes Anliegen der Klöster (Fastenspeise); die Teiche des Klosters Waldsassen zogen sich vom Waldnaabgebiet bis ins Schwandorfer Becken hin. Die Ernährungslücke – verursacht durch das Anwachsen der Bevölkerung und die kargen Erträge der Landwirtschaft – konnten so einigermaßen geschlossen werden. Nach wie vor werden vorwiegend *Karpfen* gehalten. Ein beträchtlicher Teil des Karpfenmarktes der Bundesrepublik wird durch die Oberpfalz beliefert. Man nutzt heute die Futterstoffe der Teiche durch Fische mit unterschiedlichen Ansprüchen: Neben den Karpfen setzt man als Beifische Schleie, Hecht und Zander. Die *Forellenzucht* ist erst hundert Jahre alt; sie wird in eigenen Teichen, aber auch in klaren Fließwassern betrieben (Lauterach, Wiesent).
In der Bodenwöhrer Gegend wurde eine Kette von 21 Weihern angelegt, die einer rentablen Karpfenzucht und der Aufzucht von Satzfischen dienen. Hohe Erträge liefern auch die Teiche von Etzenricht und die zahlreichen Weiher im Landkreis Neustadt. Die bewirtschaftete Teichfläche in der Oberpfalz beträgt heute ca. 12000 ha – eine Fläche, die größer als der Chiemsee ist. Der Bezirk unterhält in Wöllershof einen teichwirtschaftlichen Beispielsbetrieb. Dabei ist nicht nur die Fischzucht von hoher Bedeutung, sondern auch die Vermehrung der Luftfeuchtig-

ild Seite 54

keit und die langsame Grundwasserauffüllung in Trockengebieten. Die Weiher bilden außerdem eine wichtige Wasserreserve in brandgefährdeten Waldgebieten.

Flußfischerei

In den fließenden Gewässern der Oberpfalz kommen alle Arten von Raubfischen (Hechte, Zander) und Friedfischen (Eitel, Braxen, Aale u. a.) vor. Der größte Raubfisch unserer Flüsse, der Waller oder Wels, wird mit Netz oder Angel noch häufig in Naab und Regen gefangen. Er erreicht dort das Gewicht von einem Zentner und darüber.
Dieser Fischreichtum gibt der Sportfischerei großen Anreiz. Das beste Fischwasser für Forellen ist die Lauterach; das von vielen kalten Quellen gespeiste Flüßchen besitzt sehr niedere Temperaturen (14–15 Grad im Sommer), es können sich daher keine anderen Fischarten halten (wie in wärmeren Gewässern). Ein reiches Forellenwasser ist auch die Pegnitz. Zahlreiche Fischereivereine tragen dafür Sorge, daß die Wasser gehegt und gepflegt werden durch jährlichen Einsatz der verschiedenen Fischgattungen und durch weidgerechtes Verhalten ihrer Mitglieder.

Viele Wappen oberpfälzischer Orte weisen Fische auf und betonen dadurch die Bedeutung dieser Nahrungsquelle in ihrem Bereich. (So Nabburg, Eschenbach, Roding, Regenstauf, Pfreimd, Sulzbürg u. a.)
Der Regen und seine Nebenadern zeichneten sich im Mittelalter durch einen großen Reichtum an *Perlmuscheln* aus; die Perlfischerei war ein landesherrliches Recht und erreichte im 17. Jahrhundert ihren Höhepunkt. Durch Schweden, Panduren und Franzosen jedoch wurden die Perlgewässer derart ausgeräubert, daß die Zucht einging. Namen wie Perlbach, Perlesried, Perlesreuth, Perlhütte erinnern noch daran.

Forstwirtschaft

Mit einer Walddichte von 41% liegt die Oberpfalz an der Spitze aller bayerischen Regierungsbezirke und weit über dem bundesdeutschen Durchschnitt (29% der Bodenfläche). Nach Besitzverhältnissen geordnet, zählen von den knapp insgesamt 400000 ha 61% zum Privatwald, 29% zum Staatswald, 5% zu den Bundesforsten sowie 5% zum Ge-

256 *Fachwerkbauten* finden wir in der westlichen u nördlichen Oberpfalz: Etwas massig und schwer im Ju (oben), phantasievoller und reicher die Formen im Norc sten, wo ostoberfränkischer und Egerländer Einfluß v herrscht (unten).

255 Oben: Das *Waldlerhaus* duckt sich unter einem flac geneigten, vorspringenden Dach. Es weist verschiede Bauformen auf. Hier: Über einem gemauerten Unter schoß ist der Oberstock verbrettert und mit einem »*Schro* versehen.
Unten: Das *Altmühlhaus* ist meist mit heimischem Platt schiefer abgedeckt, dessen Gewicht einen massiven Unt bau erfordert. Kennzeichnend ist das Flachdach.

257 Oben: *Bruchsteinhäuser* hatten in der Oberpfalz lange Zeit den größten Anteil am Baubestand. Das Mauerwerk ist verputzt; neben schmucklosen ungegliederten Fassaden gibt es auch *Putzgliederung* in Weiß auf kräftigen Farben der Mauerflächen.
Unten: Südlich der Donau ist der *verputzte Ziegelbau* charakteristisch.

258 *Frauenzell:* Aus einer Einsiedlerzelle entwickelte sich dieses stattliche Kloster mit Konvent, Wirtschaftshof und Nebengebäuden. 1743, als dieses Bild gemalt wurde, war die barocke Umgestaltung von Kirche und Kloster beinahe abgeschlossen.

meinde- und Körperschaftswald. Der Staatswald wird von 23 Forstämtern bewirtschaftet, die der Oberforstdirektion Regensburg unterstehen. Ihnen obliegt auch die Beratung und Betreuung des gesamten Nichtstaatswaldes sowie die dortige Forstaufsicht.

Während man heute durch viele Gesetze und fördernde Maßnahmen die Wälder zu erhalten und zu pflegen versucht, beutete man sie in früheren Jahrhunderten oft rücksichtslos aus, sei es durch Rodung (s. Seite 81), sei es für industrielle Zwecke (s. Seite 225) oder durch Weide und Streunutzung; dies fügte auch dem Waldboden schwerste Schäden zu. Um 1800 lagen weite Flächen kahl oder waren nur noch mit einzelnen alten, abgängigen Laubbäumen bestockt. Deshalb mußte für die Wiederaufforstung der verwüsteten Böden zunächst verstärkt auf die robusteren Nadelholzbaumarten (Kiefer, Fichte) zurückgegriffen werden. Solche reinen Nadelholzforste sind aber im Verlauf ihres Lebens zumeist instabil, da anfällig für Krankheiten aller Art und disponiert für klimatische Schäden.

Die Oberpfalz weist eine große Mannigfaltigkeit der geologischen Verhältnisse auf, weshalb auch die Bodenarten (Sand, Ton, Lehm) sehr kleinflächig wechseln. Kennzeichnend sind einerseits nährstoffarme, trockene und quarzreiche Sande, andererseits lehmig-sandige, kalkarme Kristallinböden. Zu diesem Mosaik der Bodenarten kommen noch die vielfältigsten Geländeformen und Klimabedingungen. Nur bei genauer Kenntnis dieser Standortverhältnisse kann die richtige Baumartenwahl erfolgen.

Erst in jüngster Zeit verfügt man über die Kenntnisse und technischen Voraussetzungen, um der Verarmung der Wälder energisch entgegenwirken zu können. Maßnahmen zur Verbesserung der Waldwirtschaft wie maschinelle Bodenbearbeitung, gezielte Düngung (diese erfolgt heute zunehmend per Hubschrauber aus der Luft!) und die Verwendung von einwandfreiem Saat-und Pflanzgut, haben sich bewährt. Natürlich sind auch hier Grenzen gesetzt, besonders durch finanzielle Zwänge und durch die Standortsmöglichkeiten. Gegenwärtig verteilen sich die Holzarten in der Oberpfalz wie folgt: Nadelholz 93%, davon Kiefer 54%, Fichte 36%, Tanne 2%, Lärche 1%; Laubholz ist nur mit 7% vertreten. Dies entspricht nicht den natürlichen Gegebenheiten. Man bemüht sich daher vor allem um eine Anreicherung mit Laubholz. So wird über ein für den Staatswald ausgearbeitetes Laubholzprogramm versucht, standortsgemäße, gesunde, leistungsfähige und stabile Wälder zu schaffen.

Wirtschaftlich spielt der Wald in der Oberpfalz eine beachtliche Rolle: In der Jahresproduktion steht die Industriegruppe Holz/Papier an bedeutender Stelle. Über die Hälfte der Holzproduktion geht heute in die außerbayerischen Ballungsräume. Auch Veredelungsbetriebe finden

sich über den ganzen Bezirk verstreut. Sie haben sich vor allem auf die Spanplattenerzeugung und auf die Herstellung von Telegraphenstangen, Eisenbahnschwellen oder Paletten spezialisiert. Die Bau- und Möbelfabriken liegen dagegen näher an den Verbrauchszentren.
Für die Weiterverarbeitung wird sowohl Massen- als auch Wertholz benötigt. Gute Voraussetzungen zur Kiefern-Wertholzerzeugung bieten sich im Amberger- und Weidener Becken, um Bodenwöhr, Pressath, Neustadt am Kulm, Nittenau und im Stiftland. Wegen seiner hervorragenden Qualität ist es besonders für die Herstellung von Fenster- und Türstöcken sowie für den Innenausbau (Möbel, Wandverkleidungen und Holzdecken) gefragt.
Nicht nur im meßbaren Nutzen erschöpft sich die Bedeutung des Waldes. Neben seiner Nutzfunktion werden heute vor allem seine Schutz- und Erholungsfunktionen gewertet. Nahezu 50% der Oberpfälzer Waldfläche nehmen besondere Dienstleistungen für den Menschen wahr, wie Wasserschutz (33%), Klima-, Immissions- und Lärmschutz (7%) oder Bodenschutz (5%). 10% sind Wälder, die von besonderer Bedeutung für das heimatliche Landschaftsbild sind, so etwa Waldreste in schwach bewaldeten Gebieten, Naturwaldreservate und Waldflächen, in denen schutzwürdige Tier- und Pflanzenarten oder seltene Pflanzengesellschaften vorkommen (Biotopschutz). 5% der Wälder dienen schließlich bevorzugt der Erholung.

5. *Handwerk*

Eine wichtige Gruppe der Wirtschaft in der Oberpfalz bildet das Handwerk. Ähnlich wie die Landwirtschaft ist es allerdings einem starken Strukturwandel unterworfen. So ist seine Entwicklung in den letzten Jahren durch zwei Tendenzen gekennzeichnet: Während die Zahl der Handwerksbetriebe zurückging, erhöhte sich die durchschnittliche Betriebsgröße und stieg gleichzeitig die Zahl der Beschäftigten und Auszubildenden. Das Handwerk in der Oberpfalz konnte eine beträchtliche Leistungssteigerung erzielen und seine Umsätze vervielfachen. Unter den einzelnen Handwerkssparten ist in der Oberpfalz am meisten die Gruppe der metallverarbeitenden Betriebe vertreten. Ein Drittel der Betriebe sind im Sinne der Gewerbesteuer Kleinbetriebe.
Dabei wird auch vom Handwerk gerade des ländlichen Raums eine ständige Auseinandersetzung mit neuen Problemen und eine ständige Anpassung an neue Gegebenheiten verlangt. Die Entwicklung der Technik und eine fehlende Nachfrage nach gewissen handwerklichen Leistungen stellten die Handwerksbetriebe vor schwerwiegende, zum

Teil existenzbedrohende Probleme. Das Handwerk hat diesen Umstellungsprozeß bisher gemeistert. Es leistet durch die Versorgung der Bevölkerung mit den notwendigen handwerklichen Erzeugnissen und Dienstleistungen einen wesentlichen Beitrag zur Hebung des Lebensstandards in unserem Raum. Es bietet darüber hinaus gute Beschäftigungsmöglichkeiten für eine Vielzahl von Berufen. Für die weitere Zukunft kommt ihm gerade für die Arbeitsplatzbeschaffung in ländlichen Gebieten großes Gewicht und damit eine wichtige volkswirtschaftliche und gesellschaftspolitische Aufgabe zu.
Dies erfordert allerdings für die Zukunft eine Erhöhung der Zahl und der Qualität der Arbeitsplätze, was eine Erweiterung des Angebots an qualifizierten Fach- und Führungskräften zur Folge haben muß. Die Handwerkskammer von Niederbayern und Oberpfalz nimmt hier eine wichtige Aufgabe wahr: Sie unterstützt die Betriebe bei Maßnahmen der Rationalisierung und Modernisierung. Sie hat dazu ein Netz von *Beratungsstellen* geschaffen, die die Handwerksbetriebe in betriebswirtschaftlichen Problemen sowie in speziellen Rechts- und Steuerfragen beraten. Ein eigenes Rechenzentrum, das einzige seiner Art in Bayern (Sitz in Straubing), bietet den handwerklichen Unternehmen auch der Oberpfalz branchenbezogene Abrechnungsprogramme.

Bild Seite 305

Die Kammer legt schon seit Jahren besonderes Gewicht auf die berufliche Aus- und Weiterbildung der im Handwerk tätigen Bevölkerung. Sie hat Berufsbildungszentren und Ausbildungsanlagen errichtet. Solche *Berufsbildungszentren* befinden sich in Regensburg, Cham und Weiden. Ausbildungsanlagen bestehen ferner in Kemnath, Weiden, Amberg und Neumarkt. Diese Stätten stehen auch für Umschulungsmaßnahmen zur Verfügung. Eine der wichtigsten Einrichtungen der Berufsbildung ist die Meisterschule des Ostbayerischen Handwerks. In betriebswirtschaftlichen und technischen Kursen bereiten sich hier junge Handwerker auf die Meisterprüfung vor. Sitz der Meisterschule für die Oberpfalz ist Regensburg.

6. Fremdenverkehr

Die Deutschen gehen in ihrem Urlaub wieder in den »Wald«. Er gilt als der ideale Erholungsraum, Erholung als Regeneration im weitesten Sinne verstanden. Es nimmt deshalb nicht Wunder, wenn Ostbayern die höchsten Steigerungen im Fremdenverkehr (in den Übernachtungszahlen) aufzuweisen hat, da der Oberpfälzer Wald mit Steinwald und südlichem Fichtelgebirge zusammen mit dem Bayerischen Wald das größte zusammenhängende Waldgebirge Mitteleuropas darstellt. In der Oberpfalz konnte das qualitative und quantitative Angebot an Fremdenverkehrseinrichtungen weiter gesteigert werden. So standen 1979 41800 Gästebetten zur Verfügung, davon rund 17 470 in Privatquartieren. Insgesamt kamen 806570 Gäste in die Oberpfalz und blieben hier über 4 Mio. Tage. Im Landkreis Cham hat der Fremdenverkehr die größte Bedeutung (rund 1822865 Gästeübernachtungen, Aufenthaltsdauer pro Gast durchschnittlich 8 Tage), gefolgt vom Landkreis Neustadt a. W. (426390 Übernachtungen, durchschnittliche Aufenthaltsdauer ebenfalls 8 Tage). Auch die anderen Landkreise und ihre Gemeinden strengen sich immer mehr an, den Fremdenverkehr zu steigern. Das erfolgt durch den Ausbau von Gaststätten, privaten Unterkünften, Sportanlagen und Bädern, durch Verschönerung der Orte usw.

Der Fremdenverkehrsverband Ostbayern, die Werbezentrale auch für die Oberpfalz, benützt als Werbesymbol die Tanne, um den Bezug zum Wald zu verdeutlichen. Ihm und seinen Mitgliedern, den Fremdenverkehrsgemeinden also, ist es zu verdanken, wenn aufgrund einer planvollen Fremdenverkehrsarbeit auch die Oberpfalz heute in Deutschland und im benachbarten Ausland nicht mehr den unbekannten Gebieten zuzurechnen ist.

Es hat sich langsam herumgesprochen, daß es sich lohnt, mit den Kunstschätzen und Naturschönheiten der Oberpfalz gründlich Bekanntschaft zu machen. Wegen ihrer landschaftlichen Reize wird die verhältnismäßig wenig befahrene Ostmarkstraße gerühmt. Überhaupt findet der Autofahrer auf guten Straßen eine erstaunlich ruhige Verkehrslage. Romantische Orte, Burgen und Seen und viele stille Wanderwege locken zu Ausflügen. Angler und Badefreunde, Wintersportler und Kunstliebhaber – jeder findet etwas. Die freundliche und – nach wie vor – preisgünstige Bewirtung begeistert den Urlauber. Das Dienstleistungsgewerbe kann daher eine sehr positive Entwicklung verzeichnen, was sich auch günstig auf das Angebot an Arbeitsplätzen und die Zahl der Erwerbstätigen auswirkt.

Das Siedlungsbild

1. Bauernhäuser und Hofformen

Während es im Alpenvorland und in Tirol noch mehrere Bauernhöfe gibt, die über 300 Jahre zurückreichen, ist in der Oberpfalz der Bestand an alten Bauernhäusern sehr gering. Das besagt nichts über die bäuerliche Bodenständigkeit: Es läßt sich z. B. das Bauerngeschlecht der Ibler in Ritzelsdorf, Landkreis Amberg-Sulzbach, bis 1385 urkundlich belegen; dieses ist somit eines der ältesten in Deutschland überhaupt! Bis ins 17. Jahrhundert herein aber verwendete man als Baumaterial fast nur Holz und Stroh; die zahllosen Brände konnten sich daher unheilvoll auswirken und ganze Ortschaften in Schutt und Asche legen. Die Entwicklung der Hausformen kann man in unserer Heimat mit Hilfe archivalischer und literarischer Quellen etwa 500 bis 600 Jahre zurückverfolgen. Wenn wir aus dem Süden kommen, etwa aus dem Gäuland, wo sich stattliche Höfe breit zwischen fruchtbaren Äckern hinlagern, oder aus Oberbayern mit seinen stolzen, leuchtend weißen und oft bemalten Bauernhäusern, dann kommt uns der ganz andersartige Siedlungscharakter der Oberpfalz so recht zum Bewußtsein. Die Häuser zeigen hier ein viel herberes, schmuckloseres Aussehen; doch fügen sie sich in ihrer Eigenart harmonisch ins Landschaftsbild ein. Die Oberpfalz kennt nicht nur einen Haustyp: Von allen Seiten her machen sich Einflüsse benachbarter Hauslandschaften geltend. Als hauptsächliche Konstruktionsmerkmale gelten die Dachformen, die Wandtechnik und die Anordnung der Räume.

Die älteste bodenständige Art, eine Hauswand aufzuführen, ist der sog. *Ständerbohlenbau.* Man verwendete ihn schon zur Zeit der Landnahme, wie wir aus dem frühesten bayerischen Gesetzbuch, der Lex Bajuwariorum, wissen (s. Seite 72). Das Grundgerüst besteht aus (meistens sechs) senkrechten Säulen oder Ständern, die in Längsrichtung von sog. Spangen oder Riegeln und Brettern zusammengehalten werden. Diese sind in eine Nut der Eck-und Zwischensäulen eingelassen. Das Gerüst ist mit Stein, beworfenem Flechtwerk oder Strohlehm ausgefüllt (das Wort ›Wand‹ deutet ja auf die Technik des Windens oder Flechtens hin!) oder auch mit senkrechten Brettern verschalt. Diesen Haustyp traf man im letzten Jahrhundert noch häufig in abgelegenen Juragegenden an, heute ist er jedoch nur noch an Stadeln anzutreffen, die überhaupt alte Baugewohnheiten länger bewahren als Wohnhäuser (vgl. die Kupferstiche!).

Eine gewisse Verwandtschaft besteht zwischen dem Ständerbohlenbau und dem *Fachwerkbau*, der vom Fränkischen her nach Osten vorgedrungen ist. Heute findet man ihn in den Landkreisen Neumarkt, Amberg, Sulzbach und Tirschenreuth. Vereinzelt kommt er sogar östlich der Naab vor (Rauberweiherhaus bei Schwandorf). Auch das Egerland weist Fachwerkhäuser auf, allerdings in einer abgewandelten, reicheren Formgebung (schachbrett- und rautenförmige Musterung). *Fachwerk* Bild Seite 256

Das Fachwerkhaus besteht aus einem Gefüge von rahmendem Holz; jedes Stockwerk ist für sich abgezimmert. Eine Sonderform ist das vom Mittelfränkischen (Nürnberger Gegend) beeinflußte Fachwerkhaus mit quadratischem Grundriß, das in der Alb vorkommt: Wohnung und Stall befinden sich unter einem Dach, der Eingang liegt an der Giebelseite.

Zu den ältesten Hausformen gehört die *Blockbauweise*, die in Nadelwaldgebieten noch zu Beginn unseres Jahrhunderts verbreitet war. Im Raum Neustadt an der Waldnaab, Eschenbach, Cham und Roding trifft man sie heute noch vereinzelt an. Bauelement sind behauene Rundhölzer, die durch Moos bzw. Lehm abgedichtet oder durch Bretter verschalt sind. Die Eigenart des Blockbaus zeigt sich an den Wandecken, wo sich die Balkenköpfe überkreuzen. Die alten Holzhäuser (Waldlerhäuser) sind sehr selten geworden. Teilweise ist der Unterbau durch Stein ersetzt. Kennzeichnend sind die am Giebel vortretenden Altanen (»Schrout«), welche manchmal durch Schnitzereien geschmückt sind *Blockbau* Bild Seite 255

(Beispiele in Ränkam, Arnschwang, Grafenkirchen, Bach, Weiding u. a.).

An der böhmischen Grenze (z. B. in Eslarn, Pondorf, Schneeberg) entwickelte sich im 18. und 19. Jahrhundert eine Sonderform, das sog. *Umgebindehaus.* Der massiven Blockwand war zur Entlastung (man denke an die Winde und an die gewaltigen Schneemassen im Winter!) ein Ständergerüst vorgebaut.

[St]einhaus

[B]ild Seite 257

Das typische Bauernhaus der mittleren und südlichen Oberpfalz (vor allem in den Landkreisen Amberg–Sulzbach–Schwandorf und Regensburg) ist das gemauerte, verputzte *Steinhaus.* Von den bedeutenden spätmittelalterlichen Bauhütten der Städte ausgehend, fand das Steinhaus auch auf dem Land früh Verbreitung. Das Ansprechende liegt oft in der schönen Raumaufteilung der kleinfenstrigen Fassade; ruhige Mauerflächen bestimmen das Bild. Es fällt auf, daß der rauhe Putz kräftig getönt ist, im Gegensatz zu den weißgetünchten Bauernhäusern Südbayerns. Glatte, weiße Bänder gliedern die Flächen; sie betonen die Hausecken, teilen die Stockwerke ab, umrahmen Giebel, Türen und Fenster – das sind jene Stellen, die auch beim Holzbau besonders hervortreten; man kann sagen (K. Erdmannsdorfer), der Maurer habe die Wandgliederung des Zimmermanns übernommen und in seine Sprache übersetzt.

Manche Architekten bemühen sich, das Bodenständige im Baugesicht der Heimat zu erhalten. Da die Einfachheit des Grundrisses und die ty-

Willhof bei Nabburg: steinernes Bauernhaus mit Putzgliederung

pische Putzgliederung unserem heutigen Formgefühl entgegenkommen, ist es wohl möglich, Bauaufgaben unserer Zeit mit modernen Mitteln im Sinne der Überlieferung zu lösen.

Dachformen

Auch die Dachformen sind in ganz bestimmten Gebieten beheimatet: in der Oberpfalz überwiegt das *Steildach.*
Das niederbayerische *Flachdach* ist jedoch bis zu der Linie Regensburg – Oberviechtach vorgedrungen. Im Oberpfälzer Wald ist wie im Bayerischen Wald und in Böhmen das *Halbwalmdach* verbreitet, das den Häusern ein anheimelndes, behäbiges Aussehen verleiht. Weiter nördlich und westlich war früher das strohgedeckte *Vollwalmdach* zu Hause. Das alte Hirtenhaus von Altenveldorf bei Parsberg war eines der letzten die-

Ehemaliges Hirtenhaus in Altenveldorf mit strohgedecktem Vollwalmdach

Bild Seite 255

ser Art. Im *Altmühltal,* das ja zu einem kleinen Teil noch zur Oberpfalz gehört, wird der heimische Plattenschiefer (Jurakalkplatten) als Dachbedeckung verwendet. Die Dachneigung ist hier flach, die breiten Häuser vermitteln einen südländischen Eindruck. Wegen seines großen Gewichts erfordert dieses Flachdach einen massiven Dachstuhl und einen besonders festen Unterbau. Die überwiegend glatten Giebel sind manchmal durch ein geschnitztes Windbrett verziert. Der flache Treppengiebel, der in geschlossenen Orten häufig auftritt, ist in Dörfern nur bei alten Herrensitzen zu finden.

Abriß
des Klosters
Michelfeld
Benedictiner Ordens
in der Oberen Pfalz

△ 268 Für die Entwicklung des Ortes *Burglengenfeld* war die wittelsbachische Burg – Sitz eines Viztumamtes – ausschlaggebend. 1806 verkaufte man die gewaltige Burganlage auf Abbruch, und nur Kronprinz Ludwig rettete sie vor dem völligen Ruin. Der 28 m hohe Bergfried, mehrere Türme und der gotische »Getraidkasten« zeugen von der großen Vergangenheit.

◁ 267 Oben: Auf Markgraf Diepold II. geht die Gründung des *Klosters Reichenbach* am Südufer des Regens zurück (1118). Jahrhunderte haben an seinem Baugesicht geformt. Mit seinen turmbewehrten Mauern nimmt es sich wie eine Burg aus. Der große, rechteckige »mathematische Turm« ist Zeuge der astronomischen Bemühungen der Reichenbacher Humanisten.
Unten: *Kloster* Michelfeld hat seit seiner Gründung, 1119, viele Stürme erlitten: Brand und Hussiteneinfälle zu Ende des Mittelalters, Aufhebung unter Ottheinrich 1565, Bildersturm durch die Calvinisten, Zerstörung durch die Schweden 1634. Um 1700 entstand der eindrucksvolle barocke Neubau, an dem große Künstler wie W. Dientzenhofer und C. D. Asam beteiligt waren.

269 An der Stadtmauer von *Berching*. Der Wehrgang blieb fast unversehrt bis zum heutigen Tage erhalten.

270 Zwei getuschte Aquarelle von Georg *Hämmerl,* 1812. Oben: Ansicht von Schloß *Fronberg,* dem ▷ seit 1326 eine Eisenhütte unterstand. Hofmark und Hammer waren meist in einer Hand. – Unten: In einer Talweitung an der Einmündung der Lauterach in die Vils liegt der alte Markt *Schmidmühlen* (bereits 1000 urkundlich genannt). Ab 1324 bestand das Hammerschloß. Hofmarkssitz war das »Obere Schloß«, in dem sehenswerte Reste einstiger Renaissancemalereien erhalten sind.

Prospect Von der hofmarck Fronberg Von Miternacht.

Prospect Von Markt Schmidmihlen Von Untergang.

Heute ist das *Ziegel*dach überall vorherrschend; als Ersatz dienen auch schon Blech und Eternit. In manchen Gegenden aber findet sich vereinzelt noch das alte *Stroh*dach oder die Bedeckung mit *Schindeln.* Bei Scharschindeldächern sind die Schindeln auf eine steile Bretterverschalung genagelt; die übereinandergesteckten Legschindeln bedingen Flachdächer.
In der nördlichen Oberpfalz springt eine merkwürdige einhüftige Dachform ins Gesicht: Diese sog. *Frackdächer* am Fichtelgebirgsrand haben an der Wetterseite das Dach bis zum Erdgeschoß herabgezogen, während es an der Südostseite mit dem Obergeschoß abschließt.

Hofformen

Zur Zeit des Landausbaues waren oft die wirtschaftlichen Voraussetzungen und die Geländeform für die Anordnung der Gebäudeteile maßgebend. Eine Wasserquelle, ein Brunnen oder Teich konnten formbildend wirken. Die Fischerhäuser des alten Dorfes Matting (Landkreis Regensburg) drängten sich zum fischreichen Fluß; in der wasserarmen Alblandschaft scharten sich die Gehöfte um den Brunnen.
Zunächst gruppierten sich die verschiedenen landwirtschaftlichen Nebengebäude (Heustadel, Getreidekasten, Schweinestall, Flachsröste, Backofen u. dgl. m.) ziemlich regellos um das Wohnhaus. Dann fand

Alte Darstellung eines Holzhauses mit Scharschindeldach (Umgebung von Kemnath)

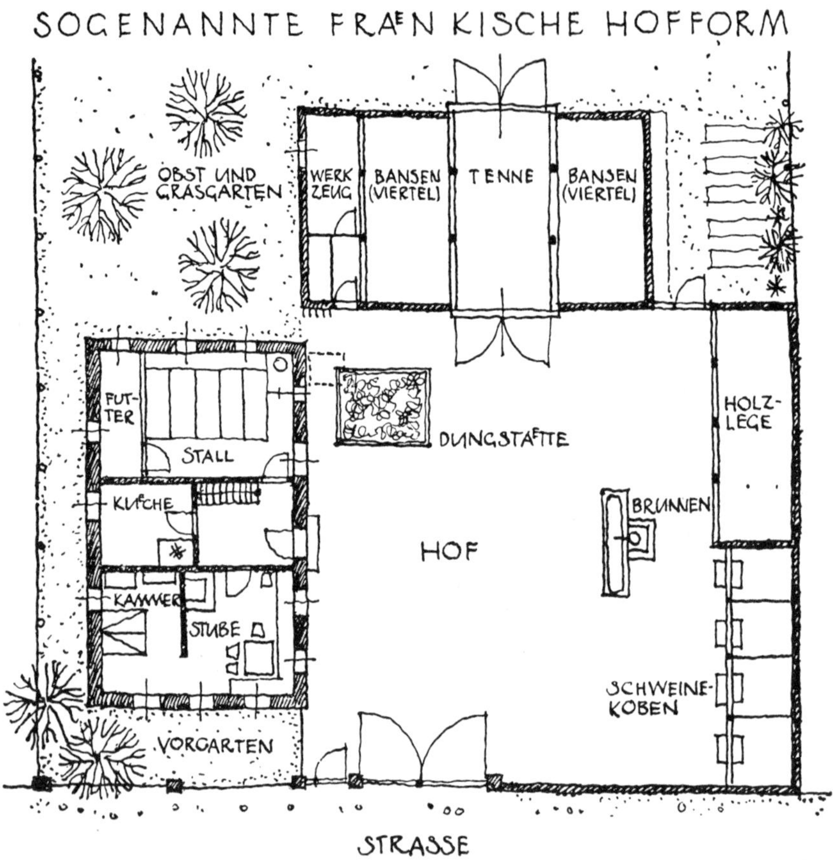

man zu einer gewissen Ordnung: Es entwickelten sich die *Dreiseithöfe*, wie sie im Fränkischen üblich sind. Diese sogenannte »fränkische Hofform« fällt nicht unbedingt mit dem Vordringen der fränkischen Besiedlung zusammen; es lassen sich keine klaren Grenzen ziehen: Auch nördlich der Luhe, bis zu der die fränkischen Kolonisten vordrangen, finden sich rein bayerische Orte. Häufig sind die Gebäude nach Zwecken zusammengefaßt: Wohnhaus und Roßstall, Stadel und Kuhstall befinden sich unter einem Dach. In der Sulzbach–Neumarkter Gegend ist die nach der Straße hin offene Hofform gebräuchlich, sie tritt aber auch nördlich und östlich gelegentlich auf. Die Betriebsgröße spielt bei der Hofform eine wesentliche Rolle.

Große Anwesen in der nordöstlichen Oberpfalz und im Egerland sind

hin und wieder als geschlossene *Vierseithöfe* angelegt (alle vier Seiten sind durch Gebäude abgeschlossen).
In der Regel aber gilt für den Norden der langgestreckte Grundriß mit Wohnteil, Flur- und Stallteil. Solche Einfirstanlagen waren für kleine und mittlere Bauernhöfe nicht nur die billigste, sondern auch die praktischste Bauweise: An Regentagen und im schneereichen Winter mußte man zur Viehversorgung das schützende Dach nicht verlassen. Je nach Anordnung von Wohnung – Stall – Dreschtenne spricht man von einem »Mittertennhaus« oder von einem »Mitterstallhaus«.

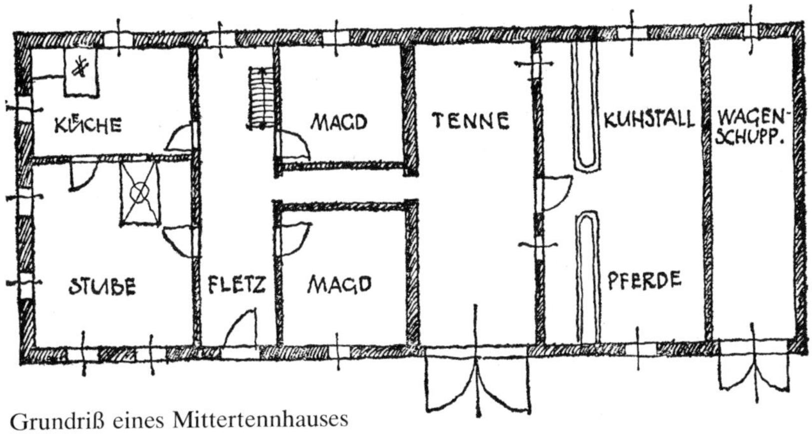

Grundriß eines Mittertennhauses

Als Sonderform sei noch das oberpfälzische *Schmalhaus* erwähnt, bei dem die Räume hintereinandergereiht sind; die Wohnstube nimmt dabei die ganze Hausbreite ein. Möglicherweise hat sich diese Kleinform bei dem mühsamen Wiederaufbau nach dem Dreißigjährigen Krieg herausgebildet; heute ist sie noch für Austragshäusl üblich (wo nicht im Obergeschoß eine Austragsstube für die Altbauern eingerichtet ist). In der westlichen Oberpfalz sind die Grundrisse vielfältiger, die Lage der Kammern, der Stallung sowie des Eingangs unterschiedlich angeordnet. Stube und Küche – manchmal auch eine Kammer – liegen nebeneinander an der Giebelseite, was diesen Häusern ein breites, behäbiges Aussehen gibt.

2. *Dorf- und Flurformen*

Nachdem wir einen Überblick über die Formen des bäuerlichen Hofes gewonnen haben, wollen wir ins Auge fassen, auf welche Weise sich die Höfe vergemeinschafteten. Das Dorfbild von heute ist meistens nicht älter als hundert bis zweihundert Jahre; doch geben Dorf- und Hofnamen, Flurpläne und Urkunden Auskunft über die Entstehung der Ortschaften.

Älteste Siedlungen

In der ersten Siedelzeit der Bayern wird es sowohl Einzelhöfe als auch Weiler und möglicherweise sogar Dörfer gegeben haben. (Für die meisten Teile unseres Gebietes stehen Einzeluntersuchungen noch aus.) Der ältesten Siedlungsschicht gehören die ing-Orte (s. Seite 71) an, die sich meistens auch als Urpfarreien erweisen. Sie zeigen heute vielfach – als Endform einer langen Entwicklung – die unregelmäßige Form des *Haufendorfes.*

Es ist wahrscheinlich, daß die Besiedlung von großen Einzelhöfen ausging, neben die bei zunehmender Bevölkerung durch die Nachfahren noch andere Hofstellen gebaut wurden. Hintersassen (= Leibeigene), die zunächst auf dem Ausgangshof gelebt hatten, errichteten sich eigene Häuschen und bekamen kleine Feldstücke dazu. (Diese Sölden fielen nach langer Zeit oft wieder zum Mutterhof zurück.) Die lockeren Siedlungsverbände wuchsen allmählich zu Dorfgemeinschaften zusammen, in deren Mitte die herrschaftlichen Großhöfe weiterbestanden.

Seit den Karolingern gab es in der Oberpfalz mehrere leistungsfähige *Königshöfe* in Lauterhofen, Premberg, Roding, vermutlich auch in Schwandorf und Weiden. Sie spielten als mustergültige Bauernhöfe eine große Rolle in der Siedlungsgeschichte und bildeten oft die Keimzelle für Dörfer, Märkte und Städte.

Auch über die frühe Fluraufteilung lassen sich nur Vermutungen anstellen: Wahrscheinlich hatten die Grundherren auf ackergünstigen, frühbesiedelten Böden ihre Felder in unregelmäßigen *Blöcken* oder Blockstreifen um den Hof. Die Aufteilung in *Gewanne* (mit Streifenanteilen der einzelnen Dorfbewohner) erfolgte erst später durch Hofzertrümmerung bei Erbteilung, durch Verteilung der Gemeindeländereien (Allmende) oder gemeinsamer jüngerer Rodungsfluren.

Solche blockförmigen Fluren, die mit jüngeren Gewannen durchsetzt sind, finden wir häufig im Gäuland; in ihrer Mitte liegen Haufendörfer, die sich aus Siedlungen entwickelt haben, die bis in die Landnahmezeit zurückreichen (z. B. Barbing, Tegernheim).

Rodungsdörfer

Der erste *Landausbau* ist in die Merowingerzeit (in Bayern Agilolfingerherzöge) zu setzen, der viele -heim, -hofen und -kofen-Orte entstammen. Sie wurden fast immer planmäßig angelegt, und zwar an einer Straße, die sich in der Mitte der Ortschaft zum Dorfplatz erweiterte. Die *Straßen- und Angerdörfer* sind die für die Kolonisationsgebiete des Nordgaus kennzeichnende Siedlungsform. Sie gehen zum Teil auf die große Rodungswelle des 11., 12. und 13. Jahrhunderts zurück und tra-

gen die typischen Endungen -reuth, -richt, -brand, -schwandt, -schlag, -ried, welche die harte Arbeit der Rodungsbauern verraten.
Eine Sonderform planvoll gestaltender Rodetätigkeit im ehemaligen »Nordwald« ist das *Waldhufendorf.* Die Flur der einzelnen Bauern begann hinter dem Obstgarten und zog sich zeilenförmig in den Wald hinein. Zu dem zusammenhängenden Feldbesitz, der Hufe (oder Hube: 30–45 Morgen = 15 Hektar) kam noch der Anteil an der Allmende. Da der Fluranteil durch Feldwege begrenzt ist, hebt er sich in der Landschaft und auf der Karte klar ab.
Im Waldsassener Stiftland werden die Waldhufendörfer auf die Rodungstätigkeit der Diepoldinger zurückgeführt. An der böhmischen Grenze, besonders in der Gegend von Schönsee – Eslarn, stehen sich Höfe mit Waldhufen in Reihen gegenüber. (So etwa in Schwand bei Schönsee mit typischem Rodungsnamen oder in Langau – der Name weist auf die auseinandergezogene Anlage hin!)
Daneben bleibt auch als spätere Siedlungsform die des *Einzelhofes,* besonders dort, wo das Gelände (Hügel, Fels, Wald, enges Tal) keine Gruppierung zuläßt. Auch die – meist mit Landwirtschaft versehenen – Mühlen, Glasschleifen und Hammerwerke an den Flußläufen kann man zu den Einzelhofsiedlungen rechnen; bei wohlhabenden Besitzern nahmen sie oft einen schloßartigen Charakter an (z. B. Haslmühl, Altenweiher, Hopfau).

'üstungen

Da die Menschen schon im 8. und 9. Jahrhundert nicht ausreichten, wurden auch slawische Siedler herangezogen, die sich dann mit den bayerischen Kolonisten mischten. Im 13. und 14. Jahrhundert machte sich der Mangel an Nachkommen für Neugründungen besonders bemerkbar. Die große Siedlungszeit war abgeschlossen. Es kam nun (und in den folgenden Jahrhunderten) sogar dazu, daß Höfe und ganze Dörfer wieder aufgegeben wurden. Die Zahl solch verödeter Siedlungen (Wüstungen), von denen der Wald wieder Besitz ergriff, ist in der Oberpfalz recht groß. (Beispiele: Krottensee und Birkenreuth bei Eschenbach; das Waldhufendorf Wüstenbrunn bei Pilgramsreuth im Landkreis Tirschenreuth; Heumaden, Ödbraunetsrieth, Bruckhof, Putzenrieth im Landkreis Neustadt/WN).

Iofmarken

Das Land wurde im Mittelalter vom Herzog (bzw. König) dem bevorrechteten Stand der Adeligen oder der Kirche gegeben, die dafür zu politischen Leistungen und zum Kriegsdienst verpflichtet waren (s. Seite 74). Zum großen Teil besaß der Adel aber auch Land auf Grund umfangreicher Rodungstätigkeit. Die adeligen (und kirchlichen) Herren gaben ihren Besitz zu einer Art Pacht an abhängige Bauern aus; den

Herrschaftshof verwaltete der Grundherr selbst oder sein »Meier«. Das zum Herrschaftshof gehörige Land hieß Salland. Im Mittelpunkt des Herrschaftshofes stand als Wohnbau in früher Zeit ein festes Steinhaus, später ein Schlößchen mit mehr oder weniger prächtigen Innenräumen und Kapelle.

Das ausgegebene Land, das von Hintersassen (Grundholden) bearbeitet wurde, blieb oft über Jahrhunderte hinweg im Besitz der gleichen Familien, wurde also weitervererbt. Nicht zu oft kam es vor, daß ein Bauer »abgemeiert« wurde, d. h. nach einem Jahr Dienst den Hof verlassen mußte, was rechtlich durchaus möglich war.

Für die Landleihe war an den Grundherrn (Hofmarksherrn) der Zins (Gilt, Gült) in Naturalien, später in Geld, zu entrichten. Für die Kirche war der Zehnt (= zehnter Teil des Ertrages) bestimmt. »Marchfutter« zahlten besonders die Bauern im Grenzland, deren Vorfahren einst zum Kriegsdienst verpflichtet waren (Mark Cham). Dazu kamen noch körperliche Frondienste, die der Bauer mit seiner Familie, seinem Gespann und Vieh auf dem Herrenhof leisten mußte oder zu denen er im öffentlichen Interesse der Herrschaft verpflichtet war (Burgenbau, Wegebau). Als drückend wurden die Herbergspflichten für Herren, Gefolge und Beamte empfunden. Mannigfach waren die Sonderabgaben wie Schutz- und Kirchweihgelder. Wenn die Herrschaft, die zu den Landständen zählte (s. Seite 168), dem Landesherrn eine Steuer genehmigte, dann trieb sie den auf sie fallenden Anteil von ihren Grunduntertanen ein. Die dem Herzog unterstehenden Bauern mußten den herzoglichen Beamten die Abgaben entrichten.

Dieses Rechts- und Wirtschaftssystem der Landleihe bestand bis ins 19. Jahrhundert. Nach der Bauernbefreiung (s. Seite 181) mußte der Landwirt dem Staat Steuer zahlen, für Notfälle gab es nun Versicherungen. Vordem hatte der Gutsherr für ihn die Rückversicherung bedeutet: An ihn konnte er sich wenden, wenn er durch Krieg, Unwetter oder Feuer in Not geraten war, und wenn es ein guter Herr war, so versorgte er seinen Bauern mit Saatgut, Bauholz oder Geld, oder er ließ ihm die Abgaben für eine bestimmte Zeit nach. Die Volkssage weiß aber auch von »Blutsaugern« zu berichten, die dem Grundholden mit harten Frondiensten zusetzten und ihn in den Schuldturm warfen, wenn er nicht zahlen konnte. Freilich, nicht immer war solche Strafe unberechtigt: Gar mancher Bauer hatte schlecht gewirtschaftet – und auch der moderne Staat bestraft die Steuerverweigerer.

Die auf Einzelhöfen siedelnden Kolonisten waren oft tüchtige nachgeborene Bauernsöhne, die es bei Fleiß zu etwas bringen konnten; denn die *Rodungsbauern* wurden mit besonderen Vorrechten bedacht (Abga-

In der Südwestecke unseres Bezirkes befindet sich Viehhausen; der barocke Kupferstecher Michael Wening fertigte eine Darstellung aus der Zeit um 1700 an: Im Schatten des aufragenden Herrenhauses stehen die im Vergleich dazu winzigen Häuser der Hofmarksuntertanen.

befreiheit, Erbrecht, Ausstattung mit Zuchtvieh) und hießen darum »Freibauern«. Viele Hammermeistergeschlechter in der Oberpfalz erwarben Grund, stiegen zu Gutsbesitzern auf und erlangten die Freiherrnwürde, manche sogar den Grafentitel. Die *Castner* beispielsweise, gewichtige Ratsherren von Amberg und Besitzer mehrerer Hammergüter, waren mit dem Landadel und den Nürnberger Patriziergeschlechtern verschwägert.

3. Klöster

Neben den adeligen Grundherren standen die geistlichen. Die Unfreien, die durch Schenkung in die Abhängigkeit von Klöstern gekommen waren (Gotteshausleute, Barschalken), arbeiteten auf dem Klosterhof, in klösterlichen Dörfern unter Anleitung der Mönche und auch auf selbständigen Höfen. Viele Ortsnamen weisen auf klösterliche Kolonisationstätigkeit hin: Chammünster, Münchsreuth, Mattenzell, Ruderszell, Abtsried, Frauenzell und andere.

Bild Seite 147

Es kann hier nur auf einige Beispiele klösterlicher Grundherrschaft eingegangen werden:

Frauenzell

Eine der letzten benediktinischen Klostergründungen ist Frauenzell im südöstlichen Zipfel der Oberpfalz. Aus kleinsten Anfängen (Einsiedlerzelle 1312) ist es erwachsen: Die ersten Mönche mußten selbst bei der Rodung des Waldlandes zugreifen; sie holten Landwirte und Handwerker heran und legten Weinberge bei Kruckenberg an der Donau an. Die benachbarten Herren von Brennberg besaßen die Schutzvogtei und mehrten den Grundbesitz der Mönche. Noch unter dem letzten Abt, der bis 1803 das Kloster regierte, besaß Frauenzell eine blühende Ökonomie. Auf dem Bild sieht man die barocke Klosteranlage und die umliegenden Höfe der klösterlichen Landwirte, die Gärten und Felder. Noch heute erinnern Kapellen und Ortsnamen in der Nähe des Klosters an die Ausbauzeit (Himmelthal, Kleinhimmelmühle, Fischbehalter, Hechtfeld, Klosterberg, Schmuckerwinkel, Eckenzell).

Bild Seite 257

Waldsassen

Was so ein stilles Waldkloster wie Frauenzell auf bescheidenem Raum leistete, liegt im Schatten der ganz großen Kolonisationstaten von Klosterunternehmen wie Waldsassen (s. Seite 94).

Bild Seite 172, 173

Die 1135 zuerst genannte Zisterzienserabtei hatte durch bedeutende Schenkungen schon zu Beginn eine gute wirtschaftliche Basis. Vom Egerer Becken bis über das Fichtelgebirge hin und später von Vils und Naab bis weit ins Böhmische hinein erstreckten sich die reichen Ländereien (nahezu 900 qkm!) der reichsunmittelbaren Abtei. Bei der Be-

280 Der *Akanthus-Altar,* wie hier in der Schloßkapelle *Reuth bei Erbendorf,* ist eine Sonderform des Barockaltars im ländlichen Bereich, hauptsächlich der Nordoberpfalz, vereinzelt auch im Westen.

◁ 279 In der *Tirschenreuther Pfarrkirche* befindet sich ein prachtvoller *gotischer Flügelaltar,* der dem calvinistischen Bildersturm entgangen ist. Die Schnitzarbeiten erinnern an volkstümliche Passionsspiele, wie sie an manchen Orten der Oberpfalz heute noch üblich sind.

281 Für die Wallfahrtskirche *Weißenregen* bei Kötzting schuf Johann Paul *Hager* eine sogenannte *Fischerkanzel:* Die Kanzel stellt ein Schiff dar, von dem aus Petrus und Paulus ihr Netz auswerfen. Darunter Jonas mit dem Walfisch.

282 Die *Hinterglasmalerei* von *Neukirche* *b. Hl. Blut* war ebenso wie die *Krippenschnit* *kunst* des *Stiftlandes* weit verbreitet und hoc stehende Volkskunst.

sprechung der oberpfälzischen Landwirtschaft haben wir schon auf die vorbildliche Arbeit der klösterlichen Ökonomie in der Rinderzucht und Teichwirtschaft hingewiesen. Auch im Bergbau und Hüttenwesen betätigte sich das Kloster; es besaß zahlreiche Hammerwerke. Auf Waldsassener Grund wurde das Tochterkloster der böhmischen Bergstadt Kuttenberg errichtet. J. W. *Goethe* notierte 1786, von Karlsbad – Eger kommend: »In Bayern stößt einem sogleich das Stift Waldsassen entgegen – köstliche Besitztümer der geistlichen Herren, die früher als andere Menschen klug waren. Es liegt in einer Teller-, um nicht zu sagen Kesseltiefe, in einem schönen Wiesengrunde, rings von fruchtbaren sanften Anhöhen umgeben. Auch hat dieses Kloster im Lande weit umher Besitzungen . . .« (Die territoriale Entwicklung Waldsassens ist von H. Sturm eingehend behandelt in dem Buch »Tirschenreuth« 1964 und in »Oberpfalz und Egerland« 1964.)

Ensdorf

Auch zu dem Benediktinerkloster Ensdorf (Vils), einer Gründung Ottos von Wittelsbach (1121), gehörten mehrere Eisenhämmer und Bauernhöfe. Seine wirtschaftliche Blüte erlebte es im ausgehenden Mittelalter. Die alte romanische Basilika mußte gegen Ende des 17. Jahrhunderts abgerissen werden; ein neues Baugesicht wurde Ensdorf, wie fast allen alten Oberpfalzklöstern, im Barock zuteil.

Michelfeld

Neben Ensdorf verdankt vor allem das Kloster Michelfeld dem Bistum Bamberg bedeutende Förderung. Seine Hauptaufgabe war die Rodung und Besiedlung des ausgedehnten und unwegsamen Veldener Forstes. Michelfeld erhielt das Patronatsrecht mit seinen Einkünften über die benachbarten Pfarreien. Im Anschluß an das Kloster entstand schon bald nach der Gründung (1119) die Gemeinde Michelfeld, die ihre Marktrechte aber an das nahegelegene Auerbach abgeben mußte: Abt Konrad hatte dies 1144 bestimmt, wahrscheinlich, um das Händlertreiben nicht unmittelbar vor der Klosterpforte zu haben. Das Kloster beeinflußte auch fernerhin wesentlich die Entwicklung der beiden Orte, die sich in ständiger Rivalität befanden.

Bild Seite 267

Der barocke Kupferstich von Michelfeld vermag ein Bild davon zu geben, in welchem Maße so ein Klosterkomplex auch baulich ein Staat für sich war mit eigener Straße, Toren, Mauerring, Konvent- und Wirtschaftsgebäuden.

Speinshart

1145 waren die ersten Prämonstratensermönche (aus Wilten bei Innsbruck) nach Speinshart gekommen, um von den ihrem Orden zugedachten Stiftungen Besitz zu ergreifen. Die Pfarreien Eschenbach, Kastl, Grafenwöhr und Kirchenlaibach kamen im Lauf der Jahre hinzu. Durch Kauf und Tausch wurden die Güter vermehrt und abgerundet. Fruchtbare Ländereien (um Pressath) mit Dörfern und Mühlen gehörten zum Kloster, aber auch Wald und Sumpf, die noch der Kolonisation harrten. Laienbrüder leisteten die Bewirtschaftung, doch auch die Priester mußten der Ordensregel zufolge täglich körperlich arbeiten. Der meiste Klosterbesitz war an abhängige Bauern ausgegeben. Der Klosterrichter war für die niedere Gerichtsbarkeit zuständig. Neben Getreidebau und Viehzucht wurde bevorzugt Teichwirtschaft betrieben. 65 »Weyer und Weyerlein« gehörten im 16. Jahrhundert zum Kloster. Ein mächtiger steinerner Zeuge für die bedeutenden Einkünfte des Klosters ist der »Zehentstadel«.

Diese Einkünfte aus der Grundherrschaft bildeten die Voraussetzung für die Bewältigung der großen wirtschaftlichen und kulturellen Aufgaben der Klöster.

4. Burgen

Gelenkt wurde die Kolonisation also immer von einem weltlichen oder geistlichen Grundherrn. Das neu entstehende Siedlungsgebiet erhielt in einer Burganlage einen Mittelpunkt der Verteidigung nach innen und außen, der Rechtsprechung und Verwaltung.

Befestigungsanlagen

Schon ehe das Land intensiv ausgebaut wurde, gab es in wichtigen Durchgangsgebieten Befestigungsanlagen (Burgställe): Häufig waren es nur Hügel mit Holztürmen, die man mit Gräben und Erdwällen umgab. Heute noch sind allein im Landkreis Neustadt an der Waldnaab ungefähr 30 solcher Turmhügel bekannt. Viele dieser Anlagen, deren militärische Lage sich bewährt hatte, baute man später zu gemauerten Burgen aus. So waren die Regenstraße, die Goldene Straße von Nürnberg über Weiden nach Eger und Prag sowie die Magdeburger Straße entlang der Naab schon früh durch Burgen gedeckt.

Mehrere hochfreie Geschlechter wetteiferten im Burgenbau. Neben der Aufgabe als Wehr gegen Osten dienten die Befestigungen vielfach den territorialen Interessen der Burgherren. Sie bildeten die Voraussetzung dafür, daß diese sich ihren Nachbarn und Feinden gegenüber behaupten und ihr Gebiet erweitern konnten, daß die Handelswege von Überfällen verschont blieben, daß Dörfer und Märkte sich friedlich entwickeln konnten.

Einen besonderen Burgenreichtum weist die *Mark Cham* auf. Der wichtige Handelsweg nach Böhmen über die Cham–Further Senke (s. Seite 80), der schon durch keltische und agilolfingische Befestigungsanlagen geschützt war, wurde im 10. und 11. Jahrhundert militärisch ausgebaut. Um die zentrale Reichsburg Cham erwuchs ein dichtes Befestigungs-

Bild Seite 51

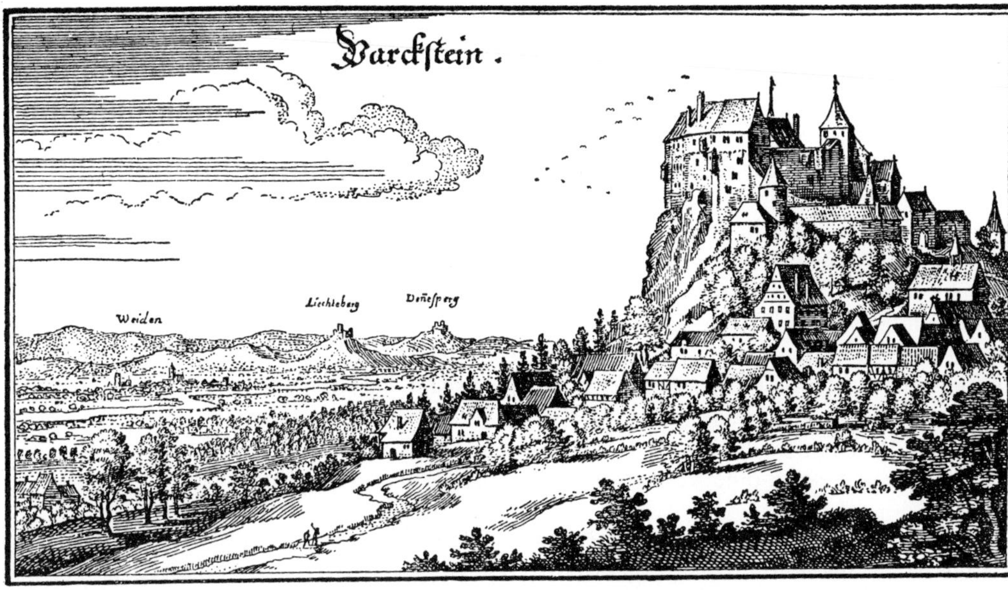

Über einem Basaltkegel wurde die Burg *Parkstein,* von der nur noch unbedeutende Reste erhalten sind, errichtet. Sie war früher Mittelpunkt einer ausgedehnten Herrschaft, nach dem 30jährigen Krieg auch Sitz eines Landrichters. (Kupferstich von Merian)

netz. Die Burginhaber waren markgräfliche (zum Teil auch königliche) Ministerialen; sie saßen auf Katzberg, Brunnendorf, Püdensdorf, Satzdorf, Windischbergerdorf, Kothmaißling, Buchberg, Runding, Chameregg, Göttling, Thierling, Traubenbach, Loifling, Altenmarkt, Michelsdorf, Wilting, Tasching, Penting, Kolmberg usw.

Der andere bedeutende Übergang nach Böhmen, die Naab–Wondreb–Senke, hatte als sicheren Rückhalt und Kolonisationsstützpunkt die Burg *Eger.* Sie war von Markgraf Diepold III. errichtet und von den Staufern als Kaiserburg ausgebaut worden. Ähnlich wie die Chamer Burg erhielt auch sie einen ganzen Ring von Burgen, der offenbar auch als Schutz gegen Osten gedacht war.

Auf die mächtigen Sulzbacher Grafen gehen die Burgen von Parkstein, Habsberg, Murach und Flossenbürg zurück. Daneben traten die Landgrafen von Leuchtenberg, die Herren von Pfreimd, von Hohenburg, von Velburg sowie die Bischöfe von Bamberg (Veldenstein-Neuhaus) und viele niedere Adelige burgenbauend hervor. So wurde die Oberpfalz im Laufe des Mittelalters zu einem ausgesprochenen Burgenland.

Höhenburgen

Von monumentaler Wucht und Geschlossenheit sind die Höhenburgen der frühen Zeit. Sie passen sich ganz der landschaftlichen Gegebenheit an, wachsen oft aus einer Bergkuppe, über Granit oder Jurafels empor. Die Grundrisse dieser Burgen entbehren daher jeder Regelmäßigkeit: Steile Felswände wurden ausgenützt, von Natur weniger geschützte Stellen künstlich verstärkt.

Das beherrschende Architekturelement jeder Burg ist der Turm, der Bergfried, der oft zum Wohnturm ausgebaut war. Die Wohngebäude spielten zunächst eine untergeordnete Rolle. Wo die räumliche Möglichkeit zum Ausbau der Wohnanlagen gegeben war, wie etwa auf Burglengenfeld, legte man mächtige Wehrmauern ringförmig um sie. Diese abweisenden, nach allen Seiten mauerumschlossenen Festungen vermochten das Land weithin zu beherrschen. Oft waren auch Verteidigungswerke weiter vorgeschoben, ein Abschnittswall besonders verstärkt, Vortürme ausgebaut (so in Kallmünz, Flossenbürg, Obermurach). Bei der Burg Loch (überm Labertal) war der Wohnbau in eine ausgemauerte Felsenhöhle verlegt; den Zugang schützte ein Rundturm.

Bild Seite 268

Flossenbürg

Bild Seite 111

Als eine der markantesten und typischsten Burganlagen unseres Bezirks gilt die von Flossenbürg. Der Burgberg ist schon wegen seiner geologischen Eigenart interessant: Bei der langsamen Abkühlung des Granits kam es zu schalenartiger Ausprägung des Gesteins, das von senkrechten und waagrechten Klüften durchzogen ist. Nord- und Westflanke sind durch Steinbrüche aufgerissen. Über diese Granitblöcke ragen die ältesten Teile der Burg (Wohnturm und »Mantel«) hinaus; kaum ist der Übergang vom gewachsenen Fels zum Mauerwerk zu erkennen, denn beide weisen das gleiche Material auf. An die äußerste Felskante wurde der Aufbau herangerückt, so daß eine Ersteigung unmöglich war. Als die Ansprüche an die Wohnlichkeit stiegen, entstanden am Fuß des Turmes weitere Burgbauten, die mit einer dicken Ringmauer umgeben wurden. Von den gewaltigen Anlagen sind nur noch spärliche Reste vorhanden: Brunnen, Verlies und zwei gotische Torbogen lassen sich noch erkennen; der Burghof ist überwuchert.

Ein vorgeschobener Turm hatte die Aufgabe, die Feinde von den eigentlichen Schloßgebäuden fernzuhalten; nach allen Seiten hin konnte von ihm aus die Verteidigung erfolgen. Das Recht der Burghut wurde mit besonderen Einkünften an ritterliche Ministerialen vergeben.

Nach häufigem Besitzwechsel fiel die Burg 1505 (mit dem Amt Floß) an Heinrich von Guttenstein, der sie erweitern ließ, vor allem durch den halbrunden »Batterieturm«, der moderneren Verteidigungsmöglichkeiten Rechnung trug.

Im Dreißigjährigen Krieg jedoch brannten die Wohngebäude nieder, und im Lauf der Jahre verfiel die gigantische Anlage.

Obermurach

Einen besseren Erhaltungszustand weist noch das trutzige »Haus Murach« auf, ebenfalls eine Sulzbachische Gründung. Auch hier bieten felsige Steilwände einen natürlichen Schutz. Der Umfang der Anlage läßt sich heute noch gut erkennen. Erhalten sind die Ringmauer und der »Kasten«, in dem die von den Bauern abgelieferten Lebensmittel aufbewahrt wurden; wahrscheinlich benützte man ihn vordem schon als Wohnturm. Zu der wehrhaften Burg kam im 13. Jahrhundert noch der 20 Meter hohe, klotzige Bergfried hinzu.
Die Wohngebäude der unteren Burg sind im letzten Jahrhundert niedergerissen worden. Viele unserer Oberpfälzer Burgen, die damals noch ein stattliches Aussehen hatten, fielen dem Unverstand dieser Zeit zum Opfer. Auch Burglengenfeld ist nur durch das persönliche Eingreifen König Ludwigs I. vor dem rücksichtslosen Abbruch gerettet worden.

Leuchtenberg
Bild Seite 29

Ein schwerer Brand setzte der Bewohnbarkeit von Burg Leuchtenberg 1842 ein Ende; seit den Plünderungen und Beschädigungen im Dreißigjährigen Krieg war sie ohnehin nicht mehr gründlich wiederhergestellt worden. Aber noch heute nimmt uns die trotzige Wehrhaftigkeit dieser imposanten Burganlage gefangen.
Hoch ragt sie auf über das Tal der Luhe, deren Flußgebiet einst den Grundstock der Herren von »Liukenberg« darstellte. Zu Anfang des 12. Jahrhunderts sind sie (bei der Klostergründung von Reichenbach 1118) zuerst beurkundet. Die Leuchtenberger befanden sich häufig im Gefolge des deutschen Königs, auch auf den Heerzügen nach Italien. Ab 1196 besaßen sie Amt und Titel des Landgrafen, im 15. Jahrhundert hatten sie als Fürsten Sitz im Reichstag. Ihr Territorium dehnten sie über die Oberpfalz und über Oberfranken hin aus, im Egerland und in Böhmen besaßen sie Lehen. Bis etwa 1450 blieb die Burg Hauptsitz der Leuchtenberger; von da an war sie Sitz der adeligen Pfleger und Landrichter. (Die Fürsten von Leuchtenberg verlegten ihre Residenz nach Pfreimd; 1646 starben sie aus.)
Wenn wir mehrere Torbauten und Mauerreste aus verschiedenen Bauzeiten hinter uns gelassen haben, tut sich der Anblick wuchtiger Gebäude vor uns auf: Sie stammen nur teilweise aus der Frühzeit; um 1300 fand ein weitgehender Umbau statt, dem noch mehrere Erneuerungen folgten. Eine erhaltene Inschrift in der Burgkapelle bezeugt das: »1440 Renovata est . . .« Der Unterbau des rechteckig aufragenden Bergfrieds stammt aus der ersten Bauzeit; damals mag dieser noch gewaltiger und höher gewesen sein. Die an den Palas grenzenden Bauteile sind in der Landrichterzeit hinzugekommen.

5. Bürgerliche Siedlungsformen

Als Ludwig der Bayer unsere Heimat der Kurpfalz zuwies, war die Zeit, in der man Höhenburgen neu aufführte, schon vorüber; der politische und wirtschaftliche Schwerpunkt verlagerte sich nach den aufblühenden Städten hin. Die Burgen wurden nun häufig Sitz von adeligen Beamten, von Pflegern und Landrichtern (z. B. Leuchtenberg, Murach, Parkstein). Die regierenden Geschlechter ließen sich, wo nicht um ihre Burg herum ein bürgerliches Gemeinwesen schon entstanden war, in oder am Rand einer Stadt nieder. Die Burgen, die sie dort errichten ließen, dienten mehr Wohn- und Verwaltungszwecken als der kriegerischen Verteidigung. Während die alten Burgen schlichte Zweckbauten waren (in romanischer Zeit galt die künstlerische Sorgfalt der Ausgestaltung der Gotteshäuser), wurden nun Künstler zum Schmuck der weitläufigen herrschaftlichen Wohnsitze berufen. Bevor wir uns der Betrachtung dieser Residenzen zuwenden, muß von der Entwicklung der bürgerlichen Siedlungsform gesprochen werden.
Viele Orte entwickelten sich, wie gesagt, im Schutz der Burg, so der Markt Leuchtenberg oder *Störnstein.* Der Sitz der adeligen Störe gab Veste und Ortschaft den Namen. Die Burg wurde später oftmals verkauft und verpfändet. Sie ist heute ganz verschwunden; nur Teile der Burgkapelle sind an der Christi-Himmelfahrt-Kirche erhalten. Eine Urkunde überliefert uns, welche Herrschaftsrechte im 13. Jahrhundert zu Störnstein gehörten: »66 Höfe, 3 Huben, 3 Mühlen, 4 Lehen, 1 Söldnergut und die Vogtei über 63 Hintersassen und über das ganze Dorf Altenstadt«. Die Besitzungen lagen weitverstreut, da es sich um Rodungsland handelt.

Märkte

Das Recht der Markt- und Stadtgründung besaß zunächst nur der König, vom späten Mittelalter ab auch der Landesherr und jeder Grundherr (Stadtherr), wenn er die Mittel dazu hatte. Es ist also nicht so, daß sich aus zufälligen Handelsgeschäften der Bauern ganz allmählich eine bürgerliche Gemeinde entwickelte: Der Bauer war gezwungen, seine Erzeugnisse aus Stall und Feld an bevorzugte Plätze, die vom Territorialherrn mit Marktrecht versehen waren, zu bringen.
Wie aus alten Marktordnungen (z. B. von Nabburg) zu ersehen ist, waren für die einzelnen Waren ganz bestimmte Verkaufsplätze verbindlich. Glockengeläute gab den Zeitpunkt an, von dem an die Marktbesucher den besonderen Schutz des Marktfriedens genossen. (Die »Kirwafriedl«, wie man die dabei betätigte Glocke nannte, läutete in Nabburg bis zum Ersten Weltkrieg.)
Die Gunst der Lage spielte bei der Wahl eines Marktortes oder eines Stadtgeländes die ausschlaggebende Rolle. Furten, Brückenköpfe, Her-

bergen an Fernverkehrsadern oder befestigte Kreuzungen konnten die Keimzelle sein. Als älteste Bürgersiedlung im Leuchtenberger Bereich wird um 1250 *Pleystein* erwähnt. Halbkreisförmig hatte sich um die Burg ein Straßenzug gelegt, dessen Bewohnern die Erlaubnis zugesprochen wurde, Wochenmärkte und viermal auch Jahrmärkte abzuhalten. Die Verleihung des Stadtrechtes (nach dem Nürnberger Recht) durch Ludwig den Bayern 1331 schloß diese Entwicklung ab.
Von den Staufern planmäßig angelegt ist der Ort *Vilseck* neben einer Wehranlage des 10. Jahrhunderts. Dieser wichtige Punkt an der Straße Nürnberg – Eger bedurfte aber einer stärkeren Befestigung. Zwei breite Marktstraßen bilden den Kern der einst ummauerten Altstadt.
Gleich diesen beiden Städtchen erwuchsen im Schatten einer Burg Sulzbach, Burglengenfeld, Neunburg vorm Wald, Velburg, Parsberg, Hohenburg, Waldmünchen, Donaustauf u. a.

tadtrechte

Viele Städte gehen auf Märkte zurück, aber nicht allen Märkten gelang der Aufschwung zur Stadt. Viele Marktflecken dienten nur dem Warenaustausch ihres dörflichen Umlandes (Lokalmärkte).
Bei der Verleihung des Stadtrechtes gewährte man häufig das schon bestehende Bürgerrecht einer anderen Stadt. So strahlte vor allem das Nürnberger Stadtrecht weit nach Osten hin aus (bis Eger und Prag). Auch Amberg hatte einen beträchtlichen Einflußkreis (Schwandorf, Velburg, Nabburg, Sulzbach usw.).
Vom Landesherrn erhielten Märkte und Städte eine gewisse *Selbständigkeit in der Verwaltung* ihrer Kommune: Bürgermeister und Ratsherren sorgten für die gemeinsamen Belange. Sie konnten Urkunden ausstellen und besaßen zu diesem Zweck ein eigenes *Siegel*, mit dem die Rechtsgeschäfte amtlich beglaubigt wurden. Manche Städte hatten auch *Münzrecht*, d. h. sie durften ein eigenes, von ihnen geprägtes Geld in den Handel bringen (z. B. Amberger, Nabburger oder Regensburger Pfennig). Hohe Gerichtsbarkeit war nicht unbedingt mit dem Stadtrecht verbunden, doch hatten von den 40 Gerichten, die man um 1800 in der Oberpfalz zählte, 16 einen städtischen Mittelpunkt. (Doch war die Stadt in diesen Fällen nicht Gerichtsherr.) Die *niedere Gerichtsbarkeit* (Ahndung geringer Vergehen) lag meistens in der Hand der Ratsherren. Auch gewisse Steuern konnten von ihnen eingehoben werden. In der Regel bestand der Rat in der Stadt aus 14, im Markt aus vier Mitgliedern. Kaufleute, Bierbrauer und Wirte hatten die wichtigsten Sitze inne. Bürgerversammlungen wurden zur Regelung allgemeiner Fragen einberufen. Im Rathaus befanden sich nicht nur ein großer Versammlungssaal und die Verwaltungsräume; es diente ursprünglich auch als Kaufhaus, besonders in kleinen Städten, z. B. in Weiden. Ein Brotladen war einge-

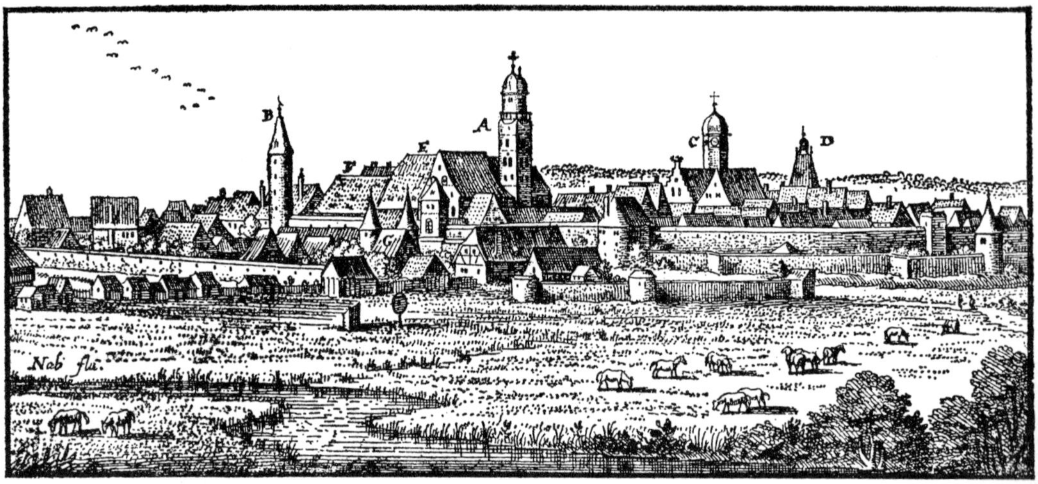

Weiden nach einem Kupferstich von Merian. Vor den Toren der Stadt befanden sich die Scheunen, Mühlen und Weideplätze der Ackerbürger.

baut, in dem die Bäcker ihre verschiedenen Erzeugnisse feilboten. Auch die Stadtwaage mit den genormten Maßen und Gewichten befand sich im Rathaus. Um das Rathaus herum aber flutete festliches und alltägliches Treiben. An den Markttagen polterten die Wagen der Händler und Bauern daher, Buden wurden errichtet, Vieh herbeigetrieben; und oben auf dem Pranger mußte der Sünder seine Schande vor der Menge zur Schau stellen. Sittliche Vergehen, Diebstahl, Zänkerei, wurden so bestraft. Noch heute sieht man auf vielen Marktplätzen, meistens an der Rathausfront, die kleine Standplatte und den Haken für das Halseisen (z. B. in Roding und Weiden).
Was die Stadt dem Markt voraushatte, war nicht unbedingt ihre Größe, sondern das Recht der *Befestigung* durch starke Mauern und Wehrtürme als vorzüglichstes Bürgerrecht. Auch der Markt konnte nach außen abgeschlossen werden; an den beiden Schmalseiten der erweiterten Straße erhoben sich Tore, die nachts versperrt waren. Befestigte Märkte (z. B. Hohenburg) besaßen Graben und Zaun als Schutz. Bei der Stadt bedeutete die hohe Ringmauer nicht nur Schutz gegen feindliche Eindringlinge (manche Städte, wie Amberg, galten als uneinnehmbar), sondern auch einen rechtlichen Zusammenschluß: Die Leute, die vor der Mauer – in der Vorstadt oder Freiung – wohnten, besaßen kein Bürgerrecht. Und dieses war das Erstrebenswerte für den Dörfler, der in die Stadt zog, um dem gutsherrlichen Zwang zu entkommen, denn »Stadtluft macht frei«.

291 Als Sitz der Hammerherren entstand in der Oberpfalz ein Sondertyp kleiner Landschlösser, die *Hammerhäuser*. Hier das stattliche Hammerhaus von *Heringnohe* mit eigener Kapelle.

292 *Friedrichsburg Vohenstrauß* (benannt nach dem pfalzgräflichen Bauherrn). Der beherrschende Renaissancebau mit dem geschweiften Giebel erhält seine wuchtige Geschlossenheit durch sechs regelmäßige Rundtürme (erbaut von Greineisen 1586–1590).

293 Bereits 1205 ist eine *Burg der Parsberger* bezeugt; diesem Geschlecht entstammten mehrere bedeutende Bischöfe in Eichstätt und Regensburg. – Der heutige Bau mit den beiden hochragenden Zwiebeltürmen erhielt seine Gestalt erst nach dem Dreißigjährigen Krieg. Im Schutz der Burg entwickelte sich der Ort, der 1952 zur Stadt erhoben wurde. ▷

294 Auf einem Basaltkegel südöstlich Kemnath erhob sich bereits 1124 die Burg *Waldeck*. Im Spanischen Erbfolgekrieg, der die Oberpfalz längere Zeit in österreichische Hände brachte, war sie heftig umkämpft. Der Marktflecken zu Füßen der Burg ging teilweise in Flammen auf.

So nimmt man beispielsweise an, daß zur Zeit der Urkunde von 1459, in der *Schwandorf* zum ersten Male als »Stadt« bezeichnet wird, bereits eine feste Mauer bestand.
Ein charakteristischer Zug der oberpfälzischen Kleinstadt ist das *Ackerbürgertum.* Noch vor fünfzig Jahren betrieben viele Städter neben ihrem bürgerlichen Gewerbe eine Landwirtschaft. Ein Sprichwort besagt: »Wenn die Bauern am Feld sind, ist kein Bürger daheim.« Oft findet sich noch die bäuerliche Form des Wohnhauses mit der breiten Toreinfahrt, besonders auffallend auf dem Marktplatz von Neustadt am Kulm, der früher vier Gänseteiche aufwies. Die Scheunen lagen wegen der Brandgefahr außerhalb der Mauern.

Gründungsstädte

Wenn wir nun den Bauplan unserer Märkte und Städte genauer ansehen, so bemerken wir bei vielen eine auffallende Ähnlichkeit des Grundrisses: Die Hauptdurchgangsader ist in der Ortsmitte saalartig erweitert; die abschließenden Tortürme bilden meist die Spitzen eines Ovals. So war jedem Haus der Blick auf den Straßenmarkt gegeben und zugleich auf das Rathaus, das sich aus seiner Mitte erhob. Nicht die geometrische Mitte war angestrebt, sondern die hervorgehobene Stellung. Diese Grundanlage findet sich bei den Orten Kemnath, Eschenbach, Neustadt am Kulm, Auerbach, Weiden, Tirschenreuth, Vohenstrauß, Grafenwöhr, Hirschau, Neumarkt, Velburg, Hohenburg, Dietfurt, Freystadt, Berching. Freilich ist das Schema vielfältig abgewandelt durch die Art und Größe der Häuser, durch Giebelstellung und Farbgebung. Kein Haus gleicht genau dem andern, kein Marktplatz ist mit einem andern verwechselbar. Die Kirche liegt in der Nähe des Rathauses, aber meist nicht unmittelbar am Platz; sie sollte möglichst wenig vom Marktlärm betroffen sein. Durch die gebräuchliche Ausrichtung des Chores nach Osten stach sie von den anderen, zur Hauptstraße hingeordneten Gebäuden noch besonders ab (vgl. Weiden, Tirschenreuth, Hohenburg, Schwandorf, Velburg, Berching). Die oben genannten Orte – also die meisten in der Oberpfalz – gehen auf eine planmäßige Gründung zurück; ihr Grundriß zeigt ein regelmäßiges Oval oder Rechteck. Rechtwinkelig zur Hauptstraße liegen die engeren Nebenstraßen, die zum Befestigungsring führen.

Gewachsene Städte

Bei allen Märkten und Städten darf man einen einmaligen Gründungsakt ihrer bürgerlichen Verfassung annehmen, wenn dieser geschichtlich auch nicht immer nachweisbar ist. Dem Bauplan nach aber unterscheiden sich die sogenannten Gründungsstädte von den gewachsenen Städten, die einen unregelmäßigen Kern aufweisen. Den genauen Entwicklungsplan einer alten Siedlung zu erforschen, ist schon deshalb sehr schwierig, weil der Ausgangsgrund oft überbaut wurde. So ist man auf schriftliche Hinweise angewiesen und auf zufällige Funde, die sich beim Ausschachten für Neubauten einstellen, wie zum Beispiel in Regensburg.

Amberg
Bild Seite 126

Aus diesem Grund ist die Entstehungsgeschichte Ambergs wahrscheinlich nie restlos zu klären. Man weiß, daß es ursprünglich zwei Siedlungsansätze gab. Eine Kaiserurkunde von 1034, in der Amberg zum ersten

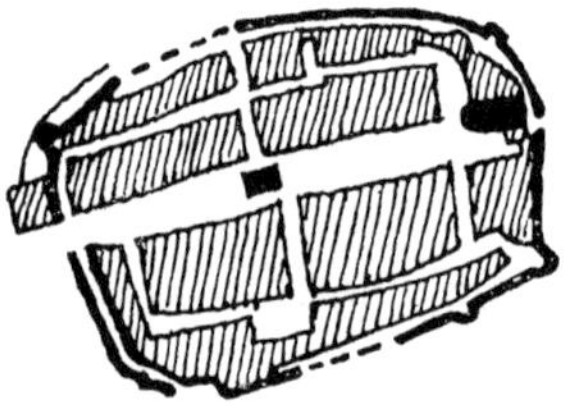

Kemnath

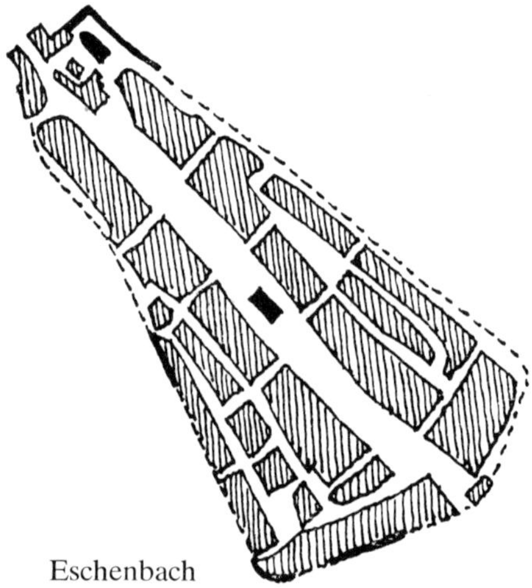

Eschenbach

Amberg

Mal genannt wird, befaßt sich mit dem Siedlungsteil im Bereich der späteren St. Georgskirche: Dem Bischof von Bamberg wurden gewisse, mit dem Handel in Verbindung stehende Rechte, wie Zoll und Schifffahrt, verliehen. Nach diesem Zeitpunkt entstand die St. Georgskirche, die ihre Pfarrechte erst 1629 an St. Martin verlor. Es wird vermutet, daß als früher Vorgänger dieser spätgotischen Hallenkirche eine karolingische Reichskapelle bestand. Möglicherweise hat sich im 9. Jahrhundert in diesem Gelände an der Vils auch schon ein Stapelplatz fremder Kaufleute zur Stützung des Fernhandels befunden. Bodenständige Handwerker mögen sich mit ihnen zusammengetan haben. Daß der Ansatz zur Entwicklung Ambergs in der Handelsniederlassung zu suchen ist, beweisen verschiedene Kaiserurkunden, in denen der Amberger Kaufmannschaft (und nicht dem Ort!) Sicherheit und Freiheit zugesprochen wurde (z. B. 1163 durch Friedrich I. Barbarossa, 1355 durch Karl IV.).

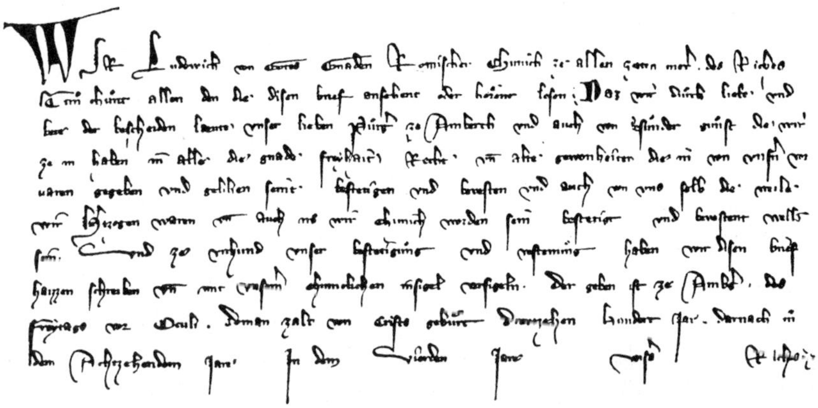

»Wir Ludwich von gotes gnaden romischer chunich, ze allen zeiten merer des riches, tun chunt allen den, die disen brief ansehent oder hőrent lesen, daz wir durch liebe bete der bescheiden laeute unser lieben purger zu Amberch und auch von besunder gunst, die wir ze in hiben, in alle die gnade, freyhait, recht und alte gewohnheiten, die von unsern vorvaren gegeben und gelihen seint, bestetigen und bevesten und auch von uns selb, die weile wir hertzogen waren, und auch nu wir chunich worden sein, bestetigt und bevestent wellen sein. Und ze urchund unser bestetigung und vestenung haben wir disen brief haizzen schreiben und mit unserem chuniclichen insigel versigeln. Der geben ist zu Amberg des Freytags von Oculi, do man zahlt von Christs gebůrt dreutzehen hundert jar darnach in dem achtzehendem jare, in dem vierden jare unsers riches.«

Eine Privilegienbestätigung für *Amberg* durch Ludwig den Bayern (1318)

Diese bürgerliche Gemeinde verwuchs allmählich mit der von St. Georg; unter dem Einfluß der Staufer erlangte sie schließlich Mitte des 13. Jahrhunderts Stadtrechte. Heute noch kann man die Krambrücke und den Marktplatz als Herzader Ambergs bezeichnen. Der ovale Mauerring hat sich ziemlich vollständig erhalten. Im späten Mittelalter galt Amberg als »festeste Fürstenstadt« mit seinen fünf mächtigen Toren und 99 Wehrtürmen. Weder Hussiten noch Schweden vermochten es zu bezwingen. Die Wittelsbacher als Erben der Staufer bezogen die Stadt in ihr Territorium mit ein und gaben ihr das baugeschichtliche Gepräge (siehe Residenzen!).

Wie die Entstehung der Stadt Amberg, so läßt sich auch die von Cham auf verschiedene Wurzeln zurückführen: Von den frühen Befestigungsanlagen zum Schutz des wichtigen Völkerweges war schon die Rede (s. Seite 165). *Cham*

Die *Reichsburg* Cham war im 11. Jahrhundert Mittelpunkt eines burgenbesetzten Königslandes. Auf dem Galgenberg sind heute noch die Reste dieser Anlagen – ein mächtiger Wall mit vorgelegtem Graben – zu sehen.

Zur Zeit der Markgrafen von Cham – Vohburg wird zum ersten Mal »Altinmarchit« genannt: Diepold III. schenkte es 1135 an Kloster Reichenbach. In diesem *Altenmarkt*, wie es heute heißt, haben wir die älteste Marktsiedlung zu sehen. 1210 wird ein »neuer Markt« beurkundet, und einige Jahre später finden wir für diesen zum ersten Mal die Bezeichnung »Stadt«. Es muß also in der Zwischenzeit eine Verlegung der Siedlung erfolgt sein. Die wichtigsten Stadtrechte verdankt Cham Ludwig dem Bayern (1341).

Der Name des heutigen »Altenstadt« taucht erst verhältnismäßig spät auf; bis zum 15. Jahrhundert ist dort am Burgberg nur eine Mühle feststellbar. Ein Zusammenhang mit der frühen Marktsiedlung Cham ist nicht anzunehmen.

Außer der Reichsburg und der alten Marktsiedlung stand noch die Geschichte des im 8. Jahrhundert gegründeten Urklosters *Chammünster* in Beziehung zu dem Wachstum der Stadt. Als Vorposten der Missionierung war es das geistliche Zentrum des Gebietes und Sitz einer angesehenen Pfarrei. Erst im 17. Jahrhundert wurde St. Jakob von Cham, bisher Filiale von Chammünster, Pfarrsitz.

Bild Seite 51

Von den starken Befestigungen der Stadt sind als Reste der viereckige Straubinger Turm und das »Biertor« (das ehemalige Burgtor) verblieben. Das ursprüngliche Aussehen hat Cham – wie seine Schicksalsgenossen Furth, Waldmünchen, Oberviechtach – weitgehend verloren: Fünfmal wütete der »Rote Hahn« aufs schrecklichste.

Ansicht der Stadt *Cham* nach einem Stich von Merian

Roding

Bei Roding glaubt man die Lage des 844 urkundlich bezeugten Königshofes noch aus dem Grundriß des Stadtkerns ablesen zu können. Kaiser Arnulf hat auf diesem Königshof 896 eine Urkunde ausstellen lassen; er hat hier auch eine Stiftskirche gegründet, der vermutlich die Taufkirche St. Johann (die heutige Josefikapelle) vorausging. Zur Urpfarrei Roding gehörten die Kirchen Nittenau, Bruck, Penting, Stamsried.
Der Ort wechselte in der Folgezeit sehr häufig seinen Herrn. 1364 erhielt er von Pfalzgraf Ruprecht I. die Marktrechte verliehen. Das hohe Alter Rodings bezeugt der kleine, bucklige Marktplatz, an dem das Rathaus mit seiner Renaissancefassade und das behäbige Gasthaus mit dem geschweiften Giebel als Blickfang wirken.

Nabburg
Bild Seite 195

Der Grundriß der Stadt Nabburg paßt sich ganz der bergigen Geländeform an: Ein Gneisrücken mit Steilabfall zur Naab bot naturgegebene Sicherheit. Mehrere Erweiterungen der Siedlung erfolgten von einer Burganlage (10. Jahrhundert) aus, die wahrscheinlich auf einer keltischen Befestigung aufbaute und an dem Platz der heutigen Pfarrkirche zu denken ist (s. Seite 118).
Unter Kaiser Heinrich III. wurde die Burgsiedlung zum Mittelpunkt der neugegründeten Mark Nabburg und erlebte einen ersten Aufschwung.

Die Gunst der Wittelsbacher Landesherren, durch die sie 1296 Stadtrecht erhielt, gewährte der Bürgergemeinde zahlreiche Privilegien (z. B. Stadtgerichtsbarkeit über verschiedene Orte der Umgebung, Münzrecht).
1419 wurde der Pfarrsitz – wahrscheinlich infolge der drohenden Hussitengefahr – vom benachbarten Perschen in die feste Stadt Nabburg verlegt. Aber schon im nächsten Jahr setzten die Hussiten die Stadt in Brand. Bald nachher sind Bürgerhäuser und Kirche neu aufgebaut und von schützenden Wehranlagen eingefaßt worden. Die malerischen Tore (Obertor, Mähntor) und die Wehrtürme (Dechanthofturm, Pulverturm) stammen aus dem 15. Jahrhundert. Das 16. Jahrhundert leistete seinen Tribut mit dem Bau des Rathauses, das den Stadtplatz beherrscht.

Neustadt an der Waldnaab

Einer ähnlichen Naturfestung hat auch Neustadt an der Waldnaab seine Entstehung zu danken. Der »nova civitas« (= Neustadt) ging am anderen Naabufer die ältere, ungeschützte »civitas antiqua« des heutigen Dorfes Altenstadt voraus. Wie in Nabburg wurde die erste Befestigung auf einem zu Naab und Floß abfallenden Gneisbuckel angelegt. Heute noch nimmt die wuchtige Baugruppe des »Alten Schlosses« und des anschließenden »Neuen Schlosses« die Höhe ein. Die Stadt weist eine abwechslungsreiche Geschichte auf, die hier im einzelnen nicht wiedergegeben werden kann.
Auffallenderweise fehlen Ackerbürgerhäuser; die alten Bürgerhäuser, die den Stadtplatz umrahmen, beherbergten nur Handel- und Gewerbetreibende. Die Ausdehnungsmöglichkeit war beschränkt. Daher gewährte der weitblickende Städteförderer Karl IV. allen jenen Steuerfreiheit, die sich in der tiefergelegenen »Freihung« niederließen. Dort entstand ein zweiter Marktplatz. Eine erbitterte Rivalität der beiden Stadtteile wurde 1559 vertraglich geschlichtet, Neustadt war zu einer Doppelstadt zusammengewachsen.

Weiden

Wie Neustadt an der Waldnaab stellt auch Weiden einen Mischtyp zwischen Gründungsstadt und gewachsener Stadt dar. Wenn wir den Grundriß der Stadt Weiden betrachten, so fällt uns sofort der breitangelegte, in leichtem Schwung vom Obertor zum Untertor hinabführende Straßenmarkt ins Auge: Wir schließen daher auf eine planmäßige Gründung. Kenner der Örtlichkeiten haben jedoch darauf hingewiesen, daß die Siedlung viel weiter zurückreicht, als ihr ovaler Stadtplan vermuten läßt. Tatsächlich finden wir hinter der Pfarrkirche ein Gewinkel, das jede Regelmäßigkeit vermissen läßt. Man vermutet, daß ein karolingischer Königshof südlich der Kirche gelegen hat. Im Anschluß daran mag sich ein Markt entwickelt haben. Die evangelische Pfarrkirche St. Michael,

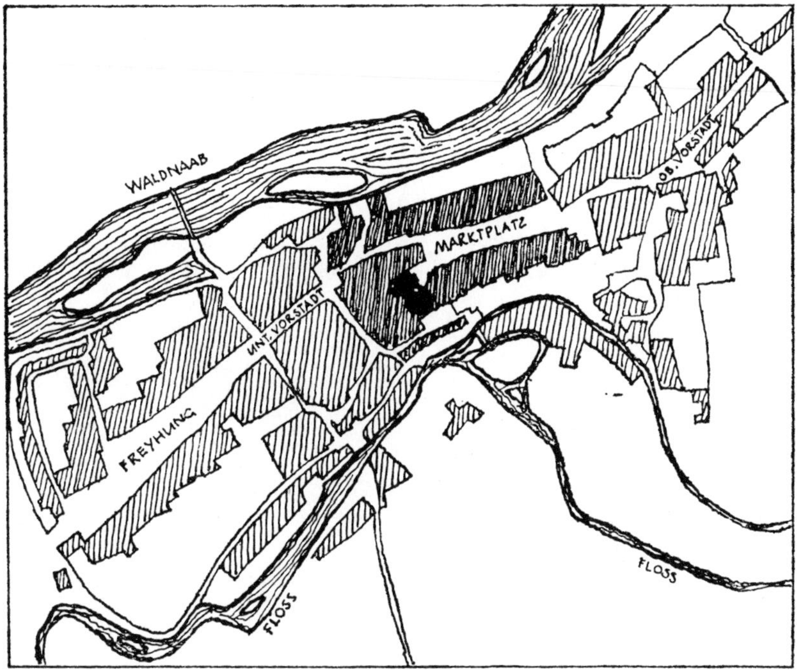

Neustadt an der Waldnaab

die mehrfach umgebaut wurde, steht auf romanischen Grundmauern; aus dieser Zeit hat sich noch ein granitenes Lichthäuschen (eine Friedhofsleuchte) auf einem Mauerrest im »Pfarrwinkel« erhalten. Der imponierende Bau des »Alten Schulhauses«, der sein spätgotisches Aussehen rein bewahrt hat, vereinigt acht Häuser unter einem Dach. Unter diesem hochragenden Giebel (25 m Höhe) lagerte einst das Getreide für die Almosenstiftung.

Weiden gehört zu den Städten, die dank ihrer Verkehrslage (Kreuzung der »Goldenen Straße« mit der Magdeburger Straße) am Aufschwung des oberpfälzischen Industrieraumes im Spätmittelalter teilhatten: Ein großer Teil des in der Oberpfalz erzeugten Eisens wurde in Weiden zu Transporten zusammengestellt, verzollt und nach der Eisenstadt Nürnberg verfrachtet. Manche Weidener Bürger besaßen auch selbst Eisenhämmer; außerdem hatten sie in der umliegenden Flur Wiesen, Äcker und Fischteiche in Nutzung. Im 16. Jahrhundert bestand der Stadtrat fast nur aus Handelsherrn, deren Wohlhabenheit die Errichtung prächtiger Häuser ermöglichte. Mehrere verheerende Stadtbrände (1536,

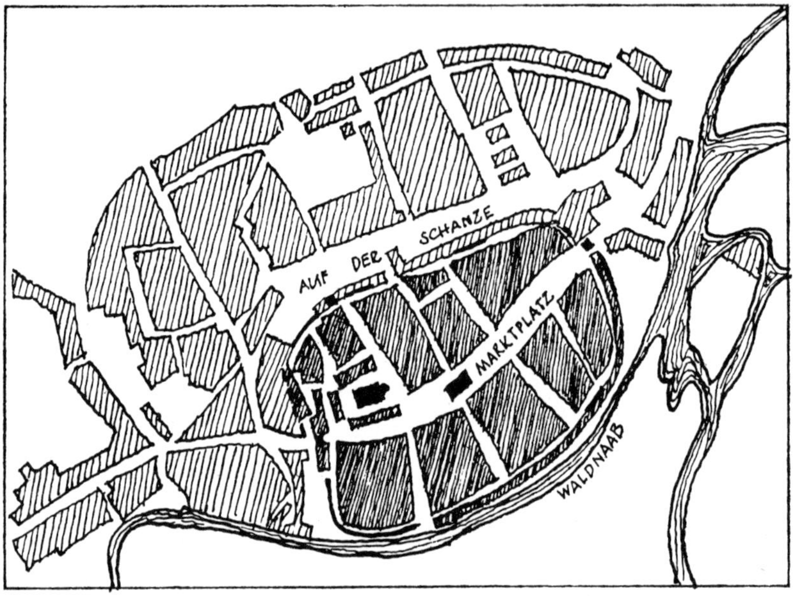

Weiden

1540) konnten den Unternehmungsgeist der Weidener nicht lahmlegen; die Verluste im 30jährigen Krieg jedoch brachten ein Ende der Wirtschaftsblüte.

Berching

Bei dem Städtchen Berching, das sich von 912 bis 1803 im Besitz der Bischöfe von Eichstätt befand, läßt sich die Entstehungsgeschichte noch besser aus dem Grundriß ablesen: Die sogenannte »Vorstadt« mit der romanisch-gotischen St. Lorenz-Kirche (der ursprünglichen Pfarrkirche) geht auf das alte ing-Dorf zurück. Daneben wurde später im rechten Winkel zur Dorfstraße eine Marktstraße planmäßig angelegt (im 13. Jahrhundert nachweisbar). Der Marktbefestigung durch Graben und Zaun folgte im 15. Jahrhundert die Stadtbefestigung mit einem sechs Meter hohen Mauerring und zwölf Wehrtürmen. Auch für die »Vorstadt« wurde damals ein Schutz durch Mauern und zwei Tortürme geschaffen.

Heute lockt diese Perle unter den oberpfälzischen Städten viele Besucher an; bewundernd stehen sie vor der einmaligen mittelalterlichen Geschlossenheit, den malerischen Winkeln und Durchblicken und den bedeutenden Kunstwerken des Ortes.

Bild Seite 269

)3 Oben: Ein Beispiel, wie Alt und Neu ch verbinden können, bietet die Erweite- ıng der barocken Pfarrkirche von *Nittenau* 978).

'nten: Das 1979 fertiggestellte Kirchen- entrum von *Diesenbach* bei Regenstauf ıtspricht in seiner schlichten und form- :hönen Gestaltung dem Charakter einer ındlichen Kirche.

304 1974 wurde das *zentrale Hörsaalgebäude* der Universität Regensburg fertiggestellt. Es enthält 9 Hörsäle mit insgesamt 1500 Plätzen und das Auditorium maximum.

305 Oben: Die neue *Staatliche Realschule in Amberg* ist ein gut gelungener Schulbau nach modernen pädagogischen Gesichtspunkten.
Unten: Für den Raum der östlichen Oberpfalz hat die Handwerkskammer in Cham ein modernes ▷ *Berufsbildungszentrum* errichtet.

306 Die A 93 ist für die Erschließung der nördlichen Oberpfalz von großer Bedeutung, denn sie verbindet diesen Raum mit Regensburg. Nach ihrer Fertigstellung wird sie für Bayern eine zweite Nord-Südachse sein. Eine aufgeständerte Bogenbrücke, die sich gut in die Landschaft einbindet, führt bei Altenstadt über die A 93.

6. *Residenzen*

Während manche Städte aus der Verkehrslage Gewinn zogen, erfuhren andere Orte überlokale Bedeutung dadurch, daß sie zum Fürstensitz gewählt wurden. Da die Oberpfalz reich an Teilherrschaften war, wurde auch eine ganze Reihe von Residenzstädten ins Leben gerufen.

mberg

Amberg war schon im 13. Jahrhundert Sitz eines Viztumamtes (s. Seite 104), ab 1329 aber wurde es zur zweiten Hauptstadt der Kurpfalz. Der jeweilige pfälzische Kurprinz pflegte hier zu residieren, bis die Oberpfalz 1628 wieder an Bayern-München fiel. Das alte Pfalzgrafenschloß reicht bis ins 14. Jahrhundert zurück; es dient heute als Stadtmuseum. Was für einen malerischen Eindruck vermittelt dieses Gewinkel über dem Wassergraben mit dem treppengiebeligen »Klösterl« und der vorspringenden Hauskapelle! 1417 begann man mit dem Bau des neuen Kurfürstenschlosses, von dem nur der Südflügel erhalten blieb; er beherbergt heute das Landratsamt. Im 16. Jahrhundert kam noch der Renaissancebau der Regierungskanzlei hinzu (heutiges Landgericht), dessen wesentliche Teile unter Pfalzgraf Friedrich II. (1544/45) aufgeführt wurden (s. Seite 129).

ulzbach

Als Keimzelle der Stadt Sulzbach ist die Stammburg der Grafen von Sulzbach aus dem 11. Jahrhundert zu betrachten. Die ursprüngliche Marktsiedlung bei der Burg erhielt in der zweiten Hälfte des 13. Jahrhunderts Stadtrechte und entwickelte sich im Spätmittelalter zu einem Wirtschaftszentrum. Die gotische Pfarrkirche und das Rathaus mit seinem prächtigen Giebel und Erker bilden die stimmungsvolle Kulisse des Marktplatzes, der sich bis zum Schloßberg hinzieht.

1305 gelangte die Grafschaft Sulzbach an die bayerischen und 1329 (Hausvertrag von Pavia) an die pfälzischen Wittelsbacher. Durch seine Heirat mit der Tochter des Pfalzgrafen Rudolf II. (1349) brachte Karl IV. Sulzbach an sich, erhob es zur Hauptstadt seines modernen neuböhmischen Staatsgebildes und überhäufte es mit Gunstbeweisen. Nach wechselvollen Zeiten erwählte Ottheinrich II. (1569–1604), der Inhaber des Teilfürstentums Hilpoltstein–Sulzbach war, die Stadt zu seinem Regierungssitz und baute das Schloß großzügig aus. (Die alte Gebhardsburg wurde 1874 abgerissen.)

ild Seite 197

Eine eigene Sulzbacher Linie der Wittelsbacher bildete sich im 17. Jahrhundert heraus. Ab 1656 gab es ein selbständiges Herzogtum Sulzbach, aus dem Karl Theodor hervorging, der alle bayerischen Lande wieder vereinigte (1777) und die Regierung in München antrat.

Neumarkt, das staufischer Reichsbesitz gewesen war, fiel 1269 an Oberbayern. Durch den Hausvertrag von Pavia ging es 1329 an die pfälzischen Wittelsbacher über. Bei der Teilung von 1410 wurde es Herzog Johann, dem zweiten Sohn des Pfalzgrafen Ruprecht, zugesprochen. Dieser baute in Neumarkt ein Schloß, das jedoch schon 1520 ein Raub der Flammen wurde.

Neumarkt

Nach dem Aussterben der Neumarkter Linie kam die Stadt wieder an die Kurpfalz. Eine große Zeit erlebte sie, als Pfalzgraf Friedrich II. den Sitz der Stadthalterschaft vorübergehend von Amberg nach Neumarkt verlegte (1513). Das zerstörte Schloß erstand neu und prächtiger am nordöstlichen Rand des Straßenmarktes. Nur der Nordost-Flügel und der Südost-Flügel mit dem wappengeschmückten Eingang blieben uns erhalten. Von der Hofkapelle stammen nur noch Chor und Turm aus der Residenzzeit. Der pfalzgräfliche Stammbaum ist aufs kunstvollste an der Marmortumba des Pfalzgrafen Otto II. verewigt (südliches Seitenschiff).

In Neunburg entfaltete sich der Markt vermutlich im Schutz einer frühen Burg, die auf dem beherrschenden Platz der heutigen Pfarrkirche anzunehmen ist. 1017 wurde der Ort erstmals erwähnt; er besaß im 11. Jahrhundert bereits eine Münzstätte. Um 1300 ging die Stadterhebung vor sich. König Ludwig der Bayer förderte den Ausbau der Befestigungen durch Steuernachlaß.

Neunburg vorm Wald

Kurfürst Ruprecht II. erwählte Neunburg 1354 zu seiner Residenz. Von 1410 an nahm Pfalzgraf Johann hier seinen Sitz. Er bedachte die von ihm geliebte Stadt mit verschiedenen Vorrechten, ließ die Kirche erweitern und organisierte von hier aus den Kampf gegen die Hussiten. Im spätgotischen Schloß sind heute Landratsamt und Amtsgericht untergebracht.

Bild Seite 109

Mit dem Tode Johanns – er hat in St. Georg sein Grab gefunden – erlosch auch das Licht der fürstlichen Residenz für die kleine Stadt. Sie fiel bald darauf an die Mosbacher Linie der Wittelsbacher und ab 1599 an die pfälzischen Kurfürsten.

Wie das Stadtbild von Neunburg von den weitläufigen Schloßanlagen geprägt ist, so beherrscht in Vohenstrauß die Friedrichsburg den breiten Marktplatz. Ein schier unglaubliches Hin und Her hatte die Stadt hinter sich, als sie 1505 dem neugebildeten Fürstentum Pfalz-Neuburg zugesprochen wurde. Friedrich III. (1557–97) schuf die nach ihm benannte Burg, das Wahrzeichen des Marktortes. 1586 nahm der Burglengenfelder L. Greineisen den Bau in Angriff.

Vohenstrauß

Bild Seite 292

Nach dem Tode des Pfalzgrafen und seiner Witwe diente das Schloß als

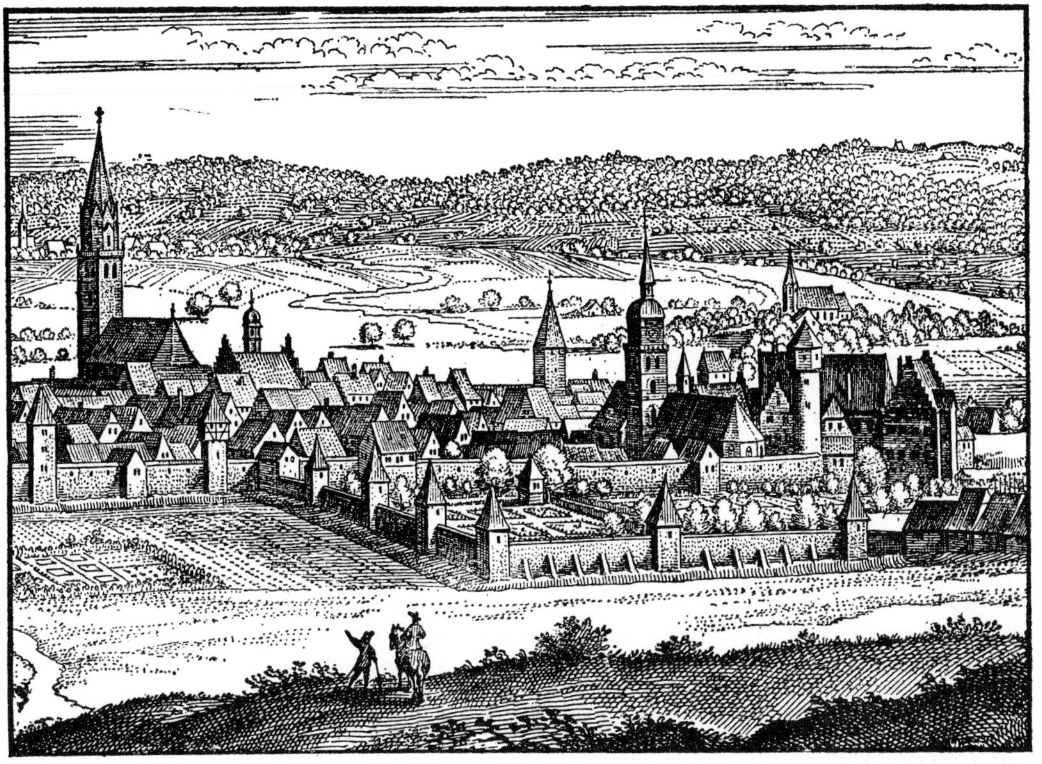

Neumarkt (nach Merian) mit dem Pfalzgrafenschloß, der Hofkirche, der aufragenden gotischen Pfarrkirche und dem Treppengiebel des Rathauses. Rings um die Stadt die fruchtbaren Felder des Juravorlandes, im Hintergrund der Albsteilrand.

Wohnung des Pflegers von Floß und Vohenstrauß; ab 1809 nahm es das Landgericht und das Rentamt auf.
So hat die Gunst der Fürsten, ihre Baufreudigkeit und Hofhaltung die Gestalt und die Lebensführung mehrerer unserer Städte entscheidend beeinflußt.

Regensburg

Eine Stadt blieb bei der Betrachtung des Siedlungsbildes der Oberpfalz bisher ausgeschlossen: Regensburg. Der Grund dafür liegt darin,
1. daß sie beim Gang durch die Geschichte – ihrer großen politischen, kulturellen und wirtschaftlichen Bedeutung wegen – besonders ins Blickfeld gerückt werden mußte, ihre Entwicklung also dort schon aufgerissen wurde, und
2. daß diese Stadt eine Sonderstellung ihren oberpfälzischen Schwestern

gegenüber einnimmt: Als einzige führt sie ihr Baugesicht auf die Römerzeit und die frühe Herzogszeit zurück; sie ist eine Stadt mit karolingischer Reichstradition. (In St. Emmeram liegen ostfränkische Karolinger begraben!) Als einzige Stadt der Oberpfalz ist sie – seit 1200 Jahren – Sitz eines Bischofs. Als Zentrale des Fernhandels im Mittelalter, als Freie Reichsstadt, Fürstenresidenz und als Tagungsort des »Immerwährenden Reichstages« hat sie eine nur ihr eigene Gangart durch die Geschichte eingeschlagen. Sie gehörte – eben weil sie Freie Reichsstadt war – nicht zum Land Bayern bzw. nicht zur Oberpfalz. Regierungshauptstadt wurde sie erst nach der Auflösung des alten Reiches bzw. des Dalbergschen Fürstentums im Jahre 1810. (Das Wappen der Oberpfalz zeigt daher auch die Regensburger Schlüssel.)
Das historische Stadtbild als in seiner Art einmaliges Denkmal mittelalterlicher Vergangenheit zu erhalten, ist nicht nur ein Anliegen der Stadt selbst und des Landes Bayern, sondern der gesamtdeutschen Denkmalpflege und Städteplanung.

7. Neues Bauen

Vom 18. Jahrhundert bis in die ersten Jahrzehnte dieses Jahrhunderts blieb die Oberpfalz von größeren Bauvorhaben weitgehend ausgeschlossen.
Nach 1945 war zunächst der Wiederaufbau jener Orte, die das Kriegsgeschehen schwer mitgenommen hatte, zu bewältigen: Neustadt am Kulm, Grafenwöhr, Neumarkt, Regensburg, Schwandorf. Stellvertretend für sie sei kurz das Schicksal Schwandorfs skizziert: Am 17. April 1945 legte ein Bombenangriff weite Teile (75%) der Stadt nieder. 1300 Menschen gingen in der mit Flüchtlingen überfüllten Stadt zugrunde; Wohnungen, Kirchen, öffentliche Gebäude boten ein Bild des Grauens. Die Spuren jener Schreckensnacht wurden beseitigt. In beispielhafter Aufbauarbeit erwuchs das Gesicht des neuen Schwandorf, das neben seinem schönen Marktplatz und dem alten Blasturm kaum noch Zeugen seiner tausendjährigen Geschichte aufzuweisen hat. Es mußten Schulneubauten errichtet werden; zahlreiche Kirchen bekunden den Wiederaufbauwillen von damals; die zerstörte Wallfahrtskirche auf dem Kreuzberg z. B. erhielt eine würdige Nachfolgerin in dem eigenwillig ausgestalteten Marienmünster. Schwer getroffen waren damals auch die Geschäftswelt und die Industrie Schwandorfs.
Der *Wiederaufbau* in der Oberpfalz war begleitet von notwendigen Maßnahmen im Wohnungsbau. Tausende von Flüchtlingen und Heimatvertriebenen nahm unser Regierungsbezirk auf, und für sie alle

wurde der notwendige Wohnraum geschaffen. Allenthalben regte sich der Auf- und Ausbauwille: Schulen, Kirchen, Büro- und Geschäftshäuser sowie soziale Bauten wurden errichtet. Bedeutende Bauvorhaben konnten bewältigt werden: Industrieanlagen, Straßen- und Brückenbauten, Kraftwerke, Speicherseen – und schließlich die Universität in Regensburg.
Freilich wurde damit im Laufe der Jahre auch die ganze Problematik des neuen Bauens sichtbar: eine oft nur von Zweckmäßigkeit bestimmte Allerweltsbauweise und ein erschreckender Mangel an Verständnis für erhaltenswerte Bausubstanz, der zu zahllosen Abbrüchen führte. Oft genug wurde so das historische Ortsbild beeinträchtigt.
Unsere Oberpfälzer *Dörfer* bieten teilweise deprimierende Bilder. Ihre Eigenart droht verloren zu gehen durch eine zerfließende Bebauung der Ortsränder und durch Gleichförmigkeit, die eine gewachsene Bautradition nicht berücksichtigt. Dieser verhängnisvollen Entwicklung muß Einhalt geboten werden durch ein Anknüpfen an die oben beschriebenen landschaftstypischen Hausformen.
Unterstützt wird dieses Ziel durch den Denkmalschutzgedanken, durch ein allmähliches Verständnis für den Wert und die Erhaltung unserer Baudenkmäler in Stadt und Land.
So wird in den größeren Städten, vor allem in Regensburg und Amberg, das Problem der *Stadtsanierung* energisch angepackt. Unter Rücksichtnahme auf das mittelalterliche Stadtgefüge und das Gepräge alter Bausubstanz versucht man, den veränderten technischen und hygienischen Anforderungen unserer Zeit gerecht zu werden. Auch in anderen alten Städten wie Oberviechtach, Roding, Schwandorf, Tirschenreuth, Vohenstrauß und Waldmünchen sind Maßnahmen der Stadtsanierung angelaufen oder zumindest eingeleitet. Die Ehrfurcht vor der Tradition dieser Städte wird zu Lösungen führen, die ein lebenswertes Milieu anstreben, ohne die gewachsene Eigenart zu verwischen.
Die notwendigen Neubauten im öffentlichen und privaten Bereich sind zunehmend von gestalterischer Qualität bestimmt. So hebt sich zum Beispiel der Neubau eines ländlichen Kirchenzentrums in Diesenbach bei Regenstauf erfreulich aus unzähligen seelenlosen Neubauten heraus.
Bild Seite 303
Der Architekt hat sich hier in der Materialwahl und Formgebung an der überlieferten Bauweise orientiert. Die neuerdings sehr aktuelle Bauaufgabe der Erweiterung eines historischen Kirchenraums wurde in Nittenau auf vorbildliche Weise gelöst.
Auch im *Schulbau* ist eine positive Entwicklung zu verspüren: Quantität wird durch qualitätvolle Gestaltung nach modernen pädagogischen Gesichtspunkten abgelöst. Man ist bemüht, den Typus der Allerweltsschule zugunsten von Gebäuden mit menschlicheren Maßstäben und spezifi-

scher Atmosphäre zu ersetzen. Stellvertretend für gute Schulbauten sollen die neue Realschule in Amberg und das Elly-Heuss-Gymnasium in Weiden i. d. Opf. stehen. Bild Seite 305

Im *sozialen Bereich* sind in den letzten Jahren zahlreiche Gebäude für neue Gruppen und Bedürfnisse entstanden, beispielsweise Bauten für die Jugend (Jugendstätten, Jugendzentren), Altenheime oder Schulen und Werkstätten für behinderte Menschen. Die bestehenden Krankenhäuser (derzeit 56) werden durch Um- und Erweiterungsbauten auf den neuesten Stand der medizinischen Versorgung gebracht.

Einen hohen Stellenwert nehmen gegenwärtig Bauten für *Sport und Freizeit* ein. Einrichtungen für den Schul- und Breitensport werden großzügig gefördert. Sporthallen und Freisportanlagen sind in jeder größeren Gemeinde vorhanden; fast jede Stadt besitzt ein Hallen- oder Freibad.

Oberpfälzisches Volkstum

Unsere Vorfahren haben sich im Lauf der Jahrhunderte Ausdrucksformen geschaffen, durch die ihr Zusammenleben in geordnete Bahnen gelenkt war. Sitte und Brauch unserer Heimat sind geprägt von altbayerisch-oberpfälzischer Art, als deren hervorstechendste Merkmale erkannt wurden: das zähe Festhalten am Althergebrachten, die Abneigung gegen alles nach außen Glänzende, Fassadenhafte, bedächtige Zurückhaltung dem Fremden gegenüber und heißblütiges Draufgängertum. Nicht zu übersehen ist ein aus den geschichtlichen Gegebenheiten zu verstehender Eigencharakter des Oberpfälzers den anderen bayerischen Stämmen gegenüber. Einmal brachte die frühe und Jahrhunderte währende Beschäftigung großer Bevölkerungsteile in Gewerbe und Handel eine andere Lebensweise mit sich, als sie etwa im rein bäuerlichen Niederbayern gegeben war. Zum andern blieb die – durch Kriege, Brände, Seuchen usw. verursachte – wachsende Armut nicht ohne Wirkung auf den Menschen und auf seine Ausdrucksmöglichkeit im Volkstum. Nur durch zähe, rastlose Arbeit konnte der Oberpfälzer seinem kargen Heimatboden das Lebensnotwendige abgewinnen. Er hat gelernt, geduldig zuzuwarten und sein Ziel mit Hartnäckigkeit zu verfolgen. Schönwerth schreibt: »Tag und Nacht arbeiten, schlecht sich nähren und dabei zufrieden sein, ist Grundgesetz des oberpfälzischen Lebens.«

Der häufige, mit List und Gewalt durchgeführte Herrschafts- und Religionswechsel erweckte vielfach eine sehr vorsichtige, mißtrauische Haltung allem von außen Kommenden gegenüber (s. Seite 139) und ein um so stärkeres Zusammenhalten kleinerer Gemeinschaften. Die Reformation brachte eine Spaltung des Landes auch im Brauchtum: Manche volkstümliche Überlieferung wurde als »papistischer Firlefanz« beiseite getan, und der Calvinismus räumte mit allen bildfrohen, das Gemüt ansprechenden Darstellungen vollends auf. Nur in Gebieten, an denen die Reformation spurlos vorüberging, wie in den Besitzungen des Bistums Regensburg (Hohenburg z. B. gehörte ihm von 1250–1803 an!), haben sich alte Traditionen bewahren können. In anderen Gegenden wurde das Überkommene verdeckt, umgeformt oder ausgerottet und konnte erst in der Gegenreformation zu neuem Leben erweckt werden. Mancherorts haben sich protestantische Eigenheiten in Lebens- und Wohnweise, in Tracht und Lied durchgesetzt.

Gerade die Massenentwurzelung nach dem Kriege ließ uns die geschlossene Welt, in der unsere »Altvordern« Halt fanden, als einen kostbaren Wert erscheinen. Heute sind Unsicherheit und Vereinsamung weit ver-

breitet. Gelebtes Brauchtum wird oft als Hilfe empfunden. Manche alte Sitte ist nicht mehr zu verwirklichen, weil die Lebensvoraussetzungen, die ein bestimmtes Brauchtum entwickelten, nicht mehr vorhanden sind. So gilt es in verschiedenen Fällen nur, das Vergangene zu sehen und in seinem Wert zu erkennen (z. B. in den Heimatmuseen); in anderen Fällen ist die Überlieferung noch so lebendig, daß eine sorgfältige Pflege und Fortführung sinnvoll erscheint (z. B. Mundart, Volkslied und -spiel).
Manche Brauchübung entsteht in unseren Tagen neu oder in neuer Funktion (z. B. Martinsritt, Muttertag).

1. Mundart

Der bairische Sprachraum

Das Oberpfälzische – oder richtiger: das Nordbairische – ist eine der regionalen Ausprägungen des Gesamtbairischen, dessen Sprachraum außer den drei altbairischen Regierungsbezirken (Ober- und Niederbayern, Oberpfalz) ja auch ganz Österreich (mit Ausnahme Vorarlbergs) und Südtirol umfaßt, also vom Lech bis zum Neusiedler See und vom Egerland bis zur Salurner Klause reicht (Schreibweise »bairisch« bei Mundart).

Das Nordbairische

Das Nordbairische deckt sich in seiner Verbreitung im großen und ganzen mit der Ausdehnung des ehemaligen Nordgaus; es ist der angestammte Dialekt der Oberpfälzer, der (heimatvertriebenen) Egeränder, sowie der Bevölkerung Nürnbergs und seines Umlandes. Der Raum Regensburg – Straubing – Cham weist sich als Übergangsgebiet zwischen dem Nord- und dem Mittelbairischen aus. Oberpfälzische Dialektmerkmale finden sich vereinzelt auch südlich der Donau.
Nach Auskunft der Sprachwissenschaft sind die Merkmale der bairischen Unterdialekte bereits um das Jahr 1100 faßbar. Die Mundartgrenzen haben sich im Zusammenwirken mit der Bildung der Territorien im Hochmittelalter ausgeprägt.
Seit jeher ist die Oberpfalz eine Landschaft gewesen, in der Mundartmischung und -ausgleich in besonderem Ausmaß stattgefunden haben. Vom Westen und vom Norden drangen fremdmundartliche Elemente ein. Die Bedeutung der Reichsstadt Nürnberg im späten Mittelalter hat wesentlich dazu beigetragen, die bairischen Lautungen und Formen zu festigen. So hat sich trotz mannigfacher (ost-)fränkischer und mitteldeutscher (thüringischer) Einflüsse der bairische Gesamtcharakter des Oberpfälzischen (auch des früheren Egerländischen) erhalten, auch wenn nach wie vor entlang der Hauptverkehrswege Mittelfränkisches einsickert. Heute setzt sich, vor allem in der südlichen Oberpfalz, immer mehr das »Allgemeinbairische« münchnerischer Prägung durch.

315 Oben: Das Bild aus dem 19. Jahrhundert zeigt den großen Zustrom von *Wallfahrern* und Pilgern zur Kirche auf dem *Maria-Hilf-Berg bei Amberg*.
Unten, links: Alter *Leonhardsbrauch* ist heute noch in *Hetzenbach* lebendig: Die Bäuerinnen geben ihr Vieh in Gestalt symbolischer Votivtiere dem Schutz des Heiligen anheim.
Rechts: Der alte Brauch, die *Totenbretter* aufzustellen, wird heute durch Erinnerungstafeln z. T. neu belebt.

316 Oben: Wallfahrten, Flurumgänge und Prozessionen bezeugen den gläubigen Sinn des Oberpfälzers, wie hier die *Martiniprozession* (Martiniritt) in *Miltach*, Lkr. Cham.
Unten: Vierlerorts ziehen Buben als Hl. Drei Könige zum *Dreikönigssingen* aus.

318 Oben: *Kötztinger Pfingstritt*
Unten: Der *Martiniritt in Warzenried* (Lkr. Cham) wurde ebens wie der *Tännesberger St.-Jodoksritt* durch örtliche Reitervereir neu belebt.

317 Die Wallfahrt in *Neukirchen beim Hl. Blut* ist eng mit de Nachbarland Böhmen verknüpft: aus Böhmen kam das Gnade bild, eine Muttergottes mit dem Kind. Die Legende erzählt, daß e Hussit versucht habe, das Gnadenbild mit dem Schwert zu spalte worauf aus dem verletzten Haupt des Bildnisses Blut geflossen se

autliche Merkmale

Was sind nun die wesentlichsten Kennzeichen des Nordbairischen? Am bekanntesten sind wohl die Selbstlaute in Wörtern wie »lieb, Brief, Fliege, Licht, müde; Bruder, Bub, Blut«; sie lauten: *lëib, Brëif, Flëing (Fluing), Lëicht, mëid; Brouda, Bou, Blout,* während sie im Mittelbairischen als *liab, Briaf, Fliang, Liacht, miad; Bruada, Bua, Bluat* auftreten. Weil diese Laute, vom Standpunkt des restlichen Altbairischen her betrachtet, wie umgekippt erscheinen, hat man sie als »gestürzte Zwielaute« bezeichnet.

Darüber hinaus hat das Nordbairische Zwielaute in den mundartlichen Entsprechungen für langes *a, e, ö,*, z. B. *blousn, Schlouf; wëi, Schnëi; bëis, schëi(n)* »blasen, Schlaf; weh, Schnee; böse, schön«; das Mittelbairische kennt hier nur die einfachen Langvokale. Erwähnenswert sind ferner *ou* für langes *o* (*hou(ch), grous* »hoch, groß«, was allerdings nicht auf das Nordbairische beschränkt ist!) und die nördlich von Weiden heimische Verzwielautung von *e* zu *ia* und von *o* zu *ua*: *Iasl, Kian; Uafm, Luach* »Esel, Kette; Ofen, Loch«. So erscheint das Nordbairische als eine in bezug auf Zwielaute besonders reich und eigenwillig entfaltete Dialektlandschaft. Dadurch daß *r* in bestimmten Stellungen zu *a* geworden ist, kommen auch vokalische Dreiergruppen zustande, etwa *gfrouan, valouan* »gefroren, verloren«!

Bei den Mitlauten ist der wohl hervorstechendste Unterschied zum Mittelbairischen der, daß das *l* in all den Stellungen erhalten bleibt, wo es das Mittelbairische zu einem *ü* oder *i* auflöst (vokalisiert). Demnach stehen sich gegenüber: nordbairisch: *Wold, Göld, vul (vüll, vll), Büld (Bild), Hulz* – münchnerisch: *Woid, Gëid, vui, Buid (Buiddl), Hoiz* »Wald, Geld, viel, Bild, Holz«.

Nennenswert erscheint schließlich auch die auf mitteldeutschen Einfluß zurückgehende Erweichung (Spirantisierung) des in- und auslautenden *g*-Lautes zu *ch*: *mocha, Grouch* »mager, Krug«.

Konsonantenschwächung, Lautangleichungen und -verschmelzungen tragen zur klanglichen Geschmeidigkeit und melodiösen Eigenart unseres Dialekts bei, womit er in auffälligem Gegensatz steht zu der vergleichsweise hart anmutenden Artikulation des Hochdeutschen.

rachgut

In Redensarten und Spruchweisheiten, in Sagen und volkstümlichen Erzählungen, nicht zuletzt aber auch in vielen Liedern hat sich vieles über Generationen hinweg bewahrt, was charakteristisch ist für den Dialekt und für die Menschen, die ihn gebrauchen.

Dieses Sprachgut ist von Forschern und Heimatpflegern, von Pfarrern und Lehrern vor allem, gesammelt und teils auch veröffentlicht worden. Vieles gilt es da aber noch zu bergen, um es für unsere und für künftige Generationen zu sichern!

Das allgemein neu erwachte Interesse an der Mundart hat dazu geführt, daß sich eine wachsende Zahl von Literaten des Oberpfälzischen bedient, sowohl in der Gestaltung traditioneller Inhalte, als auch in der kritischen Auseinandersetzung mit der Gegenwart (vgl. Seite 200).

2. *Volksmusik*

Volkslied

Das historische *Volkslied*, das sich um bestimmte geschichtliche Ereignisse rankt, ist eine Fundgrube für den an der Mundart und der heimatlichen Vergangenheit Interessierten. Oft sind Melodien verlorengegangen, mit anderen vertauscht oder im Lauf der Zeit verändert (zersungen) worden. Eines der ältesten Lieder berichtet vom Kampf des Riesen Krako, der ein Ungar oder Avare sein mochte, mit dem Regensburger Ritter Hans Dollinger (10. Jahrhundert). »Vom Hussitenkrieg ein Gesang«, erzählt von den Ereignissen um Hiltersried. »Peter Unverdorben« versteht es, uns in schlichtem Volkston einen jungen Mann nahezubringen, der im Turm »Schiltenhilm« zu Neunburg vorm Wald gefangen saß und seiner Hinrichtung entgegensah.
»Es ist ein Schnitter, heißt der Tod«, sang man im Dreißigjährigen Krieg, als Pest und Kriegsnot das Land bedrückten. Dieses »Schnitterlied, gesungen zue Regenspurg da eine hochadeliche iiunge Bluemen ohnversehen abgebrochen im Jenner 1637«, das in schlichten, unsterblichen Worten Herbst und menschliche Vergänglichkeit beklagt, gehört zu unseren schönsten Volksweisen.
Meistens ist uns der Name des Schöpfers eines Volksliedes nicht erhalten; zufällig wissen wir ihn bei dem aufrüttelnden Gesang »Frisch auf in Gottes Namen, Du werte teutsche Nation! Fürwahr ihr sollt euch schamen, daß ihr eur gut Lob faßt untergohn!« Jost von Brandt (aus Tirschenreuth) hat das Lied um 1550 erdacht.
Volkstümliche Gesänge ließen die Wallfahrer ihre Mühsal leichter tragen; zahllose Strophen reihen sich aneinander, denn die Wege der Pilger waren oft weit. 13 Strophen eines St. Emmeramsliedes wurden gesungen mit dem Refrain: »Ruft alle an Sankt Emmeram, sein Vorbild uns geleit!«
Von köstlicher Frische und Derbheit ist das (1716 bei Lang in Regensburg gedruckte) historische Lied über Prinz Eugen und den Türkenkrieg; es hebt an: »Potz Taubennest! Was gibt es Neu's?«
Zum bodenständigen Liedgut kann man auch die jeweils zu Bauernhochzeiten spontan gedichteten und gesungenen *Aussingeverse* rechnen.
Betagte Oberpfälzer kennen noch eine ganze Reihe von *Kinderliedern*, die als Spiel- und Auszählreime in früherer Zeit – manche noch heute

– umliefen. Einige *Arbeitslieder* (z. B. »Kuchl«-Lieder) werden noch gesungen, während alte *Moritaten* mit ihren zahlreichen Strophen – etwa die Velburger Moritat mit ihren 50 Strophen oder »D' Amberger Schand« mit 12 – nicht mehr lebendig sind.
Manches Melodiengut ist aus dem Südbairischen und Salzburgischen zu uns vorgedrungen; auch die Militärmusik hat ihren Einfluß besonders auf das Instrumentarium (Klarinette und Blech) geltend gemacht.
In alten Gesangbüchern, im Liedschatz des Dorfvolkes und im Munde von Volkssängern haben sich viele alte Texte und Melodien erhalten. Lehrer erwarben sich große Verdienste um das oberpfälzische Volkstum durch Sammeln dieser Lieder. Von Waldmünchen ging eine Erneuerung des Volkslieds in unserer Zeit aus. Der Volksliedpfleger Otto Peisl (Cham) hat auf diesem Gebiet Pionierarbeit geleistet. Heute gibt es viele Gruppen, die sich der Pflege von Volksmusik widmen. Sie sind z. T. im Oberpfälzer Volksliedkreis und im Verein der Oberpfälzer Volksmusikfreunde zusammengefaßt. Die Belebung und Erhaltung bodenständigen Musizierens ist auch maßgeblich auf die Aktivitäten des Bezirksheimatpflegers zurückzuführen.

'olkstanz

Der Zusammenhang von Volkslied und *Volkstanz* war immer sehr eng; das wird uns deutlich, wenn wir den in der Oberpfalz beliebtesten Volkstanz, den »Zwiefachen«, betrachten, der immer auch gesungen wurde. Vor 50 Jahren sprach man noch vom »Eintreten«, heute heißt der Tanz im Volksmund der »*Bairische*«. Das Wort hängt jedoch nicht mit Bayern zusammen, sondern mit Bauer: bäuerisch wird in der Mundart »beirisch« gesprochen. Dieser schmissige Tanz ist durch einen mehrmaligen Wechsel von geraden und ungeraden (treten und walzen) Takten gekennzeichnet.
Das gesungene Textsprüchl gibt den Tänzern Sicherheit beim Taktwechsel. Als begleitende Instrumente, besonders beim Mai- und Kirtatanz, kennt man Klarinetten, Trompeten, Geigen, Gitarren, Zither oder Ziehharmonika.
Je nachdem, wie oft der Taktwechsel stattfindet, unterscheidet man den

1. Einfachen Bairischen, bei dem ein Takt geschleift, ein Takt gedreht wird (z. B. »Hahnbacher Gschrei«),
2. Doppelten oder »Vazwicktn«; zweimal walzen, zweimal treten,
3. Dreifachen, bei dem oft ein ganz unregelmäßiger Taktwechsel erfolgt; er heißt im Volksmund auch »Ganz Vadrahda« (Verdrehter), z. B. der »Nagelschmied«.

Ein und derselbe Tanz – meist nach Gehör gespielt – wird in den verschiedenen Landstrichen mit kleinen Abänderungen und Besonderheiten aufgenommen, wie es ja auch im Sinn von Volkslied und Volkstanz ist. Ein paar der bekanntesten Zwiefachen, die in der Oberpfalz noch getanzt bzw. gesungen werden, mögen für viele stehen:

»Bäurin vo da Hoi Hoi hot schöine drei Moi«
»Hinta mein Vodan sein Stodl«
»Mei Woiz und mei Koan, is alles dafroan,
is halt so liadali eig'aggert woan«
»Hab i mein Woiz af d' Leitn g'saaht, Leitn g'saaht,
hot man da boihmische Wind vowaaht, Wind vowaaht.«

Häufig müssen die Musikanten beim Dorftanz auflegen: »Da krumme Neina«, »Ola d'Ochsn«, »Zwieflsuppn«, »Da Zimmamo«, »A seides Fürta«, »Saulocker«, »Hennalocker«. Über 200 Blaskapellen halten in der Oberpfalz die Tradition aufrecht. Die Musiker spielen die alten Tanzmelodien oft von handgeschriebenen Blättern ab, die vom Vater auf den Sohn kommen, oder auch ganz ohne Vorlage. Heute allerdings verlangt die Dorfjugend mehr und mehr die modernen ausländischen Tänze.

Bild Seite 208

3. Hausrat und Tracht

Was das Bürgertum in den Städten an Kunstgewerbe hervorgebracht hat, ist teilweise noch im Besitz alter Geschlechter oder in Museen aufbewahrt. In den zahlreichen Heimatmuseen unseres Bezirks ist ländliches Gebrauchsgut gesammelt. Aus vielen dieser bäuerlichen Gebrauchsgegenstände spricht die Freude am Umgang mit schönen Dingen. Alte oberpfälzische Bauernhäuser bezeugen oft – bei aller Bescheidenheit der Einrichtung – handwerkliches Geschick und Sorgfalt unserer Vorfahren.
An bäuerlichen Zweckgebäuden, an Balken, Türen und Möbeln findet sich manch beachtliche Malerei oder Schnitzerei. Längst haben geschäftstüchtige Händler erkannt, daß sich Bauernschränke, Truhen, Hinterglasbilder und alle möglichen Gebrauchsgegenstände bei Antiquitätenhändlern in der Stadt umsetzen lassen. Viele Bauern haben ihre stilechten, schönen Möbel gegen moderne, oft recht unpassende Stücke eingetauscht.

Ländliche Möbel

In bürgerlichen Kreisen unserer Heimat waren sowohl bemalte als auch durch Schnitzerei bereicherte Möbel längst gebräuchlich, ehe die ländliche Möbelmalerei im 19. Jahrhundert zur Blüte gelangte. Das ländliche Möbel ist in der Oberpfalz noch wenig erforscht. Zu Beginn des

19. Jahrhunderts ist eine große Zahl von »Kistlern« (Möbelschreinern) belegt, die teilweise auch die Möbel bemalten. Kallmünz war Sitz mehrerer Malerfamilien; das Wirken der Hämmerl ist in weitem Umkreis zu verfolgen. Die große Schreiner- und Malerfamilie Poesl aus Oberviechtach läßt sich mehrere Jahrhunderte hindurch (ab 1695) nachweisen; aus ihrer Werkstätte stammen viele volkstümliche Möbelstücke des Oberpfälzer Waldes.

ild Seite 348

Man erkennt heute in der Oberpfalz eine Vielzahl einzelner »Möbellandschaften« und glaubt feststellen zu können, daß in katholischen Gegenden Blumenmotive, in protestantischen geometrische Muster vorherrschten. Figurenmalerei ist selten. Der Grundton der Möbel – Truhen, Schränke, seltener Himmelbetten – ist grün, blau oder braun. Die rechteckigen Felder, welche die Schaufläche gliedern, sind weiß gehalten. Neben reich bemalten gibt es auch schlichte, blaugrundierte Möbel, die als einzigen Schmuck bunte, schrägverlaufende Marmorstreifen aufweisen. Gegen Ende des 19. Jahrhunderts ging die Freude an farbigen Möbeln verloren.
Die Museen haben sich in den letzten Jahren besonders um die immer seltener werdenden ländlichen Möbel bemüht. Eine besonders sehenswerte Abteilung mit Bauernmöbeln richtet das Museum in *Berching* ein.

'interglasmalerei

ld Seite 282

So wie sich auf dem Gebiet der Möbelmalerei manche Wissenslücke erst schließen muß, so gibt es im Bereich einer anderen alten Volkskunst, der Hinterglasmalerei, immer wieder Neuentdeckungen. Zu den seit längerer Zeit bekannten Malerschulen von *Winklarn* und *Neukirchen* kam in jüngster Zeit *Runding* als Sitz von Hinterglasmalern. Das Handwerk wurde meistens über Generationen in den gleichen Familien gepflegt. Die farbigen Bilder mit religiösen Motiven wurden auf Märkten und durch Wanderhändler in großen Massen vertrieben.

auernstube

Die einzelnen bäuerlichen Einrichtungsgegenstände können hier nicht besprochen werden; einen Blick aber wollen wir noch in eine alte oberpfälzische Bauernstube werfen, wie sie in einigen Jahren nur noch im Museum zu besichtigen sein wird. Die Entstehung der bäuerlichen Stube ist bei uns möglicherweise von den im Mittelalter nachweisbaren klösterlichen Wärmeräumen sowie von der Wirts- und Herrschaftshausstube her beeinflußt worden. Verhältnismäßig spät hat sie sich aus einem Einheitsraum, in dessen Mittelpunkt die Feuerstelle stand, herausgebildet. Durch ein »Weisthum« (Rechtsverfügung) aus Vilseck von 1410 können wir uns ein ungefähres Bild dieser alten Stuben machen. Der Ofen wurde von außen beheizt; neben das Schürloch setzte man dort einen Kochherd. So sonderten sich Küche und Stube; diese bot nun der Hausgemeinde einen wärmenden, rauchfreien Aufenthaltsraum, in dem sich im Winter alles zusammendrängte, in dem sich das tägliche und festliche Leben abspielte.

Das früher für die Oberpfälzer Bauernstube typische »Höllhaferkammerl« (nach Spitzner).

Eine spätere oberpfälzische Sonderform stellt das *Höllhaferkammerl* dar, eine kleine Kammer an der Innenwand der Stube (1,5 m auf 1,9 m). Sie hatte Zugang von der »Kuchl« oder vom Gang aus; ein kleines Fenster konnte zur Stube geöffnet werden. Auf dem Ofen standen die »Höllhäfen« mit Wasser zum Waschen und für das Vieh. Da das Wasser oft dem unsauberen Teich (= Hüll, Höll) entnommen war, stiegen übelriechende Wasserdämpfe auf, die durch die Ummauerung von der Stube ferngehalten werden sollten. An die Stelle des »Höllhaferkammerls« trat später der Kachelofen. Vielerorts waren kesselartige Höllhäfen in die Öfen eingemauert. Ob sich das Wort »Höll« von Hüll (Teich) herleitet, wie manche Forscher annehmen, oder sich lediglich auf die Feuernähe bezieht, steht nicht fest. Als »Höll« wird heute noch der schmale Raum zwischen Ofen und Wand bezeichnet, wo sich die größte Wärme entwickelt. Die Kacheln der Oberpfälzer Bauernöfen sind meistens von dunkelgrüner oder brauner Farbe und weisen schüsselförmige Vertiefungen auf. Um den Ofen herum läuft eine Bank, der beliebteste Platz aller Familienmitglieder, vor allem der Alten. Über dem Ofen können

auf Holzstangen Kleider und verschiedene Geräte zum Trocknen untergebracht werden.
Dem Ofeneck gegenüber ist der Herrgottswinkel. Um den quadratischen Tisch mit schräggestellten, gedrechselten Beinen, die unten meistens durch einen umlaufenden Fußrast verbunden sind, und entsprechenden Stühlen sitzen Bauer und Gesinde bei den Mahlzeiten. Das mit Palmbuschen geschmückte Kruzifix in der Ecke und die frommen Bildtafeln zu seinen beiden Seiten bilden den Wandschmuck. In evangelischen Häusern wird in einem Eckkästchen die Bibel aufbewahrt. Seitlich steht noch ein Wandkastl mit einem schräg nach vorn geneigten Spiegel darüber. Rings um die Stube läuft eine Holzbank. Die Stubendecke hat ihren Namen nicht zu Unrecht: Weißdecke. Die Wände sind meistens grün oder gelb getüncht, die Leibungen von Türen und Fenstern bleiben weiß.

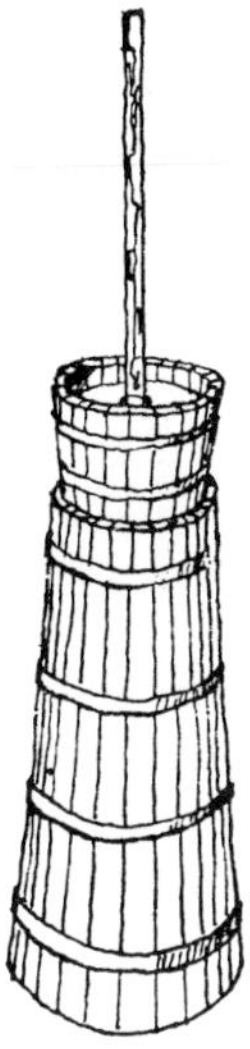

ltes Butterfaß

So etwa sieht eine alte Oberpfälzer Bauernstube aus, in der es im Winter »dumm« gemütlich, wie der Oberpfälzer untertreibend sagt, sein konnte; dann pfiff der Wind ums Häusl, die kleinen Fenster waren mit Tüchern oder Moos abgedichtet, die Bratäpfel verströmten ihren Duft, und die Kinder rutschten zum Großvater auf die Ofenbank.

racht

Am augenscheinlichsten kommt die gesellschaftliche Gebundenheit des Einzelnen an die überlieferte Ordnung in der bäuerlichen Tracht zum Ausdruck. Während die städtische Kleidung nach Ständen gestuft und dem Wechsel der Mode unterworfen war, zeigten die ländlichen Sonn- und Festtagstrachten bei aller Vielfalt im Detail doch weitgehende Übereinstimmung und Überlieferungstreue. Die Trachten des 17./18. Jahrhunderts lassen sich nur durch Bildquellen erschließen, während wir über die Trachtenformen des 19. Jahrhunderts durch zahlreiche Schriften gut unterrichtet sind. So wurden mehrere ausgesprochene Trachtenlandschaften 1863 von Eduard Fentsch in der »Bavarica« beschrieben.
Die zwei- bzw. dreigeteilte Grundform der *weiblichen Tracht* (Rock mit Schürze – Oberteil) leitete sich aus der höfisch-bürgerlichen Stilrichtung her; sie ist noch heute für ganz Süddeutschland verbindlich. Als Kopfputz trugen bei uns die Frauen vorwiegend schwarze, nach oben spitz zulaufende Hauben mit kleinem Kopf und langen Bändern; in manchen Gegenden (z. B. um Amberg) waren sie mit einem reich bestickten Goldboden versehen. Besonderer Wert wurde in wohlhabenderen Landstrichen auf die Ausstattung der Brautkrone gelegt; durch Messingdraht, Goldplättchen und Glasperlen war sie prächtig geschmückt. Diese Tracht des letzten Drittels des 19. Jahrhunderts wird von verschiedenen Trachtenvereinen gepflegt. Aber nicht nur dort; in Schnei-

derkursen stellt man sie nach alten Originalen wieder her und trägt sie mehr und mehr. In der Trachtenerneuerung ist die Oberpfalz in Bayern führend. Vor allem die zahlreichen Volksmusik- und Volkstanzgruppen demonstrieren ihren Gemeinschaftssinn durch das Tragen der Tracht.

Die *Männertracht* hatte von der Stadtmode des 17./18. Jahrhunderts die schwarze oder naturfarbene Kniehose übernommen. In den letzten 150 Jahren trug man dazu den langen schwarzen »Rock« und eine rote bzw. biedermeierlich bunte Weste; auch ein rotes Einstecktüchl durfte nicht fehlen. Der mantellange Rock wurde im Lauf des 19. Jahrhunderts kürzer und näherte sich der Joppenform an. Zwei typische Hutformen waren bei der oberpfälzischen Männertracht vertreten: flache, runde, mit niederem roten Gupf und kleine, in der Mitte eingezogene Zylinder, die häufig mit Seidenbändern und Filigranschnallen geschmückt waren. Bild Seite 347

Die erneuerte Oberpfälzer Tracht hat heute die blaue oder braune Joppe mit schwarzem Stehkragen und schwarzen Revers und eine gleichfarbene oder schwarze Hose. Man trägt dazu eine Weste und eine bunte Krawatte.

4. Brauchkalender

Unsere Vorfahren erkannten, daß Mensch und Natur unter einem gültigen göttlichen Gesetz stehen: Sie fügten ihre Lebensäußerungen dem natürlichen Rhythmus der Schöpfung, dem Wechsel der Jahreszeiten, ein. Im bäuerlichen Jahresablauf hat sich diese Erkenntnis über Jahrhunderte treu vererbt. Die kalendermäßige Zusammenstellung der wichtigsten Bräuche zeigt einen Reichtum an Volkskultur, auf den unsere Heimat stolz sein kann. Wenn auch nicht alles mehr gepflegt werden kann, so soll Vergangenes hier doch dargestellt werden, zumal in unseren Tagen vieles neu belebt wird, nicht zuletzt deswegen, weil das Selbstbewußtsein der Oberpfälzer gewachsen ist.

Fasnacht

Wenn noch Schnee und Eis das Land beherrschen, die Sonne aber ihren Bogen zu erweitern beginnt, fängt in der Erde das Leben zu keimen an: In diese Zeit fallen die närrischen Tage, der Fasching oder die Fasnacht. »Fosnacht« oder »Fosnet« sagt der Oberpfälzer. Wahrscheinlich hat »Fastnacht« (seit 1200 wird das mhd. Wort vastnaht verwendet) die ursprüngliche Bedeutung von »Vorabend der Fastenzeit«.

Alle Ordnung durfte in diesen Tagen auf den Kopf gestellt werden: Die Frauen sollten über die Männer herrschen, die Schüler über die Lehrer, das Volk über die Herren.

Am wildesten wurde in Regensburg das Mummenspiel im späten Mittel-

27 Oben: In *Hohenfels* ziehen am Karfreitag und
arsamstag Buben mit großen *Ratschen* durch den
rt und »ersetzen« das Glockengeläute.

nten: In *Sulzbach-Rosenberg* wird alljährlich der
Vinter ausgetrieben und dabei eine Puppe angezün-
et.

328 Der Chinesenfasching von *Dietfurt* ist ebenso bekannt und besucht wie das Bärentreiben am Rosenmontag in *Freystadt.*

329 Nur alle 10 Jahre findet in der Schönseer *Altweibermühle* eine Verjüngungskur statt. ▷

330 Oben: In der *Chamer* Gegend gehen Buben un Pfingsten zum »*Pfingstsingen*«, wobei einer in Birkenlaul gehüllt und mit bunten Bändern geschmückt ist, de »Pfingstl«.

Unten: Das *Trenck-Festspiel in Waldmünchen* und der *Fur ther Drachenstich* (siehe Einband) sind die bekannteste Oberpfälzer Volksschauspiele.

alter getrieben: Domschüler zogen in Larven nach Prüfening, trieben das Vieh aus den Ställen und erlaubten sich allerhand Narrenfreiheit mit den Mönchen. Dabei ging es einmal so tumultuarisch zu, daß ein Domherr erschlagen wurde (1357) und der Kaiser eingreifen mußte. In manchen Teilen der Oberpfalz pflegte die Bürgerschaft in voller Rüstung den Sitz der Obrigkeit (des Bürgermeisters oder Pflegers) zu erstürmen. Von Pleystein heißt es 1580: »In der Fasnacht vermummt sich niemand, man stürmt nur das Rathaus.« Im Pfreimder Ratsprotokoll vom 23. II. 1595 steht zu lesen: »Leonhard Grad beclagt Ludwigen Stärl, als sie am Aschermittwoch altem gebrauch nach in der Rüstung umbgangen und gestürmbt, nachmals ain trunckh auf dem Rathaus gethan, hab Sterl mit aller unbescheidenheit böse reden ausgeben, das pier auf der seitten angezepfft, viel unnütz wesen getrieben . . .« Die Obrigkeit kaufte sich durch Spenden von dem ausgelassenen Volk los. Die Stadt Sulzbach verrechnet 1520: »Item 5 Pfund dn. an der vasnacht für Küchlein, für ain schmalz, confect, zuckerhüt, mel, streukeß, weinpirlein, gbircz (Gewürz), salz, obs, brot, küchlpacher ein essen trincken«.
Heute ist die Zahl der wirklich Rührigen in der »Fosnacht« wesentlich kleiner als früher. Vor 50 Jahren gab es auch auf dem Dorf noch ein bewegtes Faschingstreiben am Faschingsdienstag: Verkleidete mit »Saubladern« sprengten unter die Leute, der »Bierkönig« trieb sein Unwesen, »Maschkera« mit Tierköpfen zäumten eine »Viecherei« auf. Einheimische wurden aufs Korn genommen, Moritaten gesungen, Frauen in die »Altweibermühle« gesteckt. Der farbenfroh kostümierte »Fleck« oder »Fosnatnigl« (kleine, rote Flicken waren auf Leinen aufgenäht) fuhr mit seiner Peitsche unter die kreischenden Kinder. Dieser Maskentyp stammt aus dem Mittelfränkischen und wurde von dorther ins Altmühltal eingeführt; es gibt ihn noch in Töging und Lupburg.

Bild Seite 328

Einen »unsinnigen Donnerstag« urwüchsiger Art begehen heute noch die Dietfurter mit ihrem »Chinesen-Fasching«; am Rosenmontag hält man in Freistadt das »Bärentreiben«.
So rührt sich auch heute mancherlei in der Fosnacht, vor allem in kleineren Orten. Weit verbreitet ist noch das Ausspielen lustiger Geschehnisse, die sich im Lauf des Jahres am Ort ereigneten.
In den Städten haben sich (vom rheinländischen Karneval beeinflußt) eigene Narrengesellschaften (»Narragonia«) gebildet. Für die letzten drei Faschingstage wird die Herrschaft über das Gemeinwesen feierlich den Narren übergeben. Als sichtbares Zeichen dafür erhält das Prinzenpaar vom Bürgermeister den Rathausschlüssel.
Früher lag der Höhepunkt der Ausgelassenheit am Faschingsdienstag und Aschermittwoch. Wenn man sich recht von Herzen ausgetobt hatte, ließ man die Narretei unter großem Jammergeheul um Mitternacht ster-

ben. In manchen Orten wurde die Fastnacht bei einem nachmittäglichen Leichenzug eingegraben. In Nabburg und Burglengenfeld ziehen heute noch junge Burschen mit Hammer und Brettchen lärmend durch die Straßen und klopfen damit Weiberleuten auf das Hinterteil (»Oarschpoußn«). Am Nachmittag des Aschermittwoch gibt es in Schmidmühlen einen Fischzug; das Geldbeuteleingraben ist in Beratzhausen Sitte und das Geldbeutelauswaschen in Regensburg.
Der Ernst des Lebens behauptet wieder sein Recht: In der Morgenmesse des Aschermittwoch läßt sich der Gläubige vom Priester ein Aschenkreuz auf die Stirn zeichnen; damit wird ihm die Vergänglichkeit alles Irdischen ins Bewußtsein gerufen.

Pfeiferlschnitzen

Wenn der Schnee weggeschmolzen ist, haben sich die Mütter oft zu beklagen über die Dreckklumpen an den Schuhen ihrer Buben; jede freie Minute sind die nun draußen an Bach und Feldrain. Sie haben es auf die Weidenbüsche abgesehen, aus deren Ruten sich mit dem Taschenmesser brauchbare »Pfoazln« schnitzen lassen: Die Rinde muß durch Klopfen aufs Knie gelöst, das Mundstück schön zugespitzt werden – und dann kann das Pfeifkonzert losgehen!

Der »Gregori«

Die Freude daran, daß der Saft eingeschossen ist, zeigt auch ein alter Brauch, den der Regensburger Chronist Andreas im Jahr 1425 erwähnt: Kinder zogen mit Zweigen und Ruten in der Hand hinaus ins Freie und veranstalteten einen »rechten Gregori«. Dieser Ausdruck für lärmendes, lautes Vergnügen geht auf den Gregorstag (12. März) zurück, an dem an mehreren Orten der Oberpfalz solche Frühlingsfeste stattfanden. Die Schuljugend freute sich über den Abschluß der Winterschule, der von Lehrern und Schülern feierlich begangen wurde. Bald wurde aus dem Frühlingsfest ein gewöhnliches Schülerfest. Um 1840 ist der Brauch abgekommen, scheint aber in manchen Orten der Oberpfalz nach der Jahrhundertmitte wieder aufgegriffen worden zu sein; denn in der Landesbeschreibung »Bavaria« von 1863 heißt es, Frühlingsbeginn werde »fast allgemein von der Schuljugend der Städte und Märkte durch fröhlichen Auszug mit Musik und Fähnlein, durch Kinderspiel im Freien gefeiert«. Dort steht auch über das Sommer-Winterspiel von *Breitenbrunn* zu lesen: Bubengruppen, die einen mit bunten Bändern und Blumen als Sommer gekennzeichnet, die andern durch Mantel und Pelzkappen als Winter, wanderten spielend von Haus zu Haus.
Das *Winteraustreiben* durch Peitschenknallen wurde im »Birgland« neu belebt. Es gehört ursprünglich dem Laetare- (Mitterfasten-)Brauchtum an; an diesem »fröhlichen Sonntag« freute man sich, daß die festeleere, strenge Fastenzeit schon halb überstanden war.

Bild Seite 327

Bis vor wenigen Jahren kannte *Hirschau* seinen »Gregori«, allerdings verschoben auf den Maianfang: Eine Kinderschar zog in aller Frühe trommelnd durch die Straßen. Eine recht militärische Gesellschaft war das, mit Offizieren, Fahnenträgern, Tambour und soldatischen Kommandorufen. Mittags erreichte die Umzugsgaudi ihren Höhepunkt auf dem Kirchplatz. Die Amberger Volkszeitung von 1929 berichtet: »Vor jedem zweiten oder dritten Haus wurde von den Hauptleuten der Spruch aufgesagt: ›Achtung, Gewehr bei Fuß, schultert das Gewehr, präsentiert das Gewehr, setzt an, Feuer!‹ . . . Dafür erhielten sie von den Leuten Eier oder Geld, was etwa 300 bis 400 Stück Eier und 20–25 Mark ausmachte. Nach Beendigung des Rundganges begaben sich die Burschen in die Schloßbrauerei, wo die Gaben vom Schloßvater an die einzelnen verteilt wurden.«

Fastenzeit

Natur und Mensch sind in die Zeit der Auferstehung eingetreten. Der Vorbereitung auf das Osterfest dient die vierzigtägige Fastenzeit und deren Abschluß, die Karwoche. Nach dem Vorbild des Herrn soll die Fastenzeit der inneren Reinigung durch Gebet und Enthaltsamkeit von allen Vergnügungen dienen. Es gibt kein Feiern, daher auch keine Hochzeiten. Da die Oberpfälzer – zumindest die Landbevölkerung – sich ohnehin das ganze Jahr über kärglich ernährten und Fleisch nur an Sonntagen kannten, fielen die strengen Fastengebote nicht ins Gewicht. Unangenehmen Kontrollen unterlagen oft die Städter; so ließ der sittenstrenge Kurfürst Maximilian seine Beamten überprüfen und maßregeln, wenn sie sich gegen das Kirchengebot vergingen. In frühen Zeiten gab es als Fastenspeise in der Regel ein mageres Mehlmus, das erst im Laufe der Neuzeit durch Butter und Eier verbessert werden durfte. Seit Einführung der Kartoffel nehmen bei uns die verschiedenen Kartoffelspeisen neben den Nudeln den ersten Platz ein.

Palmsonntag

Der Sonntag vor Ostern wird nach den Palmwedeln, mit denen die Bevölkerung Christus zuwinkte, als er in Jerusalem einzog, benannt. Wen am Palmsonntag der »Bettzipfel« nicht ausläßt, der wird scherzhaft »Palmesel!« gerufen. Palmesel aus Holz wurden früher von Buben in Kirchen und Straßen herumgezogen zur Erinnerung an den Esel, der Jesus in die Stadt seiner Leiden trug. Aus Hohenburg wird berichtet, daß die Ministranten nachmittags von Haus zu Haus zogen, um »Futter« für ihren Esel zu erbetteln.

Da es bei uns natürlich keine Palmen gibt, behilft man sich mit Weidenkätzchen. Man bindet sie zu Buschen (oft auch mit Buchs oder Preißelbeerkraut) zusammen, befestigt sie auf einem Stecken und trägt sie in die Kirche zum Weihen. Früher war man darauf bedacht, daß die Größe

des Palmbaumes der Größe des Hofes entsprach; dementsprechend konnte die Länge des Steckens 40 cm bis 2 m betragen.
Den geweihten Palmkätzchen sprach man noch großen Segenswert zu. Wenn man drei Kätzchen verschluckte, war man gegen Blitz gefeit. Um Böses abzuwehren, steckt man die »Weidenmutscherl« auch heute noch hinter das Kreuz im Herrgottswinkel, in den Stall, auf den Dachboden, in die Küche und auch in die Felder.

Gründonnerstag

Im Brauchtum sticht der »Antlaßpfinsta«, wie der Gründonnerstag volkstümlich heißt, besonders hervor. Für das bäuerliche Wirtschaften galt er als sehr verheißungsvoll: Die Jungsaat, die an diesem Tag ausgetan wurde, gedieh besonders gut; auch das Jungvieh sollte zum ersten Mal eingeschirrt werden. Mittags gibt es etwas Grünes, meistens Kräutersuppe und Spinat; die Frauen freuen sich, daß sie von nun ab wieder frisches Gemüse auf den Tisch bringen können.
Die am Gründonnerstag gelegten Eier sammelte die Bäuerin und hob sie zur Weihe auf: dies sind die »Odlsoier«. Der Name ist die mundartliche Form für »*Antlaßeier*« d. i. eigentlich *Ent*laßeier: Im Mittelalter mußten die schweren Sünder nämlich bis zum Osterfest vor der Kirche verharren und wurden erst zum Fest wieder aus dieser Bußübung »entlassen«, d. h. in die christliche Gemeinschaft aufgenommen. Der Brauch, Eier zu schenken, ist uralt. Das Ei ist ein Sinnbild der Fruchtbarkeit. Man hat dann das Ei mit dem Hasen in Verbindung gebracht, der als eines der fruchtbarsten Feldtiere gilt und um die österliche Zeit Junge wirft. Heutzutage legt also der Osterhase die Eier. Die Kinder suchen sich einen Winkel in Haus oder Garten, in den sie ihr Osternest aus Moos oder grüner Holzwolle bauen. Vielleicht verliert der Osterhase schon vor dem Ostermorgen ein Ei? So hofften früher wenigstens die Kinder. Heute hat sich die Geschäftswelt des alten Brauches angenommen, und große und kleine Kinder lassen sich von ihren Angeboten zu Geschenken hinreißen, die dem Sinn des Festes oft nicht mehr entsprechen.

Karfreitag

Bild Seite 327

Drei Tage dürfen nun die Glocken nicht mehr läuten als Zeichen der Trauer. Der Volksmund sagt, die Glocken reisen nach Rom. Statt der Meßglocken verwenden die Ministranten Holzklappern oder Ratschen. Früher war das Fasten am Karfreitag sehr streng; es wurde nichts Warmes gekocht.
Die Protestanten haben ihren höchsten Feiertag. Nur die allernötigsten Verrichtungen dürfen gemacht werden, kein lautes Lärmen soll die Ruhe stören.
In der verdunkelten Kirche wird des Leidens Christi gedacht. In einer

Seitenkapelle war häufig ein *Hl. Grab* gerichtet: Zwischen Felskulissen, mit Blumen, Glaskugeln und Kerzen reich geschmückt, ruhte der in ein Leintuch gehüllte Leichnam des Herrn. Nachmittags ging man zum Grabbesuch und hörte den Trauergesang an.
In Hohenburg waren Buben die Tage vorher schon herumgegangen, um Schweinefett fürs »Heili Groh« zu sammeln. Es kam in Näpfchen und stellte die Beleuchtung des Grabes dar, das mit vielen bunten Glaskugeln um den Hochaltar gerichtet war. Ein geschnitzter Engelreigen – im »Heiliggeistloch« befestigt – drehte sich über dem Leichnam des Herrn.
Im 17. und 18. Jahrhundert fanden in der Oberpfalz große *Karfreitagsprozessionen* statt, an denen sich in den Städten Bürger und Ratsherrn beteiligten; Posaunen erschollen und Kinder lärmten mit ihren »Ratschen«. »Unserm Herrgott mit der Leich gehn«, nannte man diese Umzüge. In Neunburg vorm Wald bestanden sie bis in unser Jahrhundert herein.
Besonders großartig muß der Umzug von Hirschau gewesen sein: Neben Reitern, Musik usw. wirkten auch »lebende Bilder« mit, z. B. Judas und der Teufel, Veronika mit dem Schweißtuch, die verschiedenen Kreuzwegstationen. Kinder trugen die Leidenswerkzeuge. Eine Feier am Hl. Grab schloß sich an.
In der Karfreitagsprozession von Hohenburg schleppten verhüllte Gestalten große Bußkreuze mit; manche der freiwilligen Büßer ließen sich geißeln. Dies wurde 1790 vom Bischof verboten. Karfreitagsprozessionen bestanden in Hohenburg noch im 20. Jahrhundert.

assionsspiele

An den Donnerstagen oder Freitagen der Karwoche gab es früher in vielen Orten der Oberpfalz Passionsspiele; der Volksmund nannte sie *»die Angst«*. In Amberg gehen diese Passionsspiele bis ins Mittelalter zurück. Hans Sachs hatte sogar ein eigenes Spiel für die Stadt geschrieben. In der Franziskanerkirche von *Dietfurt* finden an den sechs Donnerstagen der Fastenzeit Ölbergvorführungen (die »heilige Angst«) statt, die eine Tradition von 500 Jahren haben. Auch in die Fastenandacht von *Berching* (Franziskanerkloster) waren Darstellungen der Todesangst Christi und der Engelserscheinungen eingeflochten. In ergreifender Weise wurden Lieder, Wechselgesänge und Betrachtungen vorgetragen.

arsamstag

Am Vormittag des Karsamstages werden Wasser, Öle und Weidenstekken in die Kirche zur Weihe getragen. Aus diesen geweihten Stecken macht man Kreuzchen, die dann in die Felder gesteckt werden zur Abwehr böser Geister, besonders des Bilmesschneiders (s. Seite 341). Wirksamer sind diese *»Judassteckerl«* noch, wenn man sie an beiden Enden etwas anbrennt. Noch heute ist es in der Oberpfalz an manchen Or-

ten üblich, vor der Kirche ein Feuer zu errichten, in das man an einem Stiel die Ostersteckerl hält, und zwar für jedes Tagwerk eines.
Vor dem Ersten Weltkrieg kannte man noch das »Judasverbrennen«: Eine an einen Pfahl gebundene Strohpuppe, der Judas, wurde mit der Osterkerze angezündet, und zwar von jenem Burschen, der im Wettlauf von der Kirche zum Pfahl der Flinkste war. Das *Osterfeuer*, in dem der Winter endgültig vernichtet wird, geht auf altdeutsches Frühlingsbrauchtum zurück.
Vor dem Osterfest haben allerorten die Frauen alle Hände voll zu tun mit Saubermachen, Backen und Eierfärben. Früher nahm man dazu gern Kaffeebrühe oder Rötel (rot als Farbe der Liebe!) – daher der Name »Roi'loia« (Röteleier).

Ostersonntag

Der hohe Festtag der Auferstehung des Heilandes ist da. Am Morgen vor dem Amt erfolgt die *Speisenweihe*: Die traditionsbewußte Oberpfälzerin richtet das Körbchen in derselben Weise, wie es schon vor 500 Jahren der Brauch war: Osterbrot, Schinken, Osterlamm, Salz, Eier und Kren gehören hinein; die Eier müssen ein wenig aufgeklopft sein, damit »die Weih« hinein kann. Ehedem galten die Schalen der geweihten Ostereier als ein wichtiges Mittel zur Bannung allen Unheils: Man nähte sie in ein Leinensäckchen, das man unter der Jacke trug, oder mischte sie dem Vieh unters Futter.
Die Sonntagseier gehörten nach alter Bauernsitte den Mägden; denn am Montag kamen die jungen Burschen und erbettelten sich eines der rotgefärbten Eier als Zeichen der Gunst. Man brauchte die Eier auch zu den üblichen Osterspielen wie Eierschutzen und Eierpecken.

Ostermontag

Am Nachmittag des Ostermontag unternimmt man den »Gang nach Emmaus« (Christus erschien zwei Jüngern, als sie nach Emmaus wanderten): Es ist ein Spaziergang, der meistens ins Nachbardorf führt, wo man dann einkehrt. Am Ostermontag ist in *Furth im Wald* ein Ritt zur Leonhardikapelle üblich, an dem sich die Bewohner der umliegenden Dörfer mit ihren Pferden beteiligen. Stolz werden die sog. Leonhardistandarten mitgeführt, die den treuesten Teilnehmern verliehen werden.
Am Sonntag nach Ostern, dem *Weißen Sonntag*, gingen früher die katholischen Kinder zur Erstkommunion, die Protestanten zur Konfirmation.

Aber nicht nur das liturgische Jahr, auch der Ablauf der Jahreszeiten ist für das Brauchtum bestimmend.

April

Daß das Wetter im April macht, was es will, ist sprichwörtlich: Die Sonne narrt uns, schaut oft hinter Schneewolken heraus, und der Wind treibt seinen Spott mit uns. Vielleicht ist das die Ursache dafür, daß sich auch die Menschen zu Beginn dieses Monats zum Narren halten: Am 1. April kann es jedem passieren, daß er »April-Ochs« wird, das war schon im 16. Jahrhundert so. Harmlos sind die Scherze, die man mit Kindern treibt, wenn man sie unmögliche Dinge einkaufen läßt: Roßeier, Krebsblut, Eichkatzlfedern oder auch »Ibidumm«; der Krämer gibt um das Geld meistens Bonbons.

Erster Mai

In der Nacht zum 1. Mai spielte die Vertreibung der Hexen, an die ja bis in die jüngste Vergangenheit ernsthaft geglaubt wurde, eine lärmerregende Rolle. Mit Peitschen und Geschrei wurden sie von den Feldern verjagt. Bekannt war einst das *Hexenauspeitschen* in Tännesberg. Frauen gingen am Morgen auf den Acker hinaus und kreuzten mit Sicheln durch die Luft. Vielleicht sollten die letzten Nachläufer der kalten Jahreszeit vertrieben werden, die als »Eismänner« und »kalte Sophie« noch bis Mitte des Monats herumspuken. H. G. Tröger schildert das »Hexausplatschn« in Münchenreuth (um 1900) folgendermaßen: »An diesem Tag mußte vor Sonnenuntergang abgefüttert sein. Nun wurde frischer Rasen vor die Stalltüre und darauf eine Egge mit nach oben gewendeten Zähnen gelegt. Über ein solches Hindernis sollte die Hexe unmöglich in den Stall gelangen können. Wenn die Sonne versunken war, knallten die Burschen mit selbstgefertigten Peitschen, bis die Nacht hereinbrach.«
Das Brauchtum der Mainacht erinnert in manchem an die Narreteien der Fasnacht. Die jungen Leute ließen sich früher allerhand Streiche einfallen: Sie verschleppten landwirtschaftliche Geräte, hängten Gartentüren aus, zerlegten Wagen, die sie am Dachboden wieder aufbauten und mit Mist beluden. Wenn da einer dringend ein Örtchen aufsuchen mußte, fand er es zugenagelt, oder es war überhaupt verschwunden: Die Übermütigen hatten eine Reihe hölzerner Aborthäusl auf dem Dorfplatz zusammengetragen.
In dieser Nacht pflegten die Burschen auch ihren Mädchen »Maibäume« oder Buschen aufs Hausdach zu setzen: Diese Birkenbäumchen, die mit bunten Bändern geschmückt waren, bedeuteten eine Auszeichnung für die, der sie bestimmt waren. Hatte sich eine im Dorf unbeliebt gemacht, bekam sie zur Schande einen dürren Baum oder einen Strohwisch vors Fenster gestellt.

Maibaum

Im Mittelpunkt des Maibrauchtums steht der *Maibaum*, das Sinnbild des Lebens. Den Germanen war der Baum heilig; es wird von oberpfälzischen Holzfällern erzählt, die noch vor hundert Jahren den gesunden Baum um Verzeihung baten, ehe sie die Axt anlegten.

Es ist nicht sicher, wann der Brauch, den Maibaum aufzustellen, aufkam: Am Samstagnachmittag ziehen die Jungmänner hinaus in den Wald, um einen schöngewachsenen Baum, den ein Waldbesitzer gespendet hat, zu fällen. Das muß freilich gekonnt sein, denn der oft 30 Meter lange Riese darf nicht verletzt werden. An Ort und Stelle tut man Äste und Rinde ab, dann wird der Baum auf einem Fuhrwerk zum Dorfplatz gefahren, wo schon andere dabei sind, den alten Baum umzulegen. Die Frauen schmücken inzwischen den Wipfel mit bunten Bändern und befestigen unterhalb zwei Kränze. Es ist gar nicht so leicht, den Baum aufzustellen: Mit mehreren Stangenpaaren schieben kräftige Mannsleut den Stamm hoch, während der Fuß des Baumes in die Grube gestemmt und dann verkeilt wird. Wenn der Maibaum glücklich steht, spricht die Gemeinde ein Dankgebet – und dann gehts lustig auf! Im Wirtshaus wird gegessen und getrunken bis in die Nacht hinein. Am Sonntag ist große Tanzerei beim Wirt und auf dem Dorfplatz; eine zünftige Blasmusik spielt dazu auf.

Christi Himmelfahrt

Drei wichtige christliche Feiertage fallen meistens in den Mai: Christi Himmelfahrt, Pfingsten und Fronleichnam. Das Fest »Christi Himmelfahrt« wird 40 Tage nach Ostern gefeiert. Seit dem Mittelalter kannte man bereits Prozessionen zum Andenken daran, daß der Heiland mit seinen Jüngern hinauswanderte zum Himmelfahrtsberg. Bis zur Aufklärung gab es figürliche Darstellungen dieses Geschehens in den Kirchen. Man glaubte, daß aus der Richtung, in die sich die auffahrende Christusfigur wandte, im Sommer die Gewitter kämen. Ein Mesner von Obermünster (Regensburg) berichtet über das Verbot dieses Brauches (1790) und fügt nachdenklich hinzu: ». . . es fragt sich aber nur, wie kann man dann inskünftig wissen, woher die Donnerwetter kommen?« (Für die Mesner, die das »Wetterläuten« besorgen mußten, war das wichtig!)

Pfingsten

Am 50. Tag nach Ostern, so erzählt die Heilige Schrift, wurde der Heilige Geist über die Apostel ausgegossen. An das kirchliche Hochfest, das auch die Natur in festlichem Gewande findet, knüpft sich manche alte Überlieferung. Vor vier bis fünf Generationen konnte man den Heiligen Geist in Gestalt einer Taube noch herunterschweben sehen aus einer Öffnung im Kirchengewölbe, dem »Heilig-Geist-Loch«.
Am Vortag war das Taufwasser geweiht worden. Wer am Sonntagmorgen als letzter aufsteht, ist der »Pfingstlümmel«. Im Landkreis Cham kennt man den *Pfingstlbrauch*, dessen Sinngehalt schwer zu erschließen ist. In der Chamer Gegend gehen vier bis sechs Buben zum »Pfingstlsingen«. Einer (der »Pfingstl«) wird in Birkenlaub eingehüllt und mit bun-

Bild Seite 330

ten Bändern und Blüten geschmückt. Die Buben ziehen von Haus zu Haus, sagen ihr Heischesprüchl (»Alleluja, alleluja, der Pfingstl ist da . . .«), während der »Pfingstl« im Kreis herumtanzt. Eier und andere kleine Gaben wandern in den Korb. Früher hat man den »Pfingstl« zum Abschluß des Umgangs ins Wasser geworfen. Bei diesen Pfingstlspielen handelt es sich möglicherweise um das Fortleben alter Kampfspiele zwischen Sommer und Winter; vielleicht sollte das Untertauchen oder Besprengen mit Wasser ein Zeichen für Reinigung von winterlicher Unbill und für das Wiedererwecken des Lebens sein.

In Kötzting kennt man seit 1754 die Sitte, daß ein auserwählter Bürgerssohn mit anderen jungen Burschen durch die Straßen zieht, um für den Pfingstltanz (Pfingstlhochzeit) Gaben zu heischen. Er wird mit einem Ehrenkränzlein ausgezeichnet und hat das Recht, sich eine Bürgers-
ld Seite 209
tochter zur »Pfingstlbraut« zu wählen, die ihn auf dem Brautzug und dem anschließenden Tanz begleitet. In der heutigen Form gehen die Kötztinger Pfingstl-Spiele auf den Heimatkundler Conrad Krämer zurück (1929).

Sie sind in Kötzting aber nicht die einzige Attraktion am Pfingstmontag. Am frühen Morgen versammeln sich Hunderte von Bauern aus der Umgebung mit ihren festlich geschmückten Rössern zum *Kötztinger*
ld Seite 318
Pfingstritt. Bereits für das Jahr 1670 kann eine derartige Reiterprozession belegt werden. Der Legende nach ist sie folgendermaßen entstanden: Zu Beginn des 15. Jahrhunderts war ein Pfarrer von Kötzting eines Abends zu einem Sterbenden nach Steinbühl gerufen worden; fromme Burschen gaben ihm das Geleit. Auf dem Heimweg wurden sie im finstern Wald von Räubern überfallen, gelangten aber durch Gottes Hilfe und tapfere Wehr glücklich aus der Bedrängnis. In dankbarer Erinnerung an das Ereignis zieht man seither mit dem Allerheiligsten nach Steinbühl. Unter Glockengeläut – voraus das Kreuz, im Gefolge die Reiter mit Fahnen und Blaskapelle – setzt sich der Zug in Bewegung, hinaus ins Zellertal und hinauf zur Steinbühler Kirche. Der amtierende Geistliche liest unterwegs die vier Evangelien und hält am Ziel vor der Nikolauskirche eine Feldmesse. Anschließend werden Roß und Reiter und ihre Fluren gesegnet.

Chammünster kennt den Brauch der »Pfingsttuscher«, wo junge Burschen mit langen Peitschen knallen.

ittgänge, Umritte

Zwischen Ostern und Ernte ist die Zeit der Bittwochen, Flurprozessionen und Umritte. Durch Gebet und Singen soll der Segen des Himmels auf die Felder herabgefleht werden: »Vor Unwetter und Hagel verschone sie – wir bitten Dich, erhöre uns, o Herr!«

Die Haupttage für Wetter-Bittgänge sind die »Eisheiligen« Pankratius,

Servatius und Bonifatius (12./13./14. Mai), Donnerstag und Freitag vor Pfingsten und der Pfingstmontag.

Bekannt war früher der *Georgiritt von Loderbach*, bei dem der Pfarrer im Ornat hoch zu Roß die geschmückten Pferde anführte. Dem Ritt um die Kirche schloß sich der Pferdesegen an. Mit dem Rückgang der Pferdehaltung kamen auch die Umritte immer mehr ab.

Heute greifen Reitervereine diese Traditionen jedoch wieder auf. So belebt seit einigen Jahren *Tännesberg* wieder nach altem Gelübde den *Jodoksritt*, der jeweils am 2. Sonntag im Juli zur nahegelegenen Kapelle St. Jodok führt. Bekannt sind auch die Martiniritte von Miltach und Warzenried. Bild Seite 318

Den Pferden galt die besondere Achtung und Liebe unserer Vorfahren. Man glaubte, diese Tiere hätten die Gabe, böse Geister zu wittern. Sagen berichten, daß Umritte zur Abwehr von Geistern eine große Rolle spielten. Wichtiger noch war die rechtliche Bedeutung: Nach alter Gepflogenheit war das Umschreiten oder Umreiten neuerworbenen Landes ein Zeichen der Besitzergreifung. Das vom neuen Besitzer unter Zeugen abgesteckte Gelände mußte später behauptet werden: Die jährlichen Flurumgänge bzw. -ritte hatten daher auch den Zweck, die Grenzen ins Gedächtnis zu rufen.

Dazu kommt die bäuerliche Freude an der Natur, an der keimenden Saat, an gemeinsamen bunten Umzügen. Schon der Geschichtsschreiber Aventin (s. Seite 122) erzählt ja vom bayerischen Volk, »es geht und läuft gern auf Kirchfahrten, zu denen es auch reichlich Gelegenheit hat.« Nicht nur die Feste der zahlreichen Wallfahrtsorte locken hinaus; auch die eigenen Felder werden in den halb weltlichen Brauch miteinbezogen. Nach Einführung der Reformation wurde er vielerorts auch von den Lutheranern übernommen.

Fronleichnam

Der Gedanke, Mensch und Natur zur Huldigung des Schöpfers zusammenzuschließen, hatte auch zur Entstehung des prächtigsten aller Umzüge, zur Fronleichnamsprozession, geführt. Das Fest zu Ehren des Leibes Christi (mhd. frôn bedeutet Herr) war 1264 von Papst Urban IV. eingesetzt worden. Ende des Mittelalters, als die Hostien-und Hl. Blutverehrung einen großen Aufschwung nahm (z. B. in Neukirchen-Hl. Blut), wurde es mit Prozessionen verbunden. In Regensburg führte der einflußreiche Kaufherr Matthäus Runtinger (s. Seite 116) die Fronleichnamsprozession ein. Die Mitglieder der 23 Zünfte waren nach strenger Rangordnung aufgestellt. In den Jahren 1532 und 1541 beteiligten sich auch Kaiser Karl V., mehrere Bischöfe und hohe Adelige an dem großen Gepränge. Herzog Ludwig von Bayern, Pfalzgraf Ottheinrich und zwei Herzöge von Braunschweig trugen den »Himmel«. Nach

der Prozession fand immer ein Festessen statt; die Armen waren zu einer Speisung geladen.
Seine Blüte erlebte das Fest zur Zeit der Gegenreformation. Urkunden bezeugen, daß sich alle Bevölkerungsschichten an seiner Gestaltung beteiligten: In Amberg erhielt die Stadtkompanie aus dem Zeughaus Pulver und Lunten; das Forstmeisteramt gab Birken kostenlos ab. Die Klöster Ensdorf, Plankstetten, Prüll, Schönthal usw. weisen Abrechnungen auf, die belegen, daß das Schießen eine große Rolle spielte. Auch heute gehören Böllerschüsse zu Beginn der Prozession und bei den vier Evangelienaltären unbedingt dazu. Wie volkstümlich dieser Umzug immer schon war, läßt sich aus der Nachricht ersehen, die wir vom Amt Parkstein und Weiden haben: Im Jahr 1700 haben katholische Bürger zusammen mit Protestanten bei der Prozession »mit dem Gewehr aufgewartet«.
Fronleichnam wird in der Oberpfalz auch »Kranzltag« (seltener »Prangertag«) genannt, nach den Kränzen, die Kinder und Frauen früher bei der Prozession trugen. Die aus wildem Kraut und Blumen geflochtenen Kränze wurden geweiht und im Haus aufgehängt. Auch heute noch tragen auf dem Dorf angesehene Gemeindemitglieder den »Himmel«, unter dem der Pfarrer mit dem Allerheiligsten geht. Es folgen die Kranzljungfern, die Schuljugend, die Vereine mit wehenden Fahnen und natürlich die Feuerwehr mit Kapelle. Je näher dem Himmel, desto ehrenvoller ist der Platz.

›hannistag

Wer Johannes den Täufer zum Namenspatron hat, feiert am 24. Juni Namenstag. Da es recht viele Hansen in der Oberpfalz gibt, ist ein kleiner Feiertag entstanden, an dem es aus manchem Haus nach Schmalzgebackenem riecht. Besonders fein schmecken die in Teig getunkten und in heißem Schmalz herausgebackenen Hollerblüten.
In der Johannesnacht sind die *Geister* wieder rege, versunkene Glocken läuten, Teufel und Bilmesschneider treiben ihr Unwesen. Feuer sollen die bösen Geister bannen. Liebespaare springen gemeinsam durchs Feuer. Buben haben am Vortag bei den Bauern Holzscheite eingefordert. Reisigbesen oder Pechfackeln werden an der Glut entzündet und rasch im Kreis geschwungen. Der alte Brauch, vor allem von den Jugendvereinigungen gefördert, ist heute in der Oberpfalz wieder im Vordringen.
An manchen Orten der Nordoberpfalz stellt man noch den »*Khannesbaum*« auf, eine schöne, entastete Fichte, ähnlich dem Maibaum.

ilmesschneider

Eine merkwürdige Gestalt spielte früher im Sommerbrauchtum eine Rolle: Wenn die Arbeit auf den Feldern getan ist, gilt es zu warten, ob der Himmel der wachsenden Saat gewogen ist. Der Oberpfälzer Bauer fürchtete für seine Kornfelder noch eine Gefahr: Der Bilmesschneider (auch Bilwißschnitter) konnte seinen Anteil fordern. (Das Wort ›pilwiß‹ für Hexe gibt es schon im Mittelhochdeutschen, die Herkunft ist nicht geklärt.) Diese geheimnisumwobene Gestalt trägt an den Beinen Sicheln, die das Getreide umlegen, wenn sich der Ernteschneider seinen Weg durch die Felder bahnt. Die Angst vor dem Bilmesschneider beruhte auf der Beobachtung, daß durch manche Kornfelder schnurgerade (oder Zickzack-)Gassen laufen, in denen handbreit über dem Boden die Halme umgelegt sind. Man hat vermutet, daß sie von Wild oder von starken Windströmungen herrühren, die sich um diese Zeit oft unheilvoll auf die Ernte auswirken.

Erntezeit

Für den Bauern kommt nun die harte Zeit der Ernte (»Arn« oder »das Schniit«); die körperliche Mühsal allerdings erleichtert heute die Maschine. Die Bäuerin schickte früher eine gute Brotzeit aufs Feld, das Bier durfte nicht fehlen. Nach Einbringen der Ernte gab es ein kräftiges »Arndtmahl« mit Geselchtem und Schmalzkücheln. Ende Juni setzen die »Hundstag« mit ihrer Gluthitze ein. Ihnen wird unheilvolle Wirkung nachgesagt; man soll also lieber nicht baden und in allem Vorsicht üben. Auch die Ehe schließt man besser nachher.

Wallfahrten

Wenn abgeerntet ist, die Scheune voll und das Hauswesen versorgt, dann kommt für die Bauersleute die Zeit des Verschnaufens. Urlaub kennt man ohnehin nicht auf dem Land; aber man leistet sich zur rechten Zeit eine Wallfahrt. Neben der großen gemeinbayerischen Wallfahrt nach Altötting gibt es zahlreiche kleinere lokale Gnadenstätten, die Wallfahrtsziel für den Oberpfälzer sind.

Bild Seite 317

Das Gnadenbild der Kirche von Neukirchen–Hl. Blut ist zwischen Christi Himmelfahrt und Pfingsten das Ziel Tausender von Wallfahrern. Die Wallfahrt geht auf die Hussitenzeit (1422) zurück: Der Legende nach hat ein hussitischer Dorfrichter das Haupt einer hölzernen Marienplastik gespalten und »Blut entrann, rot und warm«.

Aus der Gegend von Neustadt an der Waldnaab kommen die Leute nach St. Quirin und St. Felix. Der Annatag (26. Juli) bringt viele Gläubige aus den umliegenden Dörfern nach St. Anna in Mühlberg.

Von Peter und Paul an wallfahrtet die Bevölkerung seit der Barockzeit zur Mariahilfkirche von Fuchsmühl im Stiftland. Vor allem sudetendeutsche Pilger treffen am zweiten Julisonntag bei der Steinbergkirche in der Nähe von Bärnau ein, um den Geiselchristus zu verehren.

Die Ehrenbacher feiern ihr Buchbergfest, die Burglengenfelder wallfahren nach Maria Ort an der Naabmündung. Da locken alle die schönen

Bergwallfahrten: Der Habsberg, St. Sebastian von Breitenbrunn, der Fahrenberg, Maria-Hilf von Amberg, Berching, die Kappel bei Waldsassen, die »Kleine Kappel« von Ottengrün, St. Anna bei Sulzbach, Marienstein bei Falkenstein, die Kreuzbergkirche von Pleystein, die Mausbergkirche von Gebenbach, die Maria-Hilf-Kapelle auf dem Pinzigberg bei Auerbach und wie sie alle heißen mögen, die Gnadenorte, zu denen das Volk seine Anliegen trägt.

In der Bedrängnis des 30jährigen Krieges pilgerten die Menschen zur Muttergottes und zu St. Ulrich von Haidstein bei Kötzting; die Kirche wurde auf den Trümmern der Markgrafenburg 1467 errichtet und barock erweitert. Südlich Kötzting steigt der Wallfahrtsweg nach Weißenregen an; Ziel ist die schöne Rokokokirche mit der berühmten Fischerkanzel.

Bild Seite 281

Am Osthang des Haidsteins liegt die ebenfalls im 18. Jahrhundert errichtete Wallfahrtskirche Bachmeierholz bei Ramsried mit zahlreichen Votivbildern.

Früher, als der Mensch Krankheiten und Katastrophen noch weit hilfloser gegenüberstand als heute, war das Vertrauen zu den Heiligen sehr groß. Für jeden Anlaß und für jeden Stand gab es eigene Patrone.

Maria Himmelfahrt

Am 15. August ist »Großer Frauentag«, ein besonders anmutiges Fest im bäuerlichen Jahreslauf. Die Legende erzählt, daß das Grab Mariens nach ihrer Himmelfahrt voll würzigen Durftes gewesen sei (vgl. Altar von Ignaz Günther in Sünching!). Zur Erinnerung daran findet am Fest »Maria Himmelfahrt« in der Kirche die Kräuterweihe statt. Die Mädchen und Frauen haben an den Tagen vorher schon fleißig gesammelt; weit mußten sie herumlaufen, bis sie alles beisammen hatten: Fenchel und Baldrian, Wermut, Schwarzwurz, Hopfen, Senf, Johanniskraut usw. Bis zu 30 Kräuter zählt so ein echtes Würzbüschel, früher sollen es sogar 77 gewesen sein! Am Morgen kommen dann noch Ähren und Blumen hinzu. Die geweihten Büschel schützen gegen Blitz, Feuer und allerlei Unheil; daher finden sie überall in Haus und Hof ihren Platz. – Wie lange wird dieser schon sehr zurückgegangene Brauch, in dem sich starke Naturverbundenheit äußert, in der Oberpfalz noch anzutreffen sein?

Further Drachenstich

Im Sommer ist auch die große Zeit der Volksfeste. Im August findet eines der ältesten auf bayerischem Boden, der Further Drachenstich, statt. Er wuchs aus dem Fronleichnamsfest heraus; schon zu Beginn des 17. Jahrhunderts ist von einer Gruppe um den »Lindtwurmb« bei den Prozessionen die Rede. In der Aufklärung wurde das »Stechen« von der Obrigkeit verboten, nach 1840 aber wieder aufgenommen. Sicher hat der drachenstechende Ritter Georg zur Fabelbildung beigetragen. Das dem Drachenstich vorausgehende Festspiel (in seiner heutigen Form von J. M. Bauer) bedient sich des historischen Hintergrundes der Hussitenkriege (Schlacht von Taus 1431) und will das Grenzschicksal versinnbildlichen: Der fremde Eindringling, das Böse schlechthin, soll durch einen glänzenden Ritter vernichtet werden. Umschlagbild

Der Drache spielt als Fabeltier in vielen alten Geschichten unserer Heimat eine Rolle; das Wappen von Wiesau zeigt einen Drachen, und Rötz führt eine siegreich auf dem Drachen stehende hl. Margarethe im Wappenschild.

Waldmünchener Trenckspiele
Bild Seite 330

Ungefähr 200 Personen beteiligen sich an den nächtlichen Freilichtspielen, die in Waldmünchen stattfinden. Sie erinnern an den österreichischen Erbfolgekrieg (s. Seite 146), der 1742 die Menschen dieser Gegend erzittern ließ. Der gefürchtete Pandurenoberst Franziskus von Trenck stand vor den Toren der Stadt, als ein mutiges Mädchen sein Herz zu rühren und so das schlimmste Schicksal von der Stadt abzuwenden vermochte. Viel Volk ergötzt sich alljährlich an den Reiterszenen, dem romantischen Lagerfeuer, den eindrucksvollen Massenszenen bei Fackelbeleuchtung.

Jura-Volksfeste

Die Stadt Neumarkt feiert jeweils im August ein Jura-Volksfest. Einen Höhepunkt bildet dabei der stattliche Festzug. Ein Höhlenfest findet jährlich unweit von Velburg statt.

Saatgutweihe

Der bäuerliche Sommer geht zu Ende; der Bauer kümmert sich schon um ein gutes Saatgut für den Winteranbau.

Heute noch ist in Michelsneukirchen bei Falkenstein ein Brauch lebendig, aus dem die Sorge des Bauern um die neue Feldfrucht ersichtlich ist: Am Erntedankfest – früher war es am Fest Mariä Geburt (8. September) – wird in der Pfarrkirche ein großer, hölzerner Bottich beim Altar aufgestellt. Aus nahezu jedem bäuerlichen Anwesen wird vor dem Gottesdienst Roggen, der zum Saatgut bestimmt ist, in den Behälter geleert. Der Priester spricht ein von der Kirche besonders hierzu bestimmtes Segensgebet. Nach der heiligen Messe treten die Leute wieder an den Altar heran und nehmen sich jeweils einige Handvoll Körner mit nach Haus. Sie sind dazu bestimmt, bei der Aussaat den Segen des Höchsten mit auf die Felder zu tragen.

Kirchweih

Hat der Himmel ein gutes Jahr beschert, dann kann sich der Landmann auf die Feier der Kirchweih freuen. Die staatlich angesetzte »Allerweltskirta« am dritten Oktobersonntag hat die vielen großen und kleinen Kirchweihfeste der Dörfer, Weiler und Einöden nicht abschaffen können. Sie verteilen sich über den ganzen Spätsommer und werden im südlichen Bezirk »Kirta«, im übrigen Bezirk »Kirwa« genannt.

Eine ausgesucht schöne Fichte wird zum *Kirta- oder Kirwabaum* bestimmt; früher wurde sie gestohlen, heute ist sie meist gestiftet. Wenn die Burschen den geschälten und geschmückten Baum im Wirtsgarten aufgestellt haben, müssen sie ihn bewachen, denn es wäre eine Schande, wenn es der Jugend des Nachbardorfes gelänge, ihn zu rauben. Längst sind die »Kirwaburschen« und »Kirwamoidln« vom Dorf ausgesucht (meistens acht Paare); Tracht tragen sie nicht mehr überall. Am Samstagabend eröffnen sie den Tanz um den Kirtabaum. Ein geschmückter Bierkrug, die »Liesl«, macht fleißig die Runde.
Am Sonntag ist großer Betrieb im Dorf. Der Gottesdienst wird besonders feierlich gestaltet, denn die eigentliche Wurzel des Festes ist ja das Gedenken an die Einweihung der Kirche; meistens wählt man dazu den Namenstag des Kirchenpatrons aus. Die Kinder können es kaum mehr erwarten, bis sie hinaus dürfen zu den Buden, zum Karussell und der »Hutschn«. Die Burschen wollen für ihre Mädchen noch schnell aus der Schießbude was herausholen, ehe zum Tanz aufgespielt wird. Die Frauen aber beeilen sich, nach Haus zu kommen, sie müssen sich der Verwandtschaft widmen. Große Mengen von Essen und Trinken werden aufgefahren; arbeitsreiche Tage liegen hinter der Bäuerin, und nun ist sie stolz, daß sie alles bieten kann, was zu einer richtigen Kirta gehört: eine fette Gans oder Ente, Knödl, und vor allem Bavesen, Nudeln, Strizeln, Apfiküachl, roggene Schucksen, und wie sie alle heißen, die Spezialitäten des oberpfälzischen Backofens! Die Fladenkuchen sind ein für die Oberpfalz typisches Kirchweihgebäck. Auch die Verwandten und guten Bekannten, die nicht selber kommen konnten, werden nicht vergessen; für sie nehmen die Gäste ein »Bschoi« mit.
Am Nachmittag ist das Wirtshaus gerammelt voll; es wird gesungen, getrunken und getanzt. Schnadahüpfl ziehen die Dorfereignisse hervor, jeder wird einmal »durchlassen«. Der Wirt hofft, daß es dabei nicht zu beleidigenden Äußerungen kommt, denn die vom Bier erregten Gemüter lassen sich leicht zu einer zünftigen Rauferei hinreißen. Das feststehende Messer hat schon manchesmal Unglück gebracht! Eduard Fentsch, der bei Lauterhofen einen Angetrunken auf seinen Zustand hin ansprach, erhielt die Antwort: »O leiber Herr . . . das biss'l Uebrig's an der Kirwa arwet'n mer deina interm Jahr all's wieder aussa.«
Am *Montag* gehts lustig weiter: Die Burschen ziehen zum »Koichl-Bedl« mit der Musi von Haus zu Haus. Einer, der als »Kirtabär« verkleidet ist, trägt den Buckelkorb, in den die gespendeten Küchl gelegt werden. Der Bauer hält den Bierkrug nicht zurück, derbe Witze fliegen hin und her, oft wird auch in der Stube oder vor dem Haus getanzt. Man nennt das »den Morgensegen blasen«. Meistens sind die jungen Leute schon nach diesem Herumziehen nicht mehr nüchtern; nun gehts aber

im Wirtshaus weiter mit Essen, Trinken und Tanzen. Kein Wunder, daß sich der Wirt so mancher Bierleiche annehmen muß!
Eine rechte Bauernkirchweih dauerte ehedem mindestens drei Tage, oft aber vom Freitag bis zum Mittwoch. Heute läßt der Arbeitsablauf ein über Tage anhaltendes Feiern nicht mehr zu; viele Dorfbewohner sind Pendler und müssen am Kirchweihmontag wieder ihrer Arbeit nachgehen. So werden die vielfältigen Bräuche dieses großen ländlichen Volksfestes mehr und mehr gestutzt. Nach altem Herkommen feiert die Gemeinde Fronberg immer noch ihr großes Kirwafest.
Berühmt sind auch die Kirchweih von Raigering bei Amberg und die »Dotschkirchweih« von Neustadt an der Waldnaab.

Allerheiligen

Die ersten besinnlichen Monate des Jahres haben begonnen. Häufig hängt Nebel über den Tälern und den vielen Seen der Oberpfalz. Die Menschen rücken näher zusammen. Die ersten Novembertage sind dem Gedächtnis der Toten geweiht. Schon an den Tagen vor Allerheiligen werden die Gräber gerichtet: Oft muß eine verblichene Inschrift erneuert, ein Grabkreuz gestrichen oder frische Erde geholt werden. Mit viel Liebe und Sorgfalt bemühen sich die Angehörigen, die Ruhestätte ihrer Verstorbenen zu schmücken: Tannenzweige, Moos, Waldbeeren und Blumen bedecken die Gräber.
Am Allerheiligentag begibt sich die ganze Familie zum Gräberbesuch auf den »Freidhof«. Häufig findet auch eine Prozession von der Kirche zum Friedhof statt mit anschließendem Requiem und Gräbersegen. Natürlich trägt man an diesem Tag keine auffallende, helle Kleidung; das wäre gegen die gute Sitte. An jedem Grab brennt irgendein Licht, und oft wird das Weihwasser nach stillem Gebet über das Grab gesprengt.

Allerseelen

Besonders volkstümlich ist bei uns das Gedenken der »armen Seelen«. Am Allerseelentag dürfen sie nach altem Volksglauben aus dem Fegfeuer zur Erde heraufsteigen und ihren Lieben nah sein. Auf dem Gottesacker zündet man wie am Vortag die Allerseelenlämpchen aus farbigem Glas an. Die Firmpaten, oft auch die Großeltern, beschenken die Kinder mit einem Seelenzopf oder »Seelenspitz«. An vielen Orten verteilte man früher Allerseelenbrot an die Armen. Bettelweiber gaben, wenn sie beschenkt worden waren, ihr »Vergelts Gott« den Armen Seelen aus der Verwandtschaft des Wohltäters. In Nabburg bestand diese Sitte bis zum Ersten Weltkrieg.

Viehpatrone

Im Herbst haben die heiligen Schutzpatrone der Haustiere ihre Namensfeste: St. Wendelin, St. Martin und St. Leonhard.
Einen *Wendelini*-Viehsegen kannte man noch vor einiger Zeit in Daßwang und Hohenburg. Dort wurde das Vieh auf die Wiesen getrieben,

47 Oben: Diese beiden Bauern tragen eben dem zur alten Oberpfälzer *Tracht* ehörenden langen Mantel, die bunte Veste und die typischen Hüte (die flache, unde Form und den kleinen Zylinder). Jnten: Die erneuerten vielfältigen Oberfälzer Trachten werden in zahlreichen *Trachtenvereinigungen* gepflegt und bei ntsprechenden Anlässen demonstriert.

48 Man erkennt heute in der Oberpfalz nehrere »Möbellandschaften«. Ein besoners reich bemalter Bauernschrank aus *inzing* befindet sich im Regensburger tadtmuseum. In den grünen Grund sind ie hellen Blumen duftig hineingesetzt; die ier Felder treten durch gelbliche Tönung esonders hervor.

und der Geistliche segnete es im Rahmen einer Flurprozession. In Schwarzenberg am Hohen Bogen wird das geweihte Wendelinbrot am Fest des Heiligen verteilt.
Zu Urgroßvaters Zeiten war es überall Sitte, die Haustiere dem Schutz des hl. *Leonhard* anheimzugeben. Sichtbaren Ausdruck fand diese Gesinnung, indem man betend die Tiere um die Kirche führte oder ritt; in Form von eisernen Ketten oder Votivtieren brachte man sie zum Opfer dar. Solche sehr einfach geschmiedete Symbole kennen wir aus mehreren Orten, zum Beispiel aus der Bründlkapelle bei Roding. In Penk (Naabtal) hat man durch Zufall eine Menge solcher Tiere neben der Kirche ausgegraben.

Bild Seite 315

In *Hetzenbach* (Vorwald) hat sich folgende Brauchform bis heute bewahrt: Am 6. November wird vor dem Altar des hl. Leonhard eine Kiste mit alten Votivtieren (Kühe, Schweine, Pferde) aufgestellt. Nach dem Hochamt suchen sich die Bäuerinnen dem Viehstand ihres Stalles entsprechend Tiere heraus und stellen sie auf den Altartisch oder (wenn dieser schon voll ist) an die Altarstufen. Anschließend werfen sie eine Geldgabe in den Leonhards-Opferstock. Der Mesner verteilt das im Amt geweihte »Leonhardibrot« (kleine Brotstückchen); jeder Bauer nimmt eine Handvoll mit und streut sie daheim unters Viehfutter.
Einem Gelübde zufolge gehen am Leonhardstag die Fischbacher und Schirndorfer drei Fußstunden weit wallfahrten nach Ober- und Unterkappl bei Leonberg südöstlich Maxhütte-Haidhof. Bei einer Viehseuche vor 100 Jahren hatte man diese Wallfahrt, die alljährlich ohne alles Aufheben durchgeführt wird, dem hl. Leonhard versprochen.
Ein wichtiger Tag im bäuerlichen Brauchtum ist der St. *Martinstag*, an dem früher die Bauern ihre »Gült« in Form von Lebensmitteln (Martinigans!) beim Hofmarksherrn abzuliefern hatten.
In *See* bei Parsberg wurde am 11. November für Vieh und Pferde der Martinisegen erteilt. Auch bei *Hohenburg* kannte man früher diese Sitte. Über 100 Pferde aus der Umgebung fanden sich auf dem Martinsberg ein und wurden während eines feierlichen Gottesdienstes dreimal um das Bergkirchlein geritten; nach dem Segen sprengte man in wildem Galopp auseinander. *Miltach*, an einer Talweitung des Regen gelegen, hat eine Martinskirche. Hier und in *Warzenried* lebt der Brauch des Martiniritts noch. Am Kirchenpatrozinium finden sich alljährlich Bergbauern mit ihren festlich herausgeputzten Pferden zum Umritt ein.
Vielerorts ziehen am Martinstag Kindergruppen mit Laternen durch den Ort und singen (Martinssingen).

chlachten

Seit eh und je wird um diese Zeit geschlachtet: Über den Winter will man nicht mehr Vieh als nötig durchfüttern. Eine knusprige Martinsgans gibt es heute noch vielerorts. Auch der Saustich erfolgt in den Wochen vor oder nach St. Martin. In kargen Gegenden, wo die Bauersleute früher den ganzen Sommer über von ihrem Dörrfleisch zehren mußten, bedeuteten Schlachttage Festtage. Jeder wußte genau, wann die Nachbarn Schlachttag hatten; denn auf keinen Fall durfte man es versäumen, sich eine Schüssel füllen zu lassen. Auf diese Weise hatten die Bauern mehrere Wochen hindurch frisches Fleisch.

Im Zusammenhang mit den vorweihnachtlichen Hausschlachtungen kannte unsere Heimat das *Wurstsuppenfahren* oder -gehen. Abends, wenn die Hauptarbeit am Schlachttag geschehen war, hob draußen vor dem Haus plötzlich eine Mordsgaudi an. Das Fenster wurde aufgerissen, ein zweizinkiger Spieß fuhr herein und die Bäuerin holte Würste und Fleisch, um sie daranzuhängen. Oft wurden bei diesem »Spießrecken« auch Zettel überreicht, auf denen Sprüche standen wie dieser:

Wir haben gehört, Ihr habt's g'schlacht
Und recht große Würst gemacht.
Wir bitten'n Herren und die Frau:
Gebt uns auch von Eurer Sau.

Manchmal fielen die maskierten Burschen gleich zur Tür herein und ließen dabei ihre Schüssel fallen, so daß sie in tausend Scherben sprang. Früher hat man die Nachbarsleute im Haus bewirtet; einer spielte Ziehharmonika, und eine vergnügte Tanzerei schloß sich an. Heutzutage hat das Schlachten privaten Charakter. Nach dem Schlachttag gibt's Wurstsuppe (im Regental Britsuppe = Brühsuppe genannt) mit Brot und Nudeln. Das frische Kesselfleisch ist ein begehrter Schmaus. Neben Brat-, Blut- und Leberwürsten stellt der Bauer vor allem Preßsack selber her. Das übrige Fleisch kommt in die Sure und anschließend in die Selche. Heutzutage steht vielen Bauern auch schon eine Tiefkühltruhe zur Verfügung. Das alte »Schlachtbrauchtum« stirbt mehr und mehr aus.

Hoagart

Die Außenarbeit ist getan; Bäuerin und Mägde können sich nun dem Hauswesen widmen. Zu Großvaters Zeiten machte man sich die dunklen Wintertage dadurch heller, daß man auf »Rockenroas«, auch »Hoagart« oder Hutzaabend genannt, ging: Der Spinnrocken hatte nun seine große Zeit. Die Mädchen kamen abwechselnd bei den verschiedenen Bauern zusammen, um den selbst angebauten Flachs zu spinnen. Tag für Tag waren die Weiberleut' beschäftigt mit Spinnen, Stricken und Flicken – und so schnell sich die Finger rührten, so schnell konnte es ganz nebenher auch das Mundwerk. Da wurden nicht nur sämtliche Dorfbewohner durchgehechelt, auf die Dorfgeister spielten eine große Rolle: das Irrlicht, das jeden Tag über die Felder huscht; der Teufel, der, als feiner Herr verkleidet, beim Krämer bediente (die Mutter hatte es mit eigenen

Augen gesehen!); die geldgierige junge Bäuerin, die den Teufel mit einem »Schwarzen Buch« hergelesen hat und dann selbst von ihm besessen wurde; der »Aufhocker«, der den einsamen Wanderer nicht mehr losläßt.

Auch die Männer kamen in die Rockenstuben, wenn sie mit Holzmachen und winterlichen Ausbesserungsarbeiten fertig waren; sie foppten die Mädchen, rissen ihre Witze und spielten Karten. Heute veranstalten die Volkstumspfleger solche Zusammenkünfte – Sitzweil –, wobei fleißig gesungen und musiziert wird.

dvent

»Kathrein stellt den Tanz ein«, heißt es noch heute auf dem Land (25. November). Die Vorbereitungszeit auf die Weihnacht verbietet alle laute Lustbarkeit. Die Botschaft des Engels an Maria stand im Mittelpunkt des »*Engelamtes*« bzw. Rorate-Amtes. Um sechs Uhr schon begann es früher und das bedeutete für viele, die eine weite Strecke über dunkle, verschneite Wege zurücklegen mußten, ein sehr zeitiges Aufstehen. Jüngere Brauchübung ist es, einen Adventskranz in Kirche und Stube aufzuhängen.

arbara

Die Bergknappenvereine feiern am 1. Dezembersonntag das Fest ihrer Patronin, der hl. Barbara. Barbarazweige, vom Kirschbaum oder Forsythienstrauch geschnitten, steckt man am 4. Dezember in warmes Wasser und stellt sie in Ofennähe. Bald werden sie zu grünen anfangen, und an Weihnachten sollen sich die Blütensterne öffnen. Noch um 1900 ersetzten sie am Land – mit buntem Zuckerzeug behangen – den Christbaum.

ikolaus

Die Kinder schweben in der Adventszeit zwischen Furcht und Freude. Die Schlimmsten werden plötzlich merkwürdig zahm, sie wissen schon warum: Der »Niklo« wird kommen am Vortag seines Namensfestes (6. Dezember) und ihnen die Schandtaten des ganzen Jahres vorhalten. Ob er gar einen in seinen Sack steckt und mitnimmt? Dem heiligen Bischof Nikolaus, der wegen seiner Milde und Freigebigkeit den Kindern und Armen gegenüber verehrt wird, sind allein in der Diözese Regensburg 26 Pfarrkirchen und 57 Kapellen geweiht. (Im Mittelalter galt Nikolaus als Patron der Pilger und Fischer.) Der heilige Mann hat als polternden, strafenden Begleiter meist den »Knecht Ruprecht« oder »Pelzmärtel« bei sich. Manches verängstigte Kind verkriecht sich gleich unter die Ofenbank, wenn es das Kettengerassel hört. Die Bösewichter kriegen die Rute schon ein bißchen zu spüren, zumindest wird sie der Mutter gegeben zu gelegentlichem Gebrauch. Erst wenn die Kleinen gebetet und Besserung versprochen haben, werden sie mit Äpfeln, Nüssen und Lebkuchen beschenkt. Heutzutage kommen oft auch Orangen und allerhand Schleckereien dazu.

Als unsere Großeltern Kinder waren, hatten sie noch zwei Schreckenstage zu überstehen, ehe sie sich endgültig aufs Christkindl freuen konnten: Am 13. Dezember war »de schiach Luzier« (oder Luzl) zu erwarten. Diese Gestalt mit dem langen weißen Kittel, der gräßlichen Gesichtslarve und den verdrehten Schuhen bedeutete für manchen einen Schock fürs Leben. Einen Korb voll Glasscherben oder Gedärm und eine blutbeschmierte Sichel führte die Luzi mit. Sie drohte, dem Unartigen den Bauch aufzuschlitzen und ihn mit Glasscherben zu füllen. *d'Luzier*

Am 21. Dezember ging eine wilde, vermummte Männergestalt um und schwang einen entsetzlichen Hammer. Den bösen Kindern wurde geraten, ihren Kopf vor ihm in acht zu nehmen, denn der »Thama mi'm Hamma« (Thomas mit dem Hammer) kenne keinen Spaß. Vor zwanzig Jahren wurde der Brauch noch an einigen Orten geübt, heute ist er ausgestorben, und es ist wohl nicht schade um den Kinderschreck. *Thama mi'm Hamma*

Als schönstes der deutschen Feste durchbricht die Feier der Weihnacht die lange, dunkle Winterzeit. Die Bescherung durch das Christkind förderte in der Oberpfalz der Protestantismus; vorher war es der heilige Nikolaus, der den Kindern die Gaben einlegte. Für die Kinder bleibt wohl das »Christkindl« – die Bescherung – die Hauptsache; im Mittelpunkt der Feier steht als Sinnbild des Lichtes der schön geschmückte, kerzenstrahlende Christbaum. Er wurde erst vor hundert Jahren bei uns eingeführt; noch um 1900 kannten manche Dörfer des Oberpfälzer Waldes keinen Weihnachtsbaum. Kerzenschimmer und Tannengrün gehören jedoch schon sehr lange zu diesem Fest, ebenso wie der Gesang frommer Lieder und die Verehrung des Kindes in der Krippe. *Weihnachten*

In früheren Jahrhunderten stand die *Krippe* im Mittelpunkt der Weihnachtsfeier. Alte Krippen sind bezeugt in Parkstein (1655), Furth (1689), Hirschau (1718) und Weiden (1743). Im Stiftland war die Krippenschnitzerei weit verbreitet. Eine sehr hübsche Form der Christkindlverehrung ist uns überliefert: das Kindlwiegen. Während die Kleinsten das wachserne Jesuskind in der Wiege hutschen durften, wurden Schlummerlieder gesungen. »Nachmittag um 12 Uhr anstatt der Predig, das von acht oder zehn fein ausgebuzten kleinen Knäbelein so genante Kindl Wiegen . . .« (aus dem Archiv der katholischen Stadtpfarrei Weiden, 1728). Dieser Brauch ist, ausgehend von der Niedermünsterkirche in Regensburg, in jüngerer Zeit wieder belebt worden: In mehreren Kirchen der Oberpfalz versammeln sich heute die Leute zum Christkindlsingen.

Der Brauch des *weihnachtlichen Umsingens*, hauptsächlich von Schulknaben ausgeübt, bestand in der ganzen Oberpfalz. Die Weidener Lateinschüler holten sich noch 1807 Gaben zum Dank für ihren Weih-

nachtsgesang. Die »klöpfelnden« (= anklopfenden) Kinder erhielten Lebkuchen und Kletzenbrot.
Den Gang zur *Mitternachtsmette* ließ sich früher keiner nehmen, auch aus den Einöden kamen die Leute ins Pfarrdorf. Unterwegs gab's ein freudiges Gekrache von Böllern aus allen Richtungen: Das Christkindl mußte doch »angeschossen« werden! Nach dem Kirchgang, wenn alles wieder in der warmen, festlichen Stube beisammen war, wurden die Mettenwürst' mit Sauerkraut aufgetischt. Die Bäuerin hatte noch allerhand Gutes für ihre Leute bereit: Rohrnudeln mit Hutzelbrüh, Äpfel, Nüsse und Lebzelter und in den östlichen Gebieten auch *Kletzenbrot*. Dieses in verschiedenen Formen (Tiere, Sonne, Mond, Ringe) ausgebackene Weihnachtsbrot besteht aus getrockneten Birnen, Zwetschgen, Rosinen und Nüssen. Es ist ein uraltes Gebäck, das vielleicht bis auf die germanische Feier der Wintersonnenwende zurückreicht. Es wurden ihm besondere gesundheitbringende Kräfte zugeschrieben. Auch heute noch gehört die Christmette zu einer echten Feier des Weihnachtsfestes.

Rauhnächte

Den Dezember beschließen die zwölf Rauhnächte, in denen die Dämonen ihren Spuk treiben. Groß war bei unseren Vorfahren die Angst vor den zerstörerischen Kräften des Winters, denen sie viel erbarmungsloser ausgeliefert waren als wir. Rauh-Nacht: Man weiß nicht mit Sicherheit zu sagen, ob in dem Wort ein Hinweis auf das Ausräuchern des Hauses zur Vertreibung der Geister steckt oder auf die rauhe, zottelige Fellbekleidung der Spukgestalten. Mancherorts ging man mit Lärmen und Peitschenknallen gegen Hexen, Teufelsfratzen, wilde Jäger und die von Waldarbeitern besonders gefürchtete »wilde Gejaid« vor. Die aufgeklärte Obrigkeit hatte ihre liebe Not mit dem aus der alten Naturreligion stammenden, tiefverwurzelten Volksglauben. 1820 wurde z. B. das Hexenknallen im Landgericht Neustadt an der Waldnaab ausdrücklich verboten.
Die Rauhnächte galten auch als *Los-Nächte*, in denen man eine Frage ans Schicksal stellen konnte. Wie in der Thomas- und Andreasnacht wollen vor allem die jungen Mädchen ermitteln, ob ihnen das nächste Jahr den Bräutigam bringt.

Silvester

Halb ernst, halb scherzhaft nimmt man auch das Orakelbefragen in der letzten Nacht des alten Jahres. Flüssiges Blei läßt man durch einen alten Schlüssel in eine Wasserschüssel laufen; die merkwürdigen Figuren, die dabei entstehen, versucht man zu deuten.
Beim letzten Glockenschlag öffnet man weit die Türe, damit das Neue Jahr hereinkann. Dann tritt man hinaus in die klirrend kalte Winternacht

und schießt ihm Raketen entgegen. Früher schoß man mit Böllern.

Neujahr

Am Neujahrsmorgen wünscht man jedem, dem man begegnet, »a glückseligs Neujahr«. In manchen Dörfern hat sich die Sitte bewahrt, daß Kinder und Musikanten von Hof zu Hof gehen, ihre Wunschverslein sagen oder singen und mit kleinen Geschenken bedacht werden. In der Chamer Gegend schenkte man den Kamm des Stadtwappens in Form eines Lebkuchens. Vielerorts wurde auch »gepfeffert«: Die herumziehenden Burschen versetzten den Mädchen mit bändergeschmückten Ruten Streiche. In Schlammersdorf (Landkreis Eschenbach) wurde dabei gerufen:

Pfeffa, pfeffa krone,
ich pfeffa nur um Lohne.
Lebkuchen, Speckkuchen, Bier und Branntwein,
das soll mein Lohn sein.

Natürlich waren die Herumziehenden nicht immer nur auf frommes Wünschen bedacht: Die Stadt Nabburg sah sich bereits 1585 veranlaßt, das Ansingen zu verbieten: »Dieweil bey demselben allerhand Unordnung und leichtfertigkeit furgehet und getriben wirdt, Ist durch einen Erbaren Rhat für guet angesehen, das solches hinfüro abgeschafft und nicht mehr verstattet werden soll.«

Dreikönigssingen

Bild Seite 316

Eine Woche nach dem Neujahrssingen ziehen die Buben wieder herum, diesmal verkleidet als »heilige drei Könige«. Einer trägt den Stern von Bethlehem voran; der Mohr darf nicht fehlen. Sie tragen Goldpapierkronen und aus Bettlaken gefertigte weiße Gewänder. Singend und ihre Sprüchl leiernd ziehen sie durch das winterliche Dorf. Um 1930 war das Dreikönigssingen im Oberpfälzer Wald noch allgemein üblich; Egerländer und sudetendeutsche Flüchtlinge haben es wieder aufgenommen, wo es schon erloschen war.
Der Hausvorstand bzw. der Bauer vergißt nicht, Wohnung und Stall mit geweihtem Dreikönigswasser zu besprengen und gründlich auszuräuchern, damit Unglück und Krankheit nicht Macht gewinnen können. Mit Kreide werden an jede Tür die Anfangsbuchstaben der drei Weisen geschrieben, eingefaßt von Kreuzen und Jahreszahl: 19 + K + M + B + 80.

Sebastian

Bild Seite 53

Der als Pest- und Viehseuchenpatron hoch verehrte hl. Sebastian hat am 20. Januar seinen Tag. War ein Pferd bresthaft, so wallfahrtete man zum hl. Sebastian von Breitenbrunn; an der Tür des Wallfahrtskirchleins findet man Hufeisen aufgenagelt als Zeichen der Dankbarkeit. Kaum zu zählen sind die Kirchen, Kapellen, Statuen, die das fromme Volk dem verehrten Märtyrer gewidmet hat. Im Anschluß an Bruderschaftsfeste fanden manchmal auch Sebastianimärkte statt.

ichtmeß

Die Lichtmeßtage waren für die Landbevölkerung ehedem von einschneidender Bedeutung. Nach Weihnachten hatte das Bauernjahr seine geruhsamste Zeit, die Hauptarbeiten waren getan. Nun war Gelegenheit, die inneren Dinge zu ordnen: Bauer und Dienstboten überlegten sich, ob sie weiterhin zusammenarbeiten wollten; denn an Lichtmeß war von altersher *Dienstbotenwechsel* am Land. Sollte sich am Dienstverhältnis nichts ändern, so wurde das schon irgendwann einmal so nebenher eingeflochten, etwa wenn der Knecht sagte: »Was meinst, Bauer, wo saan ma heuer an Woiz o?« War der Bauer zufrieden, dann sprach er von der gemeinsamen Arbeit im nächsten Sommer.
Um Lichtmeß hatten die Dienstboten ihre »*Schlenkeltage*«: Die Bäuerin gab ihren »Ehehalten« das »Schlenkelbrot« mit, und wenn diese nicht lang ausblieben, setzte sie ihnen ein besseres Essen als gewöhnlich vor. Diese paar arbeitsfreien Tage wurden auch »Kälberweil« genannt; das alte Wort ›kolbeln‹ heißt so viel wie ›umherziehen, wandern‹. Knechte und Mägde besuchten Verwandtschaft und Freundschaft, tauschten ihre Erfahrungen aus und vergnügten sich auf dem Tanzboden. Wer gekündigt hatte, ließ vom neuen Brotherrn sein Hab und Gut abholen und richtete sich in der neuen Kammer ein. Der Brauch des »Schlenkelns« muß sehr alt sein, da bereits 1617 eine »Policeyordnung« gegen ihn erlassen wurde.
Das kirchliche Fest Mariä Lichtmeß am 2. Februar soll an die Darstellung des Jesusknaben im Tempel erinnern, als der greise Simeon das Kind »ein Licht zur Erleuchtung der Heiden« nannte. *Wachsstöckl und Kerzen* fürs ganze Jahr werden an diesem Tag geweiht. In vielen Kirchen findet eine *Lichterprozession* statt.

nblaseln

Am 3. Februar, dem St. Blasiustag, darf keiner versäumen, sich »einblasen« zu lassen, denn Blasius ist der Schutzpatron für Halsleiden. Der Priester hält gekreuzte Kerzen vor den Hals der Gläubigen und spricht ein Segensgebet.

5. *Lebenskreis*

Aus eingewurzelter Naturverbundenheit und christlicher Frömmigkeit erwuchs das Jahreslaufbrauchtum mit seinen Festen und Alltagsgepflogenheiten; der Einzelne fühlte sich eingeordnet in den Kreis der Familie und der Dorfgemeinde, die sein Werden und Vergehen mit schönen Sitten umgaben.

Geburt

Manchmal verquickte sich bei unseren Vorfahren natürliches Empfinden mit merkwürdigen, dunklen Praktiken; dann konnte aus Angst und Unwissenheit gesundheitsschädigendes Verhalten hervorgehen, wie etwa aus der überlieferten Haltung dem Kleinkind gegenüber. Heute wird die Herkunft des Neugeborenen den größeren Geschwistern nur selten noch verschleiert. Früher waren der Storch oder »das Weib« die Kinderbringer. Die Neugeborenen wurden aus Brunnen, Weihern oder Flüssen (immer aus dem Wasser) geholt. Weil man überzeugt war, daß die Mutter und ihr Säugling von bösen Geistern besonders heimgesucht und bedroht sind, suchte man beide möglichst zu verbergen. Noch heute verbietet in manchen Gegenden der Oberpfalz die Hexenangst, die Windeln ins Freie zu hängen. Auch die Betten dürfen sechs Wochen lang nicht ausgelegt werden. F. X. Schönwerth berichtet, daß Verwandtschaft und Nachbarschaft es sich nicht nehmen ließen, dem Kind etwas Semmel und Zucker zu bringen; es kamen auch diejenigen, die das ganze Jahr über mit der Mutter Feindschaft gehabt hatten. Zu Ehren der Mutter hielt man das Kindbettmahl ab. Beim ersten Kirchgang nach der Geburt wurde die Mutter vom Priester ausgesegnet.

Die Fraisen (Froasn, Froisln), eine gefürchtete, fiebrige Krankheit, war dem Kleinen angehext, wie man glaubte. Dem ersten Bad des Kindes gab man einen Absud aus geweihtem Johanneskraut bei; dieses als »Hexenkraut« oder »Frauenbettstroh« bezeichnete Heilkraut hielt man für besonders geeignet, bösen Zauber fernzuhalten. Eine ähnliche Wirkung sprach man dem »B'schreikraut« zu, einem weißgelben Heideziest, der auf sonnigen Jurahöhen gedeiht.

Die kleinen Kinder wurden oft in die dunkelste Ecke der Stube verbannt; noch dazu hatte man eine sehr übertriebene Vorstellung von dem Wärmebedürfnis der Neugeborenen: Man ließ sie unterWindeln und Kissen neben dem Ofen im ungelüfteten Raum schwitzen. Auch die Ernährung war oft alles andere als gesund: Viele Kinder bekamen nur etwas, wenn sie schrien. Der Musschnuller (Mehlbrei, in ein Leinensäckchen gebunden) und die Milchflasche waren nicht immer sauber. Die Grundsätze der Hygiene haben sich auf dem Land vielfach erst in jüngster Zeit durchgesetzt. Die Säuglingssterblichkeit war daher früher sehr hoch; heute beträgt sie 7% – gegenüber 30% vor 100 Jahren!

Bauernhochzeit

Alle großen Schicksalstage des Menschen waren zu Vaters Zeiten durch das Herkommen geregelt, so auch der Schritt ins Eheleben. Nur noch selten wird heute eine echte große Bauernhochzeit gefeiert. Ehemals war man der Anschauung, daß sich dieser Tag ganz besonders von allen anderen abheben müsse, auch wenn das mit einem erheblichen Arbeits- und Kostenaufwand verbunden war.

So lang wie möglich zögerte es der alte Bauer hinaus, den Hof zu übergeben und sich in den »Austrag« zurückzuziehen; »Ma kan net alles üwas Knöi obrechn«, meinte er. So war der Jungbauer oft schon über dreißig, wenn er sein Mädel, das er in einem der Nachbardörfer gefunden hatte, heimführen konnte.
Einige Wochen vor der Hochzeit ging der *Houzatlader* im Gehrock und mit geschmücktem Stock zu Verwandtschaft und Freunden und brachte die üblichen Einladungssprüche vor. Mit Kreide schrieb er dann an die Haustür das Datum des Hochzeitstages und den Preis des Mahlgeldes; daneben malte er noch einen Myrtenzweig.
Drei Tage vor der Hochzeit wurde die Aussteuer der Braut angefahren: Der von geschmückten Pferden gezogene *Kammerwagen* war vollbepackt mit Möbeln, Wäsche und Geschirr; Spinnrad und die besonders liebevoll verzierte Wiege obendrauf durften nicht fehlen. Kinder stellten sich dem Kammerwagen entgegen, spannten Stricke oder Bänder quer über die Straße und gaben den Weg erst gegen Lösegeld frei. Auf einer eigenen Kutsche fuhr die Hochzeiterin neben dem Brautlader zu ihrem neuen Wirkungskreis. Mit Böllerschüssen wurde sie begrüßt, und dann gings ans Auspacken. Natürlich wurde auch geschlachtet, je nach Wohlhabenheit Federvieh, Schwein oder Kalb – oft sogar alles zusammen. Manches Hochzeitsmahl wurde und wird auch beim Wirt gehalten.
Am Hochzeitsmorgen, wenn die Gäste beisammen waren und eine kräftige »Morgensuppn« zu sich genommen hatten, zog man vom Hof zur Pfarrkirche. Jeder hatte ein Myrtensträußl angesteckt. Den Zug eröffnete die Blaskapelle, es folgten die »Kranzljungfrauen« und die mit Sträußen geschmückten Burschen als Ehrengeleit, dann das Brautpaar, die Brauteltern und die übrigen Geladenen. War das Paar eingesegnet, machte man sich auf den Weg zum Friedhof (wenn dort einer der nächsten Verwandten lag); dann ging es heim oder zum Wirtshaus; der Hochzeitslader sorgte sich um die Platzordnung. Am weißgedeckten, mit Myrten und Rosmarin geschmückten Tisch ließ man sich zum *Hochzeitsmahl* nieder. Gewöhnlich bestand es aus sechs bis sieben Gängen: Suppe mit Bratwürsten und Leberknödeln, Ochsenfleisch und Gemüse, mehrerlei Braten und Salate und nachher Gebackenes. Was einer nicht zwingen konnte, durfte er sich ungeniert als »Bschoi« einpacken. Die Nahterin, die vor der Hochzeit fest eingespannt war, teilte sogar eigene »Bschoitücher« aus; die Köchin ließ sich mit verbundener Hand sehen (angeblich hatte sie sich die Hand verbrannt beim Bereiten des Mahles): Beide bekamen ein anständiges Trinkgeld. Noch heute geht es bei einer ländlichen Hochzeit ähnlich zu.
Schneidig spielt die Musi auf, mit dem Essen wächst der Durst und mit dem Trinken die Stimmung. Der Hochzeitslader hält nun seine halbern-

ste Ansprache und weist auf die Schenkschüssel hin, die vor dem Brautpaar aufgestellt wird. Der Liste nach wird jeder der Geladenen aufgerufen, er wirft sein *Geschenk* in die Schüssel und trinkt auf das Wohl der Eheleute. Damit verbunden ist ein lustiges Aussingen; jeder der Anwesenden wird »dableckt« und keiner darf dabei zimperlich sein. Beim Schenken werden auch die Verstorbenen der Familie aufgerufen: Man legt eine Gedenkminute für sie ein, während die Musik einen Trauermarsch spielt. Abschließend bringt der Hochzeitslader den Dank der Brautleute vor, und dann wird zum Tanz aufgespielt.
Noch heute kommt es vor, daß die *Braut »gestohlen«*, d. h. in ein anderes Gasthaus oder Nachbarhaus entführt wird. Dann geht die Suche los, und die Zeche der Entführer muß der geprellte Bräutigam bezahlen. In der Hochzeitsnacht mußte man sich auf allerhand Schabernack gefaßt machen: Burschen verschleppten Geräte, warfen den Holzstoß um und trieben ihr Unwesen ähnlich wie in der Nacht zum 1. Mai. Oft gab es als festliches Nachspiel eine große Gemeinschaftsschlägerei. Nachts wurde zur Stärkung der Gäste die sog. Brautsulz (Preßsack oder Aufschnitt) aufgetischt, der ein Schweineschwanzel mit rotem Schleifchen beilag.
Eine Besonderheit sei noch erwähnt: Die Patin stiftete einen ein bis zwei Meter langen Zopf (= Spitzwecken), der mit Myrtenzweigen, Röslein und vielen Kerzen prächtig geschmückt war. Solche Riesengebäcke gelten als Zeichen der Fülle und Fruchtbarkeit.
Am Sonntag nach der Hochzeit wurde die Verwandtschaft noch einmal »ausgespeist«; man durfte diese sog. *»Glückssuppen«* nicht versäumen, denn da gab es oft Neues über das junge Paar, über die Hochzeitsgeschenke und das ganze Drum und Dran der »Houzat« zu hören . . .

Tod

»Göid da Doud in d' Stum eini,
foard d'Seel zin Fenstadirl assi.«
(Oberpfälzisches Sprichwort)

Geburt – Hochzeit – Tod: das sind die großen Einschnitte im Leben des Bauern. Sie wurden von jeher mit Sorgfalt vorbereitet und ins Lebensganze eingeordnet. So stand der Sarg bei den »Waldlern« oft schon auf dem Dachboden bereit; denn es konnte sein, daß der Tod im tiefen Winter zugriff, wenn die Erde gefroren war und meterhoher Schnee eine »Leich« (Begräbnis) unmöglich machte.

Totenbretter

Ein vielbesprochener Brauch, der besonders in den östlichen Grenzgebirgen daheim ist, ist das Aufstellen von Totenbrettern. Er stammt aus der Zeit, in der man noch keine Särge kannte, sondern die Toten auf Brettern aufbahrte und in Leintücher gehüllt begrub. Man trug oder fuhr den Toten auf dem Brett bis zum Friedhof und ließ ihn dann ins Grab

Bild Seite 315

gleiten. Erst seitdem man Leichenhäuser kennt, der Verstorbene also noch am Sterbetag im Sarg aus dem Haus getragen wird, ist der Brauch, auf Brettern aufzubahren, abgekommen. Wo man früher die »echten« Totenbretter aufstellte, verwendet man heute in manchen Orten noch Erinnerungstafeln. Man findet diese Bretter in Gruppen, aber auch einzeln, an Straßen, bei Feldkapellen, unter einer Baumgruppe, am Ortseingang. Im südlichen Teil des Oberpfälzer Waldes werden sie mit einer Schmalseite in die Erde gesteckt, weiter nördlich kennt man die waagrechte Form. Meist sind sie weiß gestrichen und schwarz beschriftet, hin und wieder auch bemalt. Die Sprüchlein, die unter den Lebensdaten stehen, gemahnen den Vorübergehenden an die Vergänglichkeit des Irdischen und bitten um sein Gebet, z. B.:

»Mein lieber Christ geh nicht vorbei,
Bet ein Vaterunser oder zwei.«

Relativ viele Totenbretter findet man noch um Neustadt an der Waldnaab und im Landkreis Cham.

Es ist merkwürdig, daß oft uralte Begräbnisstätten wieder zu Erinnerungsplätzen gewählt werden, wie die Totenlinde auf dem Eichelberg (westlich Parkstein), in deren Nähe man ein vorgeschichtliches Gräberfeld aufgedeckt hat.

Steinkreuze

Neben Gedenkbrettern, Kreuzen und Marterln aus Holz kennt die Oberpfalz noch die viel dauerhaftere Form der Steinkreuze. Sie sind etwa einen halben Meter hoch. Ihre gedrungene, urtümlich wirkende Gestalt gab zu vielen phantastischen Vermutungen Anlaß. Sie werden im Volksmund »Hussitenkreuze« oder »Schwedenkreuze« genannt; man weiß, daß sie mit dunklen Tagen und gewaltsamem Sterben zusammenhängen.

Sühnekreuz in Schwarzhofen, Ldkr. Schwandorf

Zwischen 1200 und 1600 schrieb eine Strafbestimmung die Errichtung solcher Sühnekreuze vor, und zwar mußte die Familie eines Totschlägers neben anderen Bußen (Geld, Gebet, Wallfahrten) solche Kreuze errichten. Oft tragen sie einen Namen, ein Berufszeichen oder Wappen. So trifft man heute noch ein Sühnekreuz mit dem Wappenzeichen der Zenger am Ortseingang von Pillmersried im Landkreis Cham an.

(Die Zenger waren ein Rittergeschlecht, das in dieser Gegend zahlreiche Höfe und Hammerwerke besaß. Der streitlustige Hans Zenger soll als Siebzigjähriger in der Schlacht von Hiltersried noch tapfer mitgekämpft haben!)

D' Leich

Die »Leich«, wie die Beerdigung am Land heißt, wurde früher von der »Leichenbitterin« angesagt; sie ging von Haus zu Haus und erhielt dafür kleine Gaben. An den Abenden vor dem Begräbnis kamen Verwandte und Bekannte zur Totenwache. Kerzen brannten, Rosenkränze wurden gebetet, und zwischendrein stärkte man sich mit Bier und selbstgebakkenem Brot. Am dritten Tag wurde der Tote abgeholt; beim Auszug wurde die »Truhe« dreimal kreuzförmig niedergesetzt. Wenn der Verstorbene weggetragen wurde, mußten sämtliche Tiere im Stall stehend Abschied nehmen. In feierlicher Prozession ging es unter Glockengeläut zum Gottesacker; bei Marterln oder Wegkreuzen wurde angehalten und ein Vaterunser gebetet.

Der Friedhof war in alter Zeit um die Pfarrkirche herum angelegt, meistens von einer hohen Mauer umgeben; denn hier war der Ort, wo in Gefahrenzeiten Mensch und Vieh schutzsuchend zusammenkamen. Der Weg dorthin betrug für manche Dörfler und Einödbewohner mehrere Kilometer, so macht z. B. der »Totenweg« (Flurname!) von Diendorf nach Perschen etwa vier Kilometer aus.

»Freithof«

Auch die Städte kannten bis ins 19. Jahrhundert hinein kein Leichenhaus, vielfach aber schon von der Pfarrkirche gesonderte Friedhöfe, die etwas abseits lagen. In Weiden wurde der alte »Freithof« um St. Michael 1534 zum Hl. Geist-Kirchlein beim Siechenhaus jenseits der Stadtmauer verlegt. Nach Generationen wurde auch diese Begräbnisstätte zu klein, so daß 1779 der heutige Friedhof errichtet wurde. Ähnlich war es in Amberg, wo die letzte der alten Begräbnisstätten, der Friedhof um St. Martin, im 19. Jahrhundert weichen mußte. Schwandorf besaß etwas außerhalb an der Straße nach Wackersdorf einen Friedhof mit Kapelle, die aus der evangelischen Zeit stammte (1568). Seit 1921 wird ein neuer Friedhof benützt; der alte ist nach 1945 aufgelassen worden. Erwähnung verdient der mit 130 schmiedeeisernen Grabkreuzen ausgestattete Friedhof von Dietkirchen bei Neumarkt, dessen schöne Gestaltung ein Verdienst des Pfarrherrn ist.

Kränze waren in der Oberpfalz lange unbekannt, aber es wurden viele Messen für den Toten gestiftet. Heute noch ist beim Totenamt der Opfergang Sitte; zu beiden Seiten des Altars werden Teller aufgestellt, in die jeder seinen Groschen wirft. Nach dem Gottesdienst werden die Trauergäste ins Wirtshaus zum *Leichentrunk* geladen. Es ist ein großes Familientreffen, bei dem aus dem Leben des Verstorbenen erzählt wird und bei dem auch die Lebenden nicht zu kurz kommen.

Flüchtlingsbräuche

Eine volkskundlich sehr merkwürdige Sachlage wurde geschaffen durch die Aufnahme der Flüchtlinge nach dem Zweiten Weltkrieg. Es erfolgte nicht nur eine tiefgreifende Umschichtung der Gesellschaft, sondern auch ein Wandel im Brauchtum. Gerade die Heimatvertriebenen klammerten sich zäh an den geistigen Besitz alter Überlieferungen.

Die Heimaterde – mancher hatte ein paar Handvoll mitgebracht – genoß besondere Verehrung. Man streute sie Verstorbenen auf den Sarg, mischte sie beim ersten Spatenstich für Neubauten oder Totendenkmäler (so in Schönsee!) unter.
Mancherlei Frühlingsbräuche, wie das Sommeransingen am Sonntag Laetare (4. Fastensonntag), wurden von den Flüchtlingen eingeführt. Mit buntgeschmückten Weidenstecken ziehen vor allem Kinder singend umher (Heischebrauch). Böhmerwäldler Kirchweihfeste, »Egerländer Kirwa«, »Schlesische Kirmes« werden in der neuen Heimat weitergefeiert. Die Hedwigsfeiern im Herbst sind mit einer Wallfahrt nach Andechs verbunden. Die Schlesier aus Gebenbach (Landkreis Amberg-Sulzbach) lassen ihren Erntekranz in der Wallfahrtskirche auf dem Mausberg weihen. In der Vorweihnachtszeit kommen die Schlesier zu Barbarafeiern und »Lichtlaobenden« zusammen. Besonders beharrlich sind die Weihnachtsüberlieferungen, vor allem auch die festliche Speisenfolge (z. B. schlesische Mohnkuchen und Mohnklöße oder Karpfen mit Sauerkraut). In Landsmannschaften, Singkreisen, Laienspielgruppen wird manches alte Volksgut gepflegt, das sonst vielleicht für immer in Vergessenheit gesunken wäre.
Das Nebeneinander zugewanderten und heimischen Brauchtums ist im Lauf der Jahre ein Miteinander geworden, bodenständige Formen haben sich mit den fremden gemischt.

Große Oberpfälzer

1. Berthold von Regensburg (1210–1272)

Bild Seite 373

Das Bild der Wiener Handschrift zeigt uns »bruoder Berchtold« bei einer seiner aufrüttelnden Predigten, mit denen er Menschen aller Stände zu fesseln verstand. Die Kirchen konnten die Volksmenge nicht fassen, und so lagerte sie meist im Freien, während der Mönch von einem Hügel, einem Baum oder Felsvorsprung aus zu ihr sprach. Das Auftreten dieses redegewaltigen Mannes wurde in den Klosterjahrbüchern als großes Ereignis festgehalten; viele zeitgenössische Schriften nennen ihn voll Lob und Bewunderung.

Noch lebten die Jünger des heiligen Franz von Assisi, die in Deutschland durch ihr freiwilliges Wirken für die Armen der Sittenverwilderung und Not Einhalt gebieten wollten: Da wuchs im Raume von Regensburg jener Berthold heran, der später zum größten Moralprediger Deutschlands werden sollte. Der Theologe David von Augsburg, ein gebürtiger Regensburger, war sein Lehrmeister und Freund. Mit ihm zusammen vollzog er 1246 den schwierigen päpstlichen Auftrag, das adelige Frauenkloster Niedermünster zu visitieren. Groß war das Vertrauen, das geistliche und weltliche Große in die Redlichkeit und Urteilskraft Bertholds setzten: Immer wieder mußte er als Schiedsrichter fungieren, immer wieder stellte man sich dem eindeutigen Wort des Bettelmönches von Regensburg. Am Hof zu Landshut, wo Herzog Otto der Erlauchte mit dem Kirchenbann belegt worden war, wirkte er 1250 als Versöhner. Nach dem Untergang der Stauferkaiser, als Fehden und Raubzüge der Ritter überhandnahmen, ließ Berthold nicht nach, die Fürsten zur Befriedung des Landes aufzurufen.

1263 wurde er vom Papst zum Kreuzzugsprediger erwählt, eine Aufgabe, für die er sich mit seiner ganzen Leidenschaft und Unermüdlichkeit einsetzte. Welche Wegstrecken hat dieser Streiter Gottes zu Fuß und zu Pferd zurückgelegt! Von der Schweiz bis Schlesien, von Ungarn bis zum Pariser Hof flog ihm sein Ruhm voran. Es waren beileibe keine gefälligen Worte, die er in die Gemüter der Lauschenden schleuderte: Jeder Einzelne fühlte sich angesprochen, jedes Laster wurde bei seinem volkstümlichen Namen genannt. »Nun sieh, Gitiger [Geizhals], seit ich heute anhub zu predigen, bist du vielleicht sechs Pfennige reicher worden durch deinen Wucher . . . Ihr Mörder, ihr mordet jetzo niemand, ihr

sitzet jetzo mit guter Zucht hie. Dasselbe tun die Würfler, die Trinker, die Tänzer, die Spötter, die Schelter, die Flucher . . .«
Ja, dieser Barfüßermönch weiß genau, wie die Leute leben, die zu seinen Füßen kauern, er kennt ihre geheimen Wünsche und Süchte, ihre Schimpfreden und Witzworte, ihre ganze Geisteshaltung. Über die Geizigen ist der Bettelmönch besonders ergrimmt. Die geldgierigen Ablaßprediger – die »pfennigprediger« – geißelt er als des Teufels liebste Knechte.
Aber nicht nur das Urwüchsige, Derbe bricht in Bertholds Reden durch; er versteht es, die gelehrten und dichterischen Werke seiner Zeit auszuschöpfen, und in zarten, poetischen Bildern weiß er das Überirdische zu schildern.
So hat uns Berthold ein farbenprächtiges Gemälde seiner Zeit überliefert, eine fesselnde Darstellung ihrer Sitten und Unsitten, ihrer Verderbnis und ihrer tiefen Sehnsucht nach dem Schönen und Guten. »Du arg böse Haut, du läßt mich nimmer ruhn«, heißt es einmal bei ihm. Erst am Ende seines unruhigen, von einer großen Sendung getragenen Lebens konnte Berthold sich in sein Heimatkloster zurückziehen. Im Chor der Minoritenkirche zu Regensburg hat er seine letzte Ruhestätte gefunden, zu der jahrhundertelang die Wallfahrer zogen.

2. Erasmus Grasser (1450–1518)

Bild Seite 373

Einen der eigenwilligsten Bildschnitzer der deutschen Kunstgeschichte brachte die Oberpfalz am Ausgang des Mittelalters hervor: Erasmus Grasser. Um 1450 ist er vermutlich geboren. Zweigen der Familie Grasser begegnen wir verstreut über die mittlere und südliche Oberpfalz in Reichenbach, Prüfening, Amberg. In diesem Raum wird auch der junge Erasmus seine Ausbildungszeit verbracht haben. Gesichert ist der Geburtsort, denn der Meister nennt sich später selbst »Pildhauer von Schmidmülln«.
Nachdem er seine Lehr- und Wanderzeit hinter sich hatte, beschloß Grasser, in München seßhaft zu werden und reichte ein Zulassungsgesuch zur Meisterarbeit ein; doch wie später seinem Landsmann Johann Michael Fischer, so erging es auch dem aufwärtsstrebenden Erasmus: Die Zunft lehnte ihn als einen unfriedfertigen Wirrkopf ab (»ein unfriedlicher, verworrener und arglistiger Knecht«). Wir wissen nicht, ob ein wahrer Kern in dieser schlechten Beurteilung steckt oder ob sie nur durch Neid und Mißgunst diktiert war. Wie dem auch sei – kurze Zeit nach dieser Abfuhr wurde Erasmus Grasser dennoch die Meisterwürde der Stadt München verliehen. Bewährte sich die Zähigkeit des Ober-

pfälzers, oder wollten Einsichtige doch nicht auf sein Genie verzichten? Grasser erhielt nun den Auftrag vom Rat der Stadt München, allerlei ausschmückendes Schnitzwerk für den Tanzsaal des Alten Rathauses anzufertigen. In diesem Saal fanden dann auch die berühmten Moriskentänzer des jungen Meisters ihren Platz. Morisken nannte man die spanisch-jüdischen Mauren, deren wilde, von Schellen, Pfeifen und Trommeln begleitete Tänze zu Grassers Zeit in ganz Europa Mode wurden. Man spürt die unbändige Lust an Tanz und Spiel in diesen entfesselten, grotesk verdrehten, stampfenden und hüpfenden Gestalten. Welch mitreißender Schwung belebt die Körper, welche Ausdruckskraft wohnt den Händen inne! Kleider bauschen sich, Schärpen schwingen mit, Gesichter verzerren sich in leidenschaftlicher Bewegtheit. Sechs der einzigartigen Figuren sind verlorengegangen, die zehn verbliebenen werden im Münchener Stadtmuseum aufbewahrt.

Grasser war ganz Kind seiner unruhevollen Zeit, der ausklingenden Gotik: pendelnd zwischen ekstatischer Hingabe ans Überirdische und ausgelassener Lebensfreude. Meisterwerken sprühender Lebenslust folgen Werke mit ernsten, meist religiösen Motiven: Für die Blutenburger Schloßkapelle (Oberbayern) schuf Grasser einen ausdrucksstarken Apostelzyklus, in der Pippinger Kreuzigungsgruppe gelangte er zur Darstellung tiefempfundenen Schmerzes. Ein Kreuzigungsaltar in Ramersdorf, eine Beweinung Christi im Freisinger Dom schließen sich thematisch an. Zu den großartigsten Figuren zählt der würde- und machtvolle St. Peter von Dießen. Viele oberbayerische Dorfkirchen hat Erasmus Grasser durch seine Kunst zu Kostbarkeiten erhoben. Voll reifer Schönheit und Ausgewogenheit ist das Aresinger-Grab in St. Peter zu München.

Weithin strahlte des Meisters Ruhm, seine Kunst machte Schule in Bayern, Tirol und der Schweiz. Mehrmals wählte ihn nun die Zunft, die ihn vordem nicht aufnehmen wollte, zu ihrem Vorsteher. Zweimal bekleidete Grasser das Ehrenamt eines Stadtrates für äußere Angelegenheiten in München. Erstaunlich scheint neben seiner künstlerischen Begabung die technische gewesen zu sein: Als Kirchenbaumeister, als Fachmann für Wasserbauten, als Salineningenieur (für die Erneuerung von Bad Reichenhall) genoß er hohes Ansehen; beim Brückenbau holte man seinen Rat ein. Mit einem kaiserlichen Geleitbrief reiste er durchs Land: »Bekennen wir unserm und des Reichs getreuen Asmus pildhauer von Munchen, werkmaister unser lieben frawen kirchen zu Schwaz, daz er allenthalben in unsern landen sicher wandeln soll.« (Maximilian 1492)

Beträchtlich war das durch Können und Fleiß erworbene Vermögen des Meisters, und großherzig ließ er andere daran teilhaben: Das Hl. Geist-

Spital, die Augustiner, die Franziskaner und Klarissen in München, Ingolstadt und Pfaffenhofen erfreuten sich seiner Spenden. Eine Urkunde aus dem Jahr 1508 bestätigt sowohl seine Heimatstadt als auch seine Freigebigkeit. »Ich, Erasm Grasser, der Pildhauer von Schmidmülln, Burger zu Munchen, thun kund: daz wir umb unser Seelhail willen verschreiben dem fürsichtigen Rat und weisen Burgermeister der Stadt zu Munchen zehen Pfundt Pfennig gueter Munchner wehrung jährlich und ewig aus unserm Haus an der vordern Schwabinger Gassn in Unsrer lieben Frawen Pfarr, selbe zu geben einer ehrbarn armen Jungfrawen, die damit soll verhayrat werden.«

Siebzigjährig »als wohlberühmter und -bewährter Meister« starb Erasmus Grasser.

3. Albrecht Altdorfer (1480–1538)

Bild Seite 373

Sicher hat den alten Erasmus Grasser noch die Kunde erreicht von dem Malergenie, das in seiner früheren Heimat herangewachsen war: Albrecht Altdorfer.

Der Maler Ulrich Altdorfer hatte sich in Regensburg anscheinend nicht durchzusetzen vermocht und war 1491 aus der Stadt weggezogen. Sein bedeutender Sohn aber kam 1505 als »Maler von Amberg« zurück, erwarb das Bürgerrecht und »tat Pflicht mit zwei Gulden«. Albrecht gründete eine Familie in Regensburg, kaufte mehrere Häuser, einen Weinberg bei Donaustauf und einen bei Dechbetten. In seinem ausführlichen Testament tritt er uns als ein rechtlich denkender, frommer Mann mit wohlwollendem Charakter entgegen.

Und hier haben wir den seltenen Fall vor uns, daß der »Prophet im eigenen Land« zu seinen Lebzeiten Geltung erlangte: Altdorfer bekleidete mehrere Ehrenämter in der Stadt, z. B. das eines Pflegers des Augustinerklosters. 1512 reiste er als Abgesandter der Stadt nach Wien, um das aus religiösen und politischen Gründen getrübte Verhältnis der Freien Reichsstadt zum Kaiser wieder zu ordnen. 1519 wählte man ihn zum Mitglied des äußeren Rates, 1526 wurde er Mitglied des inneren Rates und städtischer Baumeister. Als solcher leitete er die Verstärkung der Befestigungen, baute den Weinstadel und das Schlachthaus. Zahlreich waren die Aufträge für Entwürfe von Wappen, Fahnen, Grabmälern, Buchillustrationen. Es war die Zeit, in der man sich in Regensburg lebhaft für die religiöse Erneuerung zu interessieren begann, man trat in Briefwechsel mit dem großen Reformator Martin Luther und mit dem Organisator des protestantischen Schulwesens, Melanchthon. Der Stadtrat, dessen Mitglied Altdorfer war, forderte 1533 einen lutherischen Prediger an. Trotz seiner protestantischen Sympathien erhielt der angesehene Künstler vom Regensburger Bischofshof den Auftrag, das sog. Kaiserbad auszumalen: Der zeichnerische Entwurf und 22 Bruchstücke dieses Spätwerkes sind uns erhalten (Städtisches Museum); in farbenprächtigen, figurenreichen Szenen vermittelt der Künstler das heitere Treiben in einer der vornehmen Badestuben der Renaissance. Auch die Wandmalereien im bischöflichen Schloß Wörth führte Altdorfer aus.

Überhaupt hat Altdorfer viele weltliche Bildmotive gestaltet, was in der Malerei jener Tage noch eine Ausnahme war. Damals verdrängte die Geisteswelt der Humanisten und der ihnen gemäße Themenkreis (antike Götter- und Sagengestalten, Landsknechte, Ritter) die religiösen Bildgehalte. Im Gegensatz zu seinen großen Zeitgenossen Albrecht Dürer und Mathias Grünewald ist Altdorfer nicht mehr religiöser Andachtsmaler. Bei seinen Heiligendarstellungen überwiegt das Interesse an der rein menschlichen Gegebenheit und am malerischen Gesamteindruck. Die menschlichen Gestalten sind ganz in die Landschaft eingeordnet (wie z. B. sein hl. Hieronymus oder der hl. Georg im Wald), oft wirken sie wie Felsbrocken oder Baumstümpfe in einer wilden Gegend. Sowohl in der Graphik als auch in den Gemälden bietet Altdorfer sein Bestes in der Wiedergabe von Stimmungen, in der Beseelung der Landschaft. Die märchenhaft verwobenen Ranken und Moose, die aufragenden Bäume, die Gesteine und Gebirge sind durchaus nicht naturgetreu, sondern in ihren wesentlichen Formen festgehalten.

Bild Seite 18

». . . alle Form wird ihm zum Gleichnis, in dem sich das Lebensgeheimnis selbst verrät. Das Atmosphärische, der Odem seiner Räume, oft durchstrahlt von überirdischen Lichterscheinungen, ist wie der Hauch des allumfassenden Naturgeistes, und die schimmernden weißen Linien, die manchmal zu wahren Lichtkaskaden gebündelt, die satten farbigen Gründe seiner Bilder überspringen, sind die nervigen Kraftlinien seines mächtigen Schöpferwillens. Was er in der Sprache seiner Linien niederschreibt, ist ein Wissen, das über jede Augenerfahrung hinausgeht, denn in seiner Brust spürt er die verborgenen Lebensströme, welche die Vielfalt der Erscheinungen zu einer Einheit zusammenschließen.«

So schildert der beste Kenner und Herausgeber von Altdorfers Werk, Franz Winzinger, den Eindruck dieser Naturmystik. Es ist in diesem kurzen Überblick nicht möglich, auch nur die wichtigsten Teile von Altdorfers Lebensarbeit zu nennen: 178 Kupferstiche, 93 Holzschnitte, 37 Radierungen und etwa 170 Zeichnungen sind veröffentlicht. Von all seinen Gemälden seien wenigstens zwei der bedeutendsten ins Licht gerückt: der Floriansaltar von 1518 und die Alexanderschlacht von 1529.

Zwölf große und vier kleine Tafeln hat Altdorfer für den Flügelaltar des oberösterreichischen Stiftes *St. Florian* gemalt. Eine wilde Kraft liegt in diesen erzählenden Bildern. Die Erregung in der Ölbergszene und bei der Gefangennahme wird durch das unheimlich flackernde Licht gesteigert; voll ausgewogener Großartigkeit ist die Kreuzigung, in mildes Dämmerlicht getaucht die Grablegung; ein strahlender Sonnenaufgangshimmel verklärt die Auferstehung. Man fühlt sich an die farbenfreudigen Spiele volkstümlicher Passionen erinnert. Wie hier, so versteht es Altdorfer auch in der *Alexanderschlacht* meisterhaft, bewegte Massen darzustellen. In einer großen S-Kurve prallen die Heere aufeinander. Sie sind in eine gewaltige Landschaft mit Seen und Bergen eingefügt, und das Ganze wird von einem Sonnenuntergangshimmel ins Visionäre gehoben. Dieses Gemälde schuf Altdorfer im Auftrag Herzog Wilhelms IV. von Bayern als Teil einer Folge von zwölf Geschichtstafeln. Ganz im Bann dieser Aufgabe, lehnte er auch die Wahl zum Bürgermeister von Regensburg ab, um sich der Vollendung des Werkes widmen zu können. Albrecht Altdorfer war es gegönnt, sich in seinem heimatlichen Lebensraum voll zu entfalten und in seiner Bedeutung weit über diesen Raum hinauszuwachsen.

4. Johann Michael Fischer (1692–1766)

»Als der Hochwürdige Abt 1738 nach München mußte, bekam er Gelegenheit, mit dem von vielen Experience berüembten Hanns Fischer, wornach die Zähn eine ganze Zeit her schon gewäßert, anzubinden.« So steht es zu lesen in der Bauchronik des Klosters Fürstenzell bei Passau. Wer war dieser Mann, nach dessen Bekanntschaft Fürsten und Äbten das Wasser im Munde zusammenlief?

Johann Michael Fischer stammte aus einer Oberpfälzer Handwerkerfamilie von Burglengenfeld; dort hat er in der väterlichen Lehre seine Maurerausbildung erhalten. Der Geselle machte sich dann, wie es damals üblich war, auf die Wanderschaft. Als Polier sammelte er in Böhmen, Mähren, Wien und Salzburg Erfahrungen und lernte dabei den österreichischen Barock gründlich kennen. Schließlich ließ er sich in München nieder, wo unter Max Emanuel eine rege Bautätigkeit herrschte. Fünf Jahre arbeitete er unter dem Stadtmaurermeister Johann Mayr, dessen Tochter er später zur Frau nahm. Als 1722 eine der sechs Münchener Meisterstellen frei wurde, reichte Fischer ein Gesuch um Zulassung als Maurermeister ein; die Zunft gab jedoch ablehnenden Bescheid: »Er ist ein auslender und solche frembde hat man in München noch niehmalen und zu fest loben hören.« Aber Fischer gab nicht nach, und es gereichte der Landeshauptstadt wahrlich nicht zum Schaden, daß sie dem bescheidenen, mit zäher Energie schaffenden Oberpfälzer schließlich doch die Meisterwürde verlieh.

Nachdem J. M. Fischer einige schwierige Umbauten geglückt waren, schuf er in Rinchnach (Bayerischer Wald) seinen ersten selbständig durchdachten Raum. Nun bekam er den Auftrag, die Prämonstratenserkirche in Osterhofen neu aufzuführen. In stolzer Freude über den gelungen Plan schreibt der junge Architekt: »Es wurde von mir ein dem Closter conform schenes Gottshaus ausgedenkt. Weil die großen Pfeiler genzlich ausbleibeten, wird es eine solche weithen bekommen, daß wird mehr nambhaftes Volkh wie vordem hineinstehen können.« Hier in Osterhofen sowie bei der Ausgestaltung der Kirche St. Anna im Lehel (München) bewährte sich die Arbeitsgemeinschaft mit den genialen Brüdern Asam.
Die Wallfahrtskirche Maria Schnee von Aufhausen ist Fischers einzige Schöpfung auf Oberpfälzer Boden. Selten konnte er den Bau so frei in die Landschaft stellen, meistens war er durch bestehende Grundmauern oder Gebäudeteile beengt (Niederalteich, Osterhofen, Zwiefalten, Dießen am Ammersee, Fürstenzell, Rott am Inn). Großartig, wie der Meister immer wieder aus vorgegebenen Bauelementen eine neue, überraschende Raumgestalt zu erfinden vermochte! Bild Seite 174
Fischers Grundidee war, mehrere Räume zu einem Einheitsraum zu verschmelzen. Schlicht behandelt er meistens die Fassaden seiner Kirchen, eine ungeheure Vielfalt aber weisen die Innenräume auf. Der Grundriß des Hauptraumes – Rechteck oder Quadrat – wird geistreich aufgelöst: Die Ecken sind abgeschrägt oder zu kleinen ovalen Seitenkapellen ausgebaut, wie z. B. in Aufhausen, Rott oder Ingolstadt (Franziskanerkirche). Von einem Standpunkt aus kann man die großzügige Gliederung, den fließenden Rhythmus von Fischers Räumen gar nicht erfassen: Man muß sie im Durchschreiten erleben. In Berg am Laim (München) ist eine gesteigerte Tiefenwirkung erreicht durch gestaffelte Seitenwände und durch drei hintereinandergebaute Flachkuppeln. In dem Gotteshaus des schwäbischen Reichsstiftes Ottobeuren schuf Fischer eine der gewaltigsten Zentralbauten Deutschlands, indem er Lang- und Querhaus durch quergelagerte Ovalkuppeln zusammenfaßte. Als Abschluß und Krönung seines Lebenswerkes steht Rott am Inn. Hier gelang es Fischer, das vorgegebene Langhaus in drei Zentralräume aufzulösen. Trotz schwungvollster Linienführung und glanzvoller Innenausstattung (s. Ignaz Günther!) beherrschen vornehme Ruhe und Ausgewogenheit diese Kirche.
J. M. Fischer, von dessen privaten Verhältnissen wir sehr wenig wissen

(es gibt auch kein Bild von ihm), gilt als Vollender des bayerischen Spätbarock. Die Grabschrift in der Münchener Frauenkirche bestätigt die gewaltige Schöpferkraft und Charakterstärke dieses Mannes:

Hier ruhet
Ein Kunsterfahrn
Arbeitsam Redlich und Aufrichtigen
Mann
JOHANN MICHAEL FISCHER
Dreyer Durchlauchtigsten Fürsten
Bewährter Bau – Meister
Dan Burgerlicher Maurer Meister in München
Welcher Niehmalen Geruhet
indem er
durch seine Kunsterfahrne und Unermüdte Hand
32 Gottshäuser 23 Clöster
nebst sehr vielen anderen Palästen
Gemüther aber viele Hundert
durch sein alt Teutsche und Redliche Aufrichtigkeit
Erbauete
bis er zum letzten Gebäu des Hauses der Ewigkeit
einen Grundstein gelegt

5. *Christoph Willibald Gluck (1714–1787)*

ild Seite 374

In dem kleinen Dorf Erasbach am westlichen Albrand kam 1714 der große Musikschöpfer Christoph Willibald Gluck zur Welt. Das Nachbardorf Weidenwang kann den Taufeintrag im Pfarrbuch aufweisen. Vater Gluck, der als Leibjäger und Förster in fürstlichen Diensten stand (ab 1717 in Böhmen), war ein nüchtern denkender Mann, der für das musikalische Talent seines Sohnes wenig Verständnis aufbrachte. Früh verließ Christoph Willibald das Elternhaus und schlug sich mit Stundengeben und Musizieren in Kirchen und auf Tanzböden durch. Seine erste Ausbildung erhielt er am Jesuitengymnasium in Komotau, in Prag und in Wien. Durch die Gunst der Fürsten von Lobkowitz und Melzi konnte er schließlich in die Musikstadt Mailand ziehen, wo er bei dem berühmten Komponisten Sammartini seine musikalische Bildung vervollständigte. Hier entstand 1741 die erste seiner italienischen Opern.
Nun begann für Gluck ein bewegtes Wanderleben: In London begegnete er dem verehrten Komponisten Georg Friedrich Händel, mit dem er gemeinsam konzertierte. Hamburg – Dresden – Kopenhagen – Prag –

Neapel – Rom waren weitere Stationen, zu denen ihn seine Tätigkeit als Sänger, Cellist und Komponist bei musikalischen Wandertruppen brachte. 1750 konnte er Marianne Pergin heiraten, die Tochter eines reichen Bankiers, der den Musiker bis zu seinem Tod abgelehnt hatte. Gluck nahm nun seinen endgültigen Wohnsitz in Wien. Die Kaiserin Maria Theresia ernannte ihn zum Hofkapellmeister. Vom Papst wurde er durch Verleihung des Ritterkreuzes zum Goldenen Sporn geehrt. In Wien und Paris kämpfte Gluck seine große Reform der Oper durch; es war ein harter und verbissener Kampf, der ihn viel Kraft kostete, aus dem er aber siegreich und gefeiert hervorging. Der Kontrabassist der Wiener Hofoper erzählt: »So ein gutmütiger, lieber Mann der Herr von Gluck in jedem andern Lebensverhältnis ist, so macht er doch, sobald er auf dem Platz als Direktor steht, den wahren Tyrannen, der durch den geringsten Schein von Fehler in Harnisch und bis zu den stärksten Äußerungen der Hitze gebracht wird. Zwanzig, dreißig Male reichen nicht hin, daß er die geübtesten Spieler der Kapelle, unter denen gewiß Virtuosen sind, die Passagen wiederholen läßt, bis sie die von ihm bezweckte Wirkung des Ensemble hervorbringen . . .« Ein Schlaganfall setzte 1787 seiner Schaffensfreude ein Ende.

Was ist nun Glucks besondere Leistung in der Geschichte der Musik? In der ersten Hälfte seines Lebens hatte er im Stil der Zeit an die zwanzig Opern geschrieben. Auch er hatte der Eitelkeit der Sänger durch klangreiche Arien Tribut gezollt, hatte durch Verschnörkelung die klaren Linien der Melodie entstellt, hatte durch Ballett- und pompöse Ausstattungsszenen den Gang der Handlung unterbrochen. Allmählich aber reifte in ihm der Widerstand gegen diese barocken Auswüchse des Musikdramas. Gemeinsam mit seinem Textdichter Calzabigi schlug Gluck einen neuen Weg ein: Er suchte die einfachen griechischen Sagen durch ausdrucksstarke Musik zu vertiefen; Sologesang, Chor und Ballett wurzelten nun ganz im dramatischen Geschehen. Die Opern »Orfeo ed Euridice«, »Alceste« 1767, »Iphigenie in Aulis« 1774, »Armida« 1777 und »Iphigenie in Tauris« 1779 zeigen Gluck auf der Höhe seines Schaffens.

Sein musikalisches Wollen drückt der Meister selbst 1769 in der Vorrede zu »Alceste« aus:

»Ich bemühe mich also, die Musik wieder auf ihre eigentliche Aufgabe zurückzuführen, wonach sie der Dichtung durch Verstärkung des Ausdrucks der Empfindungen und des Reizes der Situation zu dienen, nicht aber die Handlung zu unterbrechen oder ihren Eindruck durch unnütze und überflüssige Zierzutaten abzuschwächen hat . . . Weiter glaube ich mit allen Kräften auf Erzielung einer edlen Einfachheit hinarbeiten zu sollen. Darum habe ich es vermieden, auf Kosten der Klarheit mit

Schwierigkeit zu prunken und mit der Erfindung neuer Wendungen zu überraschen, die nicht durch die Situation selbst bedingt und im Ausdruck ihr angemessen waren. Endlich stand mir keine Regel so hoch, daß ich sie nicht zugunsten der Wirkung gern preisgegeben hätte. Der Erfolg hat meinen Ansichten recht gegeben, und der allgemeine Beifall in einer so aufgeklärten Stadt beweist klar, daß Einfachheit, Wahrheit und Natürlichkeit die festen Grundlagen des Schönen in allen Schöpfungen der Kunst sind.«

6. Ignaz Günther (1725–1775)

Bild Seite 374

»Gemacht, gefaßt und hergeschenkt der kunstreiche Herr Ignatz Günther, Bildhauer in München, gebürtiger Schreinersohn allhier.« Diese Inschrift am Altarkreuz in Altmannstein bei Riedenburg bezeugt die Treue eines großen Oberpfälzers zu seiner Heimat. Diese wiederum ist mit seinem Werk recht unglimpflich verfahren: 1890 wurden drei Altäre von der Hand I. Günthers in Unkenntnis ihres hohen Wertes beiseite geräumt.

Das Geschlecht der Günther – Bauern und Handwerker – ist alteingesessen in der einstigen Südwestecke der Oberpfalz, die erst durch die Gebietsreform 1972 von unserem Bezirk abgetrennt wurde. In der väterlichen Schreinerwerkstatt eignete sich Ignaz die handwerklichen Voraussetzungen zu seiner Kunst an, »die selbstverständliche Vertrautheit mit den Darstellungsformen des süddeutschen ländlichen Katholizismus« (Feulner). Der äußere Gang von Günthers Leben ist rasch skizziert: Ab 1743 arbeitete er bei dem Hofbildhauer J. B. Straub in München, 1750 begab er sich auf Wanderschaft (Salzburg – Mannheim – Wien), 1754 wurde er in München seßhaft und heiratete die Silberhändlerstochter Maria Magdalena Hollmayer. Acht Kinder schenkte sie ihm; fünf von ihnen mußte er ins Grab schauen. Ein Jahr nach seiner Lebensgefährtin wurde Ignaz 1775 im Petersfriedhof beerdigt. Welche Fülle menschlicher Begegnungen, Enttäuschungen und Siege, welchen Reichtum schöpferischer Einfälle und harter Arbeit umreißen diese spärlichen Lebensdaten!

Nur in der Kunstzentrale Süddeutschlands konnte sich die Begabung des jungen Bildschnitzers zu voller Blüte entfalten: Von München gingen damals Künstler von Format aus, wie die Gebrüder Asam und die Cuvilliés, J. Effner, J. B. Zimmermann, Faistenberger, J. M. Fischer. Straub galt als aktiver, fleißiger Meister; im Lauf von sieben Jahren wuchs Günther zu seinem selbständigen Mitarbeiter heran. Er eignete sich dabei vor allem die Technik des Altarbaues, das konstruktive Einfügen der

Bildwerke in das Raumganze an. Nach Wien, wo schon Meister Straub gelernt hatte, zog es auch Günther. In der Kaiserstadt, die im Barock einen großartigen künstlerischen Aufschwung erlebt hatte, machte sich schon eine Abkehr von der pathetischen Wucht zugunsten feinerer Formen bemerkbar. Günther holte sich an der kaiserlichen Akademie das für sein Fortkommen wichtige akademische Diplom. Darin wurde nicht nur seinen künstlerischen Qualitäten hohes Lob gespendet, sondern auch betont, daß »im übrigen in seinem Wandel alles Ehrbar und Wohlanständiges bezeuget war«.

Als dann der junge Meister in München am Unteranger ein Haus gekauft und eine eigene Werkstatt eröffnet hatte, konnte er sich über Mangel an Aufträgen nicht beklagen: Für die Pfarrkirche St. Peter schuf er seine ersten größeren Altäre; es folgten Arbeiten für kleinere Landkirchen in Münchens Umgebung. Kunstliebende Klöster wurden bald auf Günther aufmerksam, bedeutende Baumeister interessierten sich für ihn. So kam er mit seinem Landsmann J. M. Fischer in Berührung; Aibling, Benediktbeuren, Rott am Inn sind Stationen ihrer fruchtbaren Zusammenarbeit. Auch mit dem jüngeren F. Cuvilliés, dem führenden Münchener Hofarchitekten, fand er sich zu gemeinsamem Werk, z. B. in Sünching/Oberpfalz. Zu Arbeiten am Hof wurde Günther jedoch wenig herangezogen; nicht zu überhören ist ein gewisser Vorwurf in dem Bewerbungsschreiben um die freigewordene Hofbildhauerstelle 1773: ». . . da auch ein bairisches Lands Kind zu verschiedenen Künsten tüchtig und denen Ausländern an die Seiten kommen dörfte«. Das Gesuch wurde abgelehnt.

Bild Seite 186

Aus dieser Zeit ist uns ein Porträt des Meisters überliefert, das sein Freund und Kollege Martin Knoller gefertigt hat: Dieses schmale, leidenschaftlich erregte Gesicht offenbart das empfindsame, temperamentvolle Wesen des Künstlers, wie es uns in allen seinen Werken entgegentritt. Die Menschen witterten den Umbruch, Unrast erfüllte sie; ein Jahrzehnt nach Günthers frühem Tod ging der barocke Absolutismus in der Französischen Revolution unter. Auch Günthers Kunst ist ein Produkt dieser Spätzeit mit ihrer Freude am Außergewöhnlichen, Übersteigerten, mit ihrer manchmal fast müden Resignation.

Aus der Bereitschaft des Barockmenschen, an Wunder und Verklärung zu glauben, erwuchsen als Lieblingsthemen der Darstellung: das Geheimnis der Dreifaltigkeit und die Marienwunder.

Schon die Architekten der Zeit (vgl. die Kappel) hatten versucht, das göttliche Wunder in der Kirche sichtbar zu machen, das Übersinnliche zu versinnlichen. In Rott, wo Günther die gesamte Innenausstattung schuf, tut sich die himmlische Landschaft wie in einer Vision auf: Das Kaiserpaar Heinrich und Kunigunde steht fast im betenden Volk; von

nu merckht auff

H. ALBRECHT ALTDORFFER
H. GEORG WALTMAN
H. GEORG PAVMGARTNE
H. MATHEVS AICHINGER
H. KARL GARTNER
H. CRISTOFF GLOCKENGIES:FR
H. MICHAEL FVRSICH
H. THOMAN KVRCZ

△ 374 Links: Aus Altmannstein bei Riedenburg (bis 1972 zur Oberpfalz gehörend), ging der Vollender der bayerischen Rokokoplastik, Ignaz *Günther* (1725–1775), hervor. – Rechts: Weltgeltung erlangte der in der Westoberpfalz geborene Christoph Willibald *Gluck* (1714–1787) als Schöpfer des vorklassischen Musikdramas.

◁ 373 Oben, links: Der Franziskanermönch *Berthold von Regensburg* (1210–1272) galt als der wortgewaltigste Sittenprediger Deutschlands im Mittelalter. – Rechts: Einer der zehn Moriskentänzer von *Erasmus Grasser* (1450–1518). Von diesem spätgotischen Bildhauer aus Schmidmühlen ist uns kein Bildnis überliefert.
Unten: In Regensburg entfaltete der Maler und Graphiker Albrecht *Altdorfer* (1480–1538) seine künstlerische Meisterschaft. Das Titelbild des »Freiheitenbuches der Stadt Regensburg«, aus dem der nebenstehende Ausschnitt stammt, gewährt Einblick in eine Sitzung des Stadtrates, dem Altdorfer (vierter von links) lange Jahre angehörte.

375 Links: Johann Andreas *Schmeller* (1785–1852) aus Tirschenreuth stellte die Mundartforschung auf wissenschaftliche Grundlage. – Rechts: Johann Michael *Sailer* († 1832) hat als Morallehrer und Erzieher sowie als Berater König Ludwigs I. entscheidend zur Befruchtung des geistigen Lebens seiner Zeit beigetragen. Die letzten zehn Jahre seines Lebens wirkte er als Bischof von Regensburg.

376 Links: In Georg *Brittings* (1891–1964) Naturlyrik und Erzählungen erfuhr die Heimat um Regensburg eine dichterisch reife Gestaltung. – Rechts: Max *Reger* (1873–1916), der in Weiden seine erste Ausbildung erfuhr, ist vor allem durch Orgel- und Kammermusikwerke in die Musikgeschichte eingegangen.

ihnen aus reicht die aufsteigende Linie über Engel und Heilige bis hinauf zur Dreifaltigkeit. All diese Wolken und Engelsköpfchen, diese anmutigen und heftigen Bewegungen sind nicht nur so leicht hingeworfen, wie es dem Laien erscheint: Viele Skizzen und Modelle zeigen, daß auch die kleinsten Einzelheiten geplant und reiflich erwogen sind.
Die beiden Figuren der Verkündigungsgruppe in Weyarn drücken zarteste Empfindungen aus. Der Engel – ganz tänzerische Bewegtheit – kommt auf Maria zugerauscht, die verzückt in sich schaut. Ein sehr schönes Werk Günthers besitzt die Oberpfalz in dem Altarrelief von *Sünching*: Hingerissen blicken die um das leere Grab versammelten Apostel der entschwebenden Maria nach. Günthers Heilige sind ganz der Anschauung des Überirdischen hingegeben. Welches Schwelgen in freudigen Gefühlen, welche Beherrschung der Materie in der Behandlung der Kleidung (der glänzenden Seide, der schweren Brokate und Pelze)! In ihrer würdevollen Grazie repräsentieren diese Gestalten die vornehme Gesellschaft jener Zeit (z. B. hl. Kunigunde von Rott, hl. Helene von Neustift bei Freising).
Immer mehr weicht das Spielerisch-Kokette in Günthers Werken einer größeren Einfachheit und Ausgewogenheit (Schutzengelgruppe im Münchener Bürgersaal, Mallersdorfer Hochaltar); sein Stil nähert sich dem Klassizismus. Die Marienklage der Nenninger (Württ.) Friedhofskapelle ist von abgeklärter Innerlichkeit. Über dieses letzte Werk Günthers sagt ein Kenner dieser Epoche, Adolf Feulner: »Es gibt wenige Werke dieser Zeit, die diese Tiefe des Ausdrucks besitzen.« Und zusammenfassend: »Günther ist der Vollender der bayerischen Rokokoplastik. Die künstlerischen Strömungen der Zeit sind in seinem Werk zu einer einmaligen Ganzheit zusammengeflossen.«

7. Johann Andreas Schmeller (1785–1852)

Bild Seite 375

»Darin sind wir einig, daß Baiern keinen bessern deutschen Mann aufzuweisen hatte, als diesen edlen, liebenswürdigen, bescheidenen Schmeller, der Alles, was er geworden ist, seiner rein angelegten und rein gebliebenen inneren Natur verdankte.« Der deutsche Sprachmeister Jakob Grimm zollte diese Anerkennung einem Oberpfälzer, dessen Denkmal auf dem Marktplatz von Tirschenreuth steht. In dieser Stadt ist er geboren als zweites von sieben Kindern einfacher, rechtschaffener Korbflechterleute. Heute ist sein Werk in allen Bibliotheken zu finden, und keiner, der um Sprache, Geschichte oder Volkskunde bemüht ist, kann ohne den »Schmeller« auskommen.
Die Begabung des Knaben, der mit pädagogischem Geschick seine Mit-

schüler unterrichtete, fiel dem Pfarrer auf, er schickte ihn zur Klosterschule Scheyern. Die letzten Jahre vor dem Abitur besuchte Schmeller das Wilhelmsgymnasium in München, oft geplagt von Heimweh, Hunger und der Sorge um seinen Lebensunterhalt, den er sich durch Stundengeben selbst verdiente.

Der junge Schmeller hatte sich mit dem Gedankengut der Aufklärer vertraut gemacht; vor allem der Schweizer Erzieher Pestalozzi begeisterte ihn. Er machte sich auf den Weg zu ihm, erhielt aber von dem verehrten Pädagogen nicht die erhoffte Förderung und stand nun seiner persönlichen Zukunft ziemlich unsicher gegenüber. Schließlich trat er in den Dienst eines Schweizer Regiments, das in Spanien lag. Als Lehrer an einer Offiziersschule beschäftigte er sich intensiv mit Sprachstudien und pädagogischen Problemen. Der Wirbel politischer und kriegerischer Ereignisse ermöglichte es ihm in den nächsten Jahren nicht, seine Lebensverhältnisse zu festigen. 1814/15 nahm er als Oberleutnant in einem freiwilligen bayerischen Jägerbataillon an einem Feldzug gegen Napoleon teil.

In den nächsten Jahren – sie sind erfüllt von der Mühsal, das tägliche Brot zu beschaffen und dabei weitgespannte Studien voranzutreiben – findet Schmeller zu seiner eigentlichen Lebensaufgabe, der Mundartforschung. In seiner Militärzeit hatte er Gelegenheit gehabt, den sprachlichen Eigenheiten verschiedenster Menschengruppen nachzugehen; er hatte sich Kenntnisse in allen möglichen Sprachen (Persisch, Polnisch, Russisch, Altgriechisch, Englisch u. a.) erworben und besaß gute Vergleichsmöglichkeiten. Nach Bayern zurückgekehrt, nahm er die mundartlichen Feinheiten in den Lauten und Formen mit geschultem Verständnis auf. Er sah ein, daß es falsch war, die Mundart nur als »abgesunkene«, verderbte Hochsprache zu betrachten, wie man es bisher getan. »Wahrhaftig, mit frommer Aufmerksamkeit lausch ich den seit einem Jahrtausend rein und eigenthümlich bewahrten Tönen und Worten dieser einfachen Hütten. Eine eigene Regelmäßigkeit waltet in den Aussprachgesetzen dieser heimatlichen Mundart, welche als eine der ältesten viel Ausbeute für den ganzen deutschen Sprachbau liefern muß.« So kann man bereits am 27. Januar 1814 in seinen Tagebüchern lesen. 1819 konnte er seine erste »Ausbeute« in Fachkreisen vorlegen, und noch im gleichen Jahr erschien das grundlegende Werk »Die Mundarten Bayerns, grammatisch dargestellt« in der Öffentlichkeit. Es erregte allgemeines Aufsehen. Schmeller, schlicht in seinen persönlichen Ansprüchen und ohne jedes Geltungsbedürfnis, fand nun langsam auch äußere Anerkennung: Die Bayerische Akademie der Wissenschaften nahm ihn auf, 1828 wurde er zum außerordentlichen Professor für altdeutsche Sprache und Literatur ernannt; 1829 erhielt er eine Beamtenstelle (Kustos) an der Bayerischen Hof- und Staatsbibliothek, wo ihm die ungeheure Arbeit zufiel, die von der Säkularisation her in München zusammengekommenen Bücher zu sichten. Allein 22000 Handschriften hat Schmeller geordnet und katalogisiert und hat so die Voraussetzung für die Benützung dieser berühmten Bibliothek geschaffen (s. Seite 166). Als Fünfzigjähriger – endlich von finanzieller Sorge befreit – gründete Schmeller seinen eigenen Hausstand. 1846 erhielt er einen Ruf als ordentlicher Professor für altdeutsche Philologie an die Universität München. Sechs Jahre später raffte ihn die Cholera dahin.

Das Werk, womit sich Schmeller ein unvergängliches Denkmal gesetzt hat, ist das dreibändige »Bayerische Wörterbuch«, das zwischen 1827 und 1837 erschien. Jakob Grimm urteilte darüber, ». . . daß kein anderer unserer Stämme ein Wörterbuch aufzuweisen hätte, das dem von Schmellern irgend gleichkäme, so meisterhaft ist hier die Sprache selbst und ihr lebendiger Zusammenhang mit Sitten und Bräuchen dargestellt«.
Durch Literaturstudien, auf vielen Rundreisen, durch Umfragen bei Bekannten, bei Soldaten, durch öffentliche Aufrufe und die Mitarbeit von mehr als 50 Lehrern und Pfarrern brachte Schmeller dieses gewaltige Material zusammen. Er wurde damit zum Begründer der Mundartforschung nach wissenschaftlicher Methode. Jedem Wort ging Schmeller bis zur Wurzel nach und tastete seinen geistigen Gehalt ab. Aus dem gesammelten Wortschatz erwächst das Leben und Treiben des Volkes in seiner Buntheit, seiner Frömmigkeit und Weisheit, seinem Humor und seiner Rechtsauffassung. Dieses Wörterbuch ist eine unterhaltsame Lektüre, eine Kulturgeschichte in Stichworten.
Ein Beispiel aus der Fülle: »Die Hüll« – »die Höhlung im Boden, mit Wasser angefüllt, Lache; (ahd. huliwa, hulwa, mhd. hülwe)« usw.; es folgen Belege aus verschiedenen Sprachen. »Die Grashül, (Opf.) Lache, worin die Weiber das durch Jäten gewonnene Unkraut zum Verfüttern waschen und reinigen . . . In den alten Regenspurger Statuten von 1306 heißt es: ›Meine Herren verbieten alle Ruffian [Raufbolde], und wer des überredet wird, daß er ein Ruffian (Gelegenheitsverbrecher) sey, den soll man ab der Schupfen werfen in die Patzenhüll‹.« Andere Beispiele dieser komischen Strafweise folgen. Ein Zitat aus der oberpfälzischen Landordnung von 1657, nach der das Flachs- und Hanfrösten nicht in öffentlichen Weihern, »sondern in Pfül und Hülen« geschehen soll. Einschlägige Ortsnamen »Breitenhül, Irlhül, Kefenhül, Schafshül« aus der Oberpfalz werden angeführt.
Nie hat Schmeller seine alte Heimat vergessen, nie seine schlichte Herkunft verleugnet. Hier in seinem bahnbrechenden Werk erweist er mit

einer rührenden Geste seinem Vater Hochachtung. Bei der Erklärung des Wortes »Kürbenzäuner« [Korbflechter] heißt es: »Unter allen Gewerben ist dieses unscheinbare dem Verfasser des b. Wörterbuches das ehrwürdigste, denn es ist das eines bald achtzigjährigen Ehrenmannes, dem er sein Daseyn und seine erste Erziehung verdankt.«
J. A. Schmeller hat mit seinem Lebenswerk die klassisch-antiken Sprachen aus ihrer Alleinherrschaft verdrängt und der Sprache seiner Heimat zu neuer Geltung verholfen. Mit Hilfe des einigenden Bandes der Sprache hoffte er die politische Einheit seines zerrissenen Vaterlandes zu fördern. Neben den großen romantischen Sprachdenkern Jakob und Wilhelm Grimm war es Schmellers Verdienst, eine Besinnung auf deutsches Wesen und deutsche Eigenart eingeleitet zu haben.

8. Max Reger (1873–1916)

Bild Seite 376

Max Reger ist 1873 in dem Dorf Brand am Fichtelgebirge zur Welt gekommen. An der Präparandenschule in Weiden, wo sein Vater als Lehrer tätig war, erhielt der junge Max seine erste Ausbildung; die Lehrerbildungsanstalten waren damals wegen ihrer hohen Anforderungen in Musik sehr geschätzt. Dankbar erinnerte sich Reger später an seinen verehrten Lehrer in Orgel und Klavier, Adalbert Lindner, den er als Dreizehnjähriger schon manchmal an der Orgelbank vertreten durfte.
An der Seite des berühmten Musikgelehrten Hugo Riemann erlebte Max Reger von 1890 bis 1896 in Sondershausen und Wiesbaden entscheidende Studien- und Reifejahre. Trotz großer Anstrengungen (Lehr- und Pianistentätigkeit, erste Veröffentlichung von Kompositionen) konnte er seine Existenz nicht sichern. Krank und verbittert kehrte er 1898 wieder ins Elternhaus nach Weiden zurück.
Aus tiefster Niedergeschlagenheit gelangte Max Reger in den nächsten drei Jahren zum schöpferischen Durchbruch eines eigenen Stilwillens. Hier in Weiden schrieb er viele seiner gewaltigen Orgelwerke, vor allem die in großen Schlußfugen gipfelnden Choralphantasien. Die bekannteste von Regers Orgelkompositionen, die »Phantasie und Fuge über B – A – C – H« ist als Huldigung an den großen barocken Orgelmeister Johann Sebastian Bach aufzufassen. Eine Unmenge kleinerer Orgelstücke, Motetten, Lieder und Kantaten verfaßte Reger nebenher.
1902 siedelte er nach München über, vermählte sich, wirkte an der Akademie der Tonkunst und schrieb vor allem Kammermusik und Klavierwerke. Die Gegnerschaft einheimischer Musikerkreise und Kritiker riefen Regers Trotz und Grimm hervor; unbeirrbar kämpfte er weiter für seine musikalischen Ideen. Trotz seiner äußerlich robusten, stämmigen Erscheinung war der Komponist von zarter Gesundheit und großer in-

nerer Reizbarkeit. Für seine Klaviervariationen erfuhr er endlich begeisterte Zustimmung. Aber zugleich mit der Anerkennung wuchsen auch seine gesellschaftlichen Verpflichtungen, sein Briefverkehr, seine Konzerttätigkeit. »Doch bin ich herzlich müde; dieses ewige Eisenbahnfahren (1905)

1907 folgte er einem Ruf nach Leipzig als Universitätsmusikdirektor und Kompositionslehrer am Konservatorium. Es kam eine Zeit großer Erfolge, Ehrungen und unermeßlicher Arbeit. 1911 holte ihn der Herzog von Meiningen als Hofkapellmeister für seine weltbekannte Kapelle. Reger nahm die Gelegenheit zu praktischer Orchestertätigkeit gerne wahr. 96 sorgfältig vorbereitete Konzerte gab er in einem einzigen Winter in verschiedenen Städten. 1913 war er am Ende seiner Kräfte. Aus einem Erholungsaufenthalt schreibt er 1914: »Die Überanstrengungen der letzten drei Winter waren so groß, daß selbst meine Riesennatur nicht standhielt! Außerdem gab's in Meiningen entsetzlichen Ärger; das Arbeiten da mit einem total unmusikalischen, lediglich enorm adelsstolzen Oberhofmarschall, das zu ertragen war selbst für meine Nerven nicht möglich. Es ist natürlich ein Vergnügen, ein freier Mann wieder zu sein . . . Ich will in Zukunft meinem Schaffen und dem Konzertieren leben und mich auch mehr schonen.«

Nach seiner Rückkehr jedoch dachte er bald nicht mehr an Schonung. Nur kurze Zeit konnte er sich seines Lebens als freischaffender Komponist in Jena, wohin er 1915 übergesiedelt war, erfreuen. Wöchentlich einmal fuhr er immer noch nach Leipzig, um am Konservatorium zu lehren. Dort fand man ihn am Morgen des 12. Mai 1916 tot in seinem Hotelbett. Der Heidelberger Generalmusikdirektor Wolfrum sprach an seinem Grab: »Er war ein unbestechlicher lauterer Charakter, von unbeugsamer Energie. War er einerseits von einer unter Umständen unerbittlichen Schroffheit und von einer gewissen Ungebundenheit der Gesellschaft gegenüber nicht freizusprechen, so war er andererseits leicht zugänglich und liebevoll, dabei ein Seelenkundiger, vor dessen Blick Unechtes und Unrechtes nicht standhielt.«

Werke von bleibender Gültigkeit hat Reger vor allem für die Orgel geschaffen. Mehrere Orchesterkompositionen behaupten sich in allen Konzertsälen, wie z. B. die Hillervariationen oder die herrlichen Mozartvariationen, über die der Künstler selbst 1914 schrieb: »Man kann nicht immer schweren, dunklen Bordeaux trinken – so ein klarer Mosel ist doch auch sehr schön! . . . Wir brauchen nötigst viel, viel Mozart!«

Verschwenderische Tonfülle rauscht in Regers Orchestergesängen auf, in dem pompösen »Hundertsten Psalm« etwa, wo die achtstimmige Chorfuge – von großem Orchester begleitet – noch von einem Blechbläserchoral überstrahlt wird. Die polyphone Stimmführung weist auf Bach

zurück, die kühnen Akkordverbindungen erinnern manchmal an Johannes Brahms. Wie Reger bei allem gesteigerten Ausdruckswillen doch immer wieder zu kontrapunktischer Verdichtung gelangt, das gibt vor allem seinen Streichquartetten und Sonaten ihren Reiz. Sehr geschätzt sind die Kammermusikwerke, in denen Reger sich gründlich mit dem Charakter der einzelnen Soloinstrumente auseinandersetzt: Bei sparsamer Anwendung des äußeren Apparates erreicht er tiefe Wirkung.
Von großer Bedeutung für Max Reger war, daß er selbst viele seiner Werke an Klavier und Orgel zu gestalten vermochte, und daß sein treuester Freund, der angesehene Orgelvirtuose Karl Straube sich in selbstloser Weise für die Verbreitung seiner Werke einsetzte.
Als 1948 Regers Büste in der Walhalla aufgestellt wurde, sagte sein ehemaliger Schüler, der Komponist Professor Joseph Haas: »Die Kämpfe Regers in seinem Inneren waren getragen von der leidenschaftlichen Sehnsucht nach einer neuen Stilgebung. Sie forderten viel Opfermut, Entsagung, Verzicht auf raschen Erfolg. Sie waren aber verklärt von dem unbeugsamen Glauben, auf dem rechten Pfad zu sein, der in musikalisches Neuland führt. In diesem Sinne ist Regers Leben eine Künstlerwallfahrt ohnegleichen. Und in diesem Sinne ist das oft von ihm gehörte Wort zu verstehen: ›Kinder, ihr wißt nicht, wie herrlich das Schaffen ist, es ist doch das Höchste.‹«

9. Johannes Stark (1874–1957)

Bis zum 29. August 1964 hatte man kaum jemals den Weiler Schickenhof, Gemeinde Thansüß, Landkreis Amberg, öffentlich nennen hören; an diesem Tag aber wurde im Beisein vieler festfroher Gemeindebürger und hoher Gäste unter Glockengeläut eine Gedenktafel enthüllt, die folgende Inschrift trägt:

In diesem Hause wurde geboren
am 15. April 1874
Univ.-Professor für Physik
HERR DR. JOHANN STARK
Präsident der Physikalisch-
Technischen Reichsanstalt Berlin.
Für seine Entdeckungen in der Atom-
forschung wurde ihm von König Gustav V.
von Schweden 1919 der Nobelpreis verliehen.
Gestorben zu Traunstein Obb.
am 21. Juni 1957.
Errichtet von seiner Heimatgemeinde.

Damit hat die Gemeinde eine Ehrenschuld an ihrem großen Sohn, der vordem mehr und mehr der Vergessenheit anheimgefallen war, abgegolten.
Eine Reihe von Spenden der Witwe Stark aus dem Nachlaß ihres Mannes liegt im Naturkundemuseum zu Regensburg; darunter ist auch das Abiturzeugnis, das der junge Johannes 1894 am Alten Gymnasium (heute: Albertus Magnus-Gymnasium), Regensburg, erhielt. Dem »Sohn des Ökonomen Georg Stark« wird darin bescheinigt, daß er in allen Prüfungsarbeiten mit »sehr gut« abgeschnitten habe. Dieses Zeugnis einer ungewöhnlichen Begabung spricht aber auch von »musterhaftem Betragen« und »ernstem, allseitigem Interesse«.
». . . einen besonders vorteilhaften Eindruck machte die Sicherheit seines Wissens auf allen Gebieten sowie die Ruhe und Klarheit seiner Darstellung.« Klarheit und einprägsame Formulierung zeichnen alle Schriften Starks aus: Die schwierigsten Vorgänge verstand er auf eine Weise zu beschreiben, daß man glaubt, Selbstverständliches zu erfahren.
Seine wissenschaftliche Laufbahn begann Johannes Stark in München mit dem Studium von Mathematik und Physik; bald zog ihn der bekannte Physiker von Lommel als Assistenten heran und verwies ihn auf die Erforschung der elektrischen Entladung in Gasen, was dann Starks besonderes Studiengebiet wurde.
1900 erhielt er einen Ruf als Professor für Experimentalphysik an die Technische Hochschule Hannover. 1905 konnte er den aufsehenerregenden Nachweis des Dopplereffektes an leuchtenden Kanalstrahlteilchen erbringen. Die TH Aachen holte ihn 1909; dort gelang ihm die bahnbrechende Entdeckung, daß jede Spektrallinie eines lichtaussendenden Atoms durch ein elektrisches Feld in mehrere benachbarte Linien aufgespalten wird. Diese Erscheinung ist – ihrem Entdecker zu Ehren – als »Starkeffekt« in die Physik eingegangen. Der Forscher selbst schildert uns die entscheidenden Stunden in seiner schlichten, eindringlichen Art: »Im Herbst des Jahres 1913 war ich fertig mit meinen Vorbereitungen . . . Bald nachdem der Unterricht im Oktober begonnen hatte, setzte ich eines Nachmittags meine Aufnahme an Kanalstrahlen in einer Mischung von Wasserstoff und Helium in Gang . . . Der Versuch verlief gut. Ich schätzte ab, daß die Belichtung gegen sechs Uhr beendet sein müsse . . . Ich unterbrach die Belichtung und begab mich, ganz allein im Institut, zur Entwicklung meiner Aufnahme in die Dunkelkammer. Als die Platte noch im Fixierbad lag, nahm ich sie für kurze Zeit heraus, um nach dem Spektrum im schwachen gelben Licht der Dunkelkammer zu sehen. Ich gewahrte an der Stelle der blauen Wasserstofflinie mehrere Linien, während die benachbarten Heliumlinien einfach erschienen. Nun wußte ich bereits, daß ich den neuen Effekt entdeckt

hatte . . . In freudigster Stimmung eilte ich nach Hause, um meiner mit dem Abendessen auf mich wartenden Frau Mitteilung von meinem großen Fund zu machen. Wir freuten uns gemeinsam und niemals haben mir die dargebotenen Frankfurter Würstchen mit Kartoffelsalat besser geschmeckt als an diesem Abend. Unser im Mai geborenes Töchterchen schlief bereits und ahnte nichts vom Glück ihrer Eltern.«

Weitere Stationen von Starks Forscherlaufbahn waren die Universitäten Greifswald (1917–1920) und Würzburg (1920/21). Im Jahr 1919, als Deutschland nach der großen Katastrophe des Ersten Weltkrieges den Versailler Friedensvertrag bedingungslos unterzeichnen mußte, als das Ansehen Deutschlands in der Welt so gering war, daß man die deutsche Jugend für ein Jahrzehnt von den Olympischen Spielen ausschloß, richteten sich die Augen der internationalen Wissenschaft auf den Sohn der abgelegenen Oberpfalz: Die höchste Auszeichnung, die nur wahre Geistesfürsten jährlich aus der Hand des schwedischen Königs entgegennehmen, der Nobelpreis, fiel auf Johannes Stark. Dies ist das sprechendste Zeugnis für die Bedeutung des Mannes, dessen unermüdlicher Arbeitsenergie mehr als 300 wissenschaftliche Abhandlungen entsprangen. Nur einige seien genannt: »Handbuch für Radio-Aktivität und Elektronik« (1904ff.); »Prinzipien der Atomdynamik« (1910/15); »Atomstruktur und Atombindung« (1928); »Erfahrungen und Theorien über Licht und Elektron« (nach 1947).

Stark war Gegner bloßer Theorien, von »Gedankenexperimenten«; die schwierigen Probleme der Atomphysik seien zu lösen »allein durch die geduldige und gewissenhafte experimentelle Forschung«.

Nach 1921 zog sich Stark in die Heimat (nach Ullersricht bei Weiden) zurück, um ganz seinen Privatstudien leben zu können. Seine Heimatverbundenheit kommt auch in der Tatsache zum Ausdruck, daß er sich die Lebensgefährtin aus der Heimatgemeinde Thannsüß erwählte. Der angesehene Mann konnte sich auf die Dauer nicht der Öffentlichkeit entziehen: Als 1933 die Stelle des Präsidenten der Physikalisch-Technischen Reichsanstalt vakant wurde, stellte man ihn auf diesen Posten, den seit über 50 Jahren nur die größten Wissenschaftler eingenommen hatten. Ein Stab von 300 Mitarbeitern unterstützte ihn bei der Aufgabe der praktischen Förderung der deutschen Technik, der Prüfung physikalisch-technischer Meßinstrumente und der Behandlung wissenschaftlicher Probleme. Außerdem übertrug man ihm die Präsidentschaft der »Notgemeinschaft der deutschen Wissenschaft«. Daß er die öffentliche Wirksamkeit in der Zeit des Nationalsozialismus nicht aufgab, haben ihm manche später verübelt, ohne zu bedenken, wieviel Unheil ein Mann seines rechtschaffenen Charakters an einer maßgebenden Stelle verhindern konnte.

»Er war der ehrlichste und treueste Deutsche«, schreibt Frau Stark (Brief an H. Plank vom 27. II. 64). »Sein Genius, sein Idealismus und ganz besonders seine unbeugsame oft sicher unbequeme Wahrheitsliebe und Geradheit wurden allzu oft verkannt . . .« (Brief von Hans Stark an H. Plank vom 20. V. 64).
1939, noch ehe sich der Staat, dem er diente, vor der Welt vollends ins Unrecht setzte, zog sich Johannes Stark ins Privatleben zurück. Still und fast vergessen ist er 1957 auf seinem Gut Eppenstadt bei Traunstein nach einem erfüllten Leben verschieden.
Der einzige oberpfälzische Nobelpreisträger steht stellvertretend für eine große Reihe berühmter Oberpfälzer Naturwissenschaftler, die in den »Acta Albertina« 1963 behandelt sind.

10. Georg Britting (1891–1964)

Bild Seite 376

Zum 70. Geburtstag des Dichters brachte die Nymphenburger Verlagsanstalt den sechsten Band des Gesamtwerkes heraus. Drei Jahre darauf ist Britting verschieden, und so liegt sein Schaffen heute ziemlich vollständig vor uns.
Wie bei allen Großen tritt das Persönliche hinter dem Werk zurück: Am Oberen Wöhrd zu Regensburg ist der Knabe aufgewachsen; der Herkunftslandschaft blieb der Dichter bis ins Alter tief verbunden. Nach der Gymnasialzeit beanspruchten ihn Militär- und Kriegsdienst; er trug mehrere Verwundungen davon, der Ringfinger mußte abgenommen werden. Zwei Jahre weilte Britting nach Kriegsende noch in seiner Vaterstadt. Mit dem Malerfreund Josef Achmann gab er die Monatsschrift für neue Dichtung und Grafik, »Die Sichel«, heraus; sie nahm auch seine ersten poetischen Versuche auf (1921 ging die Zeitschrift ein). Viele Anregungen dankt Britting der Malerei, viele auch seinen Reisen und Wanderungen durch Bosnien und Dalmatien, durch Österreich, Italien, Frankreich und Nordafrika.
Ab 1921 lebte Georg Britting als freier Schriftsteller in München – frei von einem Brotberuf, von Geldstreben und literarischer Betriebsamkeit, frei von dem Ehrgeiz, durch Zugeständnisse an den Publikumsgeschmack Erfolge erzielen zu wollen. Auch der Nationalsozialismus hat ihn nicht verführt, heldische Phrasen zu verkünden; er erlitt das deutsche Schicksal, ohne sich im Politischen zu verausgaben. Daß er trotzdem nie zeitfern wurde, beweisen die Verehrung, die ihm gerade die junge Generation entgegenbringt, und sein Einfluß auf Dichter wie Krolow, Höllerer, Piontek, Andres. »Auch in unserer Zeit gibt es für die verborgenen Dinge eine Sageweise. Es ist kein Wunder, daß Britting gerade von un-

serer jungen Generation verehrt wird. Er hat dieser Generation nicht abzubitten, sie jemals, und sei es auch nur durch ›Nebensätze‹, ins Wirre verwiesen zu haben.« So schreibt Walther Höllerer, selbst ein gebürtiger Oberpfälzer (Sulzbach) und ein maßgebender Mann des Wortes.
Die schöpferische Hauptzeit Brittings lag in dem Jahrzehnt vor 1935; streng verfuhr der Dichter selbst mit seinem Werk, vieles schied er aus, arbeitete es um, verbesserte. Der erste Erzählband, »Michael und das Fräulein«, erschien 1927, »Die kleine Welt am Strom« und »Das treue Eheweib« 1933, der Gedichtband »Der irdische Tag« 1935.
Der Roman »Lebenslauf eines dicken Mannes, der Hamlet hieß« (1932) machte seinen Namen bekannt. Shakespeares Hamlet-Thema wird in moderner Sehweise behandelt: Der dicke Prinz, ein seiner Umwelt gedanklich überlegener Grübler, wird vom Leben zugleich angezogen und abgestoßen. Die wandelbaren, täuschenden Dinge bedrohen sein Ich und rufen seine lähmende Unsicherheit hervor. Der Kampf, der Krieg, wird als elementares Prinzip geschaut, nicht verherrlicht, aber als Naturgesetz plastisch herausgestellt. Der Dichter selbst hält ganz zurück mit seinem Urteil, nur durch sichtbare Handlungen und Reaktionen schildert er seine Figuren.
Diese Art, das Ich ganz aus der Dichtung zu verdrängen und nur die Dinge sprechen zu lassen, eignet seinen Erzählungen und seiner Naturlyrik. Der Strom, die grüne Ebene, Wasserspiegel und Fischwelt, Feldweg und Kapelle gehören zum festen Bestand seiner Motivwelt. Klar und körperhaft werden die Gegenstände ins Bild gebannt, in immer neuen Vergleichen scharf herausgearbeitet; in Wortreihen, in Satzhäufungen tastet Britting ihrem Gehalt nach, sucht ihr Wesen sichtbar zu machen. Tiere, Pflanzen, Himmelszeichen verkörpern bestimmte Kräfte – der Hecht etwa das räuberisch Böse, Untergründige, das in den Frieden einbricht. Eben dies ist kennzeichnend für Britting: Er flieht nicht vor der Wahrheit des Schrecklichen, Dunklen, Grausamen; nicht die so harmlos erscheinenden Anekdoten, nicht die freundliche Idylle machen sein Werk aus, sondern die Wechselbeziehung von Alltäglichem und Ungewöhnlichem, von Harmlosem und Gefährdendem. Diese »kleine Welt am Strom« kennt die Unruhe im Innersten, und der »irdische Tag« ist durchpulst von irrationalen Elementen, von Traum, Ungewißheit und Leidenschaft. Diese Zwiegesichtigkeit der Welt hat Britting sehr eindringlich in dem folgenden Gedicht gestaltet:

»Ruhig atmet der See, kindergesichtig, fromm
Glänzend. Du aber weißt, was in der Tiefe liegt:
Schwarze Fische, der Waller
Und der mächtige Raubfisch Hecht.

Manchmal steigt aus der Flut silbern die Blase auf,
Manchmal rührt in der Bucht singend das Schilfrohr sich:
Jagt jetzt unten im Grunde
Grausam hetzend der Raubfisch Hecht?«

Wie kaum einem gelang es Britting, die altbayerische und besonders die Donau-Landschaft einzufangen. Das aber unterscheidet ihn von vielen Heimatdichtern: Das heimatliche Bild ist nicht Selbstzweck: das Kleinbürgermilieu, das Paradies der Kindheit, die Barockfrömmigkeit des Dorfes sind mehr als wirklichkeitstreue Genrebilder, mehr als biedere Plaudereien – eine »magische Überhöhung« findet statt, ähnlich wie bei dem Landsmann Albrecht Altdorfer. Häufig ist eine vollkommene Einheit von Aussage und Form erreicht. »Brittings Dichtung lebt unmittelbar aus Rhythmus und Bild: die Form ist schon ›Inhalt‹.« (Höllerer) Und das ist ja das Kennzeichen großer Dichtung.
Auch die Werke der Spätzeit (der Gedichtband »Lob des Weines« und die Prosasammlung »Der bekränzte Weiher«) verzichten auf Sentimentalität, auf Pathos und Moralisieren, aber auch auf alles Experimentieren. Mit liebevoller Gelassenheit versenkt sich der Dichter in das Abgründige wie in das Reine; die Haltung ist bedachtsamer, versöhnlicher geworden, der Stil glatter als in der expressiven Frühzeit; gebundene Versformen sind häufig; jedes dieser schlichten Worte sitzt.
Viele Auszeichnungen wurden dem Dichter zuteil: das Große Verdienstkreuz der Bundesrepublik, der Bayerische Verdienstorden, der Immermannpreis, der Kunstpreis von Nordrhein-Westfalen, der Literaturpreis der Stadt München, die Albertus-Magnus-Medaille der Stadt Regensburg, der Kulturpreis Ostbayern 1963.
Dichtung jedoch will nicht gefeiert und beredet sein, sondern in erster Linie gelesen werden. »Unser Britting« – der große, breite Mann mit dem Kahlkopf, dem leisen Schmunzeln im weichen Gesicht, dem ungezwungenen, heiter-ernsten Wesen – hat 1964 seinen »irdischen Tag« zu Ende gebracht. Unvergeßlich möge er in seinem Werk weiterleben.

Museen

Dieses Buch versucht, die Kenntnis der Heimat, ihrer Landschaft, ihrer Bewohner und Leistungen zu sichern und zu mehren: Nur was man kennt, kann man lieben; was man aber liebt, das möchte man pflegen und bewahren. Wieviel Wertvolles in Natur und Kultur ist der Unbedachtsamkeit und dem Unverständnis bereits zum Opfer gefallen! Heimatliebe heißt aber auch Verantwortung für die Heimat, heißt Mut, sie zu schützen, wo sie gefährdet ist. Heute besinnt man sich allenthalben auf die Werte der Vergangenheit und auf eine sinnvolle Pflege des Althergebrachten.

In allen Städten und Landkreisen widmen sich ehrenamtliche Helfer diesem Anliegen. Die zahlreichen Museen unseres Bezirkes bieten aus Naturkunde, Geschichte und Brauchtum eine Fülle von Material, das für Einheimische und Fremde gleichermaßen anregend ist. Hingewiesen sei besonders auf die Museen folgender Orte:

Amberg, Alte Feste, Eichenforstgasse 12
Berching, An der Johannisbrücke
Furth im Wald, Schloßplatz 2
Grafenwöhr, Alter Kasten
Neumarkt, Weiherstraße 7
Neunburg vorm Wald, Im Berg 17
Schwandorf, Rathausstraße 1
Sulzbach-Rosenberg, Schloß
Sulzbürg, Landlmuseum, Marktplatz
Waldsassen, Stiftlandmuseum, Rathausstraße 1
Weiden, Stadtmuseum, Unterer Markt 23

Private Burg- und Schloßmuseen

Falkenberg, Lkr. Tirschenreuth
Wolfsegg, Lkr. Regensburg
Thumsenreuth, Lkr. Tirschenreuth

Spezialmuseen

Burglengenfeld, Oberpfälzer Volkskundemuseum, Wölland 1
Hillstett, Oberpfälzer Handwerksmuseum
Perschen, Oberpfälzer Bauernmuseum
Theuern, Bergbau- und Industriemuseum Ostbayern

Museen in Regensburg

Städtisches Museum, Dachauplatz 2–4
Reichstagsmuseum, Altes Rathaus
Kepler-Gedächtnishaus, Keplerstraße 5
Diözesanmuseum, An der Hülling 1
Domschatzmuseum, Krauterermarkt 3
Naturkundemuseum Ostbayern, ehemaliges Herzogspalais, Prebrunnstraße 4
Marstallmuseum und Fürstliches Schloß, Emmeramsplatz 5 und 6
Ostdeutsche Galerie, Dr.-Johann-Maier-Straße 5
Ostbayerische Galerie (Leerer Beutel), Bertholdstraße

Im Aufbau

Schulmuseum in Sulzbach-Rosenberg
Oberpfälzer Freilandmuseum, Neusath b. Perschen
Schiffahrtsmuseum, Regensburg, Unterer Wöhrd

Literatur

'achfolgende Literaturübersicht soll interes-erte Leser an die wichtigsten weiterführenden eröffentlichungen heranführen. Es sei außer-em verwiesen auf die Literaturverzeichnisse in en zusammenfassenden Werken.

'eriodische Veröffentlichungen

.cta Albertina Ratisbonensia, Regensburg 1951 ff.

.ltbayerische Heimat. Blätter für Heimatpflege und Unterhaltung (Beilage der Mittelbayerischen Zeitung), Regensburg 1948–1976

ayerische Archivinventare, bisher 40 Bde, München-Pasing 1952 ff.

ayerische Bibliographie, München 1959 ff.

ayerische Vorgeschichtsblätter, München 1921 ff.

ayerisches Jahrbuch für Volkskunde, München 1950 ff.

ayerland, München 1897 ff.

er Bayerwald, Straubing 1903 ff.

eiträge zur Geschichte des Bistums Regensburg, bisher 11 Bde., Regensburg 1967 ff.

eiträge zur Oberpfalzforschung, bisher 3 Bde., Kallmünz 1965–69

lätter des Bayerischen Landesvereins für Familienkunde, Kallmünz 1923 ff.

lätter zur Geschichte und Landeskunde der Oberpfalz, bisher 17 Hefte, Regensburg 1966 ff.

enkschriften der Regensburgischen Botanischen Gesellschaft (ab 1971 Hoppea), Regensburg 1815 ff.

er Erdstall. Beiträge zur Erforschung künstl. Höhlen, bisher 5 Bde., Roding 1975 ff.

rlanger geologische Abhandlungen (mit geologischen Spezialkarten), seit 1952

orschungen zur Kultur- und Literaturgeschichte Bayerns, hrsg. von K. v. Reinhardstoetter, München 1893 ff.

Führer durch die Sammlungen der Stadt Regensburg, bisher 4 Hefte, Regensburg 1955 ff.

Geologica Bavarica, München 1949 ff.

Geologische Blätter für Nordost-Bayern, Erlangen 1950 ff.

Heimatblätter für den oberen Naabgau, Weiden 1923–1940

Heimaterzähler (Beilage zum Schwandorfer Tagblatt) Schwandorf 1949–1971

Jahresbericht des Hist. Vereins Neumarkt, bisher 17 Bde., Neumarkt 1906 ff.

Die Kunstdenkmäler von Bayern, Oberpfalz, München 1905 ff.

Literarische Jahresrundschau (über die bayerische Geschichtsliteratur), bearb. von W. Krag, München 1927–1944

Materialhefte zur bayerischen Vorgeschichte, bisher 8 Bde. zur Oberpfalz, Kallmünz 1952 ff.

Mitteilungen der Geographischen Gesellschaft in München, 1915 ff.

Mitteilungen des Max-Reger-Instituts, Wiesbaden 1954 ff.

Oberpfälzer Heimat, bisher 24 Bde., Weiden 1956 ff.

Oberpfälzer Jura. Heimatbeilage des Amberger und Sulzbach-Rosenberger Volksblattes, 1950–1963

Die Oberpfalz. Eine Heimatzeitschrift für den ehemaligen Bayerischen Nordgau, Kallmünz 1907 ff.

Ostbairische Grenzmarken, Passau 1912 ff.

Der Regenkreis. Heimatkundliche Blätter für das mittlere Regen- und Schwarzachtalgebiet, Nittenau 1961–1971

Regensburger geographische Schriften, bisher 7 Bde., Regensburg 1971 ff.

Regensburger Historische Forschungen, bisher 7 Bde., Kallmünz 1972 ff.

Schönere Heimat, Erbe und Gegenwart, München 1937 ff.

Thurn und Taxis-Studien, bisher 10 Bde., Kallmünz 1961ff.
Verhandlungen des Historischen Vereins von Oberpfalz und Regensburg (=VHVO), Regensburg 1851ff.
Volkskunst, Zeitschrift f. volkstümliche Sachkultur München 1978ff.
Was uns die Heimat erzählt (Heimatkundliche Beilage der Oberpfälzer Nachrichten), Weiden 1956ff.
Weidener heimatkundliche Arbeiten, bisher 16 Bde., Weiden 1958ff.
Wie's daheim ist (Beilage des Neumarkter Tagblattes), Neumarkt/Opf. 1950–1962
Zeitschrift für bayerische Kirchengeschichte, Nürnberg 1926ff.
Zeitschrift für bayerische Landesgeschichte, München 1928ff.
Zeitschrift für Volkskunde, Stuttgart 1904ff.

Vorgeschichte

Atlas der spätkeltischen Viereckschanzen Bayerns, München 1959
Birkner F., Ur- und Vorzeit Bayerns, München 1936
Herrmann F., Auf den Spuren des Regensburger Steinzeitmenschen, Kallmünz 1958
Herrmann F., Jurahöhlen der Oberpfalz, Regensburg 1976 (= Oberpfälzer Kostbarkeiten)
Lindner H., Die altsteinzeitlichen Kulturen der Räuberhöhle am Schelmengraben bei Sinzing, Kallmünz 1961 (= Materialhefte zur Bayerischen Vorgeschichte 16)
Müller-Karpe H., Handbuch der Vorgeschichte, 3 Bde., München 1966–74
Stroh A., Die Reihengräber der karolingisch-ottonischen Zeit in der Oberpfalz, Kallmünz 1954 (= Materialhefte zur Bayerischen Vorgeschichte 4)
Stroh A., Die vor- u. frühgeschichtlichen Geländedenkmäler der Oberpfalz, Bd. 1. Text, Bd. 2. Atlas, Kallmünz 1975 (= Materialhefte zur Bayerischen Vorgeschichte B, 3)
Torbrügge W., Die Bronzezeit in der Oberpfalz Kallmünz 1959 (= Materialhefte zur bayerischen Vorgeschichte 13)
Torbrügge W. u. H. P. Uenze, Bilder zur Vorgeschichte Bayerns, Konstanz 1968
Wagner F., Bibliographie der bayer. Vor- u Frühgeschichte 1884–1959, Wiesbaden 196

Geschichte (Kirchen-, Kunst- u. Siedlungsgeschichte)

Bauerreiß R., Kirchengeschichte Bayerns 5 Bde., München 1949ff.
Benker G., Wege durch Regensburg, Regensburg 1976
Bernd D., Vohenstrauß. Pflegamt Tännesberg Treswitz, Amt Vohenstrauß, Pflegamt Pleystein, Landgrafschaft Leuchtenberg, Herrschaft Waldthurn, München 1977 (= His Atlas v. Bayern, Teil Altbayern 39)
Boll W., Regensburg. 3. verm. u. erw. Aufl München 1969
Bosl, K. (Hrsg.), Handbuch der historische Stätten Deutschlands: Bayern. 2. überarb Aufl., Stuttgart 1965
Bosl K., Das kurpfälzische Territorium »Ober Pfalz« (in: Zs. für bayer. Landesgesch. 26 1963)
Bosl K., Nordgau und die Oberpfalz als Reichs länder und Territorialstaaten (in: Die Ober pfalz 64/1976)
Bosl K., Oberpfalz und Oberpfälzer. Geschicht einer Region. Gesammelte Aufsätze, Kallmünz 1978
Bosl K., Die Oberpfalz und ihre junge Haupt stadt (in: Beiträge zur Geschichte und Landeskunde der Oberpfalz, 19)
Dachs H., Germanischer Uradel im frühbairischen Donaugau (in: VHVO 86/1936)
Dachs H., Regensburg. Geschichte und Denkmäler, Regensburg 1950
Dachs H., Römerkastelle und frühmittelalterliches Herzogs- und Königsgut an der Dona (in: Schriftenreihe zur bayer. Landesgeschichte 62/1962)

Dachs H., Der Umfang der kolonisatorischen Erschließung der Oberpfalz bis zum Ausgang der Agilolfingerzeit (in: VHVO 89/1936)
Der bayerische Nordgau. Festgabe zum 60. Geburtstag des Regierungspräsidenten Dr. Josef Ulrich und des Dichterarztes Dr. Heinz Schauwecker, Amberg 1954
Dietz K. u. a., Regensburg zur Römerzeit, Regensburg 1979
Dollinger R., Das Evangelium in der Oberpfalz, Neuendettelsau 1952
Dünninger E. (Hrsg.), Begegnung mit Regensburg. Stadt und Landschaft im Erlebnis der Jahrhunderte, Regensburg 1972
Emmerig E., Der altbayerische Charakter der Oberpfalz (in: Schönere Heimat 65/1976)
Emmerig E., Entwicklung der staatlichen Verwaltung der Oberpfalz von Montgelas bis heute (in: VHVO 114/1974)
Emmerig E., Die Oberpfalz nach der Gebietsreform (in: Oberpfälzer Heimat 23/1979)
Färber S., Das Regensburger Fürstlich Thurn und Taxissche Hoftheater und seine Oper (in: VHVO 86/1936)
Färber S., Große Oberpfälzer (in: Blätter zur Geschichte und Landeskunde der Oberpfalz, 15)
Färber S. u. Spitta W., Regensburg, Regensburg 1979
Feßmaier G., Versuch einer pragmatischen Staatsgeschichte der Oberpfalz, seitdem sie Oberpfalz heißt, 2 Bde., München 1799 bis 1802
Fürnrohr W., Der immerwährende Reichstag zu Regensburg (in: VHVO 103/1963)
Götz J. B., Die religiösen Wirren in der Oberpfalz 1520–1560, Freiburg 1914
Götz J. B., Die religiösen Wirren in der Oberpfalz von 1576–1620, Münster 1937
Gütter A., Nordbairischer Sprachatlas, München 1971
Hable G., Geschichte Regensburgs. Eine Übersicht nach Sachgebieten, unter Mitarbeit v. R. W. Sterl, Regensburg 1970
Heinloth B., Neumarkt, München 1967 (= Hist. Atlas von Bayern. Teil Altbayern 16)
Hubel A., Der Regensburger Domschatz, München 1976 (= Kirchliche Schatzkammern u. Museen 1)
Hubensteiner B., Bayerische Geschichte, München [6]1977
Karlinger H. u. J. M. Ritz, Bayerische Kunstgeschichte, 2 Bde., 1928–1931 (Bd. 1 neu hrsg. von H. Thoma, München 1960)
Klebel E., Geschichte der Oberpfalz (in: Bayern. Ein Land verändert sein Gesicht, Hannover 1956)
Klebel E., Landeshoheit in und um Regensburg (in: VHVO 90/1940)
Klebel E., Regensburg (in: Vorträge und Forschungen, Bd. 4/1958)
Knöpfler J. F., Beiträge zur Kultur-, Rechts- und Kunstgeschichte aus den Ratsbüchern der Stadt Amberg in der Oberpfalz 1432–1445 (in: VHVO 73/1923)
Kraus A., Bayern und der Nordgau (in: VHVO 116/1976)
Kraus A., Marginalien zur ältesten Geschichte des bayerischen Nordgaus (in: Jahrbuch für fränkische Landesforschung 34/35 – 1975)
Kraus A. – Pfeiffer W. (Hrsg.), Regensburg. Geschichte in Bilddokumenten, München 1979
Kraus E., Mit Orgelklang und Paukenschall – Musikkultur in Oberpfälzer Klöstern, Regensburg 1980 (= Oberpfälzer Kostbarkeiten)
Krausen E., Die handgezeichneten Karten im Bayerischen Hauptstaatsarchiv sowie in den Staatsarchiven Amberg und Neuburg a. d. Donau bis 1650, Neustadt a. d. Aisch 1973 (= Bayerische Archivinventare 37)
Kreuzer G., 2000 Jahre Regensburger Stadtentwicklung. Geschichte, Gegenwart, Planungen, Regensburg 1972
Die Kunstdenkmäler von Bayern, Oberpfalz, München 1905 ff.
Leingärtner Gg., Landrichteramt Amberg, München 1971 (= Hist. Atlas v. Bayern, Teil Altbayern 24,1)
Lippert F., Reformation und Gegenreformation in der Landgrafschaft Leuchtenberg (in: Bei-

träge zur bayerischen Kirchengeschichte 8/ 1902)
Mader F., Oberpfälzer Klöster und Wallfahrtskirchen, Augsburg 1924
Mader F., Stadt- und Dorfkirchen der Oberpfalz, Augsburg 1925
Maier Hans, Regensburg und Bayern (in: Beiträge zur Geschichte und Landeskunde der Oberpfalz, 17)
Pfistermeister U., Burgen der Oberpfalz, Regensburg 1974 (= Oberpfälzer Kostbarkeiten)
Pfistermeister U., Schlösser der Oberpfalz, Regensburg 1975 (= Opf. Kostbarkeiten)
Pfistermeister U., Oberpfalz, Regensburg 1979
Piendl M., Fragen zur frühen Regensburger Stadttopographie (in: VHVO 106/1966)
Piendl M., Herzogtum Sulzbach. Landrichteramt Sulzbach, München 1957 (= Hist. Atlas von Bayern. Teil Altbayern 10)
Piendl M., Das Landgericht Cham (in: Hist. Atlas von Bayern. Teil Altbayern 8)
Piendl M., Das Landgericht Kötzting, München 1953 (= Hist. Atlas von Bayern. Teil Altbayern 5)
Piendl M., Das fürstliche Haus Thurn und Taxis, Regensburg 1980
Puchner K., Quellen zur Oberpfälzer Siedlungsgeschichte (in: VHVO 87/1937)
Schindler H., Große Kunstgeschichte Bayerns, 2 Bde., München 1963
Schmid D., Das Landgericht Stadtamhof, die Reichsherrschaften Donaustauf und Wörth, München 1976 (= Hist. Atlas von Bayern. Teil Altbayern 41,1)
Schmid P., Regensburg, Stadt der Könige und Herzöge im Mittelalter, Kallmünz 1977 (= Regensburger Historische Forschungen 6)
Schnell H., F. Spross u. H. Sturm, Der Landkreis Tirschenreuth. Geschichte, Wirtschaft, Kunst, München 1963 (= Große Kunstführer 43/44)
Schwarz E., Sprache und Siedlung in Nordostbayern, Nürnberg 1960 (= Erlanger Beiträge zur Sprach- und Kunstwissenschaft 4)
Schwarz K., Die Ausgrabungen im Niedermünster zu Regensburg, Kallmünz 1971
Simon M., Evangelische Kirchengeschicht Bayerns, 2 Bde., München 1942
Spindler M. (Hrsg.), Handbuch der bayerische Geschichte Bd. II: Das alte Bayern, Münche 1966. Bd. III: Franken, Schwaben, Oberpfalz München 1971
Staber J., Kirchengeschichte des Bistums Regensburg, Regensburg 1966
Strobel R., Das Bürgerhaus in Regensburg. Mittelalter, Tübingen 1976 (= Das deutsch Bürgerhaus 23)
Strobel R. (Hrsg.), Regensburg. Die Altstadt al Denkmal, Regensburg 1978
Strobel R., Romanische Architektur in Regensburg. Kapitell, Säule, Raum, Nürnber 1975
Sturm H., Eine Erhebung vom Jahre 1658 übe die Abwanderungen aus der Oberpfalz nac Böhmen im Dreißigjährigen Krieg (in: Jahrbuch für fränkische Landesforschung 21 1961)
Sturm H., Die Gebietsgliederung im Regierungsbezirk Oberpfalz seit Beginn de 19. Jahrhunderts (in: Oberpfälzer Heima 13/1969)
Sturm H., Kemnath. Landrichteramt Waldeck Kemnath mit Unteramt Pressath, Münche 1975 (= Hist. Atlas v. Bayern. Teil Altbayer 40)
Sturm H., Die Landkreiswappen im Regierungsbezirk Oberpfalz, Wappenzeichn. v Max Reinhart, Regensburg 1969
Sturm H., Oberpfalz und Egerland, Geislingen/Steige 1964
Sturm H., Tirschenreuth, München 1970 (= Hist. Atlas von Bayern. Teil Altbayern 21)
Sturm H., Zur ältesten Geschichte Ambergs (in Oberpfälzer Heimat 5/1950)
Theobald L., Die Reformationsgeschichte de Reichsstadt Regensburg, 2 Bde., Nürnber 1936–1951
Ulbert G., Das römische Regensburg als Forschungsproblem (in: VHVO 105/1965)
Walderdorff H. v., Regensburg in seiner Ver

gangenheit und Gegenwart, Nachdr. d. 4. vollkommen umgearb. Aufl., Regensburg 1973

Winzinger F., Albrecht Altdorfer (Gesamtausgabe), München 1952–1964

Woeckel G. P., Franz Ignaz Günther. Der große Bildhauer des bayer. Rokoko, Regensburg 1977

Naturkunde, Wirtschaft

Bastian F., Das Runtingerbuch 1383–1407, 3 Bde., Regensburg 1944

Eikenberg W., Das Handelshaus der Runtinger zu Regensburg. Ein Spiegel süddeutschen Rechts-, Handels- und Wirtschaftslebens im ausgehenden 14. Jahrhundert. Mit e. Beitrag v. W. Boll, Göttingen 1976

Emmerig E., Die Entwicklung in der Oberpfalz nach dem Krieg (in: Blätter zur Geschichte und Landeskunde der Oberpfalz, 14)

Erläuterungen zur geologischen Karte von Bayern 1:25000, bisher 21 Bde. zur Oberpfalz, München 1958ff.

Erläuterungen zur geologischen Karte von Bayern 1:500000, München 1954

Handbuch der naturräumlichen Gliederung Deutschlands, 2 Bde., Bad Godesberg 1962

Hausbeck P. – Schuster R., Gefährdete Natur – Seltene Tiere und Pflanzen in der nördlichen Oberpfalz, Regensburg 1980

Herrmann J., Die Heilquellen der Oberpfalz (in: Oberpfälzer Heimat 15/1971)

Klebel E., Beiträge zur Wirtschaftsgeschichte der Stadt Regensburg (in: VHVO 101/1961)

Kloten N., Die Region Amberg: Tendenzen und Möglichkeiten ihrer wirtschaftlichen Entwicklung, Luxemburg 1966

Kuhnle R., Wirtschaftskräfte der Nordoberpfalz, Weiden 1964 (= Weidner heimatkundliche Arbeiten 9)

Nichelmann V., Beitrag zur Darstellung der Entwicklung der eisenschaffenden Industrie in der Oberpfalz (in: VHVO 97/1956)

Nichelmann V., Zur Geschichte der eisenschaffenden Industrie in der Oberpfalz. Die Zeit 1871–1918 (in: VHVO 105/1965)

Pongratz L., Naturforscher im Regensburger und ostbayerischen Raum (in: Acta Albertina Ratisbonensia 25/1963)

Regler R., Die Hammereinigung zwischen Amberg und Sulzbach von 1341 (in: VHVO 117/1977)

Ress F. M., Bauten, Denkmäler und Stiftungen deutscher Eisenhüttenleute, Düsseldorf 1960

Ress F. M., Geschichte und wirtschaftliche Bedeutung der oberpfälzer Eisenindustrie. Von den Anfängen bis zur Zeit des Dreißigjährigen Krieges (in: VHVO 91/1950)

Rubner H., Die Anfänge der großen Industrie in der Oberpfalz (in: VHVO 111/1971)

Schlögl A., Bayerische Agrargeschichte, München 1954

Schönfeld R., Die Donau als Faktor der wirtschaftlichen Entwicklung Regensburgs (in: VHVO 116/1976)

Schönfeld R., Regensburg im Fernhandel des Mittelalters (in: VHVO 113/1973)

Schremmer E., Die Wirtschaft Bayerns, vom hohen Mittelalter bis zum Beginn d. Industrialisierung, München 1970 [S. 326–345 Bergbau i. d. Opf. seit 1628]

Sperber H., Begegnung mit der Heimatlandschaft, Fahrten und Wanderungen in Nordostbayern, Kallmünz 1965

Sperber H., Nordostbayern, einmaliges Land, Hof 1976

Stark F., Verkehrskreuz Oberpfalz, Weiden 1978 (= Weidner heimatkundliche Arbeiten 9)

Stark F., Zur Geschichte der Durchgangsstraßen im Oberpfälzer Kernraum (in: Oberpfälzer Heimat 22/1978)

Strunz H., Mineralien und Lagerstätten in Ostbayern, Regensburg 1953

Strunz H. (Hrsg.), Zur Mineralogie und Geologie der Oberpfalz, Heidelberg 1979 (= Der Aufschluß, Sonderbd. 26)

Strunz J., Die Industrieansiedlungen in der Oberpfalz in den Jahren 1957 bis 1966, Regensburg 1974 (= Regensburger geographische Schriften 4)

Sturm H., Die Handelsprivilegien Ambergs im Mittelalter (in: Oberpfälzer Heimat 5/1960)

Tham R., Die Entwicklung der Oberpfälzer Glasindustrie (1870–1939) (in: Oberpfälzer Heimat 22/1978)

Wurm A., Geologie von Bayern, Berlin 1961

Zahn U., Die Eisenwirtschaft in der Oberpfalz vom Mittelalter bis in die Gegenwart, Regensburg 1976 (= Regensburger geographische Schriften. Exkursionen in Ostbayern)

Volkskunde, Literaturgeschichte

Bavaria. Landes- und Volkskunde des Königreichs Bayern, II 1, München 1863

Bedal K., Haus und Stadel. Bäuerliches Bauen in d. Oberpfalz, Regensburg 1975 (= Oberpfälzer Kostbarkeiten)

Bedal K., Ofen und Herd im Bauernhaus Nordostbayerns. Eine Unters. d. älteren Feuerstätten im ländl. Anwesen d. östl. Franken u. d. nördl. Oberpfalz, München 1970

Benker G., Kuchlgschirr und Essensbräuch, Regensburg 1977 (= Oberpfälzer Kostbarkeiten)

Bergmann A., Fachwerkbauten in der Oberpfalz 2, Kallmünz 1975

Bischoff B., Die mittelalterlichen Bibliotheken Regensburgs (in: VHVO 113/1973)

Bischoff B., Die südostdeutschen Schreibschulen und Bibliotheken in der Karolingerzeit, Teil 1, Wiesbaden 3. Aufl. 1974

Brunner R. J., Johann Andreas Schmeller. Sprachwissenschaftler u. Philologe, Innsbruck 1971

Eichenseer A. J., Volkslieder aus der Oberpfalz für Kinder und Jugendliche, Regensburg 1979

Eichenseer A. J. (Hrsg.), Oberpfälzer Kostbarkeiten, Regensburg 1973ff.

Eichenseer A. J. (Hrsg.), Oberpfälzer Sprachmosaik, Regensburg 1977ff.

Eichenseer A. J. (Hrsg.), Zammglaabt. Oberpfälzer Mundartdichtung heute, Regensbur 1977

Eichenseer A. J. u. Eichenseer E., Oberpfälze Weihnacht. Ein Hausbuch vo Kathrein bi Drei Kine, Regensburg 1978

Eichenseer A. J. u. Horn E., Oberpfälzer Kost Aus Bauern-, Bürger- u. Pfarrhäusern Regensburg 1977

Eichenseer A. J. u. Mayer W. A. (Hrsg.) Volkslieder aus der Oberpfalz und angren zenden Gebieten. Bd. 1: Gesungene Bairi sche, Regensburg 1976

Erdmannsdorffer K., Baufibel für die Oberpfalz München 1942

Erdmannsdorffer K., Das Baugesicht der Ober pfalz (in: Schönere Heimat 45/1956)

Gaßner H., Brauch und Glaube im alten Re gensburg (in: VHVO 90/1940)

Gebhard T. – Sperber H., Alte bäuerliche Ge räte, München 1979

Gebhard T., Der Bauernhof in Bayern, Mün chen 1975

Gebhard T., Dorf und Bauernhaus in der Ober pfalz (in: Schönere Heimat 45/1956)

Gebhard T., Ein spätgotischer Bauernhausty aus der Oberpfalz, München 1952 (= Bayer Jahrbuch für Volkskunde 19)

Gebhard T., Technikgeschichte und museal Darstellung. Zum Werden des oberpfälzi schen Industriemuseums Theuern (in: VHV 113/1973)

Gebhard T., Wegweiser zur Bauernhausfor schung, München 1957

Gebhard T., Zur Geschichte des Wallfahrtswe sens in der Oberpfalz (in: VHVO 112 1972)

Gebhard T. (Hrsg.), Handbuch der Bayerische Museen und Sammlungen, Regensbur 1968

Hartinger W., ... denen Gott genad, Toten brauchtum und Armen-Seelen-Glaube in de Oberpfalz, Regensburg 1979 (= Oberpfälze Kostbarkeiten)

Hoerburger F., Der Zwiefache. Gestaltung un Umgestaltung der Tanzmelodien im nördli chen Altbayern, Berlin 1956

Kapfhammer U. u. G. Kapfhammer (Hrsg.), Oberpfälzisches Lesebuch. Vom Barock bis zur Gegenwart, Regensburg 1977

Kriß R., Die Volkskunde der altbayerischen Gnadenstätten, Bd. 2, München-Pasing 1955

Menhardt H., Regensburg, ein Mittelpunkt der deutschen Epik des 12. Jahrhunderts (in: VHVO 101/1961)

Mittelalterliche Bibliothekskataloge Deutschlands und der Schweiz. Bd. 4,1: Bistümer Passau, Regensburg, bearb. v. Ch. E. Ineichen-Eder, München 1977

Nadler J., Literaturgeschichte der deutschen Stämme und Landschaften, 4 Bde., Regensburg 1931

Pfistermeister U., Geschmiedet, Regensburg 1978 (= Oberpfälzer Kostbarkeiten)

Reinhardstoetter K. v. (Hrsg.), Forschungen zur Kultur- und Literaturgeschichte Bayerns, München 1893 ff.

Röhrich R., Franz Xaver Schönwerth. Leben u. Werk, Kallmünz 1975

Roth H. u. Schlaich H. W., Bayerische Heimatkunde. Ein Wegweiser, München 1974

Schmeissner R., Steinkreuze in der Oberpfalz. Ein volkskundlich-rechtskundlich-topograph. Beitr. zur Flurdenkmalforschung in Bayern, Regensburg 1977

Schmeller J. A., Bayerisches Wörterbuch, 4 Bde., München 1872, Neudr. 1973

Schuster R., Auf Glas gemalt. Hinterglasmalerei aus Winklarn, Regensburg 1973 (= Oberpfälzer Kostbarkeiten)

Sperber H., Burgennamen der Oberpfalz (in: Oberpfälzer Heimat 22/1978)

Sperber H., Pflug und Arl in der Oberpfalz (in: Oberpfälzer Heimat 24/1979)

Stadlbauer F., »Reibet die Fußsohlen mit weißem Senf« – Heilpflanzen der Oberpfalz, Regensburg 1979 (= Oberpfälzer Kostbarkeiten)

Sydow J., Regensburger Buchdruckerkunst aus sechs Jahrhunderten, Regensburg 1956

Thomann G., Die Armen Seelen im Volksglauben und Volksbrauch des altbayerischen und oberpfälzischen Raumes. T. 1–3 (in: VHVO 110–112/1970–72)

Widmann W. A. u. Spitta W., Die wahrhaft göttliche Komedi. Hauskrippen im Stiftland, Regensburg 1976 (= Oberpfälzer Kostbarkeiten)

Winkler K., Heimatsprachkunde des Altbayerisch-Oberpfälzischen, Kallmünz 1936–1940

Winkler K., Literaturgeschichte des oberpfälzisch-egerländischen Stammes, 2 Bde., Kallmünz o. J.

Winkler K., Oberpfälzisches Heimatbuch, Kallmünz ^{3}1950

Orts- und Landkreisbücher sind erschienen für:

Amberg, Auerbach, Bärnau, Berching, Brennberg, Cham, Dachelhofen, Erbendorf, Eslarn, Falkenstein, Floß, Frauenberg, Gleißenberg, Hahnbach, Kötzting, Konnersreuth, Lauterhofen, Moosbach, Neumarkt/Opf., Neustadt/Waldnaab, Pfatter, Pfreimd, Rieden, Schmidmühlen, Schönthal, Speinshart, Sulzbach-Rosenberg, Tirschenreuth, Treffelstein, Wackersdorf, Weiden, Winklarn, Wörth.

Register

Es sind nur oberpfälzische Orte aufgenommen sowie Namen von Personen, die in unmittelbarem Zusammenhang mit der Oberpfalz stehen. – Kursive Ziffern beziehen sich auf Abbildungen.

Bildnachweis

Bildtafeln

Bayer. Hauptstaatsarchiv, München, 99c, 99d
Bayer. Landesamt für Denkmalpflege, München, 195
Bayer. Staatsbibliothek, München, 76, 78, 375a
Bayer. Staatsgemäldesammlung, München, 18
K. Bedal, Bad Windsheim, 257
Bertram Luftbild München-Riem, Freig. Reg. v. Obb. G 4/1
Bezirk Oberpfalz, 135a, 208a, 255a, 256, 282b, 315c, 316b, 318b, 327, 328, 330a, 347b
Brauchtumsarchiv Bayer. und Oberpf. Wald, 316a, 329, 330b
Archiv Buchtal-GMBH., Schwarzenfeld, 233a
Pfarramt Diesenbach, 303b
Horst D. Etzold, Amberg, 150
Foto Hammon, Regensburg, 373a, 373c
Handwerkskammer, Regensburg, 305b
R. Heider, Kümmersbruck, 305a
Fotostudio Hübner, Weiden, 306
Archiv Kaolinwerke Amberg, 233b
Keystone, München, 376a
Dr. P. Kristl, Regensburg, 54, 246
Kulturamt Amberg, 126, 137
Kunsthistorisches Museum, Wien, 374b
Landesgalerie Hannover, 196
Lichtbildstelle d. Bundesbahndirektion Nürnberg, 197
Archiv F. X. Nachtmann, Neustadt/WN, 232
S. Neubert, München, 304
D. Nübler, Regensburg, 207a, 207b, 209
Archiv OBAG, Regensburg, 219
U. Pfistermeister, Fürnried, 41, 114, 138, 291, 293
Presse-Bild-Poss, Eisenärzt, 40, 77, 89, 99b, 100, 101, 111, 160, 171a, 172, 174, 183, 184, 186, 244, 258, 347a, 373b
Archiv Verlag Pustet, 267a, 375b
Regierung des Bezirks Mittelfranken, 65b
Regierung der Oberpfalz, 303a
Chr. Schieder, Weiden, 30, 136
Verlag Schnell & Steiner, München, 162
K. Schuster, Zwiesel, 282a
Archiv Chr. Seltmann, Weiden, 231
Archiv Siemens-Bauelementewerk, Regensburg, 234
Presse-Bild Sommerer, Mitterteich, 28
Photostudio W. Sorgend, 220a, 220b
Wilkin H. Spitta, Regensburg, 17, 27, 29, 39, 42, 51, 53, 63, 64, 65c, 66, 75, 87, 88, 90, 99a, 112, 113, 123, 124, 125, 135b, 147a, 148, 159, 161b, 171b, 173, 185, 198, 208b, 210, 221, 243, 255b, 279, 280, 281, 292, 317, 348
Staatliche Graphische Sammlung, München, 294, 315a
Staatsarchiv Amberg, 147b, 267b

Stadtarchiv Amberg, 161 a
Städtisches Museum, Regensburg, 65 a, 149, 270
Städtisches Verkehrsamt Weiden, 376 b
Ernst R. Tremmel, Regensburg, 52, 315 b, 318 a
K. Wittmann, Regensburg, 269
Foto L. Wolf, Regensburg, 222, 245
privat, 102, 374 a

Textabbildungen

Die Textzeichnungen wurden im allgemeinen durch Herrn Peter Wenz angefertigt. Die Zeichnungen der Seiten 15, 34, 80, 199 und 224 wurden von Herrn Peter M. Loeffler überarbeitet bzw. neu erstellt. – Die Vorlagen der im Textteil wiedergegebenen Merian-Stiche wurden aus Privatbesitz zur Verfügung gestellt.
Zusätzlich sind folgende Bildquellen zu vermerken:
Bayer. Landesamt f. Denkmalpflege, München, 55, 58, 62, 155 – Bezirk Oberpfalz, 200 – Horst D. Etzold, Amberg, 134 – Archiv Süddeutsche Zeitung, München, 93 – Staatliche Bibliothek, Regensburg, 277 – Staatliche Graphische Sammlung, München, 271 – Staatsarchiv, Amberg, 107, 129, 131, 143, 223 – Stadtarchiv, Amberg, 297 – Städtisches Museum, Regensburg, 116, 153 – Fürstlich Thurn und Taxissches Archiv, Regensburg, 96.

Die Landkarte auf der Innenseite des Buchdeckels gibt einen Stich von Merian wieder.

Oberpfälzer Kostbarkeiten

Mit dieser Reihe wird eine Lücke im kulturgeschichtlichen und volkskundlichen Schrifttum der Oberpfalz geschlossen. Wissenschaftlich fundierte Stoffaufbereitung, allgemeinverständliche Textfassung und umfangreiches, anschauliches Bildmaterial ist, bei unterschiedlicher Thematik, allen Titeln gemeinsam:

Ferdinand Stadlbauer
Reibet die Fußsohlen mit weißem Senf
Heilpflanzen in der Oberpfalz
136 Seiten, z.T. vierfarbige Bildtafeln, DM 19,80

Ursula Pfistermeister
Schlösser der Oberpfalz
120 Seiten, davon 32 Bildtafeln, DM 17,50

Gertrud Benker
Kuchlgschirr und Essensbräuch
84 Seiten, 16 Abb., 30 Zeich., DM 17,50

Konrad Bedal
Haus und Stadel
104 S., 32 Bilds., 38 Zeich., DM 17,50

Raimund Schuster
Auf Glas gemalt
3. Aufl., 84 S., 45 Bildtafeln, DM 17,50

Eberhard Kraus
Mit Orgelklang und Paukenschall
Musikkultur Oberpfälzer Klöster
224 Seiten, 32 Fotos, DM 24,80

Ursula Pfistermeister
Burgen der Oberpfalz
3. Auflage, 104 S., 32 Bildseiten, DM 17,50

Fiedrich Herrmann
Jurahöhlen der Oberpfalz
100 S., 20 Bildtafeln, zahlreiche Illustrationen, DM 17,50

Widmann/Spitta
Die wahrhaft göttliche Kömedi
Hauskrippen im Stiftland
103 S., z.T. vierfarbig bebildert, DM 26,–

Walter Hartinger
. . . denen Gott genad!
Totenbrauchtum und Armen-Seelen-Glaube in der Oberpfalz
208 S., 32 z.T. vierfarbige Abb., DM 24,80

Ursula Pfistermeister
Geschmiedet
Eisen in der Oberpfalz
136 Seiten, 48 Bildtafeln, 132 Zeich., DM 19,80

VERLAG FRIEDRICH PUSTET · REGENSBURG